길의 역사

문화과학 이론신서 72

길의 역사—직립 존재의 발자취

지은이 | 강내희

초판인쇄 | 2016년 2월 15일
초판발행 | 2016년 2월 20일

펴낸이 | 손자희
펴낸곳 | 문화과학사

출판등록 | 제1-1902 (1995. 6. 12)
주소 | 03707 서울시 서대문구 성산로13길 22(연희동)
전화 | 02-335-0461
팩스 | 02-334-0461
이메일 | transics@chol.com
홈페이지 | http://cultural.jinbo.net

값 20,000원

ISBN 978-89-97305-10-0   93300

이 도서의 국립중앙도서관 출판시도서목록(CIP)은 서지정보유통지원시스템 홈페이지(http://seoji.nl.go.kr)
와 국가자료공동목록시스템(http://www.nl.go.kr/kolisnet)에서 이용하실 수 있습니다. (CIP제어번호: CIP
2016002319)

문화과학 이론신서 72

길의 역사
직립 존재의 발자취

강내희 지음

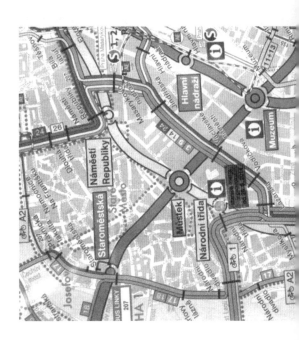

문화과학사

서문

　사람은 길 만드는 존재, 길 위의 존재라 할 수 있다. 길이 없는 인간의 삶, 그런 것을 우리는 생각할 수가 없지 않은가. 수상생활을 끝내고 땅에 내려와 살게 된 뒤로, 즉 두 발로 서서 걷고 뛰기 시작하면서 인류는 길을 만들며 길 위의 삶을 살아왔다. 길을 빼고 사람을 말하기 어렵고, 길 없는 인생을 생각할 수 없게 된 것은 길이 그만큼 우리의 삶과 밀접하게 관련되어 있기 때문이다. 길의 모양과 기능, 그 형성 방식이나 과정, 그 변천의 역사와 향후 전망, 그 영향과 의미 등에 대한 점검과 성찰, 다시 말해 길의 역사 전반에 대한 비판적 분석은 그래서 인간 자신을 이해하는 데에도 필수적이라 할 수 있다.

　하지만 우리 삶에 너무 밀착해 있기 때문인 것일까, 길의 역사와 그 작용, 의미에 대한 반성적이고 비판적인 사유를 접하기란 그리 쉽지만은 않다. 사실 이것은 아주 이상한 일로 보인다. 돈 또는 화폐만 하더라도 그에 대한 철학적 고찰, 비판적 분석이 제출된 지 오래다. 사랑에 대해서도 마찬가지요, 집에 대해서도 마찬가지다. 아마 나무나 풀에 대한 철학적 또는 반성적 고찰이 길에 대한 것보다 더 많을는지도 모르겠다.

　어떤 이는 이미 2500년 전에 『도덕경』이 나오지 않았느냐고 반문할 것이다. 사실 길의 어떤 측면을 '도(道)'라고 하는, 사물과 세상의 이치와 원리로 전환해 사유하고 있는 『도덕경』은 길 철학의 한 원형을 이룬다고 할 수 있다. 하지만 당연히 길과 관련되어 있다고는 해도 도는 내가 여기서 다루고자 하는 길과는 다른 의미망 속에 있다고 봐야 한다. 내가 관심을 두는 것은 도 또는 이치로서의 길보다는 사람이 두 발로 딛고 걸어가는 구체적인 물리적 길이다.

다른 이는 그런 길에서 일어나는 각종 행위와 활동, 사건—교통, 유통, 여행, 관광, 보행, 산책, 만보, 시위, 출퇴근, 노동, 통제, 지배, 전쟁, 혁명 등—에 대한 고찰이 이미 넘쳐나지 않느냐고 지적할 수도 있을 것이다. 사실 그와 같은 인간적 활동을 다룬 논의는 적지 않으며, 그 나름의 중요성을 지닌다. 일단 조성되고 나면, 길은 계속 존재하면서 다양한 인간 활동의 기반으로 기능하게 되어 있다. 길에서 일어나는 행위와 사건은 얼마나 다양한가. 그런 점에서 길에서 일어나는 다양한 인간적 활동을 살펴보는 일은 길과 관련한 논의에서 중요한 부분을 이룬다고 할 수 있다.

하지만 길을 놓고 말할 때 빠뜨릴 수 없는 것 하나가 길의 물리적 형태다. 형식주의에 대한 비판에도 불구하고 나는 여기서 형태의 중요성을 강조하고 싶다. 형태가 행동을 유발하고 규정한다. 손의 행위는 손이 하는 것이고, 발의 행위는 발이 하는 것이며, 이때 손의 행위는 손의 생김새에, 발의 행위는 발의 생김새에 의해 그 양상이 규정되기 마련이다. 인간 행동 전반도 손과 발을 포함한 우리 신체 부위 전체 생김새의 영향을 받는다. 길은 사람의 손이 사람의 손이 되고, 사람의 발이 사람의 발이 됨으로써 만들어졌다고 볼 수 있다. 나아가 길들의 형태가 현재와 달랐다면 거기서 일어나는 사건들 또한 다른 방식으로 일어날 것이다. 1986년 6월 서울시청 앞 광장에서 100만 군중이 모여 전두환 군부독재에 항거할 수 있었던 것은 100만 명을 수용하는 대규모 광장이 있었기 때문이기도 하다.

물리적인 길이야말로 모든 길의 근원이다. 여기서도 우리는 존재가 사유를 지배한다는 원칙을 확인하게 된다. 물리적인 길, 다시 말해 인류가 진화를 통해 두 발로 땅을 딛고 서게 된 길이 없었다면, '도'와 같은 말이 어떻게 '이치'라는 추상적 의미를 지니게 되었을 것인가. 진화를 통한 인류의 신체적 형태 변화와 자연환경의 상호작용으로 물리적 길이 형성된 결과 길의 추상적 의미인 이치로서의 도 개념도 만들어졌을 것이다. 이런 관점이 이 책에서 내가 길과 관련해 전개하고 있는 논의의 뼈대를 이룬다.

길은 인간이 만들어 왔으므로, 인간의 역사만큼이나 복잡하고 다단하다. 물리적이라고 해서 길이 사변적인 의미와 무관한 것도 아니다. 길은 인간이 인간으로 살아온 이후 계속 만들어져 왔기 때문에 수십만 년의 궤적을 갖고 있고, 역사 이래로도 그 모습을 계속 바꿔 왔다. 지금도 길의 모습은 바뀌고 있다. 그 단적인 예가 정보고속도로다. 정보고속도로에서 사람들은 이전과는 전적으로 다른 모습을 하고 '다니게' 된다. 거기서 사람들이 통행하는 방식은 이전의 길에서와는 달리 움직이지 않고 움직이는 방식인 것이다. 정보고속도로는 길이 그 진화와 발전의 극한에 도달한 모습을 보여주고 있는 것인지도 모른다.

길이 어떤 식으로 발전하게 되는지 예측하기는 어렵겠지만, 중요한 것은 길은 무엇보다도 인간의 길이라는 것이다. 길은 지구상에 존재하며, 정보고속도로의 경우 우주로 나있다 하더라도 인류가 진화와 역사를 통해 가꿔온 삶과 분리되진 않을 것이다. 길의 역사적 형태와 기능은 모두 인간적 삶의 궤적이고, 그런 점에서 우리가 직립 존재로서 살아오며 남긴 발자취에 해당한다. 앞으로 발전하게 될 길 또한 그 발자취의 형식을 취할 것으로 예상된다. 길의 역사는 그런 점에서 인간이 인간으로서 살아가는 역사라 하겠다.

이 책에 대한 구상은 상당히 오랜 기간에 걸쳐 이루어진 편이다. 1990년대 중반 민족예술인총연합 주관으로 운영되던 문예아카데미에서 자본주의 일상생활을 주제로 하는 강좌 하나를 맡은 적이 있는데, 당시 6회로 진행한 강의를 위해 준비한 자료와 생각이 여기서 전개하는 논의의 단초를 열었다고 할 수 있다. 2008년 말 중앙대학교 영화학과로부터 '길의 역사'라는 연구 과제를 위탁받아 수행한 것도 길에 대한 내 생각을 구체화하는 데 도움이 되었다. 당시 제출한 연구 결과보고서가 이 책의 '저본'인 셈이라고 할 수 있는데, 그러나 이 책의 내용이나 관점은 새로운 집필 과정을 통해 다시 구성된 것인 만큼 이전의 원고들에 포함된 것과는 상당한 차이가 있는 것도 사실이다.

이 책의 출간은 개인적으로는 정년 기념 형태를 띠고 있다. 굳이 정년이라는 말을 언급하는 것은 시한을 정하고 책을 출간하려다 보니 원하는 만큼 준비를 하지 못하고 책을 내게 되었다는 변명을 해야 할 것 같아서다. 길과 관련된 논의거리는 풍부하기도 하고 복잡하기도 해서 더 많은 자료를 섭렵하고 글쓰기도 좀 느긋하게 하고 싶었지만, 교수 생활을 정리하며 기념할 거리를 장만한다는 마음에서 출간을 서두르게 되었다. 필자 자신이 아직 많이 부족한 글임을 아는 만큼 독자들의 질정을 통해 다음에 더 나은 원고를 준비할 수 있기를 기대하며, 모자란 책을 감히 내민다.

2016년 1월 5일　강내희

차례

제 1 장
직립 존재의 발자취

길 이름들

세상에는 길이 참 많다. 종류도 많고, 이름도 많다. 하지만 길이 원래 있었거나 많았을 리는 없다. 중국 근대문학의 효시 루쉰은 자신의 자전적 작품 「고향」 끝부분에서 다음과 같이 쓰고 있다. "본시 땅 위엔 길이 없다. 다니는 사람이 많다 보니 길이 되어버린 것이다"(루쉰, 2010: 105). 루쉰 의 말처럼 원래 길이 없었다는 것은 인간이 지상에 등장하기 전, 또는 이후에 사람들이 많아지기 전에는 길이 아예 없었거나, 있더라도 많지는 않았을 것임을 말해준다. 그러나 지금은 어쨌든 길이 아주 많아진 것 또한 사실이다. 다음은 약간의 시간을 들여 내가 만들어 본, 한국어로 된 길 이름 목록이다.

가도(街道), 가로(街路), 가로수(街路樹)길, 가시나무길, 가시밭길, 간선도로 (幹線道路), 갓길, 갈대길, 갈림길, 강둑길, 강변(江邊)길, 갱도(坑道), 거리, 경로(徑路), 경로(經路), 경사(傾斜)길, 곁길, 계단(階段)(길), 고가도로(高架道 路), 고갯길, 고샅길, 고생(苦生)길, 고속도로(高速道路), 고향(故鄕)길, 꼬부 랑길, 꼬부랑모랫길, 곧은길, 골목길, 공도(公道), 공로(公路), 공로(空路), 꽃

길, 꽃담길, 과거(科擧)길, 구로(舊路), 구름길, 구불길, 구절양장(九折羊腸), 국도(國道), 굿길, 귀가(歸家)길, 귀향(歸鄕)길, 극락(極樂)길, 끝길, 기로(岐路), 기찻(汽車)길, 나갈길, 나그네길, 나들길, 나들이길, 나뭇길, 낮길, 내리막길, 너울길, 노도, 노정(路程), 논길, 논두렁길, 눈석잇길, 낙엽(落葉)길, 내갈길, 내굴길, 노정(路程), 눈길[雪徑], 눈길[視線], 담길, 당나귀길, 대도(大道), 대로(大路), 덤불길, 도로(道路), 도로(徒路), 도주로(逃走路), 돌길, 돌담길, 동행(同行)길, 두더지길, 두렁길, 두멧길, 뚝길, 뚝방길, 둘레길, 뒤안길, 뒷골목, 뒷길, 들길, 등굣(登校)길, 등산(登山)길, 마실길, 마을길, 마을오래길, 마이웨이(my way), 마지막길, 마찻(馬車)길, 말길, 먼짓길, 모랫길, 몸길, 물길, 미로(迷路), 바깥길, 바닷길, 바람길, 바른길, 바위길, 발길, 밤길, 방죽길, 방천(防川)길, 밭길, 뱃길, 버스길, 벌길, 벼랑길, 벼룻길, 변두리길, 보도(步道), 복도(複道), 북망(北邙)길, 비단길, 비탈길, 비행(飛行)길, 빗길, 빙판(氷板)길, 사(四)거리, 사냥길, 사도(私道), 사흘길, 산길, 산마루길, 산복도로(山腹道路), 산책(散策)길, 산허리길, 살길, 삼(三)거리, 상가(商街), 상여(喪輿)길, 새길, 새벽길, 샛길, 생사(生死)길, 설경(雪徑), 설로(雪路), 썰맷길, 세로(細路), 세로(世路), 세상(世上)길, 소나무길, 소로(小路), 소롯(小路)길, 손길, 수레길, 수로(水路), 순례(巡禮)길, 순로(順路), 순록(馴鹿)길, 숨길, 숲길, 시가(市街), 시골길, 신작로(新作路), 십리(十里)길, 아랫길, 아스팔트길, 아침길, 안길, 애로(隘路), 애로(厓路), 어둠길, 언덕길, 언로(言路), 얼음길, 에스컬레이터, 에움길, 엘리베이터, 여로(旅路), 여정(旅程), 여행(旅行)길, 역정(歷程), 옆길, 옆나들길, 옛길, 외통길, 오르막길, 오름길, 오리(五里)길, 올레길, 왕도(王道), 외길, 외딴길, 외출(外出)길, 외통길, 우회로(迂廻路), 운하(運河), 원로(遠路), 원정(遠征)길, 윗길, 육로(陸路), 이틀길, 인도(人道), 인생(人生)길, 자갈길, 자동계단(自動階段), 자드락길, 자전거(自轉車)길, 작업로(作業路), 잔도(棧道), 잔디길, 장거리, 장정(長程), 잿길, 저녁길, 저승길,

저잣거리, 점심길, 정보고속도로(情報高速道路), 조로서도(鳥路鼠道), 중간(中間)길, 중앙로(中央路), 죽을길, 지도(地道), 지렁이길, 지로(支路), 지름길, 지방도로(地方道路), 지하도(地下道), 지하보도(地下步道), 지하상가(地下商街), 지하차도(地下車道), 직로(直路), 진입로(進入路), 진창길, 차도(車道), 천당(天堂)길, 천도(遷道), 천리(千里)길, 천변(川邊)길, 철(鐵)길, 철도(鐵道), 철로(鐵路), 첩경(捷徑), 첫길, 초로(樵路), 초로(草路), 출근(出勤)길, 출셋(出世)길, 출입로(出入路), 코끼리길, 큰길, 탄탄대로(坦坦大路), 터널, 토(土)담길, 통로(通路), 퇴근(退勤)길, 평길, 포장(鋪裝)길, 푸섶길, 풍도(風道), 하굣(下校)길, 하굿(河口)길, 하늘길, 하도(河道), 하도(下道), 하도(夏道), 하룻길, 하이웨이(highway), 한길, 항로(航路), 행로(行路), 험로(險路), 협로(夾路), 협로(峽路), 협로(狹路), 혼삿(婚事)길, 혼잣길, 황천(黃泉)길, 황톳(黃土)길, 황혼(黃昏)길, 횡단보도(橫斷步道), 흙길, 흙탕길.[1]

  이 목록을 접하는 사람 대부분은 필시 길 이름이 이렇게 많다는 사실에 놀라지 않을까 싶다. 보다시피 여기 열거된 길 이름은 모두 보통명사로 되어 있고, 고유명사로 된 길 이름은 생략되어 있다. 이 말을 굳이 하는 것은 보통명사는 일반화와 추상화에 의거해 불특정한 다수 대상을 가리킨다는 점을 환기시키기 위함이다. 하나하나가 수많은 개별 길들을 가리키는 보통명사로 된 길 이름이 목록에서처럼 수없이 많다는 사실은 실제로 길이 어마어마하게 많다는 점을 말해준다. 여기 제시된 길 이름은 모두 281개인데, 세상에 있는 수많은 도시 거리를 가리키는 고유명사 길 이름까지 포함시킨 목록을 작성하려 한다면, 아마 몇 년이 걸려도 일을 끝내지 못할 것이다.

그렇기는 해도 한국어에 길을 나타내는 기본 단어가 그렇게 많은 것은 아니다. 순수 한글로는 '길'과 '거리'가 있고, 한자어로는 '가(街)', '경(徑)', '도(道)', '로(路)', '도로(道路)', '정(程)'이 있으며, 영어식 표현으로는 웨이(way) 정도가 있을 뿐이다. 길의 의미를 지닌 기본 단어가 많지 않은데도 길 이름이 많은 것은 그들 단어가 다른 단어들과 다양하게 합성될 수 있기 때문일 것이다. 특히 단어 '길'이 뛰어난 합성 능력을 갖추고 있는 것으로 보인다. 다양한 사물, 장소, 시간, 거리, 모양, 수단, 행위, 환경, 위치, 방향, 상태, 재료, 크기 등과 합성해 조어를 쉽게 만들어 내는 것이 '길'인 것이다. '길'은 시간을 기준으로 하면 '하룻길', '이틀길', '밤길', '저녁길'이 되고, 거리를 기준으로 하면 '천리길', '십리길', '원로' 등이 되고, 행위를 기준으로 하면 '원정길', '사냥길', '산책길', '퇴근길', '작업로' 등이 되고, 방향을 기준으로 하면 '오르막길', '내리막길' 등이 되고, 재료를 기준으로 하면 '돌길', '물길', '눈길', '철도' 등이 되고, 가치를 기준으로 하면 '지옥길', '비단길' 등이 되고, 위치를 기준으로 하면 '산마루길', '중앙로', '에움길', '둘레길' 등이 되고, 크기를 기준으로 하면 '대로', '소로' 등이 되고, 수단을 기준으로 하면 '자전거길', '버스길', '기찻길' 등이 되며, 상태를 기준으로 하면 '새길', '진창길,' '흙탕길'이 되는 등 수많은 길 이름을 만들어낼 수 있다.

한국어에서 '길'처럼 뛰어난 조어 능력을 보여주는 단어는 아마 '문화' 정도일 것이다. '문화'의 경우도 시간, 장소, 가치, 재료, 활동, 지향, 행동, 매체 등에 따라서 수많은 단어와 결합해 합성어를 만들어낼 수 있다. '문화'는 주체에 따라서는 '민족문화', '외래문화' 등이 되고, 장소에 따라서는 '지방문화', '도시문화', '거리문화' 등이 되고, 재료에 따라서는 '돌문화', '흙문화'가 되고, 시간에 따라서는 '초기문화', '후기문화'가 되며, 가치에 따라서는 '고급문화'나 '저급문화'가 된다. 그러나 '길'과 '문화' 사이에는 중요한 차이도 보이는데, 후자가 주로 인류 진화 또는 역사가 일정한 상태에 이른 이후 나타난 산물이나 활동, 매체 등과 관련된 단어들을 합성 대상으로 삼고 있다면, 전자는 훨씬 더 원초적인 의미를 지닌 단어들과 합성되는 것이다. '문화'는 예컨대 '저급'과 '고급'과 같은 단어와 쉽게 합성될 수 있지만, '길'의 경우는 그렇지 않다. 이것은 '문화'의 경우는 단어 자체가 최근에 등장한 것인 반면,[2] '길'은 한국어가 처음 생겨난 뒤로 지금까지 계속 사용되어온 단어라는 점과 무관하지 않을 것이다. 그밖에도 '길'은 '가', '경', '도', '도로', '로' 등의 대용 단어가 많아서 더 많은 길 이름을 만들어낼 수 있지만, '문화'를 대용할 수 있는 단어는 '문명' 정도뿐이고, 그마저 두 단어는 의미망이 다르기 때문에 동일한 성격의 대상을 가리키기 어렵다. 이것은 물론 '길'의 경우 분명한 물리적 대상을 가리키는 반면, '문화'는 길보다는 훨씬 더 추상적인 활동을 가리키기 때문이기도 할 것이다.

한국어로 된 길 이름을 뽑다보니 그렇게 된 것이겠지만, 위 목록에 포함된 길 이름들 가운데 순 한국어와 한자어로 된 것들이 대부분이고 다른 외래어는 그렇게 많지 않다. 길 이름 가운데 '버스길', '아스팔트길', '터널', '하이웨이' 등 소수를 제외하면, 서양어에서 온 외래어는 별로 없는 것이다. 외래어가 그리 많지 않다는 것은 길 이름과 관련해서는 근대성의 영향이 그리 크지 않다는 점을 말해주는 것이 아닐까 싶기도 하다. 물론 신작로, 상가, 고가도로, 지하상가, 철로, 횡단보도, 고속도로, 정보고속도로 등 근대 이후에 이루어진 공간 형성의 영향을 보여주는 길 이름이

2_ '문화(文化)'는 한국의 어문 전통에서 근원을 찾는다면 '문치교화(文治敎化)'로부터 유래한 것으로 이해되지만 자주 사용되었던 말은 아니다. 오늘날 한국, 중국, 일본 등 한자문화권에서 사용하는 '문화'는 'culture', 'Kultur' 등 서양어를 한자로 번역할 때 채택한 근대적 어휘인 것으로 이해해야 한다.

없지는 않으나, 전근대에 만들어진 것들에 비해서는 그 수가 훨씬 적다. 그렇다고 이런 사실이 근대 이후에 등장한 길들이 중요하지 않음을 말해주는 것은 아닐 것이다. 오히려 오늘날은 버스길이나 철도, 고속도로, 정보고속도로 등 근대 이후에 등장한 길 형태가 우리네 삶에 미치는 영향이 훨씬 더 크다고 봐야 한다. 근대 이후에 등장한 길들의 형태와 특징, 기능 등에 대해서는 아래 장들에서 자세하게 언급할 기회가 있을 것이다.

길 이름에 고유어가 적잖이 포함되어 있다는 것도 중요해 보인다. 위에 열거한 281개의 길 이름 가운데 순수 한글 이름은 140개에 육박한다. 한자로만 구성된 길 이름은 80여개이고, 한자어와 고유어인 '길'과 '거리'가 합성된 길 이름은 40여개인데, 순수 한글 이름의 길이 140개에 가깝다는 것은 결코 적은 숫자가 아니다. 한글 길 이름 가운데는 특히 생활 현장에 밀착된 것들이 많다는 점이 주목되는데, 그런 사실은 길이 그만큼 사람들의 일상생활과 밀접하게 결합되어 있음을 말해준다.[3] 길 이름에 한국어가 많다는 사실, 또 한국어에 길 이름이 많다는 사실은 한국인이 살아오면서 길에서 일어나는 일, 길의 모습, 길의 시공간적 조건 등에 커다란 관심을 기울여 왔음을 말해주는 것이 아닐까 싶기도 하다. 물론 보통명사로 된 길 이름이 한국어에만 많은 것은 아닐 것이다. 길 이름은 중국어, 일본어, 영어 등 외국어에도 분명히 많을 테지만, 여기서는 일단 한국어 길 이름을 중심으로 길의 종류나 역사 등에 대해 생각해 보고자 한다.

3_ 바닷가에 사는 생물을 일컫는 이름도 길처럼, 아니 길보다 더, 한국어 이름으로 된 것들이 많다. 다음은 지금은 간척되어 버린 새만금에 서식하던 조개, 새 등 생물체들 이름이다.

노랑조개, 빛조개, 맛조개, 키조개, 떡조개, 진주담치, 왜홍합, 띠접시조개, 복털조개, 대추고동, 큰구슬우렁이, 피뿔고동, 서해비단고동, 갈고동, 맵사리, 비단고동, 토굴, 조무래기까개비, 분홍따개비, 가시불가사리, 거미불가사리, 별불가사리, 아무르불가사리, 검은머리갈매게, 붉은부리갈매기, 재갈매기, 민물도요, 비오리, 새홀리기, 노랑부리저어새, 마도요, 말똥가리, 물닭, 갯그령, 갯메꽃, 갯댑싸리, 가는갯능쟁이, 나문재, 갯명아주, 갯질경이, 갯완두, 갯당근, 금불초, 파리풀, 말오줌때, 계요, 가막사리, 까마중…(염형철, 2006).

길과 인간

길이 많은 것은 무엇보다 사람 즉 인간-동물이 지상에 많이 살고 있기 때문일 것이다. 아프리카 대륙에서 약 20만 년 전에 발원한 현생 인류는 지금 지구상 어느 곳 가릴 것 없이 들어가 살고 있다. 2015년 현재 지구상에 퍼져있는 인간 개체 수는 73억이 넘는다. 게다가 인간은 몸집도 상당하며, 체중도 제법 무거운 편이다. 성체가 되면 인간 암컷은 대략 50여 킬로그램, 수컷은 60여 킬로그램이 나가고,[4] 심지어는 100킬로그램이 넘는 경우도 있다. 이 정도 무게라면 지상에 상당한 압박을 가한다고 봐야 할 것이다. 단적으로 50킬로그램의 가구나 돌덩이가 지표면에 굴러 다니거나 끌려 다닌다고 생각해보라. 인간이 길을 만들어낼 수 있는 것은 분명 그 몸무게가 많이 나간다는 사실과 무관하지 않을 것이다. 물론 코끼리, 하마, 말, 야크, 들소, 소, 순록, 곰, 사자, 호랑이, 양, 악어 등 인간보다 몸집이 크거나 비슷한 동물이 많은 것도 사실이다. 그러나 인간은 개미 같은 곤충과는 비교할 바가 못 된다 하더라도, 몸집 큰 동물 가운데서는 가장 많은 개체수를 자랑한다. 지상에 수없이 많은 길이 생겨나 있는 것은 몸무게 많이 나가는 인간-짐승의 개체수가 수없이 많다는 사실과도 무관하지 않을 것이다.

코끼리도, 순록도, 두더지도, 심지어 지렁이도 길을 낼 수가 있다. 아프리카에서는 코끼리가 길을 내고, 북극 가까운 툰드라 지대에서는 순록이 계절에 따른 반복적인 이동을 통해 길을 만들어 낸다. '코끼리길', '순록길'이라는 말도 그래서 생겨났을 것이다. 서부 개척 시대에 미국 대륙 동쪽에서 출발한 백인들의 마차가 다니던 길이나 오늘날 미국의 주요

4_ 서울연구원의 조사에 따르면 서울 거주 한국인의 평균 몸무게는 근래에 들어와서 크게 늘어났다. "1965년 서울 남성의 평균 몸무게는 54.3kg였지만, 50년 후인 2013년 평균 몸무게는 69.6kg으로 15.3kg 늘었다. 같은 기간 서울 여성의 평균 몸무게는 51kg에서 56.7kg으로 5.7kg 늘어난 것으로 조사됐다"(데일리한국, 2015. 8. 3).

하이웨이는 많은 경우 들소가 풀과 물을 찾아다니던 길을 뒤따르던 원주민이 만든 '인디언 길(Indian trails)'이었다고 한다. 들소가 사람들보다 먼저 길을 냈다는 말이다. 한국어에는 '두더지길', '지렁이길'이라는 말이 있는데, 작은 동물, 심지어 곤충도 길을 만들어낼 수 있다는 인식에서 그런 표현이 만들어졌을 것으로 보인다.

그렇지만 사람이 아니면 제대로 된 길을 낼 수 없는 것 또한 엄연한 사실이다. 다른 동물의 길 내는 능력은 그들의 언어 능력과 마찬가지로 기껏해야 초보적이어서,[5] 동물이 내는 길은 아무래도 미완의 상태에 머문다고 봐야 한다. 반면에 인간이 만든 길은 비교할 수 없을 만큼 완성도가 높으며, 더 중요한 것은 인간은 자신이 공들여 만들어낸 길에 대해서도 만족하지 않고, 그것을 뜯어 고치려는 시도를 계속한다는 사실이다. 이런 차이는 동물에게는 길이 기본적으로 통과와 이동의 수단으로서 용도에 맞게 사용되기만 하면 더 이상 개선될 필요가 없는 대상인 반면, 인간에게는 계속 새롭게 만들어 가야 할 대상 또는 과제로 다가오기 때문이 아닐까 한다. 길은 그래서 분명 인간 고유의 작품인 듯싶다. 인간은 자신이 만든 기존의 길이 불만족스러우면 그것을 폐기하거나 개선하는 작업에 몰두하는 경우가 허다하다. 인간이 만드는 길은 그래서 갈수록 새로워지려는 경향을 가지며, 그런 점에서 이미 완성된 상태를 계속 현재 모습으로 갖는 다른 동물의 길과는 구분된다.

인간의 길이 특이한 것은 인간이 '존재(existence)'라는 사실, 다시 말해 인간은 자연 또는 땅으로부터 일정하게 분리된 모습으로 살아간다는 사

5_ '동물언어'의 존재에 대해서는 학설이 구구하지만, 인간이 진화의 산물임을 전제할 때 동물에게도 '언어'의 초보적 능력이 있다고 할 수 있다. 예컨대 마크 하우저, 노엄 촘스키, 테쿰세 피치는 동물의 소통방식과 인간의 언어 사이에 진화적 연속성이 있다고 주장한다(Hauser, Chomsky, and Fitch, 2002; Wikipedia, 'animal language' 항 참조). 그러나 이런 연속성이 있다고 하더라도, 다른 동물의 '언어'가 인간의 그것 수준에 이르렀다는 말은 아닐 것이다.

실과 관계가 있을 것이다. 라틴어에서 '존재하다'를 의미하는 'existere'는 '밖으로'를 의미하는 'ex'와 '서다'를 의미하는 'sistere'의 합성어다. '코무니콜로기(Kommunikologie)'라는 나름의 소통이론을 펼친 바 있는 빌렘 플루서에 따르면, 인간이 소통이란 문제에 목을 매달게 된 것은 인간이 '존재'가 되었다는 사실과 무관하지 않다. 인간은 '밖으로 서서' 살게 됨으로써 "자연으로부터의 비약"을 획득하게 되지만, 그 비약을 "세계 맞은편으로의 소이[원문]로 체험"할 수밖에 없다. 원시 인간이 각종 뼈나 돌로 된 수많은 상징물을 만든 것은 "존재로 비약한 인간과 그가 뛰쳐나온 세계 사이에 놓인 교량"(플루서, 2001: 83)이 필요했기 때문이다.

플루서가 말하는 '존재'는 직립한 인간일 것이다. 인간이 '밖으로 서서' 살게 되어 존재가 된 것이라면, 그것은 무엇보다도 원숭이로서 영위하던 수상생활을 그만두고 땅 위에서 직립 생활을 한 결과에 해당한다. 나아가 인간의 존재-되기라는 사건이 일어난 것은 인간이 길 만드는 능력을 보유하게 된 것과도 무관하지 않아 보인다. 길 만들기와 존재-되기, 그 두 사건은 인간이 직립을 하게 됨으로써, 그리고 그와 함께 다른 동물들과 구분되기 시작함으로써 일어났을 것이다. 이것은 직립 생활이 인간을 존재로 만들고, 또 길 만드는 능력도 부여했을 것이라는 말이기도 하다. 길은, 또는 길이 있다는 사실은 이런 점에서 인간의 인간됨을 규정하는 핵심적 요인에 해당한다. 사람에 의해 만들어지게 됨으로써 길은 그 전에 다른 동물이 만든 것과는 다른 종류, 다른 차원의 길이 되었다고 할 수 있고, 그 결과 인간적 삶의 핵심적인 징표가 되었을 것이다. 길과 인간 사이에는 이처럼 불가분성이라는 근본적 관계가 형성되어 있다.

직립 생활—발과 길

인간이 직립 동물로 진화하지 않았다면, 다른 동물의 길과는 구분되는 인간 고유의 길은 만들어지지 않았을 것이다. 원숭이처럼 계속 나무 위 생활을 했더라면, 우리가 땅과 만날 일은 별로 없었을 것이고, 그랬다면 지금 지상에는 코끼리나 순록, 들소가 만든 길은 있어도 사람이 만든 길은 없었을 가능성이 높다. 인간이 길을 만들기 시작한 것은 발을 이동 수단으로 사용하기 시작한 결과다. 나무 위에서 살고 있던 원숭이는 이동할 때 손과 발을 모두 사용했다. 발로는 도약하고 손으로는 나뭇가지를 잡으며 움직였던 것이다. 그러나 숲속 수상생활에서 벗어난 뒤로 인간은 직립을 하게 되었고, 신체이동을 할 때 발로만 하게 된다. '직립한 원숭이'는 더 이상 원숭이가 아니다. 그 또는 그녀는 이제 인간 존재가 된 것이다.

직립을 하게 되면서 인간의 신체는 중대한 형태 변화를 겪게 된다. 인간은 원숭이와는 말할 것도 없고 침팬지나 고릴라 등 다른 유인원과도 뚜렷이 구별되는 신체 형태상의 특징을 지니고 있다. 형태가 행동을 규정한다는 점을 생각하면,6 이런 차이는 인간의 생존 및 활동 방식에 분명 중대한 영향을 미쳤을 것이다. 땅위의 인간을 다른 유인원과 단적으로 구별시키는 것 하나가 그 꼿꼿한 자세다. 침팬지가 두 발로 섰을 때의 모습은 사람의 같은 모습에 비해 사뭇 엉거주춤해 보인다. 키는 2미터가 넘고 무게는 150-290킬로그램으로 사람에 비해 서너 배나 더 큰 수컷 성채 고릴라가 선 모습도 그런 것은 마찬가지다. 반면에 인간은 발로 꼿꼿이 설 수 있는 것이 특징이며, 그와 함께 신체 형태가 크게 바뀌었고,

---

6_ 형태가 행동을 규정한다는 것에 대해서는 에델만의 다음 발언을 참고해볼 만하다. "유전자들은 형태를 바꾸기 위해 유전자 하나하나가 직접 개별적으로 움직이는 것이 아니라 복잡하게 결합해서 움직인다. 그리고 형태는 아주 오묘한 방식으로 행동을 변경시킨다. 보다 확실하게 말하면, 형태의 미묘한 변화가 때로는 다소 특이한 행동의 변화를 유도하기도 한다. 우리가 알아내고자 하는 것은 바로, 그것이 동물계 전체의 형태 변경이든 아니면 뇌와 근육, 뼈와 같이 현미경적 구조에서의 형태 변경이든 간에 형태의 변경이 어떻게 행동에 영향을 미치고 또 행동이 어떻게 형태를 변경시키는가 하는 것이다. 이것이 바로 다윈의 프로그램 중 가장 미완으로 남아 있는 부분이다"(에델만, 2006: 79).

아울러 행동의 측면에서도 중대한 변화를 겪었다. "턱 근육이 두개골에 삽입되는 부분의 변경, 보다 커진 두개골, 언어 기관을 갖춘 상후두강, 그리고 측두면이라고 불리는 대뇌피질 등"(에델만, 2006: 82)이 일어나거나 생겨나 다른 유인원과는 구별되는 행동 방식과 능력을 갖게 된 것이다.

인간 신체로 하여금 이런 변화를 일으키게 한 발 형태의 변화, 그에 따른 직립 능력의 확보는 인간이 지상에서 새로운 길을 만들어 내는 데에도 결정적인 역할을 한 것으로 보인다. 우리는 발을 사용해서 앞으로 나아가는 방식으로 몸을 움직이는데, 이것은 눈, 코, 귀, 입 등 주요 감각 기관이 앞쪽을 향해 있기 때문이다. 이런 점은 우리가 몸이 꽤 긴 동물이라는 점과 무관하지 않다. 몸이 긴 동물은 저항이 최소인 경로를 따라 장축 방향으로 움직이고, 후각이나 시각 같은 원거리 수용 감각계도 그래서 통상 앞쪽 끝에 배치된다(이나스, 2007: 99-100). 인간이 주로 앞으로만 움직이는 것도 이렇게 보면 긴 몸을 가지고 있기 때문인 셈이다. 하지만 인간의 수용기관은 전면에만 있는 것이 아니라 신체의 정상 부위에 위치해 있기도 한데, 이 사실로 인해 인간은 중요한 진화상의 이점을 얻기도 했다. 우리가 주변 환경을 쉽게 파악하고 효율적으로 이용할 수 있게 된 것은 주요 수용 감각계가 신체의 정상 전면에 위치하게 된 덕분이기도 하다.

직립 능력은 숲속 나무에서 내려와 스텝에 살게 되면서 사냥꾼으로 살아가게 된 인간에게 매우 유리한 조건을 제공했을 것이다. 나무 위에 서식하는 원숭이는 주로 채식을 하며, 이것은 침팬지나 고릴라도 마찬가지다. 하지만 인간은 스텝에서 사냥꾼으로 진화해 왔고 육식을 통한 단백질 섭취 증가로 두뇌를 키워 왔다. 사냥꾼이 되기 위해서 인간은 필요한 능력을 갖추어야 했을 것이다. 그 가운데 특히 중요한 것이 공동으로 협력하는 능력, 그리고 도망가는 피식 동물을 몇 시간이고 며칠이고 추적할 수 있는 지구력 등이었다. 이런 점은 인간이 사냥꾼-동물로 진화하면서 직립 보행만 했던 것이 아니라 직립 주행도 했을 것임을 말해준다. 오늘날 인류는 그렇다면 장거리를 잘 뛰며 협동으로 다른 짐승을 잡아먹던 포식 동물의 후예인 셈이다.

길이 등장한 것은 직립한 인간과 그가 처한 환경의 상호작용으로 인해 진행된 어떤 발제(發製)의 결과였을 가능성이 높다. 직립한 인간이 애초에 목적을 갖고 의도적으로 길을 만들어 내지는 않았을 것이다. 여기서 시인 안토니오 마차도의 말을 인용해봄 직하다. "방랑자여, 길은 그대의 발자국, 그뿐이라. 그대는 걸어서 길을 내느니"(Varela, 1987: 63; Thompson, 2008: 13에서 재인용). 마차도가 말하는 것처럼 인간은 '방랑자', 다시 말해 직립으로 보행하고 주행하는 존재가 됨으로써 발자국을 남길 수 있는 존재가 되었고, 이 발자국이 결국 길로 되었을 것이다. 길은 그렇다면 유인원의 한 종이 인간으로 바뀐 진화적 사건의 부산물인 셈으로, 지상에 직립 보행과 주행을 할 수 있는 동물이 출현해 그 동물의 행적이 남긴 자취에 해당한다. 길은 직립 존재의 발자취인 것이다.

직립 존재가 되기 전, 그러니까 걷거나 뛰어다니며 길을 만들어 내기 전까지 인간은 인간이었다고 하기 어렵다. 직립하기 전의 유인원이 과연 인간이 될는지 여부도 불분명했다고 봐야 한다. 인간이 인간으로 진화한 것은 예정 조화의 결과가 아니라, 찰스 다윈이 『종의 기원』에서 누누이 강조한 것처럼 보장되지 않은 일, 우발성의 결과였을 것이기 때문이다.[7] 스티븐 굴드에 따르면, "진화의 '행렬'은 뒤돌아보면 이해 가능하고 엄밀하게 설명되어야 하지만, 전적으로 예측 불가능하고 절대 반복할 수 없는

7_ 다윈은 "나는 필연적 발달의 법칙이라는 것을 전혀 믿지 않는다. 각각의 종의 변이성은 독립적인 성질로서 생존을 위한 복잡한 투쟁에서 개체의 이익을 주는 한에서만 자연선택에 의해 이용되는 것"이라고 말하고 있다(다윈, 2009: 351-52).

놀랄 만큼 비개연적인 사건들 연쇄다"(Gould, 1989: 14; Thompson, 2007: 216에서 재인용). 우리는 이미 인간이 되었기 때문에 직립을 당연시한다. 하지만 우리가 똑바로 서서 행동하게 된 것은 유인원의 한 종이 우발적으로 호모 사피엔스로 진화한 결과에 해당한다. 우연하게 일어난 변화라고 해서 중요하지 않다는 말은 물론 아니다. 인간이 고유의 길을 만들어 내게 된 것도 그런 사건의 결과, 다시 말해 특유의 발을 지니게 된 인간-동물이 지상을 돌아다닐 수 있게 됨으로써 가능해진 일이다. 인간이 만들어낸 길들이 다른 동물이 만든 것과는 다른 것 또한 우발적으로 일어난 인간 진화의 효과라고 할 수 있다.

한국어 어원 연구를 체계적으로 시도한 서정범의 방법론을 따라 생각해 보면(서정범, 2000), '길'의 한국어 고어는 '달'이고, '달'은 '질'과 같다. 흙으로 빚은 그릇을 '질그릇'이라고 부르는 데서 알 수 있듯이 '질'은 흙을 의미한다. 이런 사실로 미루어보면 '길'은 땅에서 흙이 드러난 부분을 가리킨 말이었던 것 같다. 한국어에서 '길'의 고어 '달'의 조어는 '닫'일 것으로 추정된다. '걷다'에서 '걸어'가 파생된다는 점이 보여주듯, 한국어에서는 ㄷ이 ㄹ화하는 경향이 보편적인데(ㄹ에서 ㄷ으로 바뀌는 경우는 없다), 닫>달>질>길의 변화 과정을 거쳐서 오늘날의 '길'이 되었을 것이다. '길'의 조어인 '닫'은 오늘날은 동사 '딛다'의 어간에 남아있다.

이런 어원 분석을 수용한다면, 한국어 '길'은 자연언어의 발달이 인류의 진화 양상을 반영함을 보여주는 탁월한 사례가 될 것 같다. '길'이라는 말의 형성은 진화 과정에서 인류가 땅위로 걸어 다니면서 만들어낸 것임을 그대로 보여준다. '길'의 어원은 물리적인 길이 사람의 발과 땅이 만나서 만들어졌다는 것, 사람이 땅에 발을 딛고 설 수 있어서, 그리고 발을 딛고 걸어 다닐 수 있어서 생겼다는 것을 말해주는 것이다. 길을 만들어 내는 데 가장 중요한 역할을 하는 신체 부위가 발이라는 것은 두말할 필요가 없다. 동물의 발은 예외 없이 몸에서 가장 낮은 곳에 위치해 있어서 땅 바닥에 닿는 부위다. '발'의 어근은 '바닥', '바다'의 어근과 같은 '받(발)'이다(서정범: 280-81). 발은 평평하고 낮은 쪽에 위치해 있다는 점에서 바다, 바닥과 통하는 점이 있다. 인간은 진화과정을 거쳐 새로운 발 형태를 갖게 되어 땅을 새롭게 사용하게 되었을 것이고, 풀이나 잔나무 등으로 덮인 지면을 치워 마침내 흙 즉 길이 드러나게 했을 것이다. 발은 이때 인간의 몸 바닥이 되어 지표면과 만남으로써, 즉 지표면을 딛게 됨으로써 길을 만들어낸 셈이다. 한국어 어원학은 이처럼 조어 시기의 사람이 발(받)로 땅을 딛고 서게 되면서 길(딛)이 만들어졌음을 짐작케 해준다.

발의 형태 변화는 발의 형태 변화로만 끝난 것이 아니라 손의 기능 변화도 가져왔다. 원숭이가 나무에서 내려와 그 발이 신체의 바닥이 되어 땅과 접촉하고 이 과정에서 길을 만들어 내는 동안, 인간의 손은 과거 수상생활 시절 이동을 위해 사용되던 때보다는 더 정교한 기능을 갖게 된 것이다. 인류의 조상은 호모 하빌리스 단계에서 도구 제작을 위해 손을 쓰기 시작했고, 이후에 호모 에렉투스, 호모 사피엔스로 진화하게 되면서 더 높은 창조성을 갖게 되었는데, 이런 역능 발달은 우리의 손 쓰임새가 더욱 정교해진 것과 궤를 함께 하는 것으로 알려져 있다. 그러나 손이 이런 중요한 역할을 하게 된 것은 발 형태가 먼저 바뀌어 생겨난 효과이기도 하다.

길, 몸, 습속

길을 만들어 내고 길을 걷는 것은 동물의 몸이다. 두더지나 지렁이는 땅 속을 파내 길을 만들고, 인간처럼 몸집이 큰 동물은 육중한 신체를 이용해 발로 땅을 밟아서 길을 만들어 낸다. 인간이 처음 만들어낸 길이 다른 큰 동물이 만든 길과 구별되는 것은 길을 만들어낸 인간의 발이 다른 동물의 발과 달랐기 때문이기도 하다. 다른 동물은 원래부터 발을 이동 도구로 삼았지만 인간은 그러지 않았다. 인간이 발로 땅을 밟고 이동하게 된 것은 수상생활에서 벗어나면서 발의 용도가 변한 결과이기 때문이다. 또 중요한 것은 발이 주된 이동 수단으로 바뀌면서, 손이 더욱 자유로워졌다는 점이다. 이 결과 인간은 발로 땅을 밟고 가지만 손을 사용해 발이 하는 일을 도울 수 있게 되었다. 인간이 만든 길이 다른 동물이 내는 길과 구별되어야 하는 이유도 여기서 나온다고 할 수 있다. 인간이 발로 길을 낸다는 것은 다른 동물이 발로 길을 낸다는 것과는 달리, 반드시 손의 도움을 받아 길을 낸다는 사실을 내포한다. 인간의 길이란 이처럼 진화로 인해 인간 신체가 겪은 형태적 변화와 밀접한 관련을 맺으며 만들어진 셈이다. 다시 말해 우리가 발, 손을 포함한 고유한 신체적 모습을 갖추고 특히 직립 생활을 통해 보행과 주행 능력을 갖추게 됨으로써, 인간 고유의 길이 지상에 나타날 수 있었던 것이다. 길을 생각할 때 우리는 그래서 언제나 몸을 함께 생각할 필요가 있다. 길은 동물의 몸으로 만들어지고 그 위로 몸이 다닐 수 있게 해준다. 길이 습속의 문제가 되는 것도 이런 점 때문일 것이다.

'몸'은 '뮈욤'의 준말에 해당한다. '뮈욤'은 '움직이다'라는 뜻의 고어 '뮈다'의 피동형 동명사다.[8] 몸이 이처럼 피동태에서 유래한다는 것은 마음과 대비된다는 것을, 즉 마음이 몸을 움직이는 주인이라면 몸은 마음에 따라 움직이는 수동적 존재라는 것을 말해준다는 해석이 있다(박현, 1999). 그러나 마음을 만물의 근원으로 보고 몸을 그 작용의 대상이나 결과로

8_ '뮈다'의 용례는 『용비어천가』 제2장에 나오는, "불휘 깊은 남간 바라매 아니 뮐쌔"라는 구절에서 확인된다.

보는 것은 관념론으로서 수용할 만한 해석이 아니다. 마음은 따로 존재할 수 있는 실체가 아니라, 반드시 신체를 전제해야만, 신체의 생명력을 통해서만 생겨나는 현상이다. 마음의 원초적인 형태는 살아있는 세포의 지각력으로서, 이 지각력은 생명체가 생존을 위해 그 환경에서 반응하는 능력이다. "지각력이 있다 함은 자신의 신체와 세계의 현전을 느낄 수 있음을 의미"(Thompson, 2007: 221)하는데, 마음은 이 능력의 고차적 형태에 속한다. 나는 '몸'이 '뛰다'에서 유래했다는 어원학적 사실을 몸이란 습속의 산물임을 말해주는 것으로 해석하고 싶다. '뛰는' 것 즉 움직이는 것이라면 몸은 늘 쓰이는 것, 사용되는 것이다. 몸이 습속과 불가분의 관계를 맺을 수밖에 없는 것은 인간이 하는 모든 행동이 몸을 통해 이루어져야 하고, 몸은 그래서 모든 행위의 터전을 이루기 때문이다. 몸은 쓰임이고, 그 쓰임새는 몸의 형태와 연계되어 있으며, 따라서 몸은 습속의 집합체라는 성격을 갖는다.

길이 습속의 문제와 관련되는 것은 물리적인 존재, 즉 몸을 가진 존재라야만 길을 만들 수 있기 때문이다. 생명체는 모두 나름대로 살아가는 방식을 갖고 있다. 이것은 그 생명체가 가진 신체적 조건, 이 조건이 환경과 상호작용하는 방식에 의해 형성되는 독특한 습속에 해당한다. 길이 조성되는 방식, 길의 생김새도 인간이라는 생명체가 지닌 습속과 무관할 수 없다. 처음 길은 상당한 체중을 지닌 인간의 신체적 조건, 행동방식—즉 인간은 발로 걷고 뛰며 사냥꾼으로 지상을 돌아다닌다는 사실—그의 발이 닿는 지표면 상태 등에 의해 불러내진 발제 현상으로 출현했을 것이다. 사람처럼 몸집 큰 짐승이 지면을 밟고 다니면, 그 흔적이 생기지 않을 수 없다. 이것은 몸무게 50킬로그램 이상 나가는 인간-짐승이 반복적으로 움직이고 걸어 다녀서 만든 자취가 길이라는 말이다. '반복'이 여기서 중요하다. 코끼리처럼 큰 짐승도 나무 우거진 곳을 한 번만 지나가서는 길을 내기 쉽진 않을 것이다. 길은 그래서 일정한 몸집과 무게를 지닌 인간-동물이 반복적 행위를 한 결과로 형성된다고 봐야 하며, 그런 점에서 인간적 습속의 흔적이라고 할 수 있다.

습속의 흔적이기 때문에 길은 곧잘 독해의 대상, 읽을거리가 된다. 수렵을 하는 사람이건 범인 검거를 하는 사람이건 상대를 포착하기 위해서는 그 습속을 파악하는 것이 필요하며, 따라서 길목을 발견하여 지키는 것이 중요하다. 몸놀림은 습관을 낳고, 몸의 습관은 물리적 흔적을 남기게 된다. '길나다'라는 말이 "버릇이나 습관이 되어 익숙해지다"나 "윤기가 나거나 쓰기 좋게 되다"는 뜻을 가지게 된 것은 그래서 우연이 아니다. 어떤 물건이 윤기가 난다는 것은 그 위로 일정한 마찰력을 지닌 다른 물체가 반복 운동을 했다는 말이다. 어딘가에 길이 나려면 지표면에 압력을 행사할 수 있는 짐승이 그 장소를 계속 다니는 것이 필요하다. 산이나 들에 난 오솔길도 사람들이 자주 다녀서 다져진 결과다. 짐승을 사냥하려면 그래서 짐승이 다니는 길목을 찾아낼 필요가 있다. '길목'은 이때 큰 짐승이 지닌 반복적 행동 즉 그 짐승이 발달시킨 습관의 맥에 해당한다.

길은 육중한 몸을 놀린 흔적이므로, 그 행동의 지표(index)인 것으로 간주될 수 있다. 지표는 기호의 한 종류로서, "사물들과 물리적으로 연결되어 있다는 점 때문에 사물들과 관련된 무엇인가를 보여준다"(Peirce, 1998: 5). 연기의 경우 불이 나서 타고 있는 어떤 대상과 물리적으로 연결되어 있기 때문에 지표적 기호가 되는 것이다. 이런 지표를 읽어내는 일은 인류에게 매우 중요한 의미를 가졌던 것으로 보인다. 인간의 생존에 필요한 능력들이 기술이나 학문으로 발전한 것은 대체로 지표를 읽는 방식을 체계화한 결과다. 사람의 생명을 다루는 의술, 운명을 다루는 점성술, 하늘의 별을 읽는 천문 해독, 생존을 위해 짐승을 잡기 위한 사냥술 등 태초에 인간이 발휘한 읽기 능력은 대부분 지표를 중심으로 하는 기호

읽기 능력이 축적된 것이었다. 이런 맥락에서 볼 때, 길이 지표라고 하는 것은 길 또한 오래 전부터 사람들이 읽어내야 할 중요한 기호였을 것임을 말해준다. 길이 중요한 기호로 등장한 것은 그것이 인간적 습속의 흔적으로서, 사람들이 사는 방식을 약호화하고, 체계화하며, 방법화하기 때문일 것이다.

서양어에서 '방법(method)'을 의미하는 단어가 그리스어에서 '길(hodos)'을 의미하는 단어에서 유래했다는 점을 여기서 확인하는 것이 중요해 보인다.

> 플라톤과 그의 아카데미아로 시작되는 근대(구식과 반대되는) 전통에서, 경험은 풀어야 할 문제라는 견지에서 제기되었다. 이 전통은 '움직임의 도덕성'—길(route)은 가야 할 **올바른** 방식이라는 교리와 연결된, 모든 것은 그 올바른 장소에 있어야 한다는 생각—으로서의 기하학과 연관되어 있다. "그리스어에서 '호도스' 또는 '길'의 의미는 합리화를 생각하게 한다. 진행하는 **방식**을 의미하며 합리적 행동을 함의하는 우리의 용어인 방법(method)은 그리스어 메타(meta) 더하기 호도스(hodos)에서 온 것이다(Walter, 186). 이 생각이 실제적, 비유적(이론적) 여행의 방식에 영향을 미쳤다(Ulmer, 1994: 30. 원저자 강조).

길이 방법으로 발전되는 것은 어떤 규칙적인 반복을 통해 그것이 형성되기 때문이다. 길이 생기는 것은 초목이 자라지 못하고 땅이 다져졌다는 말이겠지만, 이 결과를 초래한 것은 그 위로 사람들이 반복적으로 왕래했다는 사실이다. 사람들이 땅에서 일정한 방향으로 반복해 다녔다는 것은 그들이 어떤 일관성을 지닌 삶을 살았다는 것을 말해준다. 길은 그런 점에서 삶의 패턴 일부를 구성한다. 길이 나있는 것은 인간-짐승이 습관적이고 규칙적으로 몸을 써서 생겨난 흔적인 것이다. 길의 존재는 그래서 사람들이 익숙한 행동을 반복했다는 것을 가리킨다고 하겠는데, 익숙함은 이때 어떤 일을 반복할 때 얻게 되는 신체적 앎의 한 형태, 일부 인지과학자들이 말하는 '숙련된 대처'(Dreyfus, 2002: 378; Thompson, 2007: 313 이후 참조) 또는 '능숙한 노하우'(바렐라, 2009)에 해당한다. 우리는 그래서 길을 인간적 삶의 중요한 지표로 인식할 필요가 있다. 길이 생긴 과정, 그 형성 방식, 길에서 일어나는 행위나 사건, 길을 둘러싼 각종 갈등과 투쟁 등을 이해하는 것은 인간의 역사를 이해하는 것, 그것의 의미를 이해하는 것이 되기 때문이다.

길과 역사

길은 직립 존재인 인간의 진화와 더불어 발제된 것으로서, 지구상에 인류가 등장한 이래 계속 만들어져 왔고 변화해 왔다. 그런 점에서 길은 한편으로는 생물학적인 존재인 인간의 생명활동이 남긴 흔적에 해당한다. 인간은 몸의 정상 부분 전면에 핵심적인 감각수용기관을 갖고 있고, 발을 사용해 지상 이동을 하는 몸길이가 긴 장축 동물이다. 길은 이런 해부학적 형태를 지닌 동물이 자신의 신체를 통해 반복적인 활동을 한 결과 만들어진 산물에 해당한다. 그런 점에서 길이란 진화의 산물이라고 봐야 하겠지만, 동시에 인간이 다른 동물과도 구분되는 '존재'가 된 결과, 즉 고유의 문화적 사회적 구조를 만들어낸 역사적 존재로 활동한 결과, 그것은 또 다른 변화를 겪었다고 할 수 있다. 이것은 인간이 만든 길의 경우는 지구의 물리화학적 질서로부터 창발한 살아있는 질서(생명체)가 진화를 통해 새로운 창발을 겪는 과정에서 고유한 인간적 질서가 생겨남으로써 만들어졌을 것이라는 말이다. 메를로 퐁티에 의하면 인간적 질서란 '물리적 질서'(물질)는 물론이고 '살아있는 질서'(생명체)와도 구분되며,

자기-초월적인 정신성을 갖고 있고, 우리가 만들어 내는 상징적 행동들로 하여금 계속 초월적 운동을 하도록 만든다. 메를로 퐁티의 이런 생각을 에반 톰슨은 다음과 같이 요약하고 있다. "우리의 상징적 행동 형태는 우리로 하여금 우리가 전념하는 사회적 문화적 구조를 만들어낼 수 있게 한다. 하지만 우리는 자신이 그것과 동일해지는 것을 거부한다. 우리는 언제나 그것을 넘어서서 새로운 것들을 만들고자 하는 것이다"(Thompson, 2007: 77-78). 이런 점을 고려하면, 인간이 만든 길은 한편으로는 직립 존재의 발자취 즉 진화의 산물로서 인간이 다른 생명체들, 특히 동물들과 공유하는 일련의 생명 현상의 일환이라고 할 수 있지만, 다른 한편으로는 인간이 사회적 문화적 구조를 만들어낼 수 있게 되면서 조성한 역사적 산물인 것으로 간주될 수 있다. 역사는 인간 고유의 활동을 통해, 무엇보다도 인간이 자연과는 구분되는 문화적 삶을 자신의 삶의 형태로 영위한다는 사실에 의해, 이루어지고 진행된다.

　길의 역사는 그렇다면 얼마나 되었을까. 지금까지 나는 길은 인간이 직립 보행과 주행을 할 수 있는 해부학적 특성에 맞게 행동하게 됨에 따라 발제된 것으로 말해 왔다. 이렇게 보면 여기서 말하는 길의 역사는 인간의 먼 조상인 오스트랄로피테쿠스가 출현한 수백만 년 이전으로까지는 거슬러 올라가지 않겠지만, 인간이 호모 사피엔스로 진화한 20만 년 전으로까지는 올라갈 수 있을 것이다. 하지만 오늘날 그 흔적을 추적할 수 있는 길이 사용되기 시작한 것은 훨씬 이후의 일일 것이다. 세계 다양한 길들의 역사를 추적해 조사한 바 있는 맥스웰 레이에 따르면, 공원 전 10000년경 온대 지역 사람들이 좁은 길을 사용하고 있었고, 이후 빙하가 물러나면서 나머지 지역으로도 길이 확산되었다. "공원 전 8000년에 기후의 전반적 개선과 안정화가 일관성 있는 동물 이주 패턴과 뚜렷하고 광범위한 인간 왕래로 이어졌다." 사람들이 처음 길을 만들 때는 동물이 먼저 만든 길을 활용했을 것으로 추측된다. "동물은 밀치고, 짓밟을 수는 있었지만 적극 조성하지는 못했다. 반면에 사람들은 길을 조성할 수 있었지만 동기의 측면에서 그리고 조직상으로 지원이 필요했다"(Lay, 1992: 7). 이것은 인간이 자연적인 한계를 넘어선 문화적 존재로서 길을 만들었다는 말로 이해되기도 한다. 호모 사피엔스가 된 이후 인간은 역사적이고 사회적인 필요에 의해 길을 만들기 시작했을 것이다.

이 책 『길의 역사—직립 존재의 발자취』에서 내가 주로 초점을 맞추고자 하는 것은 역사적인 길, 즉 인간이 문화적 사회적 활동을 하게 된 이후에 집단적으로 형성한 길 형태다. 물론 진화를 통해 오늘날의 해부학적 형태를 갖추게 된 인간이 만든 것이니 만큼, 이 길도 엄연히 직립 존재의 발자취에 속한다고 봐야 한다. 하지만 '살아있는 질서' 가운데서는 '인간적 질서'가 특이하게도 상징적인 행동들에 의해 사회적 문화적 구조를 만들어 내고 그로 인해 다른 살아있는 질서와 구분되듯이, 역사적인 길은 인간 고유의 길로서 다른 생명체가 만들어낸 길, 심지어는 인간이 아직 역사적 문화적 존재로서 독자적이고 집단적인 삶을 영위하기 전에 만든 길과도 구분된다고 생각할 수도 있다. 내가 역사적인 길에 주목하려는 것은 인간의 역사에서 중요한 역할을 한 것이 바로 이 길이라고 보기 때문이다.

역사적인 길들은 인간 사회가 만들어낸 길들, 인간이 지구에서 퍼져나가 인종이나 종족으로 나뉘어져 살더라도 다시 인간들 사이에 교류가 생겨나 지구를 인간 중심의 생태계로 만들어온 과정에서 생겨난 길들이다. 이들 길은 산간 지방의 시골마을들을 연결하는 오솔길, 전근대 사회에서 생활환경을 개선하기 위해 개척한 물길, 원거리 교역을 위해 만든 당나귀길, 전쟁 수행과 제국 경영을 위해 만든 왕도 등 인류의 역사 전개와 함께 다양한 형태로 발전해 왔다. 오늘날은 그래서 앞에서 제시한 길 이름

목록이 시사하고 있듯이 수없이 많은 다양한 길들이 지표면을 뒤덮고 있다. 이제 길들이 어떤 다양한 형태를 갖고 있고, 어떤 사회적 작용과 역할을 하고 있는지, 그리고 길들이 만들어지는 과정에서 인간은 어떤 변화를 겪게 되는지 살펴보고자 한다.

제 2 장
길의 몇 가지 유형

    남아프리카공화국의 요하네스버그에서 북서쪽 50킬로미터 정도 떨어진 곳에는 1999년 유네스코가 세계문화유산의 하나로 지정한 '인류의 요람'이라는 유적지가 있다. 이곳에 '인류의 요람'이라는 이름이 붙여진 것은 그 부지에서 일부는 3백50만년 이전까지 거슬러 올라가기도 하는 다수의 원시인류 화석이 발견된 데서 연유한다. 화석 대부분은 스테르크폰테인 동굴에서 발견되었는데, 남아프리카 관광 당국은 마로펭이라는 이름의 관광센터를 짓고 그 동굴을 일종의 박물관으로 전환시켜 관광 사업을 벌이고 있다. "마로펭은 스테르크폰테인을 위한 이른바 '판매 수법'으로서, 스테르크폰테인으로부터 나오는 정보를 '박물관화'하고 대중에게 매개하는 도구인 셈이다"(Naidu, 2008). 마로펭은 지역어로 '우리가 나온 곳'이라는 의미이며, 그 로고에는 한 발은 아프리카 대륙에 두고 다른 한 발은 세계로 내딛고 있는 원시인류의 두 발이 상징적으로 그려져 있다.

    사실 남아프리카의 스테르크폰테인 동굴이 정말 인류 최초의 요람인지는 확인하기 어렵다. 원시인류가 아프리카에서 발원했다는 데는 의문의 여지가 없지만, 그 발원 장소가 정확하게 어디인지는 아직 규명되지 않은 것이다. 이런 점에서 남아프리카 관광 당국이 수백억 원의 예산을 들여 마로펭 센터를 건설해 운영하는 것은 관광사업을 진흥시키려는 정책적 술수일 뿐이라고 볼 수도 있다. 하지만 남아프리카 관광 당국이 스테르크폰테인을 홍보하는 마로펭 센터 로고에 원시 인류의 두 발을 부각시켜 그려 넣은 것은 원숭이 또는 유인원이 인류가 된 것이 두 발로 바로 선 때문임을 상징적으로 보여주고 있기도 하다. 원시 인류가 스테르크폰테인 동굴에서부터 걸어 나와 지구상의 다른 지역으로 이동했다면, 그 로고에 그려져 있는 발의 소유자는 인류가 길을 만들기 위한 첫 발걸음을 뗀 셈일 것이다.

인류가 처음 만든 길들은 예컨대 코끼리가 만든 것과 비교하면 매우 하찮았을 것 같기도 하다. 처음 인류는 체구도 작았고, 무엇보다 개체수가 많지 않았다. 지표면에 처음 만들어진 길의 원형은 그래서 다른 동물들의 작품이었을 가능성이 높다. 호모 사피엔스로 진화한 뒤에도 인간은 개체수가 많지 않은 상태에서 세계 도처에 소수로 구성된 집단으로 흩어져 살고 있었기 때문에, 인간이 만든 길은 코끼리나 순록이 만든 길보다 그 존재감이 크지 않았을 것으로 여겨진다.

지구 역사상 자신의 몸으로 길을 만들어낸 가장 거대한 동물은 아마 공룡이었을 것이다. 중생대의 쥐라기와 백악기에 서식한 공룡은 종도 다양했으려니와 동일종의 숫자도 적지 않았고, 특히 일부 종은 몸집이 수십 톤이나 나갈 만큼 거대해 길을 만들어 내는 데 아주 유리했을 것으로 추정된다. 일부 공룡들은 개별적으로도 지표면에 엄청난 중압을 가할 만큼 거대했기 때문에 이런 종이 떼를 지어 먹이 활동을 하며 고정된 패턴으로 이동했다면 분명 거대한 자국들을 남겼을 것이다. 한국의 고성에서 발견된 공룡 발자국은 거대한 동물이 얼마나 뚜렷한 발자국 자취를 남길 수 있는지 분명히 보여준다. 그러나 공룡이 만들었음직한 길은 그들의 멸종 이후 6천5백만 년이 지나는 동안 지표면의 변화로 인해 드물게 화석화된 경우를 제외하면 그 흔적이 거의 남아 있지 않다. 매머드의 경우도 오늘날 지구상 최대 동물로 꼽히는 코끼리보다 훨씬 더 큰 몸집을 갖고 있었고, 먹이 활동을 위해 계절에 따라 떼 지어 이동했다는 점을 생각하면 분명 그 이동 흔적으로 길을 만들었을 것이나, 멸종한 지 수천 년이 지나 이제는 흔적을 찾기가 어려워졌다. 오늘날 길의 모습을 보여주는 '원형'은 따라서 현생 동물이 만든 것들에서 찾아야 할 것 같다.

길을 만드는 현생 동물로는 인간 이외에 코끼리나 순록, 들소 등이 있다. 한국어에 '두더쥐길'이 있다는 사실은 더 작은 짐승도 길을 만든다는 인식을 보여준다. '지렁이길'도 마찬가지다. 하지만 그래도 오늘날 길의 원형은 무엇보다도 인간이 만든 길에서 찾아야 할 것이다. 이런 생각은 인간이 만든 길만이 진정한 길로 보인다는, 앞 장에서 펼친 주장에 근거한다. 언뜻 들으면 인간 중심적인 주장으로 들리겠지만, 지구상에서 일어난 생명의 진화과정에서 인간이 차지하게 된 객관적 위상 때문에 넓은 의미의 '인도' 즉 인간이 만들어 걸어 다니는 길이 가장 길다운 길임을 부정할 수는 없다. 그렇다고 동물이 만든 길이 없지는 않기 때문에 그런 길이 어떤 역할을 했는지 알아볼 필요도 있다. 단 여기서의 주된 목적은 동물의 길과 인간의 길의 상대적 중요성이나 차이를 다루는 것은 아니기 때문에 논의의 초점을 인간이 만든 길의 역사, 기능, 의미 등에 두고자 한다. 아래에서 언급하는 길 유형들은 인간이 만든 길들의 특징과 의미를 되새겨 보는 데 좋은 사례가 된다 싶어 고른 것들이다.

인디언 길—다른 동물이 만든 길

길을 만들어 내는 것은 대개 몸집이 크면서도 떼를 지어 다니는 동물들이다. 아프리카 초원에 서식하는 누나 얼룩말, 시베리아 및 알래스카 툰드라의 순록, 북아메리카 평원의 들소나 사슴 등이 그런 부류에 속한다. 코끼리의 경우는 육중한 몸으로 삼림이 우거진 곳에서도 좋아하는 먹이인 나무껍질과 잎을 먹기 위해 아름드리나무까지 쓰러뜨리며 삼림 일대를 초토화해, 다른 동물이 다닐 수 있게 해주는 것으로 알려져 있다. 길을 내는 동물들은 대개 덩치가 커다는 것 이외에 떼 지어 다니는 것이 그 특징이기도 하다.

동물들이 만든 길은 인간에게도 유용하게 쓰인다. 들소나 사슴, 엘크, 코끼리 등은 인간보다 훨씬 이전에 지구상에 서식했고, 이들이 풀이나 물을 찾아다니는 패턴을 따라 길이 만들어지면 인간이 그것을 이용하게 된다. 예컨대 오늘날 강과 강 사이에 카누나 다른 짐을 나르기 위해 사용되는 '육로수송 길'은 통상 동물 발자국으로 시작된 것으로 알려져 있다(Wikipedia, 'portage'). 아프리카의 많은 길들은 한 번 움직이면 수백만, 수십만 마리가 움직이는 누나 얼룩말이, 또 큰 나무까지도 쓰러뜨리는 코끼리 떼가 만들었고, 알래스카 툰드라의 많은 길은 순록이, 북아메리카 평원의 많은 길은 들소가 처음 만든 것들이다. 이런 길은 인간도 동물을 사냥하거나 기르면서 같이 사용했는데, 그 중의 하나가 들소가 다니던 길을 인간이 함께 사용한 '인디언 길'이다. 인디언 길은 북아메리카에 정착한 백인들이 19세기에 서부에 정착하기 시작했을 때 마차가 다닐 수 있게끔 확장되었고, 이 가운데 다수는 다시 20세기에 들어와서 자동차길, 고속도로로 확장되었다. 이렇게 보면, 인간은 다른 동물이 만들어낸 길을 아직도 공유하고 있는 셈이다.

오솔길─인간 세계로의 통로

인간이 만든 현존하는 길로서 전형적인 원초적 모습을 간직하고 있는 것 하나가 오솔길이 아닐까 싶다. 오솔길은 숲속, 들판, 풀밭, 황야 등에 난 좁은 길로서, 인간 혼자서도 만들 수 있는 길이다. 직립 보행을 하게 된 동물 종이 반복적으로 걸어 다닌 자취가 결국 오솔길이 되었을 것이다. 이 길은 무엇보다도 사람들이 발로 걸어서 생겼다고 볼 수 있다. 산길이나 들길, 오르막길, 내리막길, 외딴길 등도 걸어서 생기는 경우가 많겠지만, 오솔길은 그 중에서도 특히 사람이 직접 걸어야만 생긴다. 산길, 들길 등은 기계를 동원해서도 조성할 수 있다.

　오솔길은 한국어사전에서 "폭이 좁고 호젓한 길"로 정의되어 있다. 오솔길의 폭이 좁은 것은 사람들이 걷는 것만으로 생겼기 때문일 것이요, 호젓한 것은 주로 숲속이나 들판과 같이 사람 왕래가 적은 후미진 곳에 있기 때문일 것이다. 오솔길은 '오솔한' 길을 가리킨다. '오솔하다'는 "후미져서 무서움을 느낄 만큼 고요하다"라는 의미를 지닌 '호젓하다'와 비슷한, 즉 "사방이 무서울 만큼 고요하고 쓸쓸하다"라는 의미를 갖고 있다. 오솔길이 오솔길인 것은 이처럼 사람들의 왕래가 적은 데서 주로 혼자서 다니는 탓에 가끔씩 몸에 소름이 돋을 만큼 무섭기도 하기 때문이다.

　오솔길의 특징 가운데 중요한 것 하나는 시야가 짧다는 점일 게다. 이 길은 통상 산과 들에서 조성되기 때문에 곧게 뻗기가 어렵다. 산과 들에서는 지형의 조건상 직선보다는 곡선이 길 모양을 지배할 가능성이 높으며, 오솔길은 그래서 모양이 구불구불한 경우가 대부분이다. 오솔길의 이런 생김새는 그것이 사람의 몸이 참여해 만들어진 결과이기도 하다. 산과 들판을 걸어갈 때 우리는 지형지물에 따라서 몸을 써야 하기 때문에 직선으로 계속 나아가는 것이 대체로 불가능하다. 그런 조건에서 만들어지는 길은 자연히 꾸불꾸불한 곡선 형태를 띠게 되며, 오솔길에서 충분한 시야 확보가 어려운 것은 바로 이런 점 때문이라고 할 수 있다. 오솔길을 걸을 때 우리가, 평상시 주로 의존하는 시각 이외의 다른 감각, 특히 청각에 더 많이 의존하게 되는 것도 이런 사실과 무관하지 않다.

시야가 짧은 오솔길을 혼자 갈 때면 그 고요함이 즐거울 수도 있지만, 특히 어디선가 소리가 들리면 소름이 끼치고 등골이 오싹해지곤 한다. 오솔길에서 들리는 소리가 섬뜩하게 느껴지는 것은 그것이 다른 짐승이 내는 소리일 가능성이 있기 때문이다. 숲이나 들판 같은 곳에서 이루어지는 서로 다른 짐승들의 만남은 목숨을 건 싸움을 초래하는 것이 대부분이다. 오솔길에서는 사람의 목소리를 들을 때에도 낯선 사람의 목소리일 경우 여전히 오싹한 느낌이 들곤 하는데, 이것은 외진 곳에서는 낯선 사람이 어떤 짐승으로 돌변할지 모른다는 점 때문일 것이다. 오솔길에서 다른 사람과의 만남은 우리 인간이 여전히 짐승임을 확인시켜 주는 순간인 경우가 더러 있다.

산과 들에서 눈에도 잘 띄지 않아 곧잘 호젓한 모습을 띠고 있지만, 오솔길은 사실 복수의 마을과 인간의 교류를 전제한다. 사람–동물들의 반복적인 신체적 이동, 그와 함께 빈번해진 왕래가 없었더라면 길이 만들어질 일은 없었을 것이다. 물론 다른 마을과의 교류가 없어도 사람들이 마을 밖으로 나갔다가 다시 돌아오는 일은 얼마든지 가능하다. 수렵 채취 생활을 하던 사람들은 다른 짐승이나 물고기를 잡거나 뿌리식물, 나무열매를 채집하러 주변 산이나 들, 강으로 나갔다 돌아오는 일이 일상사였을 것이다. 자바 원인의 경우 동굴에서 거주한 흔적이 남아 있다고 하니, 다른 호모 에렉투스도 이런 생활을 했을 가능성이 높다. 하지만 오솔길 정도가 그것도 여기저기서 만들어지려면 호모 에렉투스가 보여준 것보다는 훨씬 더 자주 정주 공간에서 왕래하는 새로운 인류 즉 호모 사피엔스가 나타나야만 했을 것이다. 오솔길은 그 모습이 아무리 가느다랗다고 하더라도 그런 점에서 진화한 인간의 집단적 인적(人跡)에 해당한다.

길을 잃고 산을 헤매다가 오솔길을 발견하면 반갑게 느껴질 수밖에 없는 것은 그것이 인간세계로 나아갈 수 있게 해주는 연결고리로 보이기 때문일 것이다. 산과 들, 다시 말해 인간의 통제력, 지배력이 통하지 않는 세계에서 오솔길은 사람들과의 관계를 복원할 수 있는 실마리가 된다. 이럴 때라면 인기척이 반가울 수밖에 없고, 그런 소리를 내는 상대방은 더 이상 짐승이 아니고 사람으로 여겨질 것이다. 하지만 과연 사람의 세계와 연결되었다고 안심할 수 있는 것일까?

당나귀길—다른 동물을 길들인 동물의 길

오솔길이 사람의 힘만으로도 만들어질 수 있다면, 당나귀길은 사람 이외 다른 동물의 신체적 참여가 이루어져 생긴 길 형태에 해당한다. 당나귀길이 나타난 것은 인간이 짐승들을 길들이기 시작한 이후의 일이다. 당나귀길은 이런 점에서 코끼리길이나 순록길, 들소길과는 그 기원이 다르다고 할 수 있다. 후자의 길들은 동물이 그것들을 만든 주체이고 사람은 나중에 그런 길을 이용하게 된 경우이지만, 당나귀길은 만든 주체가 인간이며, 인간이 동물들을 길들여 사용하면서 필요해진 길 형태인 것이다. 그런 점에서 당나귀길은 오솔길보다 더 진전된 문화적 산물에 속한다.

모더니즘 건축의 대가 르 코르뷔지에는 '당나귀길'—정확하게 말하면 '짐-당나귀길'—을 근대도시에 필요한 것과는 반대되는 길 형태로 간주했다.

사람은 목표가 있고 자기가 가는 곳을 알기 때문에 직선으로 걷는다. 그는 특정한 장소에 가기로 마음먹었고 그래서 그곳으로 바로 간다. 짐 당나귀는 정처 없이 걷고, 침착하지 못하고 산만한 꼴로 잠깐 생각에 잠기고, 큰 돌을 피하기 위해, 아니면 올라가는 걸 쉽게 하고자, 또는 그늘에 들어가려고 갈지자로 걷는다. 당나귀는 최소저항선을 택한다. …짐-당나귀길이 대륙의 모든 도시계획을 만들어 냈다(Le Corbusier, 1967: 11 이하; Amir, 2012에서 재인용).

르 코르뷔지에는 여기서 사람이 걷는 방식과 당나귀가 걷는 방식을 엄격하게 구분하고 있다. 그의 말대로라면 사람은 목표 지향적으로 행동하며, 그 목표를 향해 오직 직선으로 걸을 뿐이다. 물론 이런 생각은 과장된 것이다. 사람이 직선으로만 걸었다면 어떻게 오솔길을 만들어 냈겠는가. 오솔길을 걷는 사람도 산 너머 이웃마을로 가든 사냥을 나가든 목표가 없을 수 없다. 다만 모더니스트 르 코르뷔지에가 직선으로 걷는 사람의 목표라고 생각하는 것과 그렇지 않은 사람의 목표가 다르거나, 혹시 목표가 같더라도 그것을 수행하는 방식은 다를 수 있을 것이다. 사람은 천천히 걸을 수도, 빨리 걸을 수도, 또 목표를 향해 곧장 갈 수도, 어떨 때는 목표를 거부하며 앞으로 나가기는커녕 뒷걸음 칠 수도, 또는 목표 수행을 놀이 삼아 할 수도 있다. 이런 자유로움이 사람이 다른 동물과 다른 점 아니겠는가.

사람이 걷는 방식을 놓고선 르 코르뷔지에의 생각에 동의하고 싶은 생각이 없지만, 당나귀가 걷는 모습의 묘사에 이르러서는 웃음을 머금고 고개가 끄덕여지는 것이 사실이다. 당나귀는 그만큼 고집이 세고 말을 듣지 않는다. 르 코르뷔지에가 유럽 도시의 형태를 당나귀길의 그것으로 간주한 것은 그곳 길들이 대체로 꾸불꾸불하게 이루어져 있기 때문이다. 오늘날 자동차가 직선화된 도시 거리를 지배하고 있는 것에 진력이 난 사람이라면, 유럽 여러 나라에 아직 많이 남아있는 당나귀길의 아기자기한 모습에 반할 수도 있으련만, 르 코르뷔지에는 단호하게 직선거리에 대한 호감을 드러낸다. 하지만 20세기 초 모더니스트가 지향한 길의 직선화에 대해 오늘날 반대의견을 제출할 사람들의 수도 결코 적지만은 않을 것이다.

사실 당나귀길이 꾸불꾸불한 것은 당나귀가 말을 잘 듣지 않고 멋대로 다니기 때문만은 아니다. 당나귀길이 갈지자 길인 이유는 당나귀가 제 몸만 아니라 무거운 짐까지 싣고 가파른 지형을 헤쳐 나가야 하기 때문이기도 하다. 당나귀길이 꾸불꾸불한 까닭을 당나귀의 완고함에서만 찾을 수는 없는 중요한 이유가 여기에 있다. 세계에서 가장 유명한 당나귀길을 꼽으라면 아마 '차마고도(茶馬古道)'가 첫 손가락에 들 것이다. 차마고도를 오가는 동물은 당나귀가 아니라 주로 말이라는 점을 근거로 그것을 당나귀길로 부르는 데 이의를 제기할 사람이 있을는지도 모르겠다. 사실 말과 당나귀는 엄연히 다른 종이고, 성격과 능력도 서로 다르다. 5500년 전 유라시아 스텝에서 길들여진 말은 수도 많으려니와, 짐말이나 승마, 기마 등 다용도로 쓰이며, 짐 지는 능력에서도 당나귀를 능가한다. 적어도 2천여 년 이상 유지된 차마고도를 위시해 세계 전역에서 수없이 많은 말들이 사람들을 위해 무거운 짐을 져 날랐을 것이다. 차마고도는 이런 점에서 '말길'로 불림직도 하겠지만, 여기서 그것을 '당나귀길'로 간주하는 것은 일단 한국어에서는 '말길'이라는 표현이 없기 때문이다.[9] 하지만 차마고도를 당나귀길로 보는 더 중요한 이유는 그 길이 전형적으로 꾸불꾸불한 모습을 하고 있다는 데 있다. 말은 평지에서는 직선으로 내닫기도 하지만, 차마고도 같은 험한 산길을 갈 때는 갈지자로 가야 하는 것이 당나귀와 다를 바 없다. 그렇게 가는 것이 짐 실은 동물의 신체 조건과

9_ '말길'이 쓰이지 않는 것은 '소길', '개길'이 쓰이지 않는 것과 같은 맥락일 것으로 추측된다. 1장 앞부분의 목록에 포함된 '말길'은 한국어로 '말-낄'로 읽고 '언로(言路)'와 동의어로 쓰인다. 말이 다니는 길이라는 의미의 '말길(馬路)'은 없다. '마찻길'이 있기는 하지만, 이것은 '썰맷길'과 같은 부류다. 하지만 중국어에는 '마로(馬路)'가 있으며 말을 타고 다니는 공로를 가리킨다. 한국어에 '말길(馬路)'이 없는 것은 한반도에는 떼 지어 다니며 길을 만들 만큼 초원이 발달되어 있지 않은 점 때문이기도 할 것이다. 전통적으로 말이 많이 서식한 몽고 등에는 말이 많이 다니는 길을 말길(馬路)의 의미로 부른 지방어가 충분히 있음직하다.

산 지형이 함께 빚어내는 전형적 모습인 것이다. 산길이든 들길이든 꾸불꾸불한 길에는 그래서 당나귀길이라는 이름이 제격이라 하겠다.

차마고도가 단적으로 보여주고 있듯이, 당나귀길은 종이 다른 두 짐승 즉 차를 실은 말과 그 말을 끌고 가는 인간-동물 마방이 형성한 길이다. 그런 점에서 그것은 오솔길과는 질적으로 구분된다고 할 수 있다. 오솔길에서 인간은 주로 개인으로서 걷는 반면, 당나귀길에서는 동물들과 함께 집단을 이루게 된다. 차마고도가 수천 킬로미터 떨어진 지역들이 서로 필요로 하는 산물들을 교역해온 것은 그것이 마을과 마을을 연결하는 오솔길과는 차원이 다른 역할을 해왔다는 말이다. 오솔길이 인간이 된 동물이 자기 몸만 가지고 만든 가장 초기의 길 형태라면, 당나귀길은 이미 문명화가 진행된 뒤, 인간이 동물을 길들이고 역사를 가꿔나간 뒤에 나타난 길에 속한다. 같은 길이라 해도 사람만 다닐 용도로 만든 것과 짐승과 사람이 함께 다닐 용도로 만든 것 사이에는 목적과 용도 등에서 중요한 차이가 날 수밖에 없다. 당나귀길은 단순히 사람과 짐승이 함께 다니는 길만은 아니다. 그것은 사람이 짐승을 부려야 할 일이 생겨서 만들어진 길인 것이다. 당나귀길이 생겼다는 것은 그래서 당나귀와 사람 이외에 짐이라는 추가적 요소가 곁들여져 길을 오갈 필요가 만들어졌다는 것, 즉 사람들 간에 교역의 필요성이 생겼음을 말해준다. 이런 당나귀길은 차마고도 이외에도 문명이 시작된 곳곳에서 발견된다.

물길─집단생활의 근거

사람만 길을 내는 것이 아니라 동물도 길을 낸다. 아니 심지어 비생명체인 사물도 길을 낼 수 있다. 미국 캘리포니아 남동부 데스밸리 사막에서는 돌이 길을 만들어 내는 현상이 관측되어 놀라움을 자아내기도 했다.

조사 결과로는, 사막에 드물게 비가 내린 다음 기온이 내려가 비로 축적된 수분이 얇은 얼음 막을 형성하게 되면, 그 위로 수백 킬로그램 나가는 돌덩이가 사막의 강풍에 의해 길게는 150미터까지 미끄러지며 자국이 생긴 것이 길 모양을 만든 것으로 드러났다(Oskin, 2014). 돌까지 길을 낼 수 있는 것은 일정한 무게, 질량을 가진 물체가 지표면을 스치거나 밟고 지나가다 자국을 남기면, 그 자국의 흔적이 남아 굳어지기 때문이다. 길은 그래서 흔적이 굳어진 현상에 속하는데, 다만 이런 길과 인간이 만든 길을 구분해야 하는 것은 후자의 경우 '흔적의 굳어짐'이 인간 행동의 반복을 필요로 하기 때문이다. 사막에서 돌이 내는 길은 오직 한 번만의 이동 운동으로 이루어진다.

그런데 인간이 아니라 물질이 반복 운동을 통해 길을 내는 경우가 있으니, 물이 내는 길이 대표적인 예일 것이다. 일정한 질량을 가진 사물은 무엇이든 압력을 행사할 수 있고 그 결과 흔적을 남길 수 있기 때문에, 물도 길을 형성한다. 물이 만들어낸 길은 물론 덮여서 보이지는 않지만, 우리는 물이 흘러가는 모습을 그대로 길로 간주할 수 있을 것이다. 물길의 경우는 질량을 가진 물 자체가 지표상에서 그 존재를 보여주는 방식으로서, 강이나 바다에서 만들어지는 뱃길과는 다르다. 뱃길은 초거대 물길이 된 바다 위에서 바다의 물을 땅 삼아 배가 만들어 내는 것인데, 이때의 흔적은 물의 성질상 바로 사라져 버린다. 물론 배가 고정적으로 다니는 길을 표시해놓은 해도가 있다는 사실은 뱃길도 반복적 왕래를 기본으로 형성된다는 점을 말해준다.

물길도 오솔길이나 당나귀길처럼 대개 꾸불꾸불하게 흐른다. 이것은 물도 질량을 가진 물질이고, 그 질량만큼 압력을 행사하면서 동시에 그 '신체적' 관성을 행사하기 때문이다. 물은 위에서 아래로 흐르기 때문에 주로 직선으로 된 길을 낼 것 같지만 오히려 그렇지 않다. 물이 직선으로 흐르는 것은 낙하할 때에 국한되고, 평지에서는 어느 오솔길, 당나귀길 못지않게 꾸불꾸불 흐르는 모습을 만들어 낸다. 하늘에서 내려다보는 동남아시아의 메콩강, 중국의 양쯔강은 거대한 뱀이 몸을 꿈틀거리는 것 같은 모습이다. 특히 알래스카의 브리스틀 만에서 이구시크 강이 토지악 국립야생생물보호구역의 툰드라를 뚫고 흐르는 모습은 남아메리카에 서식하는 거대한 아나콘다가 수도 없이 많이 북극 지방에 나타난 것만 같은 인상을 준다.

물은 거대한 질량과 마찰력을 지닐 수 있기 때문에 지형에 큰 영향을 미치는 경우가 많다. 중국의 양쯔강, 황허강이 역사적으로 물길을 바꾼 경우가 허다한 것은 그런 이유 때문이다. 거대한 수계 유역 변경이 일어나면 사람들의 삶에 미치는 파장 또한 크지 않을 수가 없다. 이집트, 메소포타미아와 더불어 고대 3대 문명의 하나인 인더스 문명이 퇴락한 것도 그곳의 젖줄로 작용하던 사라스바티 강이 소멸한 것과 관련되었을 가능성이 높은 것으로 알려져 있다. 고대문명을 발전시킨 곳에서는 그래서 치수 즉 물길 잡기가 중대한 사회적 과제가 되곤 했다. 인류 최초의 생산양식 혁명인 일차농업혁명 이후 농경사회가 구축되면서 땅이 중요한 생산수단이 되었지만, 땅을 비옥하게 만드는 것은 무엇보다도 물이었기 때문이다. 물은 그러나 하늘에서 내려야만 하기 때문에 천자도 비가 내리지 않으면 자기 탓을 하며 기우제를 지내야만 했다. 중국 하나라의 시조 우(禹)왕이 순(舜)임금으로부터 왕위를 물려받은 주된 이유는 그가 황허의 치수에 성공한 데 있었던 것으로 전해진다. 물길 잡기는 '천하 경영'의 자격을 얻게 할 만큼 중요한 일이었던 것이다.

제사를 지내야만 하늘이 내려준다고 하는 물의 길을 잡는 일, 즉 치수는 당연히 난제였을 것이다. 우의 아버지 곤(鯀)은 치수를 책임지라는 순임금의 명을 받았으나 실패해 처형당한 것으로 알려져 있다. 기하학이 고대 이집트에서 처음으로 발명된 것도 치수와 관련된 일이다. 해마다 범람하는 나일 강으로 인해 이집트는 농업 생산성을 높일 수 있는 혜택을 얻었기 때문에, 홍수 뒤 농경지를 다시 분배하기 위해서 지형을 정확하게 계산하는 능력을 길러야만 했다. 기하학은 세금 징수를 목적으로 토지 측량을 위해 도형 즉 땅의 모습을 연구하면서 발전한 수학 분야다.

물길은 평평한 곳일수록 변화가 무쌍하다. 높낮이가 심한 지형에서 물은 직진하는 경향이 크다. 경사가 급할수록 물은 낙하하는 힘이 크고 그 내재하는 힘이 발휘하는 관성력도 커진다. 폭포수는 그래서 아찔한 자유낙하를 보여준다. 물론 급하게 내려오는 물도 산악지대에서는 지형 때문에 굽이쳐 흐르는 경우도 생기지만, 물은 수직으로 흐를 때 수평 운동이 주로 일어나는 평원에서보다 더 큰 힘을 발휘하며 직선 형태를 띠는 법이다. 물길이 더 굽은 형태를 띠는 것은 일견 조용히 흐르는 것 같은 평원에 이르렀을 때다. 넓은 평야를 흐르는 물은 대부분이 꾸불꾸불 기어가는 뱀 모습이지 않은가. 이는 경사도가 낮을수록 물은 관성력이 약화되고 주변 지형과의 마찰력이 더 커지게 되고, 따라서 하강하는 물의 힘이 그만큼 분산되어 생겨난 결과다.

뚝방길─일상의 길섶

오늘날 우리 주변에서 치수 즉 물길 잡기가 일상화되어 있음을 보여주는 것이 사람들이 군집해 생활하는 곳에는 거의 예외 없이 뚝방길이 있다는 사실이다. 사람들은 기본 생활을 영위하기 위해 물을 꼭 필요로 하며, 특히 군집해서 살려면 물을 대량으로 공급할 수 있는 수원지 확보가 필수적이다. 인간의 주거지는 그래서 안정적으로 물을 공급해 주는 하천이나 강을 끼고 형성되곤 하지만, 물가에 살기 위해서는 물길을 잘 다스리는 것이 중요하다. 황허나 양쯔, 아니면 나일이나 미시시피, 아마존 또는 한강과 같은 큰 강들만 무서운 것이 아니다. 크고 작은 마을과 읍, 도시에 빠지지 않고 뚝방길이 있다는 사실은 사람들이 물 가까운 곳에 살면서 물이 가져올 피해를 막기 위해 둑을 쌓는 일을 계속해 왔음을 말해준다. 크고 작은 마을에 꼭 하나씩 있는 뚝방길은 그래서 치수가 일상화된 모습이라고 할 수 있다.

뚝방길이 있는 곳은 대개 마을의 한계 지점이다. 군집생활을 위해 계속 의존해야 하지만 장마철의 홍수로 범람할 경우 위험한 물길을 제어하기 위해 마을은 통상 물길과 일정한 거리를 두고 형성되기 마련이다. (중국 강남의 수향마을 경우는 물길이 마을 한가운데 흐르도록 하는데, 그것은 이들 마을의 수면 높이가 바다의 그것과 같아서 여간해서는 홍수 피해가 나지 않기 때문인 것으로 알려져 있다.) 뚝방길이 통상 마을 언저리에 놓인 것은 이런 점 때문이겠는데, 그런 점에서 그것은 일상의 어떤 극한을 가리킨다고 할 수 있다. 그 너머 건넌 마을로 넘어가는 시내나 강이 있는 뚝방길은 '우리' 동네와 그 너머를 구분하는 경계로서 우리가 속한 익숙한 세계의 가장자리다. 뚝방길은 동네 길섶으로서 일상의 언저리에 해당한다.

뚝방길을 걷는 일이 위태로운 때가 많은 것은 그 때문이다. '우리' 마을의 권위, 질서, 권력이 거기까지 미치기는 하지만, 그곳은 또한 익숙하고 안정적인 '우리' 마을과 가장 엷은 관계를 맺는 문턱이다. 내가 어렸을 때만 해도 한국의 시골마을 뚝방길에는 당시로서는 보기 드문 젊은 남녀 간의 만남이 가끔 이루어졌었다. 서로 손 잡는 것은 고사하고 제대로 눈도 맞추지 못할 정도로 어른들의 간섭이 심한 마을에서 벗어나 최대한 멀리 나갈 수 있는 곳이 뚝방이었던 것이다. 뚝방에서는 싸움판이 벌어지는 일도 잦았다. 무엇보다 농사에 필요한 물에 대한 권리를 놓고 싸우는 일이 많았던 것으로 기억된다. 뚝방길에서 이처럼 연애사건, 싸움판이 벌어지곤 했던 것은 그곳에 특이한 '엷음'이 깃들어 있었기 때문 아니었을까 싶다. 뚝방은 '우리' 마을의 힘이 가장 덜 미치는 곳, 일종의 '사이공간' 또는 '경계공간'으로서 누구에게도 완벽하게 장악되기 어려운 장소인 것이다.

　오늘날은 그러나 뚝방길의 이런 특징이 많이 약화되었다고 봐야 한다. 농사를 계속 짓는 시골에는 아직 그대로 남아 있기도 하지만, 지난 수십 년 사이에 일어난 도시화로 많은 뚝방길이 사라졌다. 시골에서도 뚝방길이 자동차 도로로 기능 전환을 한 경우가 적지 않고, 특히 이제 대도시가 된 곳에 있던 뚝방길은 개울이나 시내가 복개되면서 '이면도로'로 탈바꿈된 경우가 많다. 뚝방길의 소멸은 물길로 만들어진 마을들의 경계 대신 새로운 경계선과 그 위 삶의 새로운 흐름을 만들어 냈다. 그것들 사이에 새로운 성격의 경계가 만들어지면 마을들의 위상과 성격도 바뀐다. 뚝방길 너머 마을과 그 너머로의 이동은 이제 자동차 속에서 이루어지고, 마을 경계를 넘을 때의 통과의례는 더 이상 필요하지 않다. 과거 시골에서는 마을 앞을 지나는 낯선 사람들을 괴롭히는 전통이 강했다. 마을 간에 피터지는, 심한 경우 죽기도 하는 석전놀이가 아직 벌어지고 있거나 그 기억이 생생하던 때의 일이다.[10] 그러나 지금은 마을과 마을의 경계를 긋는 하천, 시내가 남아있는 곳이 드물고, 간혹 폭력으로 치닫곤 하던 통과의례도 그래서 복개도로, 이면도로를 따라 흐르는 자동차 행렬의 통행으로 바뀌었다. 일상생활의 한계, 경계로서 뚝방길의 소멸은 여러 마을 공동체를 하나의 찻길로 엮어버리는 새로운 경계 구획의 결과로서, 뚝방길은

10_ 나는 아주 어렸을 때 고향마을에서 젊은이들이 이웃 마을 젊은이들과 벌인 '돌싸움'을 구경한 적이 있다. 그 싸움에 참여했던 한 연장자의 말에 따르면, 그날 우리 마을 측이 승리한 것은 누군가가 수류탄을 들고 가 상대방을 위협했기 때문이라고 한다. 당시는 한국전쟁이 끝난 지 몇 년밖에 되지 않아 수류탄 같은 것이 여기저기 남아 있었다.

이제 많은 경우 상점들이 즐비한 거리로 전환되었다고 할 수 있다.

물론 통과의례가 다 사라진 것은 아니다. 마을은 이제 도시에서 아파트단지로 그 모습을 바꾸었고, 뚝방길이 사라진 곳에는 단지로의 출입을 단속하는 경비실이 자리 잡고 있다. 경비실을 통해 이루어지는 신원 확인은 이제 새로운 방식을 취한다. 물론 여기서도 통과 여부가 '이곳' 즉 '우리'에게 속하느냐 않느냐에 따라 결정되는 것은 여전하다. 하지만 통과의 방식이 크게 달라진 것도 사실이다. 과거에는 직접 드잡이로, 몸을 부딪치며 일어나던 일이 이제는 아파트 건물에 들어갈 때 스마트카드를 이용하는 데서 볼 수 있듯이 자동 기계화되어 있기도 하다. 새로운 세계로 나가는 긴장이 이처럼 약화된 세계에서는 그러나 성장의 고통이 느껴지기 어렵다. 인류가 수만 년, 심지어 수십만 년 형성한 성장 방식이 바뀌게 되면서 오늘날은 사람이 사람 되는 방식도 크게 바뀌었다고 볼 수 있다.

골목길—삶의 접힘

마을 바깥과의 경계를 이루는 곳으로 거기 있을 경우 우리 관심이 마을 쪽과 하천 건너편으로 나뉘게 되는 것이 뚝방길이라면, 골목길은 마을 안에 형성되어 있고 거기서 일어나는 활동이나 사건은 대체로 마을 자체의 사안과 관련된다. 골목이 공동체 문화의 상징으로 여겨지는 것은 그 때문이기도 할 것이다. 골목은 서로 다른 세대가 오가며 얼굴은 물론 다른 사람들의 습속까지 익힐 수 있는 기회를 제공하는 공간이다. 작은 시골 마을 고샅에서는 지나가는 개는 물론이요 닭까지도 누구네 것인지 알 수 있을 정도이니 말이다. 시골 골목길은 공동체의 습속이 집적된 곳으로, 마을의 속살인 것이다.

오늘날은 시골의 골목도 그렇지만, 특히 도시 골목의 경우는 이전, 예컨대 내가 어린 시절이나 젊은 시절을 보냈던 시골과 도시 골목과는 아주 다른 모습이 된 것이 사실이다. 전에는 도시에서도 골목길은 주민과 행인, 그리고 특히 아이들의 전유공간이었다. 변화를 유발한 가장 중요한 요인은 물론 자동차의 등장이다. 피터 노턴에 따르면, 미국에서도 상황이 비슷했다고 한다. "1920년 전까지는 미국의 행인들은 자신들이 원하는 곳 어디서나 거리를 횡단했고, 거리에서 걸어 다녔으며, 아이들을 거리에서 놀게끔 했지만," "1930년에 이르면 대부분이 그런 사람들이 차량을 막으면 무단횡단자라는 데 동의했다. 1930년에 붐비는 거리는 건널목 말고는 차량이 다니는 곳뿐이었다"(Norton, 2008: 70, 79). 노턴이 말하는 거리는 도시의 간선도로였다는 점에서 여기서 말하는 한국의 골목과 바로 비교될 수는 없을 것이다. 하지만 한국에서도 이제는 세계에서 처음 '자동차 천국'이 된 미국에 못지않게 자동차 대수가 늘어나 골목에서까지 아이들 노는 모습을 보기 어려워졌다.[11]

골목길, 적어도 과거의 원형을 지닌 골목길은 오솔길과 비슷한 점이 있다. 우선 골목은 대체로 좁으며 거기서 서로 마주치면 사람들은 오솔길에서처럼 반드시 인사를 하게 되어 있다. 같은 골목에 사는 사람들이 서로 친해지는 것도 그만큼 가까운 거리에서 지내기 때문이다. 골목을 공유하고 유지하는 것은 그래서 공동체에 속함을 충실하게 실천하는 일이 된다고 볼 수 있다. 하지만 최근에 들어와서는 같은 골목에 사는 사람들도 서로 모르거나 안면이 있어도 인사를 하지 않고 지나치는 일이 예사가 되었다. 이웃이 더 이상 공동체 역할을 하지 못하고 있음을 단적으로 보여

11_ 한국의 경우 골목에 아이들이 사라지기 시작한 것은 대략 1980년대 말 이후 자동차 보급이 급속하게 진행되고, 아울러 비슷한 시점에 조기 유아교육, 초등학생들의 사교육이 극성을 부리기 시작하면서부터다.

주는 모습이다. 같은 골목에 살면서도 이웃에 대해 전혀 또는 거의 모르는 상태에 이르게 되면, 이미 범죄학이 요구되는 상황이 된 셈이다. 어느 날 경찰이 내 집 문을 두드리며, 옆집 주인이 사망한 지 오래되었다며 아는 것이 있느냐고 묻는다. 그런 질문에 대해 아는 것이 없는 사람들이 사는 이웃 관계라면 이미 공동체라고 하기 어렵다.

골목이 좁다는 것은 그것이 협소한 구역을 이룬다는 말이다. '골목'은 골(谷)이 목을 이루는 곳으로서 좁은 공간을 가리킨다. 여기서는 그래서 행세하는 사람도 '골목대장'에 불과하다. 골목대장은 으스대는 것이 특징이지만 그것은 그의 협량함을 보여줄 뿐이다. 그래도 골목에서는 그런 태도, 습관, 관행이 통용된다. 골목에서의 상식과 습속은 곧잘 편협성, 편벽성의 모습을 띠곤 하는 것이다.

다산 정약용이 귀양살이를 할 동안 아들들에게 보낸 편지를 보면, 서울에서 벗어나서 살아서는 안 된다고 가르치는 내용이 있다. 처음에 그 글을 읽고 나는 다산도 어지간히 서울 중심적이고, 권력 지향적이었구나 하는 생각을 가졌던 것 같다. 그러다가 생각이 좀 바뀐 것은 그가 살던 조선 시대는 서울을 조금만 벗어나면 책을 구하기도 어렵고 세상 돌아가는 꼴 파악하기도 극히 어려운 상황이었을 것임을 깨닫게 되면서부터다.[12] 당시 서울은 권력의 중심일 뿐만 아니라 선진적 삶을 살기 위한

12_ 1801년 중국에서 돌아오던 길로 함경도 유배생활에 처해진 박제가에게 "가장 큰 고통은 볼 만한 서적과 제대로 된 문방구를 구할 수 없다는 점이었다. 박제가는 이웃에 사는 초시에 막 합격한 진사에게서 『규장전운(奎章全韻)』과 사서(四書)를 빌려 볼 수 있었고, 주약조(朱若祖)란 사람이 향교의 서적을 관리하게 되자 그를 통해 삼경(三經)의 대전본(大全本)을 구해 볼 수 있었다. 박제가는 몇 번이고 집에 있는 『주자전서(朱子全書)』나 경서의 주소본(注疏本)을 떠올렸지만 수십 책에 이르는 무거운 책을 유배지까지 옮길 방법이 없었다. 어렵게 구한 서적을 읽게 되자 기록하고 싶은 것이 생겼는데, 이제는 종이와 붓을 구하기가 어려웠다. 박제가는 자식들에게 편지를 보내 붓과 먹, 줄이 쳐진 공책을 보내라고 당부하는 수밖에 없었다"(김문식, 2008). 같은 글의 필자는 "조선은 서울에서 수십 리를 벗어나면 황량해진다"라는 정약용의 말도 인용하고 있다.

교두보이기도 했을 것이다. 사람은 나면 서울로 보내고, 말은 나면 제주로 보낸다는 말이 나온 것은 지방에만, 골목에만 있을 경우 더 큰 세상의 이치를 깨닫기 어렵다는 인식의 발로였을 것으로 이해된다.

골목 안에서는 텃세가 통하는 법이다. 텃세란 익숙함 즉 고장의 멧장과 그 결을 잘 아는 것에서 나온다. 카펜터의 연구에 따르면 거세당한 비둘기는 사회적 위계가 낮지만 그런 비둘기도 자기 영토에서는 정상적인 수컷과 경쟁을 해서 이기는 경우가 많다고 한다(Carpenter, 1958; Hall, 1990: 9에서 재인용). 대처에 나가서는 큰 힘을 쓸 수 없는 사람도 골목 안에서 곧잘 큰소리를 치는 것은 자신이 속한 골목 안 형세를 잘 알기 때문이다. 그러나 이런 이유 때문에 골목은 습관이 쉽게 폭력으로 작용할 수 있는 곳이기도 하다. 골목은 '어깨'가 지배하기 좋은 곳이고, 연약한 자들에게 공포의 공간이 되기 십상인 것이다.

그렇더라도 골목은 도시에서 이웃을 만들 수 있는 중요한 요건에 속한다. 아파트 단지에서 옛날과 같이 이웃과 아주 긴밀한 인간관계가 형성되지 않는 것은 골목이 없기 때문이라고 볼 수도 있다. 오늘날은 그런데 골목이 거의 사라지고 말았으며, 거리가 이제는 골목의 몫을 대신하는 것처럼 보인다. 그러나 거리는 공동체적 삶을 구가하기에는 너무나 깊이 자본의 논리에 빠져 버렸다고 봐야 한다. 사람들은 거리에서는 소비자로서만 행동하고 있을 뿐이기 때문이다. 이제는 거리에서 이웃을 만들기가 불가능하지는 않더라도 쉽지는 않다.

왕도—정복과 지배의 길

18세기 후반 박제가는 조선에 넓은 길이 없는 것은 수레가 없기 때문이라고 지적한 바 있다. 그는 "수레가 다니게 되면 길은 저절로 만들어"질

텐데, "1만리가 되는 길을 사람으로 하여금 도보로 따라가게 강요하는 일은 오직 우리나라에만 존재한다" 하고, 또 "수레를 이용하여 온갖 물건을 싣기 때문에 이보다 더 이로운 도구가 없"는데, "유독 우리나라에서만 이 수레를 이용하지 않는"다고 한탄했다(박제가, 2003: 27, 28). 박제가의 말대로 수레가 없기는 했지만, 조선에 '영남대로' 같은 나름대로 중요한 길이 없었던 것은 아니다. 영남대로는 서울에서 남쪽 동래까지 난 길로서, 충주 부근, 문경 부근, 선산군 해평면 등지에서는 4내지 8미터 폭을 유지할 정도로 넓었다고 한다. 하지만 그런 영남대로도 문경새재에서 가까운 영강의 동쪽 절벽을 따라가는 '토끼비리' 부분처럼 일부 구간이 가마를 타는 것은 물론이고 말을 타고 지나가기도 섬뜩할 정도로 좁디좁은 곳이 더러 있었다. 전근대 한국에서 가장 중요했던 길을 이처럼 좁게 만든 것은 고의적이었을 가능성이 크다. 한국의 지배세력은 북방 대륙으로부터의 침략과 남쪽 지역의 잦은 민란을 차단하고자 전략적으로 도로망 확장에 소극적이었을 수도 있다. 그런 판단을 하게 된 데에는 수로와 해로가 비교적 잘 발달되어 있어서 세곡 등의 운반에서 큰 불편이 없었던 점도 작용했을 것이다. 어쨌든 이런 사정 등으로 19세기 말까지는 조선에서는 전국적 도로망이 발달되어 있지 않았다.

하지만 세계적으로는 이미 수천 년 전부터 수레가 다닐 수 있는 넓은 길이 조성되어 왔다. 가장 먼저 수레 다니는 길을 건설한 것은 고대 이집트였을 것이다. 중왕조 시대(기원전 2040~기원전 1782년)에 운하 수리를 위한 인구의 노역 동원 기록이 있는 것으로 미루어 볼 때, 이집트에서는 도로 보수를 위해서도 비슷한 조치가 취해졌을 가능성이 높다. 물론 길 대부분은 사람들이 걸어 다녀서 생긴 것으로 "대부분이 흙길이었고, 포장도로는 예외였다"고 한다. 하지만 프톨레마이오스 왕조(기원전 305~기원전 30) 초기의 한 계약서에 '왕도'라는 표현이 나오는 것으로 미루어

당시 사적으로 소유된 길과 함께 공도가 있었을 것으로 추정된다 (Dollinger). 또한 이집트는 주변 국가들과 수시로 전쟁을 치르면서 전투시는 마차를 자주 사용했기 때문에, 말이 끄는 전차가 다닐 수 있는 길을 닦아 사용했을 가능성이 높다.

대규모의 장거리 왕도는 고대 페르시아에서도 조성된 적이 있다. 아케메니드 제국의 다리우스 대제가 재위 시절(기원전 522~486)에 대영토를 확보하고, "페르시아 제국 전역에 정복한 도시들과의 접근을 가능케 하는" '아케메니드 왕도'를 건설한 것이다(Hirst). 이 왕도는 수사와 사르디스를 잇는 길로서, 전장이 2,700킬로미터나 되었다고 한다(Wikipedia, 'Royal Road'). 다리우스는 이 왕도의 원활한 활용을 위해 역전제를 실시함으로써 중앙집권화에 활용한 것으로 평가되고 있다.

고대 중국에서도 기원전에 왕도가 건설되었다. 중국 대륙 거의 전역에 걸쳐 처음 형성된 도로망은 진시황이 건설한 '치도(馳道)'다. 치도는 기원전 220년에 시작하여 진나라의 수도 함양을 중심으로 동남 방향으로 건설된, 오늘날로 치면 전국 고속도로망과 같은 것이었다. 원래 진시황의 전국 순례용으로 건설되었다고 하지만, 먼 지방에서 반란이 일어나면 재빨리 군대를 파견할 목적도 만만치 않았을 것이다. "치도는 보통 도로와 다른 고속도로다. 대체로 보면 각지의 도로 사정이 일치하지는 않으나, 가장 완벽한 치도는 도로 폭이 50미터 가량이고 지면이 높았으며, 여러 층으로 땅을 다지고 쌓아 만들어, 광활하고 평평했다"(李開元, 2007).[13]

고대에 가장 큰 규모로 조성된 도로망은 '로마 공도'다. 이 도로가 건설되기 시작한 것은 기원전 5세기였고, 그 사업은 로마가 제국으로 바뀔

13_ 이 책에서 제출되는 외국어 자료로부터의 인용은 한국어 번역판에서 인용하거나 따로 표시를 하지 않는 한 모두 필자가 한 번역을 사용한다. 중국어 번역은 목포대 중문학과 임춘성 교수의 감수를 받았다.

때까지 5세기 가량 지속된다. 이 결과 로마의 도로망은 고대 페르시아나 중국의 도로망은 물론이고 19세기까지는 세계 어디에서도 유사한 사례를 볼 수 없을 만큼 엄청난 규모가 되었다. 로마 공도는 완벽하게 포장을 한 1급 도로망과 포장을 하지 않고 자갈만 깐 2급 도로망으로 나뉘어져 있었는데, 로마 전성기 시절 이 공도는 모두 합치면 길이가 40만 킬로미터가 넘었고, 포장된 것만 하더라도 8만 킬로미터가 넘었다고 한다(McPherson, 2013: 13). 이 정도라면 "모든 길은 로마로 통한다"는 속담이 말해주듯이 유럽 지역 어디에 있는 도로라 하더라도 결국 로마로 통했을 것이다.

남아메리카의 잉카제국에도 카팍 난(Qhapak Nan)이라는 왕도가 있었다. 잉카제국은 콜럼버스가 '신대륙'을 발견한 시점 최전성기를 맞고 있었는데, 카팍 난은 운송, 교역, 군사, 종교 등의 목적으로 구축한 도로망이었다. 잉카의 도로체계는 전체 39,000킬로미터에 달할 정도로 광대했는데, 이 가운데 오늘날의 에콰도르 키토에서 아르헨티나의 투쿠만까지의 5,200 킬로미터가 왕도에 해당한다. 잉카 왕도에서는 로마나 페르시아, 중국의 왕도에서와는 달리 수레를 이용한 교통수단을 사용하지 않았다. 이는 유럽 문명과 접촉하기 이전 아메리카 대륙에는 철기 시대가 열리지 않았기 때문이다. 잉카 왕도는 대량 수송을 위해서는 마차 대신 라마와 알파카 등의 동물을 이용했고, 급한 수송은 차스키(chasqui)라고 불리는 파발꾼들을 두었는데, 이들이 하루에 주파한 거리는 무려 240킬로미터였다고 한다(Wikipedia, 'Inca road system').

'왕도'는 다리우스 대제가 만든 왕도, 진시황이 놓게 한 치도 등을 가리키기도 하지만 비유적으로는 패도와 구분되면서 바람직한 정치를 의미하기도 했다. 왕도의 중요성을 강조한 것은 유가, 그중에서도 맹자다. 맹자는 "덕으로 인을 행하는 것이 왕이요, 힘으로 인을 가장하는 것이 패"라

고 하며, 하의 우, 상의 탕, 주의 문을 '삼왕'으로 부르며 왕도를 시행한
대표적 지도자로 간주했다.[14] 왕도와 패도가 서로 다르다는 생각은 근대
초 중국의 지도자 쑨원에게서도 확인된다. 그는 20세기 초 일본의 홍기를
보면서, 일본이 서구열강의 패도를 닮지 말고 (당시 볼셰비키 혁명에 성공
한) 러시아의 왕도를 본받아야 한다는 희망을 피력한 바 있다(쑨원, 1997:
174). 유가 전통에서는 이처럼 왕도를 이상적인 사회형태로 생각한 경향
이 농후하지만, 전근대의 사상가들이 모두 그렇게 생각한 것은 물론 아니
다. 예컨대 노자의 경우, 유가가 중요시한 '인'과 '예'를 자신이 이상적인
질서로 본 '도'보다 훨씬 못한 것으로 치부했던 만큼, 왕도를 인정했을
리 만무하다.[15]

　유가가 중시한 정치사상적 의미와는 별도로 물리적인 길 형태로서
왕도의 의미를 확인해볼 필요가 있다. 왕도가 뚝방길이나 골목과 주요하
게 다른 점은 무엇보다 그 규모에서 찾아야 하겠지만, 아울러 그것이 공로
의 역할을 했다는 데서도 찾아야 한다. 진시황이 조성한 치도는 그의 전용
이었다고 하고, 신하와 왕족도 사용할 수 없게 했다는 설도 있지만, 수천
킬로미터나 되는 길을 황제 혼자 이용했을 리는 없다. 병력과 군량, 마초
를 운송하는 데, 급한 명령을 하달하는 데 사용되기도 했을 것이다. 다리
우스 대제가 주도한 아케메니드 제국의 왕도는 중간 중간에 역전을 두고,
교통과 징세, 그리고 군사용으로 사용된 것으로 전해진다. 로마의 공로도
비슷한 용도로 사용되었다. 왕도는 그래서 그것을 건설한 사회의 공적인

14_ 반면에 패도의 대표주자로는 제나라의 환공(齊桓), 진나라의 문공(晉文), 진나라의 목공(秦穆),
　　송나라의 양왕(宋襄), 초의 장왕(楚莊)이 꼽힌다. 순자는 오패를 제환공, 진문공, 송양공 이외
　　에 오의 합려, 월의 구천으로 꼽기도 했다(中華百科全書, '霸道' 참조).
15_ 노자에 따르면, "도를 잃은 후에 덕이 있고 덕을 잃은 후에 인이 있고 인을 잃은 후에
　　의가 있고 의를 잃은 후에 예가 있다"(老子, 『道德經』: 제38장). 유가에서 소중하게 여기는
　　인과 의, 예는 여기서 도와 덕에 비해 부차적인 것으로 치부된다.

통로 역할을 했다고 할 수 있다. 페르시아의 다리우스가 놓게 했건, 중국의 진시황이 놓게 했건 왕도는 지배권력 체제의 유지와 재생산을 위해 작용했고, 따라서 사사롭게 사용될 수 없는 것이었다.

오늘날의 공공 도로는 그래서 대부분 왕도의 후예인 셈이다. 도로는 이제 대부분 만인이 공통으로 사용할 수 있는 길, 즉 공로로 작용하고 있다. 하지만 그렇다고 하더라도, 오늘날 도로가 이상적인 길 기능을 수행하고 있는지는 의문이다. 현대 도로가 공로가 되어 '왕도' 역할을 한다는 것 자체가 문제라는 지적도 가능하다. '왕도'가 '패도'에 비해 더 나은 점이 있다고 해도, 특정 개인 또는 그를 중심으로 한 집단을 권력 중심으로 설정한다는 점에서 '왕도' 개념은 이미 위계적인 질서를 전제하고 있는 셈이다. 오늘날 공로로 사용되는 수많은 도로도 지난 수백 년 간 인류 사회가 자본주의의 지배를 받아왔다는 사실에 의해 규정되고 있다고 봐야 하며, 그에 따라 공로의 주된 기능은 자본의 지배를 실현하는 것이라고 할 수 있다. 이런 점은 오늘날의 도로가 거의 전적으로 자본 축적과 그 조건 개선을 위해 사용되고 있다는 데서 단적으로 확인된다. 이런 점과 관련해서는 7장에서 다시 살펴보겠다.

신작로와 환등상

오솔길과 당나귀길, 골목길 같은 길은 '신작로'가 되기 어렵다. 오솔길이야 말할 것도 없고, 당나귀길과 골목길도 통상 오랜 역사를 지닌다는 점에서 신작로 즉 새로 만들어진 길로 여겨질 일이 드물 것이기 때문이다. 반면에 왕도는 처음부터 신작로로 출현했다고 볼 수 있다. 진시황의 치도든 다리우스 대제의 왕도든, 또 로마의 공로든 모두 이미 그 전에 있던 길을 넓히거나 아니면 아예 새로 깔아 만들었을 것이기 때문이다. 다음은 위키피디어 중국어판에서 치도를 설명하는 부분이다. "높은 산을 깎아 평평하게 해야 했고, 산을 허물고 골을 메워야 하기도 했고, 지나는 곳 지세가 험악하고 인적이 드물었으며, 해발 1800미터를 넘는 자오령(子午嶺)도 넘어가야 했지만 둘러가지 않았다"(維基百科, '秦始皇'). 이런 대공사를 통해 치도가 만들어져야 했다면, 그것은 사람들의 눈에 실로 새로운 길, 즉 신작로로 비쳤을 것임이 분명하다.

한국의 경우 '신작로'라고 하면, 주로 동물 이외의 에너지원을 사용하는 신체이동기가 통행하는 길을 일컫는다. 이런 점은 19세기 말까지는 한국에서 수레가 많이 사용되진 않았던 사실과도 관련되어 있을 것이다. 로마나 페르시아, 중국 등에서는 이미 고대에 수레가 다니는 왕도가 신작로로서 대대적으로 조성되었지만, 한국에서 신작로가 본격 출현한 것은 19세기 말이나 20세기 초에 이르러 자동차나 기차가 다니는 도로와 철도가 등장하기 시작했을 때라고 봐야 한다. 한국어에서 '신작로'의 사전적 의미가 "새로 만든 길이라는 뜻으로, 자동차가 다닐 수 있을 정도로 넓게 새로 낸 길을 이르는 말"로 되어 있는 것도 그런 점을 반영할 것이다.

내가 어렸을 적에 신작로는 '큰길'이라고도 불렸다. 수레도 없는 조선 땅에 살던 사람들에게 근대 초기에 나타나기 시작한 신작로는 충분히 큰길로 보였음직하다. 신작로는 통상 마을의 앞에서부터 대처로 향해 나 있었고, 따라서 외지로 나가는 길이면서 외지 문물이 들어오는 길이었다. 신작로의 출현은 어떤 충격을 나타낸다. 특히 그 위로 달리는 자동차와 그 속도가 충격적이었다. 이런 충격은 한국사회가 신작로를 '주체적으로' 생산해 내지 못한 점과 무관하지 않았을 것이다. 수많은 전근대 한국인에게 처음 나타난 신작로는 근대성의 통로였고, 거기서 일어나는 각종 조우는 충격 그 자체였다.

근대성의 충격은 특히 교통수단을 중심으로 하는 근대적 산물을 중심으로 근대적 삶의 체계가 속도를 증가시킨 데서 왔다고 할 수 있겠는데, 신작로의 출현은 일상에 새로운 충격이 느껴지기 시작했다는 말이 된다. 신작로와 더불어 삶의 속도가 증가한 것도 사실이지만, 그와 함께 시각경험에 근본적인 변화가 생겨나기도 했다. 달리는 차에서 바깥을 내다보면 바깥 풍경이 급속도로 바뀌게 되고, 이 결과 파노라마라는 새로운 시각환경을 조성하게 된다. 1877년 일본에 수신사로 갔다가 기차를 처음 타본 김기수는 다음과 같이 쓰고 있다.

> 차마다 모두 바퀴가 있어 앞차에 화륜이 굴면 여러 차의 바퀴가 따라서 모두 구르게 되니 우레와 번개처럼 달리고 바람과 비같이 날뛰었다. 한 시간에 3, 4백리를 달린다고 하였는데 차체는 안온하며 조금도 움직이지 않고 다만 좌우 산천초목 가옥 인물이 보이기는 하나 앞에 번쩍 뒤에 번쩍 함으로서 도저히 잡아 보기가 어려웠다. 눈 깜짝할 사이에 벌써 신교까지 도착하였으니 그 거리가 95리나 왔던 것이다(전우성, 2010에서 재인용).

근대적 시각 환경은 전기로 만들어지는 불빛을 빼고서는 말할 수가 없다. 근대적 시각 환경이 많은 경우 환등상의 형태를 띠는 것은 빨라지기 시작한 삶의 속도가 새로운 불빛과 어우러져 만들어낸 효과에 속한다. 개인적으로 나는 다섯 살 나던 여름 처음으로 한 기차여행에서 지금도 잊히지 않는 기막힌 환등상을 경험한 적이 있다. 여름 장마가 끝난 무렵 저녁 여덟시가 지난 시점이었을 게다. 완행열차에 입석으로 타고 가던 어느 순간 밖을 내다보고 나는 깜짝 놀랐다. 차창 밖의 산들이 온통 불붙고 있지 않은가. 산불은 기차가 한참을 달리는데도 계속 이어졌다. 그러나 나를 더 놀라게 한 것은 기차 안의 누구도 그 산불에 관심을 기울이지 않는다는 점이었다. 산불을 보다가 어른들 표정을 살피다가, 경악과 호기심의 긴 시간을 보낸 그날 밤 이후 나는 오랫동안 그 경험의 혼란에서 벗어나지 못했다. 그날 나는 기차의 실내 전등이 차창에 비친 모습을 보고 산불이 났다고 잘못 생각했던 모양이나, 한참 뒤까지도 당시 서부 경남 일대에 큰 산불이 났으려니 여기고 있었다. 문제의 '산불'이 착각이었을 것이라고 비로소 깨달은 것은 사십대 중반이 넘은 어느 날 옛날 기억이 떠올라 그때 과연 큰 산불이 났는지 신문기사로 확인해 봐야겠다고 생각하면서다.

신작로에 나서는 것은 이처럼 새로운 충격과의 조우를 겪는 일에 속했다. 문제의 그 산불은 그 전까지 내가 보던 불, 즉 달빛이나 별빛, 등잔불, 횃불과는 종류가 전혀 달랐다. 그것은 근대성의 불빛, 기술이 만들어낸 빛, 따라서 어둠을 더 멀리 몰아내 어둠의 존재를 잊게 함으로써 밝음 속에 깃드는 어둠을 보지 못하게 하는 빛, 심란한 이데올로기적 효과를 지닌 빛이었다. 환등상이 화려한 불빛 속에서, 속도의 삶이 지배하는 곳, 특히 소비자본주의에서 그 빛―혹은 현란함, 그래서 어둠―을 발휘하는 것은 그런 이유 때문이 아닐까? 환등상은 밝음 자체라기보다는 어둠의 빛, 즉 어둠을 전제한 빛을 비추는 장치가 아닐까 싶다(강내희, 2008).

신작로가 들어서면서 세상은 급속도로 바뀌기 시작한다. 골목에서 마을 일에 골몰하던 아무개, 뚝방길에서 지나가던 타지인과 시비 붙던 아무개는 신작로에서 버스나 기차를 타고 외지로 떠난다. 한국의 경우 신작로는 시골사람들이 외지, 특히 도회로 떠나는 주된 수단이었다. 신작로는 이런 점에서 외지로부터 와서 사람들을 외지로 흡수해 가는 역할을 주로 했던 셈이다. 근대 초기에 출현한 신작로는 벽지에 사는 많은 사람들로 하여금 단봇짐을 싸게 하는 중요한 계기를 제공하기도 했다. 고향을 떠나는 사람들은 주로 젊은이들이었고, 야반도주를 하는 사람들은 주로 젊은

여성이었다. 1955년 도미도 레코드사에서 낸 <앵두나무 처녀>가 이런
상황을 잘 나타내고 있다. 이 노래의 1절과 3절은 다음과 같다.

앵두나무 우물가에 동네처녀 바람났네,
물동이 호미자루 나도 몰래 내던지고
말만 들은 서울로 누굴 찾아서
이쁜이도 금순이도 단봇짐을 쌌다네.

서울이라 요술쟁이 찾아갈 곳 못 되더라
새빨간 그 입술에 웃음 파는 에레나야
헛고생을 말고서 고향에 가자
달래주는 복돌이에 이쁜이는 울었네.

단봇짐을 쌌을 때 이쁜이와 금순이는 하고 한 날 김 메기에 물 기르기에
시달려야 하는 시골 생활에 진절머리 치고 고향 뜰 생각만 했을 것이다.
그러나 서울은 요술쟁이라, 완행열차 타고 서울역에서 내린 시골 처녀들
은 어느덧 '웃음 파는 에레나'가 되고 만다. 이쁜이에서 에레나로의 변신은
단봇짐 쌌을 때 품었음직한 기대로부터는 너무나 큰 추락이다. 이 노래에
서 이쁜이는 고향에서 찾아 올라온 복돌이라는 의지처가 있는 것으로 그려
지지만, 이 노래의 배경을 이루는 1950년대 시골에서 올라온 처녀들 가운
데 청량리 오팔팔과 같은 유곽으로 갈 수밖에 없었던 이들이 적지 않았다.

기찻길과 항로—자본주의적 생산기계의 가동

오늘날 대중이 이용하는 차를 생각하면 버스가 먼저 머리에 떠오를

가능성이 높다. 이것은 버스가 일상생활 주변에 더 가까이 다가와 있기 때문일 것이다. 반면에 기차가 정거하는 곳은 상당한 인구가 밀집한 지역으로, 기차 타는 일은 버스 이용과 비교하면 드문 편이다. 하지만 기차는 버스보다 더 오래된 역사를 갖고 있다. 기차 같은 이동 수단을 궤도에 올려놓고 움직이는 기술은 수백 년 이전으로 거슬러 올라간다. 유럽에서는 이미 16세기에 수레를 궤도에 올려 인력이나 축력을 이용해 끌며 화물 운반을 했던 것이다. 사람을 운송하는 궤도 수레가 등장한 것은 그 뒤의 일이었는데, 19세기 초에 증기기관차가 등장하기 전까지는 말이 끄는 차량을 궤도 위에 올려 운행하기도 했다.

기차는 다른 어떤 차종보다 탁월한 운반기 역할을 해낸다. 영국에서 운행을 위해 철도가 처음 개통된 것은 1825년이었고, 미국에서 개통된 것은 다음 해인 1826년이다(McPherson, 2013: 43). 영국의 산업도시 맨체스터와 항구도시 리버풀에 처음 철도가 부설된 이후, 기차는 단일 운행을 통해서는 다른 어떤 운반기보다 더 많은 화물과 승객을 실어 날랐다고 할 수 있다. 철도가 부설되기 시작한 뒤로 유럽과 미국을 중심으로 거대한 운송 체계가 만들어지기 시작했고, 이로 인해 인류는 대량 운송이 가능한 새로운 길을 갖게 되었다. 미국의 경우 대평원에 철도가 부설됨으로써 동부 중심의 국가에서 동부와 서부가 공통 생활권을 만들어 내며 삽시간에 대륙국가로 변모했다. 한국도 1899년 경인선이 개통된 뒤로, 특히 1904년 경부선이 개통된 뒤로 거대한 변화를 겪게 된다.

기적소리가 처음 들렸을 때, 그것은 기존의 세계로 틈입해 들어오는 파열음이었을 것이다. 숲속이나 들판을 가로지르는 기차의 모습은 거대한 뱀의 그것으로 기존의 자연적 또는 목가적 평화를 파괴하는 근대기술에 의한 외부로부터의 침입을 상징한다. 기차의 등장은 새로운 시간, 예컨대 "슬리피 할로우로 표상되는 것보다 더 정교하고 복잡한 생활양식"이 펼쳐졌다는 것을 의미한다(Marx, 1964: 15). 레오 맑스는 "귀에 거슬리는 소음은 치열하고 가열된 들뜬 기 쓰기의 이미지를 환기한다"(24)고 지적하고 있다. 기찻길이 닦인다는 것은 자연 속으로 인공적 힘이 틈입하는 것으로, 기존 삶의 방식에 대한 파괴적 힘으로 작용하기 마련이다. 미국에서 서부를 개척하기 위해 처음 한 일이 들소들이 달리던 평원에 기찻길을 놓은 것이다. 지금은 주로 옐로스톤국립공원에서만 서식하고 있지만 들소는 미국의 드넓은 평원 어디서나 볼 수 있는 짐승이었고, 미국의 평원에 살던 인디언 부족의 주된 식량공급원이었다. 그러나 철도 건설 과정에서 들소들은 거의 떼죽음을 당했고, 이와 함께 원주민의 삶의 근거도 크게 파괴되었다.

나는 경인선이 개통된 직후 열차 시승을 해본 조선의 한 기생이 쓴 탑승기를 읽은 적이 있다. 지금 전거를 제시할 수는 없지만, 기차가 너무 빨라 정신이 없었다는 내용이 담겼던 것으로 기억한다.[16] 당시 경인선을 처음 달린 기관차는 미국에서 만든 것으로 최고 시속을 60킬로까지 낼 수 있었으나, 노량진에서 제물포까지 거리는 불과 33킬로미터로 당시 소요시간은 1시간 40분이었다고 하니 시속 20킬로가 채 되지 않았던 셈이다. 이 정도면 몽고군이 유럽 정벌에 나섰을 때 타고 간 말보다 더 느린 속도다. 몽고 초원의 말은 시속 30킬로미터 정도의 속도로 달릴 수 있는 것으로 알려져 있기 때문이다.[17] 하지만 그렇다고 승마 경험을 해보지

16_ 이규태에 따르면, 경인철도 "개통 초창기에는 기차 손님이 없었다. 이에 철도 회사에서는 철로변 장터에 '성주명기 앵금, 평양명기 초선' 하는 식으로 푯말을 꽂고 기생들을 성장시켜 풍악과 소리로 유객"(이규태, 1999)했다. 이런 점을 고려하면 내가 읽은 기생의 철도 탑승기도 충분히 나왔음직하다.

17_ 13세기 몽골인의 침략이 유럽인들로 하여금 공포에 떨게 했다는 것은 널리 알려진 사실이다. "몽골 군단의 임박한 도래는 공포와 공황을 퍼뜨렸다"(Lary, 2012: 49). 몽골군의 침략을 앞둔 유럽인의 공포와 공황은 자신들이 예상하지 못한 속도로 몽골군이 밀어닥쳤기 때문이기도 하다. 몽골군의 기동력은 몽골말에서 나온 것이다. 윈스턴 처칠은 다음과 같이 쓰고 있다. "아시아의 중앙에서 온 이교도 몽골 군단, 활로 무장한 무서운 말 탄 이들이

않은 조선의 여성이 처음 타본 기차의 속도에 놀라지 않았으리라는 말은 물론 아니다.

영국에서 리버풀과 맨체스터를 잇는 철도가 초기에 들어선 데서도 드러나지만, 철도는 내륙의 도시에서 항구도시로 연결되며, 기차에서 내린 승객은 이 항구도시에서 여객선을 타게 되어 있다. 철도와 항로, 특히 증기선 항로는 동시대의 산물인 것이다. 이것은 기차와 증기선이 증기기관이라는 새로운 동력원에 의해 운행되는 이동기계였기 때문이기도 하다. 제임스 와트가 증기기관을 발명한 뒤, 기차와 증기선은 거의 같은 시기에 성능이 개선되기 시작했고, 철도와 증기선 항로도 비슷하게 연결된다. 증기선이 대서양 항로를 오가기 시작한 것은 1827년 영국에서 증기기관을 장착해 건조된 네덜란드 소유의 438톤급 목선 쿠라사오 호가 네덜란드의 로테르담 근처에서 남아메리카 수리남의 파라마리보로 항해한 이후부터다. 1830년대 후반에 이르게 되면, 대서양을 건너는 증기선의 항해가 정기적으로 이루어지는데, 이 항해는 1840년대에 이르러 내륙에서 대규모로 가능해진 철도 운송과 결합된다.

동북아시아에서도 철도와 항로는 긴밀하게 연결되면서 발전했다. 그 단적인 예가 관부연락선의 존재다. 관부연락선이 '여객선' 대신 '연락선'으로 불린 이유가 중요한데, 그것은 그 배가 철도와 항로를 연결하는 역할을 했기 때문인 것으로 해석된다. 한국에서 경부선을 타고 부산에서 배를 탄 사람은 대한해협을 건너 일본의 시모노세키로 들어가 도쿄역으로 가고, 도쿄역에서 배를 탄 사람은 다시 시모노세키에서 배를 타고 부산으로 들어와 경부선을 타면 이때부터 서울을 거쳐, 신의주로, 나아가서 만주,

순식간에 러시아, 폴란드, 헝가리를 덮쳤고, 1241년에는 브레스라우 근처에서 독일인을 상대로, 부다 근처에서 유럽의 기병을 상대로 동시에 궤멸적인 패배를 안겼다"(Churchill, 1999: 7).

안동, 유럽으로까지 갈 수 있었다. 당시 부산과 시모노세키 간의 여객선은 많은 지역들을 연결해 주었기 때문에 '연락선'으로 불렸던 것이다(최해군, 1997: 164; 구인환 외, 2012에서 재인용).

포장도로

포장도로는 고대에도 있었지만, 기술의 발달과 함께 근대에 접어들어 본격적으로 나오기 시작했다. 오늘날 포장도로의 전신은 쇄석도로에서 찾을 수 있다. 쇄석도로가 만들어지기 시작한 것은 18세기에 산업혁명이 전개되면서 안정적인 교통운수에 대한 요구가 커진 시기였다. 쇄석도로는 '머캐덤(macadam)'이라고도 불리는데, 이는 이 도로의 건설 방법을 스코틀랜드의 공학기사 존 라우든 머캐덤이 처음 개발한 데서 유래한다. 이런 길을 중국에서는 '마루(馬路)'라고 부르기도 한다. 중국어에서 '마루'는 차마가 다닐 수 있는 넓고 평평한 도로를 의미하는데, 바로 공로다(百度百科, '馬路').

머캐덤은 어떤 종류의 차량이든 다닐 수 있도록 만든 도로였다. 물론 처음 머캐덤을 주로 오가던 것은 19세기 중반까지도 널리 사용되던 마차였을 것이다. 하지만 머캐덤은 범용도로이기도 했다. 돌을 잘게 깨서 길 위에 깔아 놓아, 기차처럼 몸통이 너무 큰 차량을 제외하면 수레로 가는 웬만한 차량은 다 다닐 수 있었던 것이 머캐덤이었던 것이다. 머캐덤은 19세기 중반까지도 유럽의 대부분 도로망을 지배하고 있었던 로마 공도를 대체했다고 볼 수 있다. 로마 공도는 돌을 간 반면에 머캐덤은 돌을 잘게 깨어 길을 덮었기 때문에 차량 통행 시에 요동을 줄이는 효과도 있었다. 미국에서도 머캐덤 공법이 영국에 처음 도입된 것과 거의 비슷한 시점인 1822년에 분스보로 턴파이크 로드가 완성되었다. 머캐덤 방식의 도로 포장은 1830년대가 되면 프랑스, 러시아, 오스트레일리아, 북미로 퍼져 나가고, 1840년대에는 유럽 전역에서 사용된다(Lay, 1992: 83). 머캐덤은 이후 더 개선되면서 타르를 섞어 만든 타맥 공법으로, 또 콘크리트 포장 공법, 아스팔트 공법으로 발전하기도 했다.

포장도로가 지표면에서 가장 많은 도로 형태가 된 것은 이 결과일 것이다. 포장도로가 모든 도로의 표상으로 치부되면서 흙길로 있는 것이 더 좋을 법한 길마저도 포장도로로 만드는 일도 생겨났다. 한국의 경우 1990년대 초 영화 <서편제>의 한 장면에 나와 사람들의 관심을 끌게 된 청산도의 유채밭 길이 유명세를 타게 되자 이름을 '서편제 길'로 바꾼 뒤 원래의 흙길을 콘크리트로 바꾼 적이 있고, 제주도의 올레길 상당수도 콘크리트로 포장된 것이 그런 경우다. 이것은 20세기를 지나면서 자동차가 마차를 대신하게 되고, 사회적 부와 신분을 갖춘 소수만 사용하던 마차와는 달리 인구 5천만의 한국만 하더라도 이제는 등록된 자동차 수가 2천만대를 넘어설 정도로 많아졌기 때문일 것이다.

포장도로가 중요한 것은 서로 다른 규모의 길들을 연결하는 중요한 매개 역할을 하기 때문이다. 포장도로는 항로와 철도가 서로 연결되면서 구축되는 국가 간, 대륙 간의 교통 네트워크가 개별 지역 내부까지 스며들 수 있도록 해준다. 대도시 내부, 대도시와 지방도시, 지방도시와 작은 마을을 연결해 자본주의적 생산 및 소비 활동이 지구 표면 전체로 흐를 수 있게 해주는 것이 포장도로인 것이다. 포장도로가 이런 역할을 할 수 있는 것은 한편으로는 철도역이나 항구로 이어지고, 다른 한편으로는 도시 내부나 마을의 작은 길들, 골목들과 이어지기 때문이다. 철도와 항로가 자본주의 생산의 대동맥 역할을 하고, 작은 길들이 실핏줄 역할을 한다면, 포장도로는 중동맥, 소동맥 역할을 한다고 할 수 있다.

시골버스길—'전략적' 신체이동기계

오솔길, 당나귀길, 물길만 꾸불꾸불한 것이 아니다. 시골버스를 자주 타본 사람은 알겠지만 버스길도 꾸불꾸불한 곳이 많다. 물론 그 구체적인 형태는 버스가 다니는 지형에 따라 결정된다. 중국의 중원이나 강남 일대, 유럽 대평원, 몽골 대초원, 미국 대평원에서는 버스길이 꾸불꾸불할 일이 별로 없다. 하지만 평원 지대에서도 구릉이나 하천, 늪지대 등을 가로지르거나 피하기 위해 또는 하천을 따라 가기 위해서는 버스길도 만곡한 모습을 띠기 마련이다. 언덕이나 산이 펼쳐진 곳을 지나는 버스길은 따라서 더욱 꾸불꾸불해지게 된다. 한국의 경우 산악지대가 많아 사정이 더 심한데, 예컨대 경남 함양과 전북 장수를 이으며 덕유산과 백운산 사이에 있는 육십령, 경북 문경의 새재, 강원도 인제의 한계령을 넘는 차도는 모두가 굽이굽이 길로서 이런 곳을 올라가는 시골버스는 짐 싣고 산을 올라가는 당나귀 못지않게 뒤뚱거리곤 한다.

당나귀길이나 오솔길, 산길, 물길은 사람이 모두 몸이 움직여 가게끔 만들어진 길이다. 이런 길의 모습을 결정하는 중요한 요인의 하나는 사람과 짐승의 몸놀림을 제약하는 산의 등고선이나 강의 만곡함 같은 자연적 지형이다. 버스길이 때로는 당나귀길과 비슷한 모습을 지니게 되는 이유는 자동차 역시 동물처럼 '몸'을 가진 물체라는 데 있을 것이다. 덕유산이나 지리산, 설악산과 같은 큰 산을 통과하는 도로는 산세와 자동차 차체의 무게 등 길과 그 길을 다니는 운반기의 신체적, 물리적 조건을 감안해야만 한다.

그러나 버스길은 오솔길, 산길, 물길, 당나귀길, 코끼리길 등과는 근본적으로 다른 기능을 갖고 있기도 하다. 이들 길은 주로 사람이나 짐승, 사물의 '몸'에 의해 만들어진다. 차마고도와 같은 당나귀길의 경우 수천년 세월을 거치는 동안 새로운 산길, 새로운 강변길을 개척해야 하는 과정에서 사람들이 도구를 이용해서 조성했을 것이 분명하다. 산길의 경우 오솔길, 소롯길이 아닌 경우에는 길을 넓히기 위해 괭이, 삽, 곡괭이 등이 사용되기 마련이다. 하지만 버스길의 경우는 이런 전근대적 도구와는 다른 차원의 기계들 즉 근대적 기계들을 동원해 건설한다. 버스길을 조성할 때는 인력을 사용하는 도구들과는 달리 석유와 같은 다른 동력원에서 나오는 에너지로 작업하는 도구, 즉 기계를 사용하는 것이다.

그뿐만 아니라 버스길은 '전략적'인 공간생산의 산물이기도 하다. 공간의 전략적 이용은 자본주의적 추상공간의 조성으로 이루어진다. 앙리 르페브르는 19세기 중엽 파리 시가지를 새롭게 재편한 조르주외젠 오스만의 작업에 대해 다음과 같이 말한 바 있다.

> 오스만이 전략적인—따라서 전략의 관점에 따라 계획되고 경계 정해진—한 공간을 강요하기 위해 파리의 역사적 공간을 파괴했다는 것은 여러 번 지적된 바 있다. 비평가들은 그러나 오스만이 이렇게 치명상을 입힌 그 공간, 거리들과 통로들로 이루어진 그 이중적 네트워크가 제공하는 드물고 고도의 질적인 복잡성에 의해 특징지어지는 한 공간의 자질에 대해서는 주의를 제대로 기울인 것 같지 않다. 실제로 전체적인 시각화(즉 극단으로 수행된 '시각적 논리')와 국가 관료제의 전략이라는 의미의 '사회 논리' 사이에 완벽한 대응이 일어날 수 있다는 것이 상상가능한가? 그와 같은 조화는 있을 법 하지 않아 보인다. 사실이라기에는 너무 깔끔한 일치다. 그러나 오스카 니마이어의 브라질리아가 꼭 들어맞는 예다(Lefebvre, 1991: 312).

시골버스가 당나귀처럼 산모롱이나 들판 사이를 뒤뚱거리며 가는 모습에서 한량없는 친근감을 느끼곤 하는 사람이라면, 르페브르가 여기서 말하는 '전략'과 버스길 사이에는 아무런 관계가 없다고 생각할 가능성이 높다. 더구나 20세기의 대표적인 계획도시 브라질리아와 시골버스가 다니는 농촌풍경 사이에는 얼마나 큰 간극이 있어 보이는가? 하지만 버스가 다니는 길도 엄연히 르페브르가 말하는 '전략적인 한 공간'에 속한다. 이 공간은 오스만이 파괴한 '역사적인 그 공간'을 파괴하고 들어선 자본주의적 공간, 즉 추상적 공간이다. 시골버스길은 아무리 정감 가는 풍경이라 하더라도 그래서 자본주의적 교통체계, 전국적 도로망 구도 속에 들어있다고 봐야 한다. 시골버스길 또한 국가 관료제의 전략이 작동하는 '사회논리'와 특정한 사회의 공간 전체를 위에서 내려다보는 '시각적 논리' 사이에 어떤 중요한 일치가 작동하는 지점인 것이다.

19세기 말, 20세기 초부터 한국에 등장하기 시작한 신작로도 그런 예에 속한다. 일제강점기 초부터 건설되기 시작한 '신작로'는 제국주의적 침략의 중요한 수단으로 사용되기도 했다. 일제가 조선을 강점한 뒤 한 일 중 하나가 조선 각지 구석구석까지 들어가 자원을 수탈한 것으로, 시골버스길을 포함한 도로망은 이때 수탈을 위한 필수적 조건이었다. 한 예가 '태평양전쟁' 말기에 이르러 군용기에 쓸 석유가 부족해지자 소나무 껍질을 도려내 송진과 관솔을 채취한 것인데,[18] 이런 수탈 행위를 조선반도 전역에 걸쳐 추진하기 위해서는 반드시 도로망이 필요했을 것이다. 일제 강점기부터 등장한 버스나 트럭은 그런 점에서 제국주의 지배와 긴밀하게 연결되어 있었다고 봐야 한다.

그렇다면 오늘날 버스길은 어떤 역할을 하는 것일까? 한국 자본주의가 성장하며 더욱 정교한 도로망이 형성된 가운데, 시골버스길은 자본주의적 도로망에서 '실핏줄 길'과 '(대)동맥 길' 사이를 잇는 거중 역할을

18_ 일제는 송탄유 확보를 위해 조선 일대에서 소나무 관솔과 송진 채취를 강요한다. "송탄유 수탈이 자행된 시기는 1937년 중일전쟁 이후부터 해방직전까지의 7-8년가량으로, 특히 1941년 7월 미국의 석유수출 금지로 연료의 수급문제가 불거지면서 무차별적으로 행해졌다"(박원철, 2010: 2).

하는 것으로 여겨진다. 실핏줄 길에 해당하는 것이 오솔길, 골목길, 뚝방길, 복도, 통로 등 사람들이 일상생활을 하며 주로 걸어서 다니는 길이라면, '(대)동맥 길'은 고속철도, 고속도로, 간선도로, 국도 등이라고 할 수 있다. 시골버스길은 실핏줄과 동맥에 해당하는 이들 상이한 차원의 길들을 중간에서 이어주면서 20세기 이후 만들어진 대중사회의 생산과 소비의 마디들을 연결하는 역할을 한다. 농어촌 마을의 인구를 지방 행정 도시로, 고속도로가 있는 지점으로 연결해 전국적 수준의 신체이동이 가능하도록 하는 매개 역할을 하는 것이다.

고속도로와 항공로─길의 직선화

물길, 오솔길, 당나귀길처럼 물, 짐승, 사람 등 자연물이 다니는 길과는 달리 자동차와 같이 일단 인공적 운반기계가 등장하면 길의 직선화는 거부하기 어려운 경향으로 바뀐다. 내 고향인 경남 의령에서 버스로 함안으로 갈 때는 내가 어렸을 적에는 정암강─남강의 현지 이름─을 건너기 위해서는 버스에서 내려 버스와 함께 배를 타야 했다. 이후 강을 잇는 2차선 다리가 놓이면서 길이 좀 곧아지더니 최근에는 다시 4차선 다리를 놓아 훨씬 더 직선 형태로 바뀌었다. 이 4차선 다리를 놓을 때 진행된 길의 직선화는 선산 훼손을 막으려는 지역 유지의 반대를 물리치고 주변 산을 허물어가며 이루어졌다.

이런 일은 영동고속도로의 변천사에서도 확인된다. 이 고속도로가 만들어졌을 때 대관령을 넘어 강릉으로 가는 길은 여느 시골버스길과 다를 바 없었다. 대관령은 산세가 험해 고속도로라도 꾸불꾸불한 모습을 띨 수밖에 없었던 것이다. 하지만 2001년 횡계-강릉 간 구간이 새롭게 개통되어 더 한 층의 직선화가 이루어진 뒤, 영동고속도로는 이전의 모습과는 판이하게 달라졌다. 직선화가 이루어지는 것은 물론 운행 시간을 줄이기 위함이다. 90미터 높이의 성산2교 등 수많은 다리를 놓아 직선화를 이룬 횡계와 강릉 간 구간이 새롭게 개통된 뒤 서울-강릉 간 주행시간은 3시간 30분에서 2시간 30분으로 단축되었다.

고속도로는 말 그대로 속도를 높여서 달릴 수 있게 하는 길이다. 고속도로 건설은 새로운 운행체계의 도입을 의미한다. 고속도로가 한국에 처음 도입된 것은 경부고속도로가 개통된 1970년이다. 이후 호남고속도로, 영동고속도로 등이 증설되어 지금은 10분 정도면 전국 어디서나 자동차로 가까운 고속도로에 닿을 수 있을 만큼 도로망이 확장되었다. 이로 인해 우리의 이동방식도 질주의 그것으로 크게 바뀌었다.

'질주하는 사회'의 등장은 대규모 동원이 일상적으로 이루어지는 사회적 명령이 발동한다는 말일 것이다. 이와 관련하여 고속도로 조성은 독재자가 곧잘 하는 일임을 기억할 필요가 있다. 독일에서 오늘날까지 사용하고 있는 아우토반은 히틀러가 만들었고, 1970년대 준공된 경부고속도로 건설은 박정희의 명령에 의해 이루어졌다. 고속도로 조성과 같은 대규모 사업은 사회적 위기관리의 필요성에 의해서 진행되는 경우가 많다. 1930년대에 미국에서 뉴딜 정책이 펼쳐졌을 때 일어난 대대적 공공사업이 한 예다. 뉴딜 정책은 1929년에 밀어닥친 대공황이라는 전대미문의 위기 상황을 자본주의적으로 극복하기 위한 선택이었다고 할 수 있다.

고속도로는 항공로와 짝을 이루는 것으로 생각된다. 고속도로의 출현은 진시황의 치도나 로마 공도의 시대 즉 고대로 올라가지만,[19] 오늘날의 고속도로는 기차의 시대에 뒤이어 자동차 시대가 펼쳐진 뒤, 그것도 자동차가 전국적 이동을 하기 시작한 뒤에 나타난 길의 형태다. 고속도로가

19_ 중국어판 위키피디어는 치도에 대해 "현대의 고속도로와 유사하다", "감히 2천 년 전의 군용고속도로라 할 수 있다"는 평가를 내린다('秦始皇' 항목 참조).

등장하는 것과 거의 비슷한 시기에 항공로가 중요한 길의 형태가 되는 것은 이제 원거리 여행을 하는 사람들이 많아졌다는 것을 말해준다. 원거리 여행이 늘어난 것은 서로 다른 지역들 간에 긴밀한 연계망이 생겼다는 것, 지역들을 개별 생산 단위로 가진 국가 단위의 생산 기계가 가속도를 내며 국가, 지역, 대륙 등의 경계를 넘어 서로 밀접하게 연결되어 작동하기 시작했다는 것을 의미할 것이다.

고속철도—사이공간의 소멸

고속도로의 출현과 확장으로 길 위에서의 속도는 가속도가 붙기 시작했지만, 오늘날의 관점에서 본다면 진정한 속도가 확보된 것은 고속철도가 등장한 뒤부터라고 할 수 있다. 한국의 경우는 고속도로, 고속버스가 생기면서 전국으로의 손쉬운 출장이나 연결이 가능해졌다. 그러나 고속버스나 기차는 아무리 빨라도 시속 100킬로미터 정도밖에는 달리지 못한다. 반면에 고속철도는 시속 200킬로미터, 300킬로미터를 주파할 수 있는 열차를 선로 위에 올려놓을 수 있다. 한국에서 최초로 도입된 경인선을 달린 기차는 시속 30킬로미터도 채 되지 않았는데, 오늘날 한국의 고속열차인 KTX는 300킬로미터를 주파할 수 있으니, 기차는 도입된 지 100년이 좀 넘은 시점에 열 배나 빠른 속도를 내게 된 셈이다.

항공로, 고속철도는 모두 인간 신체의 초고속 이동을 가능케 하는 기계에 해당한다. 신작로가 만들어질 때 이미 생기기 시작한 현상이지만, 새로운 길 특히 더 높은 속도를 내기 위해 만들어지는 길은 기존의 길을 파괴하는 경우가 많다. 이런 현상은 고속도로와 고속전철이 조성되면서 훨씬 더 심화된 형태를 띠게 되었다. 고속도로가 확장됨으로써 이미 보여준 경향이지만, 이로 인해 발생하는 효과의 하나가 사이공간의 사라

짐이다. 서울역에서 떠나 천안역과 동대구역에서 쉬고 부산진역에 도착하는 고속전철을 탄 사람에게는 이들 역 사이에 있는 지역들은 존재하지 않는 것이 된다. 나는 개인적으로 고속철도를 타고 가면서 휴대용 노트북컴퓨터로 인터넷을 하고 가는 사람들을 종종 봤는데, 그런 사람들에게는 창밖의 지역은 완전히 관심 밖일 것이다. 고속철도가 놓이면서 생긴 우려스런 변화의 하나는 그래서 고속열차가 스쳐지나가는 곳은 말할 것도 없고, 정거하는 역이 있는 도시마저도 공동화 현상을 드러내기 시작했다는 사실이다. 그런 현상은 천안, 대전, 대구 등 중간 역에 거주하는 사람들이 각종 상품과 서비스 구매를 위해 대거 서울로 모여들게 되면서 생긴다고 하겠다. 같은 현상은 서울과 함께 고속전철의 또 다른 종착역인 부산에서도 일어나고 있다고 한다. 부산은 한국 제2의 도시이지만 서울과의 고속열차 탑승 거리가 두 시간여로 단축되고 서울이 부산의 일일 생활권으로 부상하면서, 부산의 상권까지도 영향을 받게 되었다는 것이다.

정보고속도로―신체 없는 이동의 길

끝으로 살펴볼 길 종류는 최근에 등장한 길 형태 가운데 가장 주목할 것으로, 정보고속도로다. 정보고속도로의 출현은 어떻게 보면 길이 그 진화의 마지막 단계에 이르렀음을 말해주는 것인지도 모른다. 길이 신체 이동기계 또는 이 기계의 물적 기반이라면, 정보고속도로는 특이한 형태의 이동기계인 셈이다. 다른 길들은 인간의 신체를 물리적으로 이동시키지만, 정보고속도로를 통해서는 우리 신체가 직접 이동하지 않는다. 컴퓨터 앞에 앉아서 인터넷으로 월드와이드웹을 검색할 때 우리의 신체는 월드와이드웹 안이 아니라 바깥에―즉 컴퓨터 앞에 또는 모바일 폰을

들고 길거리 위나 지하철 안에—위치해 있다. 이런 점에서 정보고속도로를 과연 이 책에서 우리가 다루고 있는 '물리적 길'의 범주에 넣을 수 있느냐는 의문도 제기될 법하다. 정보고속도로에의 신체적 참여는 가상적일 뿐이기 때문이다. 하지만 정보고속도로가 물리적 측면을 전혀 갖고 있지 않은 것은 아니다. 정보고속도로는 광섬유 케이블을 기반으로 구축되며, 세계 어디서나 인터넷 사용이 가능하기 위해서는 이 광케이블이 태평양, 대서양 등 대양 해저나 사막 등을 가로질러 부설될 필요가 있다. 무선 컴퓨터 사용도 우리 생활공간 부근의 통신 기지국까지 광케이블망이 연결되어 있어서 가능하다. 그렇더라도 정보고속도로에서 일어나는 '신체이동'은 특이하다고 봐야 한다. 여기서 우리의 이동은 이동 없는 이동인 셈이며, 가상적인 이동이다. 하지만 어쩌면 바로 이런 점 때문에 정보고속도로는 오늘날 신체적 이동을 총괄하고 지휘하는 역량을 더 효율적으로 발휘한다고 할 수도 있다. 이와 관련해서는 아래 장들에서 조금 더 자세하게 다룰 기회가 있을 것이다.

길에는 여기서 언급한 것들 이외에도 많은 종류가 있다. 나는 상어, 고래 등 바다 동물이 다니는 길이나, 곤충이나 철새 등 공중을 나는 동물이 다니는 길에 대해서는 전혀 언급하지 않았다. 나비와 같은 곤충, 제비와 같은 작은 새도 해마다 수천 킬로미터의 거리를 이동하고, 혹등고래의 경우는 연간 2만5천 킬로미터를 이동하는 것으로 알려져 있다. 하지만 내가 관심을 기울이고자 하는 것은 인간이 만든 길이다. 물론 그렇다고 이 장에서 언급한 길들이 인간이 만든 길을 모두 포괄하는 것은 아니다. 예컨대 나는 '도시 거리'에 대해 따로 언급을 하지 않았는데, 사실 거리야말로 오늘날 가장 중요한 길 형태에 속한다고 봐야 한다. 최근에 들어와서 도시화가 부쩍 심화되는 과정에서 갈수록 우리의 일상에 대한 지배력을 높이고 있는 것이 도시 거리 아닌가. 나름 매우 중요한 길 형태인데도 여기서 제대로 다루지 못한 길은 더 있을 것이다. 나는 항공로에 대해서도 그다지 자세한 언급을 하지 않은 편인데, 항공로는 고속도로, 고속철도 등 20세기 이후 새로 나타난 길들과 함께 신체의 고속이동에 핵심적인 역할을 하는, 그 나름의 논의가 필요한 길 형태다. 하지만 여기서 모든 길을 하나하나 다 자세하게 다룰 수는 없기 때문에, 지금까지 언급한 길들의 연원이나 특징을 염두에 두고 다음에서 길의 역사를 다시 살펴보고자 한다.

제 3 장
몸길 내기

    사람들을 포함해 큰 짐승들이 사는 곳에 길이 생기는 것은 그런 곳에 길을 만들 물질적 기반이 있기 때문이다. 우리는 통상 자신이 육중한 짐승임을 인식하는 경우가 드물다. 하지만 무게가 50킬로그램 이상 되는 통나무나 돌이 반복적으로 같은 땅 위를 움직이고 있다고 생각해보라. 이 정도의 물체가 장시간 압력을 가하는데 지표면에 자국이 남지 않는다면 그것이 오히려 이상한 일일 것이다. 최초의 길은 체중이 무거운 동물이 계속 땅을 딛고 다녀서 흙이 드러나고 다져진 모습에 해당한다. 인간과 같은 무거운 짐승들과 그들의 몸이 없었다면, 길도 따라서 생기지 않았을 것이다.

    길은 이렇게 우리 몸에 의해 만들어지지만, 우리 몸 위에서도 길이 만들어진다는 점을 기억할 필요가 있다. 우리의 몸은 이때 그 위에 길이 나는 땅과 다를 바가 없다. 흔히 쓰는 '어머니 대지'라는 은유가 그런 점을 확인해 준다. 대지를 어머니라고 하는 것은 그것이 어머니의 몸이라고 하는 것과 같다. 다시 말해 몸이 곧 대지라는 말이다. 길은 모두 지구 표면에서 형성되는데, 이때 지구는 그 자체 몸의 구실을 하는 셈이라고 볼 수 있다. 지구는 우주에 떠있는 천체로서, 허공과는 구분되는 신체에 해당한다는 말이다. 지구가 그런 신체를 가지고 있지 않았다면, 지표면에서 길이 형성될 수는 없었을 것이다. 물론 정보고속도로와 같은 전적으로 새로운 물질성을 지닌—심지어 비물질적인 것으로 간주되기도 하는—길이 형성되었다는 점을 생각하면, '몸'을 새롭게 개념화하는 것도 필요할는지 모른다. 정보고속도로에는 인간의 몸이 직접 참여하지 않고 가상적 몸이 참여한다고 할 수 있다. 하지만 그렇다고 하더라도 이미 신체적으로 구성된 인간의 몸을 무화할 수는 없는 법이다. 우리 인간의 몸을 그 위에 길이 날 수 있는 장소로 여기는 것이 그래서 과히 이상한 일은 아닐 것 이다.

인간의 몸, 신체에 길이 생긴다는 것은 무슨 의미인가? 그것은 지구라는 신체에 길이 생기는 것처럼 우리 몸에도 길이 생긴다는 말이다. 길은 육중한 몸을 가진 인간-짐승이 자주 다니는 곳에서 나무나 풀이 밟히고 꺾이며 사라지고, 이윽고 흙이 드러나며 다져지는 방식으로 생기게 된다. 하지만 길은 인간들의 몸 쓰기만으로 만들어지는 경우보다는 그들이 도구를 사용해 땅을 긁거나 파내고 다져서 만든 경우가 더 많다. 몸에서 길이 난다는 것 즉 몸길이 생긴다는 것은 이런 과정이 몸에서도 일어난다는 말이다. 길이 새겨지는 지구가 우주적 신체라면, 몸길이 새겨지는 인간의 몸은 소우주적 신체에 해당한다. 이 장에서 나는 이런 생각에 근거해서, 우리 몸에 만들어지는 길에는 어떤 것들이 있는지 살펴보고, 이런 몸길 내기가 우리 자신을 특정한 주체 형태로 형성하는 데 어떤 작용을 하는지 알아보고자 한다.

몇 가지 몸길

우리 몸에는 어떤 길이 있는 것일까? 예컨대 숨길이 있다. 이 길은 숨이 드나드는 길로서, 우리의 목숨 유지와 긴밀하게 연결되어 있다. 날숨과 들숨을 어떻게 조정하느냐, 즉 숨길을 어떻게 제어하느냐가 사람에게는 매우 중요하다. 한국을 포함한 동북아시아 여러 곳에서 단전호흡법이 발전하고, 인도에서는 요가가 발전한 것은 숨길의 관리가 중요함을 깨달은 결과일 것이다. 숨길이 중요하다는 것은 우리가 첫 숨을 들이마시면서 시작한 삶을 마지막 숨을 내뱉으면서 마감한다는 사실에서 확인된다. 사람의 한 평생은 결국 숨 한 번 크게 쉬고, 혹은 겨우 한숨 한 번 쉬고 가는 셈 아닌가. 이 숨을 제대로 잘 쉬려는 것이 숨길 고르는 일일 것이다.

단전호흡 등 숨길 수련의 전통이 곧잘 종교적인 색채를 띠는 경향이 있는 것도 이런 점과 관련된 것이 아닌가 싶다. 단전호흡을 하면 자연스럽게 명상에 들어감으로써, 사람들은 평상시와는 다른 마음 상태를 경험하는데, 이런 경험이 곧잘 종교적 체험으로 연결되곤 하는 것이다. 하지만 이 말은 종교적 체험이 바로 신체적 체험에 속한다는 말이기도 하다. 숨길 고르기를 통해 이차원(異次元)의 세계를 경험하려고 시도하는 것은 '정신적' 또는 '영적' 세계가 신체적 단련을 통해 열림을 전제하는 것으로, 종교란 것이 인간이 신체적 존재라는 사실에 그 기원을 두고 있음을 말해준다고 하겠다.

사람 몸에 난 길은 물론 숨길만이 아니다. 그 밖에도 발길, 손길, 눈길 등이 있다. 발이 가는 길, 손이 가는 길, 눈이 가는 길은 모두 중요하다. 발길은 이미 말한 대로 직립 보행 이후 인간이 인간으로 되는 길을 가리키지만, 아울러 사람들의 습속을 가리키기도 한다. 한국 전설에서 신라의 삼국 통일에 공헌한 김유신이 젊은 시절 자신의 말 머리를 잘랐다는 이야기는 유명하다. 그는 애마가 유녀 천관녀의 집으로 자꾸만 향하자, 말의 발길이 자신의 그동안 생활 태도를 나타낸 것임을 알고, 과거의 습속과 단절하고자 말의 목을 쳤다고 전해진다. 발길을 조심해야 한다는 교훈은 백범 김구가 자주 인용했다는 서산대사의 한시에서도 나오고 있다.

눈 쌓인 벌판 걸을 적에(踏雪野中去)

함부로 걷지 마시라(不須胡亂行)

오늘 내 발자국(今日我行跡)

뒤 오는 사람 길이 되리니(遂作後人程)

여기서도 발길은 습속으로 이해된다. 눈 덮인 벌판에 생긴 첫 발자국은 물론 아직 습속을 이룬 것이 아니다. 그러나 그것이 지침이 되어 다른 사람들의 발길이 되면, 이야기는 달라진다. 눈밭에 난 발자국은 뒤에 오는 사람이 따르는 길이 되고, 이 길은 관행이 되는 것이다. 백범은 이 한시를 자주 썼던 것으로 알려져 있다.

한편 손길은 손이 자주 가는 길, 손이 하는 일을 가리킨다. 손은 무엇보다도 인간의 손이다. 발로 걷는 일은 다른 동물도 할 수 있지만, 손을 사용하는 일은 인간이 특히 잘하는 일에 속한다. 단 인간이 손을 잘 쓸 수 있게 된 것은 발로 서게 된 결과이기도 하다. 손은 인간이 수상생활을 할 동안 주로 이동과 채집을 위해 사용되다가, 직립 능력을 갖게 되면서부터는 이동의 의무로부터 면제받고 새로운 동작을 할 수 있게 되었다. 손길은 그렇다면 원숭이나 유인원이 진화를 통해 인간이 된 뒤에 새로운 능력을 부여받은 손의 동작인 셈이다. 사람들은 인간 특유의 행위를 수행하며 손길을 드러내는데, 크게 보면 그것은 남을 돕거나 해코지하는 일로 대별되고 있다. 아이에게 주는 어른의 손길, 초목을 가꾸는 손길, 뭔가를 만져서 더 나은 형태로 만드는 손길 등은 긍정적인 형태로서, 이때 손길은 보살핌의 효과를 만들어낸다. 하지만 손길이 기분 나쁜 경우도 없지 않다. 원하지 않는 접촉을 하는 손길이 그런 경우에 속할 것이다. 이런 경우라 할지라도 그것은 인간적인 행위, 다시 말해 다른 동물은 아예 하지 않거나 거의 하지 않는 행위, 그래서 주로 인간-동물만 하는 행위임은 분명하다.

사디즘적 행위는 인간 특유의 행위 아닌가.

한국어로는 서산대사와 백범이 눈밭을 걸을 때 조심하라고 했다는 '눈길(雪徑)'과 표기는 같아도 발음과 의미는 다른 또 하나의 '눈길(視線)'이 있다. 이 '눈길'은 인간이 직립 보행을 하게 된 뒤 가장 중요한 감각기관으로 떠오른 눈이 가는 길을 가리킨다. 직립 보행 뒤로 인간의 눈은 신체의 정상 부위에 위치하게 되었는데, 인간이 영리한 동물로 진화한 것도 이와 무관하지 않다. 스텝의 환경에서 몸을 곧추 세우고 살게 되면서 인간은 뛰어서 사냥하는 동물로 바뀌었기 때문에, 이때 눈이 신체 정상에 위치한 것은 사냥하는 과정에서 주변 정보를 수집하는 데 매우 유용했을 것이다. 눈이 높은 곳에 위치해 있으면, 다른 포식동물의 존재를 감지하는 데에도 유리하다. 눈은 그래서 인간이 자신의 서식 또는 거주 환경 안에서 각종 정보를 수집하고 그에 대한 판단을 내리는 데, 다시 말해 생존에 필요한 인식 능력을 향상시키는 데 핵심적인 역할을 했다고 할 수 있다. 눈길은 이런 눈이 가는 길이므로 인간의 인지와 인식 즉 마음 작용의 표현에 해당한다. 그것은 인류가 집단생활을 할 때 다른 구성원의 관심, 반응, 태도를 읽기 위해 활용하는 가장 중요한 기호이기도 하다. 집단생활에서 다른 성원의 마음 읽기(mind reading)가 주로 눈길 읽기 형태를 취하는 것은 그 때문이다.[20] 상대방의 눈길을 읽는 것은 상대방의 마음을 읽는 일이고, 누군가에게 눈길을 준다는 것은 그에게 관심을 주는 일이 된다.

몸에 난 길 가운데는 우리의 건강상태와 관련되어 있는 것도 있다. '경락(經絡)'이 바로 그것이다. 경락은 기가 순환하는 길 체계로서 위아래로 통하는 길을 '경(經)', 옆으로 통하는 길을 '락(絡)'으로 부른다. 사람의

20_ 인간들에게는 일상적인 '마음이론' 능력이 있는 것으로 알려져 있다. '마음이론'은 상대방의 마음을 읽어내는 능력을 말한다. 자폐증 환자는 유난히 이 능력이 부족한 것으로 알려져 있다.

몸에는 14개의 경락과 365개의 경혈이 있는 것으로 알려져 있다. 이 경락과 경혈은 인간의 몸에 닦여 서로 연결되어 있는 통로요 쉼터와 같다.

인체 내의 곳곳에 퍼져 있는 경락을 교통망에다 비유한다면, 경락에 무수히 자리 잡은 365개의 경혈은 정거장이라 볼 수 있습니다. 경락이 기의 순환로라면, 경혈은 경락 속을 흐르는 기의 작용점인 것입니다. 인간의 모든 질병은 기가 원활하지 못할 때 발생합니다. 이는 마치 철도에서 기차 한 대가 사고가 나면 다른 열차까지도 운행하지 못하고 중단해버리는 것과 같은 이치입니다. 그래서 부서진 기차나 철도를 원래대로 복구시키는 수리작업은 의료행위를 통해 기를 보충하는 것과 다를 바 없습니다(이판암, 1990).

'교통망'과 '정거장'으로 불러도 아무런 문제가 없는 데서 알 수 있듯이, 경락과 경혈은 우리의 몸에 나있는 길이고, 그 길 위의 장소다. 물론 경락의 존재에 대해서는 논란이 없지 않다. 서양의학 전통에는 경락 개념이 없는데, 이는 거기서는 경락의 존재가 부정되기 때문일 것이다. 하지만 침술이 발달되어온 동아시아 의술에서 경락의 존재는 엄연한 사실로 인정되고 있고, 침구의학에 의해 그 효과가 증명되고 있기도 하다.

몸에도 길이 나있다는 이런 사실 또는 발상은 몸 길을 닦는다는 생각으로 쉽게 연결된다. 몸을 갈아서 연마한다는 생각이 바로 도를 닦는다는 생각으로 바뀌는 것이다.

몸길 내기와 도 닦기

길이 존재하려면 길을 내는 일이 필요하다. 길을 내는 일은 다양한 방식으로 이루어질 수 있지만, 저절로 길이 만들어지는 경우는 흔하지 않다. 미국의 데스밸리에서는 비가 내린 뒤 바위덩이가 사막의 강풍에 미끄러져 길을 내는 경우도 있다지만, 그 현상을 초자연적인 신비현상으로 여기는 사람들이 아직도 많다는 사실이 시사해 주듯이, 그런 일은 흔하게 일어나지 않는다. 물론 길이 '자연스럽게' 생기는 경우는 많다. 코끼리길, 순록길, 들소길 등 동물이 만들어 내는 길, 강물이 만들어 내는 물길, 그리고 사람들이 처음 발로 걸어 다녀 생긴 소롯길 또는 오솔길이 그런 예라 하겠다. 하지만 걷는 것 자체도 쉬운 일이 아니라는 것은 사고를 당한 사람이 보행 능력을 회복하려면 얼마나 힘든 물리치료 과정을 거쳐야 하는지 알면 바로 짐작이 간다. 우리는 물론 자연스럽게 걷고 있지만, 그런 자연스런 행동을 할 수 있기 위해서는 수억 개의 신경세포와 근육세포, 뇌세포의 상호작용이 필요하다. 이런 점에서 방랑자에게 "길은 그대의 발자국, 그 뿐이라. 그대는 길어서 길을 내느니"라고 한 마차도의 말은 오해의 소지가 없지 않다. 그의 말은 길이란 것이 아무런 수고 없이 만들어지는 것처럼 여기게 하는 구석이 없지 않으나, 길을 내는 일은 사실 대부분 기존의 습속을 바꾸는 일로서, 매우 힘든 작업인 경우가 많기 때문이다.

길을 만들려면 처음에는 길을 터야만 한다. 새 길 내는 일을 가리켜 '길트기'라고 부르는 데에는 이유가 있다. '트다'란 말은 타동사로 쓰일 때는 "막혀 있던 것을 치우고 통하게 하다"라는 의미로 쓰이고 자동사로는 '움트다', '동트다'의 사례가 보여주듯이 새로운 것(싹, 움, 순 등)이 나오는 것을 가리킨다. '길트기'는 그래서 막혀 있는 어떤 장소에 통로가 생기게 하는 일이다. '트다'가 '새로운 것이 드러나다', 또는 '막혀 있던 것을 치우고 통하게 하다'는 의미로 사용된다는 것이 중요하다. 길을 트는 일은 막혀있는 상태를 열고, 답답한 상황을 돌파하며, 새 길을 개척하는 일이다. 길트기는 새로운 걸음을 걸을 가능성의 시작인 것이다.

이런 길트기는 그러나 결코 만만한 일이 아니다. T. S. 엘리엇의『황무지』(*The Waste Land*) 시작 부분은 그것이 어떤 잔인성과 관련된 것임을 시사하고 있다.

> 4월은 가장 잔인한 달이다
> 죽은 땅에서 라일락을 길러내고
> 추억과 욕망을 뒤섞으며
> 굼뜬 뿌리를 봄비로 깨우니.
> 겨울은 우리를 따뜻하게 했다.
> 잘 잊게 하는 눈으로 대지를 덮고
> 마른 덩이 줄기로 가냘픈 목숨을 키워내며(Eliot, 1987: 2511-12).

여기서 4월이 잔인한 이유는 죽음의 땅에서 생명을 만들어 내기 때문인 것으로 제시된다. 초봄은 죽은 땅에서 라일락을 키워내는 일, 추억과 욕망이라는 인간적 감정 및 지각을 작동시키는 일, 봄비를 내려 굼뜬 뿌리를 일깨우는 일을 하기 때문이다. 잔인함은 그렇다면 죽음의 땅에서 생명을 싹틔우고 망각에 빠진 추억을 다시 불러내며 무욕을 욕망의 상태로 전환하는 데서, 잠들어 있는 뿌리에 생명의 기운을 불어넣는 데서 나오는 셈이된다. 하지만 이런 생명 현상을 만들어 내는 일이 왜 잔인하다는 것일까? 그것은 그 일이 어떤 생채기를 내고 아픔을 자아내는 일이기 때문이다. 현대적 삶의 생중사(生中死) 상황을 그리고 있는『황무지』전체 맥락에서 볼 때, 이처럼 생명을 만들어 내는 것 자체가 무망한 일이요, 겨울 죽은 땅에서 초목을 움틀거리게 하는 4월은 그런 헛된 희망을 불러일으킨다는 점에서 잔인하기도 하다. 하지만 이때 잔인함의 원형은 역시 생명 현상 자체에서 발견된다고 말해야 할 것 같다. 생명의 움틀거림이 가져오는 현대적 삶의 생명력 복원에 대한 기대가 깨지는 것도 잔인한 일이지만, 그래도 그것은 생명의 일차적 잔인함 뒤에 오는 일이다. 생명의 움틀거림을 가리켜 잔인하다고 할 수 있는 것은 그 행위가 아픔을 잉태하기 때문이다. 연약한 라일락이 겨울 동토에서 죽은 땅을 뚫고 올라오려면 얼마나 많은 아픔을 감내해야 하겠는가. 겨울이 오히려 따뜻하게 만들었다는 것은 그래서 당연하다. 겨울은 이때 불 땐 방 안의 안온함과 연결된다. 아무것도 하지 않음, 그래서 편안함, 이것이 겨울이 생명에 대한 망각을 통해 제공하는 따뜻함이다.

무릇 길트기란 아픔을 야기하기 마련이므로, 한사코 그것을 피하려는 사람이 있을 수 있다. 이는 우리가 닦은 몸길의 현재 한계를 벗어나려 하지 않는 것과 같다. 그럴 경우 몸은 지금까지 개척한 자신의 영역 한계 안에 웅크리고 있으려만 들고 자족의 틀에 갇히게 된다. 새로운 도전을 포기하는 것이다. 어느 날 제자는 물 긷기에 지쳐 스승인 도사에게 도르래로 물을 긷는 것을 허락해 주기를 청하였다. 도사는 크게 노여워한다. 게으름을 피워 어떻게 도를 닦을 수 있겠느냐는 것이 그가 노한 이유였다는 것은 잘 알려진 이야기다.[21] 이때 도를 닦는 것이란 길을 닦는 것이고,

---

21_ 1940년 월트디즈니사는 이 이야기와 폴 뒤카의 교향시곡 <마법사의 제자>를 활용하여 미키마우스를 마법사의 제자로 등장시켜 그가 힘든 물 긷기 노동을 피하려 빗자루에 마법을 걸어 물을 긷게 했다가 온 집안을 물바다로 만드는 내용을 다룬 애니메이션 작품을 만든 바 있다. 마이클 하임은 같은 이야기를 다음과 같이 전한다.

수세기 전 고대 중국의 도교 현인들은 기계에 대해 내놓고 적대적이었다. 어느 날 한 젊은이가 늙은 현인이 마을 우물에서 물을 길어오는 것을 봤다. 늙은이는 나무통을 밧줄에 매달아 내리고는 물을 손으로 끌어올렸다. 젊은이가 사라지더니 나무로 된 장치를 가지고 돌아왔다. "바퀴 둘레에 줄을 감고 손잡이로 돌려서 물을 길으면 됩니다." 늙은이가 대답했다. "만약 내가 이런 장치를 쓰면 내 마음이 스스로 영리하다고 생각할 것이다. 영리한 마음으로 나는 더 이상 내가 하는 일에 마음을 쏟지 않을 것이다. 곧 내 팔목만 손잡이를 돌리며 일을 하게 될 것이다. 만약 내 마음과 몸 전체가 일을 하지 않는다면 내 일은 재미없어질 것이다. 내 일이 재미가 없으면 그대는 그 물맛이 어떨 것이라 생각하는가?"(Heim, 1993: 74-75).

길을 닦는 것은 새로운 길을 트는 일이다. 길을 튼다는 것은 무슨 뜻인가? 황야나 초원, 또는 삼림을 통과하려면 통로를 개척할 필요가 있다. 이 개척 행위가 길트기로서, 그것은 묵혀있는 땅을 새로 뚫는 일이며, 따라서 땅에 생채기를 내는 일 즉 아픔을 야기하는 일이다.

동아시아에서 전통적으로 도 닦기가 길 닦기, 길트기로 이해되어 왔다면, '도'가 거기서 어떤 의미망을 가지고 있는지 살펴볼 필요가 있다. 다음은『근사록』의 한 한국어 번역판에 나오는 '도(道)'에 대한 설명이다.

> '도'(道)란 걸어다니는 길이다. 허신의『설문해자(說文解字)』에서는 도(道)자를 분석하여 '수'(首)와 '착'(辵)이 결합된 글자라고 설명하고 '착'(辵)을 다시 '행' (行)과 '지'(止)의 회의문자(會意文字)라고 설명했다. 그리고 청(淸)의 오대징(吳大徵)의 해설에 따르면 갑골문자(甲骨文字)에 나타난 '도'(道)자는 '행'(行)이란 글자 안에 '수'(首)와 '지'(止)가 겹친 모습이며, '행'(行)은 '十' 모양으로서 당초에 네 갈래 길을 그린 상형문자(象形文字)였다고 한다(주희·여조겸, 1998: 135-36).

도(道)에 대해『설문해자』가 제시하는 어원 설명은 지금까지 언급한 진화인류학적 사실과도 부합하는 측면이 있는 것 같다. 도(道)가 착(辵)자와 수(首)자로 구성되어 있다는 것은 인간의 직립 보행 모습을 여실히 그려내지 않는가. 착(辵)자는 '가고 멈춤'을 나타내는 것이니 수상생활에서 벗어난 인류가 발로 땅을 딛기 시작한 뒤로 하게 되는 행위를 가리킨다고 할 수 있다. 그리고 수(首)는 '머리'를 가리키니, 수(首)와 착(辵)이 결합해 만들어진 도(道)는 머리와 다리의 모습이 결합된 것으로, 직립 보행을 하는 인간의 모습을 그려내는 셈이다. 한자 '道'는 이렇게 보면 우리가 앞에서 살펴본 '길', 즉 딛>딜>질을 거쳐 형성된 말과 동일한 의미망을 가지

고 있다고 하겠다.[22]

　물론 이런 해석은 소수 의견일 가능성도 없지 않다. 통상적으로 '도'는 1) 마땅히 지켜야 할 도리, 2) 종교적으로 깊이 깨우친 이치, 또는 그런 경지, 3) 무술이나 기예 따위를 행하는 방법의 의미로 사용된다(네이버 사전). '도'에 대한 이런 전통적인 이해는 "도라고 할 수 있는 것은 도가 아니다"라는 노자가 『도덕경』 첫머리에서 내놓은 지침에 의해 지배되고 있는 듯싶다.

　하지만 진화인류학의 관점에서 본다면, 길을 가는 사람에게 머리가 중요한 것은 직립의 결과에 속한다. 인간은 길 위의 존재가 되면서, 즉 발로 딛고 다니던 땅을 길로 만들어 내게 되면서 다른 동물과는 구별되는 인지 능력을 갖추며 생각하는 존재가 되었다고 볼 수 있기 때문이다. 이런 관점을 취할 경우 우리는 도(道)가 지니고 있는 통상적인 추상적 의미는 갑골문자가 단적으로 보여주듯이 그 글자가 '행(行)'이란 글자 안에 '수(首)'와 '지(止)'가 겹친 모습, 다시 말해 '十'자로 표시되는 네 갈래 길 위에 잠깐 머리를 숙이고 서 있는 사람의 구체적 모습을 가리킨다는 사실에서 유래했을 것으로 추측할 수 있다.[23] 도(道)가 지닌 '도리', '이치', '경지', '방법' 등의 의미는 그 글자가 사람이 길 위에 서 있는 형상에서 만들어졌다는 내력에 근거하는 것이다. 그들 의미는 모두 길을 가는 사람에게 주어진 과제가 아니면 관심사이고 처지이며, 길을 걷는 모습과 관련되어 있다고 볼 수 있다. 백범 김구가 눈길 걸을 때 조심하라는 시를 경구로 사용했

22_ 이 부분을 완성한 뒤, '道'를 구성하는 '首'는 양이나 사슴의 머리, '辶'은 '가다'라는 어원적 의미를 가짐을 알게 되었다. 이 경우에도 내가 서술한 논지가 달라지진 않는다. '道'의 새 어원은 장의균(2014) 참조.

23_ 여기서 우리는 니체가 형이상학에 대해 한 말을 인용할 수 있을 것 같다. "무엇이 진리인가? 은유들, 환유들, 의인화들의 유동하는 군단, 요컨대 시적으로, 수사학적으로 강화되고 옮겨지고 꾸며졌다가 오랜 시간이 지난 뒤 어떤 민족에게 고정되고 표준적이고 구속력 있어 보이게 되는 인간관계들의 총체다. 진리란 사람들이 그것이 환영이라는 사실을 잊어버린 환영들로서 감각적 충격이 없는 닳아버린 은유, 그 [표면] 이미지를 잃어버리고 이제는 더 이상 동전이 아니라 금속으로만 사용되는 동전이다"(Nietzsche, 1989: 250).

던 것도 눈 위에 남은 발자국이 자신이 길을 걸은 모습, 나아가 자신의 삶의 자세가 남긴 자취인 것으로 여겼기 때문일 것이다. 이때 길은 그가 추구한 도리와 터득한 이치와 도달한 경지, 그리고 그가 삶을 사는 방식이 응축되어 있는 어떤 덩어리라고 하겠다.

글과 길, 그리고 문신

모든 생명체 가운데서 유일하게 잔인해질 수 있는 동물이 바로 인간-동물일 것이다. 잔인한 행위는 폭력 가운데서도 특이한 형태에 속한다고 할 수 있다. 그것은 우리가 자신의 몸에 상처를 내는 행위, 즉 마조히즘의 실천인 것이다. 이런 행위를 하는 동물, 나아가 생명체는 인간밖에는 없다. 사자와 호랑이의 경우 다른 짐승을 잡아 산 채로 잡아먹기는 하지만, 자기 몸에 자해를 가하지는 않는다. 이들 포식동물이 무서운 것은 사실이지만 그렇다고 잔인하다고 할 수는 없을 것이다. 반면에 인간은 자기 몸에 문신을 새기는 등 자해행위를 하면서 심지어 그것을 즐기기까지 하는 특이한 동물이요 생명체다. 자해를 통해 자신의 아픔을 능동적으로 느끼고 그것을 음미하려 든다는 점에서 인간은 미학적인 존재라고 할 수 있다. 아름다움을 추구하기 위해 잔인한 행위를 한다는 사실은 미학적 실천이 지닌 특이함에 속한다(강내희, 2003).

길을 내는 것도 잔인한 행위라 할 수 있다. 길트기는 어쩌면 가장 원초적인 방식의 잔인한 행위에 속할 것이다. 직립 보행을 하면서 인간은 처음에는 땅바닥을 짓누르고 다니면서 길을 냈을 수 있겠지만, 그 다음에는 도구를 사용해 길을 트기 시작했을 것으로 추측된다. 나뭇가지, 돌조각, 괭이, 곡괭이, 호미, 삽, 보습 등 인간이 그동안 지구상의 생활을 위해 만들어 쓴 도구는 대부분 대지를 파헤치고 찌르고 난도질하기 위해 만든 것들로서 모두 날카로운 모양을 하고 있다. 이런 도구를 사용하는 일인 만큼, 길트기는 아무리 줄여 말해도 폭력적인 행위가 아닐 수 없다. 그리고 이런 행위가 잔인한 것은 무엇보다 자신에 대해 가하는 자해성의 행위이기 때문이다. 칼 세이건이 정확하게 지적한 바 있듯이, 우리 인간은 "별 먼지로 구성되어 있고"(Sagan, 1985: 138), 따라서 별에서 온 존재다. 우리가 태어난 지구는 빅뱅 이후 우주의 진화과정을 거쳐 45억 년 전에 형성되었고, 인류는 지구의 원시바다에 있던 원소들의 화학적 배합으로 38억 년쯤 전에 생겨난 생명체의 후손인 것이다. 이처럼 우리가 별의 잔해들과 그것들을 구성하는 원소들로 이루어진 지구로부터 탄생했다면, 칼날과 같은 도구로 땅을 파고 길을 트는 일은 우리 자신의 몸에 그런 흠집을 내는 것과 다르지 않다. 아메리칸 인디언이 땅을 파는 일을 어머니 대지를 해코지 하는 짓으로 본 것도 비슷한 발상이다.

다른 한편에서 보면 몸에 문신을 하고 땅을 파헤치는 행위는 모두 길을 트는 행위이면서 글을 쓰는 행위이기도 하다. 길을 만드는 행위와 글을 쓰는 행위는 문신 행위라는 점에서 둘 다 몸에 상처를 내는 행위다. 한국어 '글'은 '금', '긋다', '긁다' 등과 같은 어원을 가지고 있는 것으로 알려져 있다. 긋>근>글로 바뀌었을 가능성이 높은 것이다. 글은 또한 한자어 '契'과도 통한다. "자르다, 끊다, 가르다"의 의미를 가질 때 이 글자를 '결'로 읽는다는 사실에 유념할 필요가 있을 것 같다. 현재까지 중국에서 발견된 가장 오래된 문자 형태인 '갑골문자'는 문자가 새겨진 재료에 따라 만들어진 이름으로, 제작 방식에 따라 '결문(契文)' 또는 '은결문자(殷契文字)'로 불린다. 갑골문자를 이런 이름으로도 부르는 것은 워낙 단단한 갑골(거북이 배 껍질)과 다른 동물의 견갑골에 문자를 새기려면 도필(刀筆)을 사용해야 했다는 사실에 대한 환기이기도 하다.[24] 여기서 우리의 관심을 끄는 것은 '결문'에 들어있는 한자어 '契'이 한국어 '글과 발음상으로 매우 가깝다는 사실, 그리고 두 글자가 '갈'과도 발음이 비슷하다는 사실이다. 약간의 상상력을 동원해 생각해 본다면, '契'은 갑골문자가 만들어지기 훨씬 전에도 꺾은 나뭇가지나 깬 돌조각으로 땅바닥이나 나무 등을 긁고 금을 내는 행위를 가리키는 말이었을 가능성이 있다. 한자어 '契'이 그래서 한국어 '글'의 상형을 보여주는 것이라면, '글'은 '길'과도 통한다고 보더라도 이상할 것 같지 않다. 그 규모가 크기는 하지만, 길도 땅에다 그어놓은 금이라는 점에서 글의 한 형태에 해당하는 것이다.

사실 길을 낼 때 쓰는 도구와 글을 쓸 때 쓰는 도구는 생김새가 서로 비슷하다. 길트기에 사용되는 도구가 모두 날카로운 모습이듯이, 글을 쓸 때 사용하는 도구 또한 날카롭기 그지없다. 갑골문자를 쓴 도필은 말할 것도 없고, 고대 중앙아시아 메소포타미아 지역 수메르인이 점토판에 글을 쓸 때 사용한 스타일러스, 중세 유럽에서 성경을 필사할 때 사용한 새 깃촉으로 만든 펜, 그리고 쇠붙이로 된 철필과 만년필, 연필 등은 모두 끝이 단단하고 생긴 것도 뾰족하다. 물론 한국과 중국, 일본에서 전통적으로 사용하던 붓의 경우는 끝이 부드러워야 글이 제대로 쓰이지만, 이것은 닥나무로 만든 종이가 발명된 이후의 일이며, 모양으로 보면 붓도 끝이 뾰족한 것은 철필 등과 그리 다르지 않다. '촌철살인(寸鐵殺人)'이라는 말이 생긴 것도 글쓰기 도구의 이런 생김새로부터 연유했을 것으로 보인다. 그 성어는 문자적으로는 "작은 쇠붙이로도 사람을 죽인다"라는 뜻이지만, 이때 '쇠붙이'가 통상 말귀나 문장과 동일시되는 것은 글 쓰는 도구가 사람을 죽일 수 있는 칼이나 창처럼 생긴 것과 무관하지 않을 것이다. 부드러운 붓으로 쓴 글로도 쇠붙이의 효과를 낼 수 있다는 것은 '펜은 칼이다', '붓은 칼이다'라는 표현이 말해주고 있기도 하다.[25]

24_ 고대 메소포타미아 지역에서 점토판에 쐐기문자를 기록할 때는 끝이 뾰족한 나뭇가지, 단단한 갈대가지 등을 사용했다.

일각에서는 글 쓰는 도구의 뾰족함과 보습 등의 뾰족함을 유추관계로 파악하여 글쓰기와 농사짓기를 연관시킨 것은 물론이고 글쓰기를 성행위와 동일시해 글쓰기는 남성적 행위라고 하는 경우도 있다.26 이것은 물론 남근 중심적 사고방식이지만, 글 쓰는 도구의 날카로움을 미학적으로 해석할 여지는 있을 것 같다. 인간이 미학적 동물이라면 그것은 다른 어떤 동물과는 달리 자신에게 아픔을 가하는 실험을 해대는 존재이기 때문이다. 글쓰기, 나아가서 길트기는 남성이 하든지 여성이 하든지 아픔을 수반하는 행위다. 이 아픔이 사라진 글쓰기와 길트기는 더 이상 가치 있는 것이 될 수 없다. 미학적 행위는 아픔과 불가분의 관계에 있는 것이다.

롤랑 바르트는 사진에 대한 자신의 책 『카메라 루시다』에서 '스투디움(studium)'과 '푼크툼(punctum)'을 구분한 바 있다. 그는 어떤 사진에는 이유를 알 수는 없지만 자기 마음을 찌르는 무엇인가가 있다고 보고, 사진의 그런 측면을 '푼크툼'이라 부르며, 사진의 관습적인 코드에 해당하는 '스투디움'과 구분했다(Barthes, 1982: 26-27). 푼크툼은 어떤 물건의 끝, 특히 칼이나 창의 날카로운 끝부분, 즉 첨단을 가리킨다. 그 한자 모양새가 보여주고 있듯이 '첨(尖)'은 끝이 뾰족하다는 의미다. 글쓰기가 촌철살

25_ 오늘날은 '양식'의 개념으로 사용되는 영어 표현 '스타일(style)'의 경우 나무토막(stick)을 의미하는 말과 어원이 같으며, 끝이 뾰족한 글 쓰는 도구를 가리키던 말이다. 촌철살인의 문장은 이렇게 보면, 글을 쓸 때 처음 사용한 뾰족한 도구처럼 사람을 찌르는 느낌을 주는 문장이라고 하겠다.

26_ 글쓰기와 길 내기는 혈통 만들기와도 관련될 수 있다. 독일어에서 '혈통'은 'Geschlecht'로 불리는데, 이 말은 "치다, 때리다, 타격하다"의 의미를 지닌 'schlagen'과 어원이 비슷하고, '각인'의 의미를 지닌 'Pragung'과 통한다. 혈통이 각인의 의미를 지니는 것은 종족 보존이 남성적 씨 뿌리기, 한 남자의 자기 모습 찍어내기와 통하기 때문이다(Ulmer, 1994: 72). 물론 이것은 남성 중심적 해석이다. 혈통이 만들어지기 위해서는 폭력적 충격이 가해져야 한다. 혈통은 기억이 보존되는 방식이기도 하다. 그러나 기억은 충격, 폭력의 각인인 경우가 많다. 재앙, 전쟁, 이혼, 살인 등 파국적 성격을 갖는 사건들이 계속 화제로, 잊히지 않는 것은 그런 사건들이 가한 타격이 잘 지워지지 않기 때문일 것이다. '파국의 상기적 성질'이 있는 것이다(76).

인의 효과를 낼 수 있는 것은 글은 이처럼 날카로운 것, 또는 어떤 날카로 움으로 쓰는 것이기 때문이기도 하다. 이때 날카로움은 물론 붓이나 펜의 물리적인 뾰족함만이 아니라 글을 쓰는 사람의 정신적 날카로움까지 포함할 것이다. 글을 쓰려면 자세를 곧추 세우고 정신 통일을 해야 한다는 점에서 이런 말은 비유적이지만 않고, 문자적인 의미를 갖는 것으로 여겨지기도 한다.[27]

길과 같이 다른 신체에 쓰이는 것이라면, 글은 인간의 신체에도 새겨질 수 있을 것이다. 그런 글이 바로 문신이다. 이 문신을 몸에 난 '텍스트'로 간주할 수도 있지 않을까 싶다. 그럴 경우 우리의 몸은 텍스트와 유사한 점이 있는 셈이다. 신체가 텍스트라 함은 그것이 짜여 있는, 직조되어 있는 어떤 측면을 갖는다는 말도 된다. 사실 우리 몸에는 다양한 정보, 명령, 습속, 욕구, 욕망, 지식 등이 복잡한 방식으로 각인되어 있다고 해도 과언이 아닐 것이다. 이런 것들이 각인될 수 있다면, 우리 몸은 그런 것들을 내용으로 하는 다양한 텍스트가 깃들어 있는 곳이고, 몸길은 그런 텍스트로 구성된 길 네트워크가 되는 셈이다. 우리가 하는 다양한 행동은 그렇다면 우리 몸에 무수히 많은 길들이 경우에 따라 특정하게 나타나는 방식이 된다.

길들기 또는 길나기

처음에는 아픔을 수반하는 행위도 반복하다 보면 습관이 되고, 그리하여 예사로운 것이 될 수 있다. 아니 그렇게 되는 것이 통상적이고 정상

27_ 그러나 워드프로세서로 글을 '쓰는' 경우에는 이야기가 달라질 수도 있다. 디지털 글쓰기는 아날로그 글쓰기와는 달리, 인간의 신체를 매개로 이용하기는 하되 전자적 계산을 통해 글이 픽셀로 화면에 나타나게 하기 때문에 여기서 말하는 글쓰기와는 작동 방식이 전적으로 나르다.

적인 현상일 것이다. 거친 지형에서 길을 터야 할 때는 어려움과 고통이 따르기도 하겠지만, 일단 길이 트이고 나면 사람들은 그 위를 전보다 더 수월하게 걸어 다닐 수 있게 된다. 이렇게 되면 걷는 일은 습관이 된 것이고, 말하자면 길들기가 이루어진 셈이다. 닦인 길에 자주 들어서는 일은 길에 드는 일, 길드는 일로서 습성을 형성하는 일인 것이다. 그리고 길을 걷는 일이 습관을 형성하는 것은 그것이 신체적 활동인 것과 무관하지 않다. 막힌 곳을 뚫어 길을 트는 일은 길을 트는 것으로 그치지 않는다. 그것은 반드시 내 몸을 길 위에 올리는 일, 길을 내 발이 딛는 곳으로 만드는 일이 된다고 할 수 있다. 길들기는 길이 내 발이 주로 다니는 통로가 되면서 생기는 현상인 것이다.

습속이 된 길은 코드화한 길, 방법화한 길이다. 1장에서 언급한 것처럼, 고대 그리스의 합리주의 전통은 길을 도덕적 기하학의 관점에서 이해했다. 거기서 "길route은 가야 할 올바른 방식"으로 간주된 것이다(Ulmer, 1994: 30). 길을 간다는 것은 그렇다면 방법을 따른다는 말과 같아진다. 방법 또는 메토도스는 이론의 방식이라고 할 수 있는데, 그리스에서 최초의 이론가로 여겨지는 솔론은 최초의 여행자이기도 했다. "최초의 이론가들은 '여행자들'—명백한 세상을 조사하러 여행을 떠난 현인들—이었다. 기원전 590년경 자신이 진행한 정치 개혁으로 아테네 도시를 쇄신시킨 그리스의 현인 솔론이 서양 역사에서 최초의 '이론가'다"(Walter, 1988: 18; Ulmer: 120에서 재인용). 솔론에게서 나타나듯 여행자가 이론가와 같은 인물이 될 수 있는 것은 이론가(theorist)란 (가서) 보는 사람, 구경하는 사람이기도 하기 때문이다. '이론'을 의미하는 영어 'theory'는 그 어원을 그리스어 'theoria'에 두고 있으며, 이 단어는 '광경'을 의미하는 'thea'와 '보다'를 의미하는 'horan'의 합성어인 'theoros'에서 왔다. 이론이 유난히 방법에 관심을 두는 것은 이렇게 보면, 이론가가 명백해 보이는 세상을 군이 조사할 대상으로 삼았다는 것, 즉 빤해 보이는 세상의 진실을 알아보려고 먼 길을 마다하지 않고 떠났다는 사실의 결과로 이해된다. 이때 길은 어떤 이성적 작용의 관여가 요구되는 대상, 또는 합리적 행위가 일어나는 과정으로 제시되는 셈이다. 1장에서 인용한 유진 월터의 말을 다시 들어 보자. "호도스 또는 '길'의 그리스어 의미는 합리화를 요구한다. 우리의 용어인 '방법'은 진행하는 방식을 의미하지만 합리적 행동을 함축하며, 그리스 말 메타 더하기 호도스에서 온 것이다"(Walter, 186; Ulmer, 30에서 재인용).

다시 눈여겨볼 것은 길 따르기, 길 다녀오기로서의 방법은 관행으로 굳어지기도 한다는 점이다. 길은 처음 닦을 때 어려움과 고통을 수반하기도 하고, 처음 떠날 때는 두려움을 자아내기도 하겠지만, 일단 길들기가 일어나고 나면 길을 가는 일은 익숙한 일이 되고 관습이 되기 쉽다. 한 번 닦인 길에 들어가 계속 거기 머물게 되면 그 안에서의 행위와 활동, 실천은 좀체 변하지 않는 습관성 길 걷기가 될 터이니 말이다. 애써 새로 닦은 몸길 또는 도가 이제 묵은 길이 돼버린 셈이라고 하겠다. 이렇게 관습으로 굳어져 버린 길을 다시 떠나려는 무수한 시도가 있다는 점에 대해서는 4장에서 더 자세하게 다루게 될 것이다.

물론 관습을 소중하게 여기는 사람도 적지 않다. 아니 잘 닦인 묵은 길을 버리고 다시 새 길을 트려는 사람보다는 전통과 관습을 소중하게 여기는 사람이 훨씬 더 많은 법이다. 익숙한 길은 이때 소중한 길, 지켜야 할 길이 될 것이다. 먼 길을 다녀와야만 습득할 수 있는 생경한 방법, 이론이 차츰 익숙한 습관과 태도로 바뀌고 그와 함께 삶의 지침이 되어 그 위상이 격상되는 것이 그런 경우다. 그런 예의 하나로 18세기 영국시인 알렉산더 포프가 자신의 장시 『비평론 』(*An Essay on Criticism*)에서 말한 '방법화한 자연(Nature Methodiz'd)'을 들 수 있다.

지어내지 않고 옛날 발견해낸 그 법칙들은
여전히 자연이지만, 방법화한 자연이다.
자연은 자유처럼 처음 자신이 제정한
똑같은 법칙으로 자제될 뿐이다(Pope, 1963: 146).

포프는 같은 시의 앞 행들에서 비평의 지침으로 다음과 같이 말한다.

첫째 자연을 따르라, 그리고 그대의 판단을
언제나 똑같은 그녀의 공정한 기준에 맞추라.
틀림이 없는 자연, 여전히 거룩하게 빛나는
하나의 맑고 불변하며 보편적인 빛
생명, 힘, 그리고 아름다움을 모두에게 주노니
예술의 원천이자 기원이고 목적이다(146).

포프는 여기서 자연을 비평의 원칙으로 삼으면서도 오래전에 발견된 법
칙들을 그 원칙의 방법으로 추가하고 있다. 이때 방법은 원칙으로 삼은
자연을 비평의 이치에 더 맞도록 하는 어떤 것인데, 눈여겨볼 점은 방법화
한 자연은 습관, 습속, 관습과 크게 다르지 않다는 것이다. 자연은 물론
인간적 행동의 반복 이전 상태를 가리키겠지만, 방법화함으로써 인간적
삶의 일부가 되었다고 할 수 있다. 포프가 한창 활동하던 18세기 중엽
영국의 시 전통이 신고전주의 경향을 드러내며 전통과 관습을 중요한
가치로 삼은 것은 결코 우연이 아니었다. 물론 문제는 관습은 질곡이 되는
경우도 많다는 점일 것이다. 워즈워스 등 18세기 말, 19세기 초에 등장한
낭만주의 시인들이 자연에 더 많은 관심을 기울였던 것은 전 세대의 관행
에 대한 거부감 때문이기도 하다.

그러나 관습이 그 나름의 창조적 생명력을 가지고 있는 행동 체계라는 점도 간과할 수는 없다. 그것은 열역학 제2법칙에 따르는 물질의 운동을 거스르는, 생명을 품은 분지현상에 해당한다. 영국의 신고전주의가 존중한 표현상의 관습이나 관행도 엔트로피에 저항하는 한 형태라고 보는 해석이 가능하다. 움베르토 에코는 자신의 초기 저작 『열린 예술작품』에서 고전적 경향의 특징을 네겐트로피(negentropy)에 대한 어떤 집착 현상인 것으로 해석한다. 열역학 제2법칙에 따르면 에너지는 감손하게 되어 있고 이 과정은 절대 비가역적이다. 이 과정이 비가역적으로 증가되는 크기를 가리켜 엔트로피라고 하는데, 알다시피 이 양은 오직 증가할 뿐이다.[28] 하지만 엔트로피의 증가는 그와 반대되는 과정, 즉 네겐트로피 현상의 일시적 출현을 금하지 않는다. 네겐트로피 현상은 엔트로피 곡선이 증가하는 중에 발생하는 일종의 예외적 사태로서, 우주의 모든 물질이 와해되는 일반적 경향 속에, 비유적으로 말하면 죽음의 세계가 더 커져가는 속에 나타난 생명현상과도 같다. 상승하기만 하는 엔트로피 곡선에서 생긴 일종의 분지(分枝)체계가 엔트로피라는 것인데, 관습이 이에 해당한다고 할 수 있다. 신고전주의 시인, 작가들이 존중한 사회적 관습은 그들이 보기엔 야만의 소음으로부터 건져낸 질서의 세계였던 셈이다.[29]

28_ "루돌프 클라우지우스의 열역학 제2법칙에 따르면, 일정한 양의 일은 (열역학 제1의 법칙대로) 열로 전환될 수 있지만 열이 일로 전환될 때마다 일정한 제한 조건이 발생한다. 따라서 언제나 완벽하게 전환되지는 못하고 만다. 열의 양 Q의 일부는 일 Q_1로 전환되며, 다른 일부($Q-Q_1$)는 냉각기로 전달된다. 이처럼 열로 전환되는 최초의 일의 양은 이후 열이 일로 전환되는 과정에서 빼낼 수 있는 일의 양보다 크다. 이 과정에서 에너지가 감손 또는 (일반적인 용어로는) 소비되는데, 이 과정은 절대 비가역적이다. 자연과정에서도 흔히 이러한 일이 벌어진다"(에코, 1995: 105).

29_ 낭만주의 작가들이 '관습의 사회'보다는 자연으로 복귀하려 한 것은 이 질서의 세계가 자신들을 구속시킨다고 본 때문이다. 아방가르드 예술가들의 경우 가장 극단적인 실험을 했다고 할 수 있는데, 그들은 어렵사리 획득한 네겐트로피의 질서를 거부하고 오히려 엔트로피가 지배하는 무질서의 세계로 나아가려 했기 때문이다.

네겐트로피, 분지체계, 또는 관습에의 의존은 인간이 지구상에서 터전을 잡고 살아가려면 결코 완전히는 없애버릴 수 없는 것이라 할 수 있다. 사실 길을 트는 목적 가운데 가장 우선적인 것이 바로 그런 '물적 기반'의 확보일 것이다. 길을 트면 거기에는 반드시 흙이 나오게 되어 있고, 이 흙이 터가 되며, 그것을 터전, 바탕, 마당으로 삼아 사람들의 '길 가는 일'이 벌어지게 된다. 길에서는 얼마나 많은 일들이 벌어지는가. 그런 일들은 길의 밑바탕을 이루는 땅에 있던 수풀, 초목, 목석이 제거되었기, 즉 길이 트였기 때문만이 아니라, 트인 길이 터가 되었기 때문이기도 하다. 땅에 있던 장애물들, 즉 우리의 통과를 방해하던 것들이 제거되고 나면, 새롭게 다져야 할 흙이 나오고 이 흙을 딛고 다니며 길을 만들면 그 길은 삶의 기반이 되는 것이다.

이런 일이 몸에서도 일어난다고 보면, 이제 몸은 경지(耕地)이자 경지(境地)가 된다고 할 수 있다. 우리 몸을 상대로 하는 길트기가 도 닦기이기도 하다는 사실은 바로 여기서도 확인된다. 무릇 수양, 수도는 몸을 경지(耕地)로 삼아 경지(境地)를 이루는 일인 것이다. 경지를 이루는 일은 물론 쉬운 것이 아니며 각고의 노력을 필요로 한다. 득음한 판소리 명창은 아무나 흉내 낼 수 없는 소리를 멋들어지게 내지만, 그런 발성법을 얻기 위해 성대가 갈라지도록 연습을 해야 하고, 그래서 생긴 붓기를 가라앉히기 위해 옛날에는 '똥물'까지 마시는 정성을 쏟았던 것으로 전해진다. 명창의 득음 경지는 이때 그가 자기 성대를 경작지로 삼아 연습의 쟁기로 갈아 거둔 성과물이라고 할 수 있다. '도를 닦는다'는 말이 가능한 것도 도달한 도가 경지(境地)로 인식됨을 말해준다. 구체적인 길과 추상적인 도는 그렇다면 결코 분리될 수 없는 긴밀한 관계를 맺고 있는 셈이다.[30] 그것은

30_ 길과 도가 이처럼 구체적으로 같은 의미를 갖는다면, 『도덕경』에서 노자가 말할 수 있는 도는 도가 아니라고 한 것은 도를 신비화한 셈이 될 것이다.

길이 형성된다 함은 아무리 줄여 말해도 인간적 삶의 방식이 형성된다는 것을 가리키기 때문이기도 하다. 터를 닦아 길을 내는 일은 인간의 길을 닦음을, 우리 몸에 어떤 습속을 각인시킴을 가리키지 않는가. 길이 몸길일 때, 그것은 신체에 깃든 습관이며, 버릇인 것이다.

길, 무예, 학문

몸길을 닦는 또 하나의 일을 우리는 무예에서 찾을 수 있다. 일단 무예를 닦는 일과 학문을 닦는 일 사이에는 통상 드러나지 않는 깊은 연관 관계가 있다는 점을 먼저 강조하고 싶다. 무예를 중국어로 '쿵푸'라고 하기도 하고, 이 말이 한국어 '공부'와 비슷하게 느껴져서 하는 말만은 아니다.[31] 그보다 무예와 공부 또는 학문 사이에는 길을 공통분모로 하는 상통하는 중요한 점이 있다고 보기 때문이다. 이때 유사성은 우리가 학문과 무예를 동일한 은유로 인식하고 있다는 사실에 근거한다고 할 수 있다. 통상 '무예를 닦는다', '학문을 닦는다'라는 은유적 표현에서 볼 수 있듯이, 우리는 통상 무예와 학문을 '닦는' 대상인 것으로 이해한다. 동일한 은유로 이해될 수 있다는 것은 무예와 학문 사이에 중요한 공통성이 있다는 말이기도 하다.

무예든 무술이든 또는 무도든 수행을 하려면,[32] 목숨을 거는 자세가 필요하다. 고수 무인의 사지는 그 자체로 살상용 무기로 작용할 수도 있는 만큼, 그런 사람들이 대결을 벌일 경우 목숨을 걸어야 하는 경우가 생기지

31_ '쿵푸'의 한자는 '功夫'로서 무술 또는 그 일종을 가리키는 말로 쓰이고, 한국어 '공부'는 "학문이나 기술을 배우고 익히는 일"을 가리키는 말이다. '공부'의 한자는 '工夫'이며, 중국어에서 이 말은 "시간과 정력을 쏟아 어떤 방면의 솜씨를 획득하게 됨"을 가리킨다.
32_ 동아시아 삼국에서는 '무'와 관련된 활동을 각기 달리 부른다. 한국에서는 '무예(武藝)', 중국에서는 '무술(武術)', 일본에서는 '무도(武道)'를 주로 사용하는 것이다.

않을 수 없다. 공부, 학문하기도 그런 무예의 한 종류로 여겨야 하지 않을까 싶다. 학문하기가 무예인 것은 그것 또한 생명을 건 작업일 수 있기 때문이다. 많은 학인, 지식인이 자신의 학문적 관점에 근거해 사회적 실천에 나섰고, 때로는 목숨을 잃기도 했다는 것을 다시 말할 필요는 없을 것이다. 이것은 학문이 단순히 두뇌로만 하는 활동이 아니라는 말이기도 하다. 물론 뇌는 인간의 진화과정에서 가장 발달한 부위로서 신경계를 총괄하며 인간적 능력이 집중되어 있는 신체임이 분명하다. 뇌가 중요하다는 것은 통상 사람 몸무게의 2퍼센트밖에 차지하지 않는데도 하루 에너지 소모량으로 보면 전체의 20퍼센트나 차지하며, 같은 무게의 근육과 비교하면 10배의 에너지를 소모한다는 사실에 의해 입증된다. 뇌세포가 다른 세포에 비해 훨씬 더 많은 에너지를 필요로 하는 것은 뇌에 있는 1천억 개의 뉴런, 그리고 이들 뉴런을 연결하는 1천조 개의 시냅스가 원활하게 작동하기 위함일 것이다. 뇌는 이처럼 인간의 신체 가운데 가장 중요한 부위임이 분명하지만, 그렇다고 인간의 인간임이 뇌의 작용인 것으로만 생각할 일은 아니다. 인간의 마음을 뇌의 작용으로만 보는 뇌중심주의적 관점도 있지만, 인간의 마음, 우리의 주체성이 형성되는 것은 그런 뇌가 인간의 신체 일부를 이루고 있고 동시에 환경과도 상호작용 하고 있다는 사실에 전면적으로 의거한다. 의식의 경우도 "뇌 전체에 걸친 활동을 조직하는 전면적인 동역학적 활동 패턴으로서 신경적으로 체화되어 있다"(Thompson, 2007: 370)고 볼 수 있다. 다만 여기서 뇌가 다른 부위에 비해 에너지를 많이 쓴다는 점을 지적한 것은 뇌 또한 신체적 작용을 위해 물질적 기반이 필요하며, 뇌를 중심으로 하는 학문적 활동도 그만큼 몸을 써야 한다는 것을 강조하기 위함이다. 공부는 몸으로 한다는 것, 이것은 오늘날 그에 대한 관념이 많이 약화되긴 했지만 부정할 수 없는 사실이다.

학문과 공부는 몸으로 한다는 사실에서 무예로서의 학문의 성격을 더 잘 이해할 수 있을 것 같다. 흔히 무예는 담력을 필요로 하지만 학문, 공부는 그런 일과는 무관한 것으로 생각하는 경향이 있다. '백면(白面)서생', '문약(文弱)서생'이라는 표현도 글만 읽는 사람은 세상일을 모르고 허약할 뿐이라는 선입견을 드러낸다. 그러나 학문이 무예에 속하는 한, 나름의 신체적 능력을 요구하지 않을 수 없다. 예컨대 태권도에서 어떤 수준의 '품새'를 구사하느냐가 기량이 어떠한가를 말해주듯이, 학문하는 사람에게도 몸가짐이 중요할 수 있다. 탐구와 논박 대상의 어려움이나 기세에 눌리지 않고, 비판하는 권력에 대해 굽실거리지 않는 의젓한 학인의 자세는 그 자체로 학문 수준을 엿볼 수 있게 해준다. 전근대 학문 전통에서 어린이에게 반드시 '소학'을 가르쳤던 것도 학문을 하려면 몸가짐을 바로 하는 것이 기본이라는 상식이 작용한 결과일 것이다.[33] 몸가짐의 중요성을 강조한 것은 몸을 올바로 써야, 즉 말 그대로 처신을 제대로 해야 생각도 올발라진다는 인식을 드러낸다. 물론 처신 교육을 중시한 조선사회가 망해버린 것을 보면, 그것만으로는 사회가 건강하게 유지되는 것은 아니라는 말도 나옴직 하겠지만, 사회발전의 후퇴는 제대로 된 '몸가짐'이 사라진 결과라는 반론도 가능하다.

무예의 세계에서는 고수와 하수의 구별이 뚜렷이 있어서, 하수가 고수를 몰라보고 덤벼들었다가는 큰 코 다친다. 무예의 세계에서 이런 일이 자명한 것은 거기서는 몸길의 단련으로 성취한 경지의 우열이 분명하기 때문이다. 칼이나 창을 들고 대결하는 무술인은 상대방의 기량이 자신보다 뛰어나다는 것을 아는 순간 무릎을 꿇든지 아니면 목숨을 내놓아야

33_ 유자징이 편집하고 주희가 교열, 가필한 『소학』은 조선시대 모든 교육기관의 필수교재였다. 입교(立敎), 명륜(明倫), 경신(敬身), 계고(稽古) 등의 내용을 포함하고 있으며, 그중 '경신'은 특히 몸과 언행을 공경히 다스리는 내용을 담고 있다.

한다. 머리만으로 공부를 한다고 생각하는 사람은 이런 점을 잘 인정하려 들지 않을 것이다. 학문의 세계에는 다양성이 존중되며, 따라서 출신, 처지, 관점, 취향, 정서 등의 차이에 따라 어느 하나의 경지로 환원되지 않는 측면이 없지는 않지만, 공부, 학문에서도 무예와 마찬가지로 기량, 내공의 차이가 있다는 점도 인정할 필요가 있다고 본다. 그렇다고 학문의 민주주의를 무시할 일은 물론 아니다. 하지만 이때 민주주의는 학문에 대한 평등한 접근권, 다양한 학문을 추구할 권리, 학문 수행의 조건 및 환경 등과 관련된 문제인 것이지 학문의 성취 결과까지 결정하는 문제는 아닐 것이다. 학문이 무예라면, 학문 세계에서도 기량과 내공의 우열이 있을 것임을 짐작케 한다.

학문이 무예라고 보는 것은 학문 또한 반드시 용기를 발휘해야 하는 영역이기 때문이다. 1990년대 초반 나는 임진왜란 중에 진주성싸움에서 전사한 김시민의 장계에서 "적들이 떼를 지어 밀려오는데 용기를 내어 지혜를 짜냈다"라는 구절을 읽은 적이 있다. 처음 읽었을 때는 그 말뜻을 바로 이해하지는 못한 것 같다. 그때까지만 해도 용기란 무인의 자질이고 문인에게 필요한 자질은 지혜일 것으로 생각하고 있었기 때문일 것이다. 하지만 이후에 깨달은 것처럼, 공부를 할 때는 용맹 정진하라, 호랑이 등을 타면 정신 차리라는 말이 있듯이, 정신 쓰는 일과 몸 쓰는 일이 서로 완전히 분리되는 것은 아님이 분명하다. 학문에 크기나 수준이 있다면, 그것은 학자의 몸 씀씀이와도 무관하지 않을 것이다. 학문 역시 무예라는 말은 학문에도 용기가 필요하다는 말과 통한다. 이 용기는 지식을 생산하기 위한 용기요, 진리라고 믿는 것을 자신의 몸으로 지키려는 담대함일 것이다. 담대하다는 것은 문자 그대로 쓸개(膽)가 크다는 것으로, 학문을 할 용기와 기백은 우리 몸으로부터 나온다는 것을 단적으로 말해준다. 배짱은 무사나 깡패에게만 필요한 것이 아니라는 말이다.

길들어서기와 길들이기

몸 쓰기, 몸 바침으로 행해진다는 점에서, 공부와 학문은 기공(氣功)이 되는 측면도 있다. 기공은 "호흡 조정, 신체활동 조정, 의식 조정(조식, 조형, 조심)을 단련 방법으로 하며, 신체를 건강하게 하고, 심신을 건강하게 하고, 병을 이겨 수명을 늘리며, 잠재능력을 개발하는 것을 목적"으로 하는 수련법이다(維基百科, '气功'). 단전호흡의 경우는 기공 가운데서 조식에 해당하는 훈련에 해당한다. 기공의 종류는 다양하지만, 전통적으로 의가기공, 도가기공, 불가기공, 유가기공, 무가기공 등의 분파가 있다. 기공의 종류는 이렇게 보면 업(業)에 따라 분류되는 셈이다. 이것은 기공을 한다는 것, 다시 말해 몸길을 낸다는 것은 특정한 방식으로 몸을 쓰는 것이고, 그 결과 각기 다른 업을 이루게 된다는 것을 말해준다. 몸길 내기의 차이가 평생을 두고 하는 일의 차이를 낳는 셈이라 하겠다.

기공을 통해 의가, 도가, 불가, 유가, 무가 등에 속하게 된다는 것은 몸길 내는 일이 일정한 정체성을 획득하는 일로 이어진다는 말과 다르지 않다. 그런데 우리가 주목할 점은 전통적인 기공의 경우 출생에 의해서만 단련을 하는 것은 아니라는 점이다. 물론 의가에 태어나거나 무가에 태어난 경우 대를 이어 같은 일을 할 가능성이 높은 것은 사실이다. 그러나 물가로 몰고 간 말도 억지로 물을 마시게 할 수는 없듯이, 무가 집안에 태어났다고 해서 반드시 무술을 제대로 익힐 것으로 여길 일은 아니고, 유가에 태어났다고 반드시 유학자가 되는 것은 아닐 터이다. 더구나 불가가 되려면 출가를 해야 하니 자손이 있을 리 없고, 도가 역시 결혼을 하지 않는 경우가 많으므로, 적어도 불가기공과 도가기공의 경우는 귀의하는 개인들이 원해야만 단련을 할 수 있는 셈이다. 이런 점에서 기공과 같은 몸길 내기는 농업, 공업, 상업에 종사하는 것과 달리 출신과는 어느 정도 무관하게 추구할 수 있는 일이라고 할 수 있다. 이런 점은 기공의 '업'이

농업과 상업, 공업에서 이루어지는 '업'과는 다른 것임을 말해준다.

프랑스 철학자 자크 데리다는 대학의 교수가 되는 것에 대해 비슷한 설명을 한 바 있다. 그에 따르면 교수는 자기가 하고 싶은 학문을 하겠노라고 공언한 존재다. 그는 교수가 하는 일을 장사일(trade)이나 공예일(craft)과는 구분되는 전문업(profession)으로 보면서, 이 업의 특징은 스스로 하겠다고 나선 사람이 하는 일로, 다시 말해 자발성에 의해 선택한 직업이라는 점에 있다고 본다. 교수는 이때 말 그대로 '공언자/고백자'(professor)인 셈이다.[34] 공언자가 교수와 같은 전문적 학문의 길을 걷는 사람이 되는 것은 "어떤 선언적 헌신, 어떤 자유, 어떤 맹세 하의 책임, 어떤 공언한 신앙이 주체로 하여금 앞으로 규명되어야 할 해명을 하게 만든다"는 사실과 관련이 있다(Derrida, 2001: 43). "고백하는 것은 자신의 책임을 다하여 서약을 하는 것이다. '무엇에 대해 고백하다'는 다른 이로 하여금 자신의 말을 듣고 말을 믿을 것을 요청하면서, 자기가 어떤 사람인지, 자기가 믿는 것이 무엇인지, 자기는 어떤 인간이 되고자 하는지 큰 소리로 선언하는 것이다"(35). 이런 종류의 고백자라면, 교수나 그와 비슷하게 자신의 업을 일으키겠노라고 선언한 사람은 스스로 길들어서기를 한 셈이라 할 수 있다. 스스로 길들어서기를 했다면, 그런 사람은 길 닦기= 수양=단련을 통해 자신이 도달할 수 있는 최고 수준의 경지를 이루겠노라고 공언한 자라고 하겠다.

스스로 업을 일으키는 사람도 있지만 자기의 몸길이라고 해서 마음대

34_ 데리다는 영어 '고백'의 의미를 다음과 같이 설명한다. "라틴어 어원…을 가진 이 단어 '고백하다(profess)'는 영어와 마찬가지로 프랑스어에서도 '솔직히 선언하다', '공개적으로 선언하다'를 의미한다. 옥스퍼드 영어사전에 따르면, 그것은 영어에서는 1300년 이전까지 종교적 의미만 갖고 있었다. '자신을 고백하다'는 그래서 '어떤 종교단체의 맹세를 하다'를 의미한다. 고백하는 사람의 선언은 어떤 면에서 수행적인 선언이다. 그것은 신앙맹세 행위, 서약, 증언, 표명, 입증, 아니면 약속, 헌신과 같은 약속을 한다"(Derrida, 2001: 35).

로 하지 못하는 사람도 있다. 아니 사실은 그런 사람들이 더 많다고 봐야한다. 그래서 길들기는 두 가지 방식으로 이루어진다고 볼 수 있다. 하나는 '길들어서기'로서 이는 스스로 자신이 걸어갈 길로 들어서는 방식이다. 전통적으로는 기공이 그런 방식의 길들기라 하겠고, 근대 이후에는 교수나 교사, 변호사, 의사 등의 전문직종에 종사하는 사람들도 비슷한 길들기를 통해 자신이 원하는 일을 일정한 자격 취득을 통해 하고 있다. 다른하나의 길들기는 '길들이기' 방식으로 이루어진다. 사실 오늘날 대부분의사람들은 이 방식을 통해 자신의 업을 갖게 된다.

길들어서기는 개인들이 스스로 택하는 것이므로 그 행위에 대한 자각이 큰 반면, 길들이기는 거의 무의식적인 차원에서 일어나는 경우가 많다. 예컨대 여성이 여성으로, 남성이 남성으로 행동하는 것만 하더라도 그렇다. 통상 여성적 몸놀림과 남성적 몸놀림의 차이는 남녀 간의 생물학적차이에 의해서만 생길 것으로 여기지만, 그런 차이도 신체적 조건과는무관하게 길들이기라는 문화적 과정을 통해 일어나는 경우가 적지 않다. 여자아이의 경우 축구나 야구 등 '과격한' 운동을 하지 못하도록 어릴적부터 금지하는 반면, 남자아이는 오히려 그런 운동을 권장하는 것이한 예다. 영화 <빌리 엘리어트>(2000)에서 주인공 소년은 우연히 무용을경험하고 좋아하게 되지만 무용은 여자아이나 하는 것이고 남자아이는권투를 해야 한다는, 그가 태어난 탄광촌의 선입관 때문에 어려움을 겪는다. 춤추는 몸과 권투하는 몸의 차이가 선입관에 의해 영향을 받는다면그것은 또한 문화적 차이라고 해야 할 것이다. 이는 다시 말해 우리가남자가 되고 여자가 되는 것은 남자 되기와 여자 되기라는 서로 구별되는문화적 과정을 겪은 결과인 것이지 원래부터 여자이고 남자인 것은 아니라는 말이다. 이런 점에서, 시몬 드 보부아르가 지적한, "여성은 태어나는것이 아니라 만들어진다"는 말이 설득력을 갖는다.[35]

길들이기를 가리키는 말로 영어의 'discipline'이 있다. 이 말은 '사도', '제자'를 의미하는 'disciple'과 어원이 같다. 예수의 열두 제자처럼 사도가 된 사람은 뛰어난 스승을 추종하고 그가 보인 길을 따르려는 자다. 그러나 그런 스승을 따르는 일은 결코 쉬운 일이 아니기 때문에 사도는 사도의 길 즉 규율을 따르고 훈련 또는 단련을 받을 필요가 있다. 규율, 훈련, 단련은 모두 길들이기의 형태들로, 영어 'discipline'과 같은 의미다. 학문 세계에서도 비슷한 훈련과정이 만들어졌는데, 그것을 학문 분야 또는 학과목이라고 하고, 영어로는 마찬가지로 'discipline'이라는 말로 표현한다. 학문하기를 이처럼 길들이기로 여기는 것은 앞서 살펴본 대로, 학문은 몸길을 내는 일이며, 이때 몸길 내기는 길들어서기와 길들이기 두 가지 형태로 행해질 수 있기 때문이다. 어떤 학문 분야든 전공을 하려면 그 분야에서 추구하는 지식 또는 진리 그 자체만이 아니라 그런 지식의 계보와 그 분야에서 통용되는 관행, 행동거지의 노하우까지 습득하는 것임을 생각할 때 학문하기가 몸길 내기이면서 많은 부분 길들이기임은 부정할 수 없는 사실로 여겨진다. 사실 길들이기가 일어나지 않는 학문분야는 거의 없으며, 따라서 학문하기는 유감스럽게도 학문적 권위로 통하는 것에 대한 복종을 의미하는 경우가 허다하다. 길들여지지 않는 후학은 학업을 계속할 기회를 얻지 못하고 내쳐지기 일쑤이고, 따라서 '꼬리 내린' 즉 쓸개 빠진 사람들이 좋은 자리를 차지하는 경우가 더 많은 것이다.

길들이기는 사람들로 하여금 다수에 속할 것을 강요하는 몸길 내기

35_ 자크 라캉은 다른 맥락에서 "여성은 존재하지 않는다"고 했다. "우리가 어린이로 겪는 다형적 섹슈얼리티는 성적 차이 이해 부족 때문이다. 그것은 반드시 전-언어적이기도 하다. 일단 기표들 세계로 진입하고 나면, 아이들은 여성의 성에 대해서는 아무런 '기표'가 존재하지 않는다는 것을 발견한다. 그래서 여성은 존재하지 않는다. …결론적으로 여성이 존재하지 않는 것은 그녀가 우리의 상징적 질서에 의해 제한될 수 없기 때문이다. 라캉식의 어법으로 말하면 여성은 '실재계 안'에 남아있다"(Welsh, 2000).

관행이며, 이 관행은 근래에 들어와 더욱 확산되고 있다. 다수에 속하고자 '멋있는' 몸길 내기에 여념이 없는 모습을 보여주는 것은 지금은 커다란 산업으로까지 발달한 '육체산업'일 것이다. 한국에서 육체산업이 나타나기 시작한 것은 대략 1990년대 초로서, 당시 소비자본주의가 새로운 단계로 발전하기 시작하고, 특히 노동의 기회를 얻는 것이 자꾸만 어려워지기 시작한 것과 궤를 함께 한다. 국내 연예산업이 급성장한 것과도 궤를 함께 하는 육체산업의 성장은 서울의 강남 일대에 성형외과 병원이 급증하게끔 만들기도 했는데, 무엇보다도 몸길 내기를 길들이기로 만드는 중요한 기제로 작용한다고 볼 수 있다. 길들이기에 의한 길들기는 '다수자 되기(becoming-major)'의 전형적 방식이겠지만, 다수자가 된다는 것은 기존의 지배질서에 속하려는 것이다.

초인 또는 유목의 길

우리는 길 위의 존재다. 몸길을 내며 있을 때도 길 위에 있는 것은 마찬가지다. 그러나 사람들이 모두 길 위에만 있는 것을 꼭 원하는 것은 아니라고 봐야 한다. 길에 든 사람들도 새로운 길트기를 시도하고, 길에서 벗어나려는 사람들도 있기 때문이다. 자신이 속한 길, 자신이 만들어낸 길 또는 자신의 몸에 만들어진 길로부터 벗어날 줄 아는 사람은 자신에 대한 집착을 벗어던진 사람일 수 있다. 자신에게 집착하지 않는 사람이야말로 자유로운 사람일 것이다. 니체는 이런 자유로운 사람에게 '초인(超人, Übermensch)'이라는 이름을 부여한 바 있다. 초인이 초인인 것은 독일어 원어가 시사해주듯이, '넘어서는' 사람이기 때문이다. 초인은 한 곳에 머물지 않고 늘 다른 곳을 향해, 또 다른 차원으로 넘어가는 존재다. 오시이 마모루의 애니메이션 영화 <공각기동대>(1995)에서 주인공 쿠나사기가 인형사의 정혼과 합체하는 장면에서 죽음을 두려워하지 않는 모습이 바로 그런 것이다.

들뢰즈와 가타리는 이런 초인에게 '유목민(nomad)'이라는 이름을 붙이고 있다. 유목민은 이때 정착민과는 달리 새로운 삶에 대해 두려움을 갖지 않는 존재다. 그는 기존의 제도에 집착하지 않고, 스스로 제도를 만드는 것을 좋아하지 않는다. 들뢰즈와 가타리는 이런 유목민적 삶을 자본주의적 삶의 질서, 공리계로부터 벗어날 수 있는 유력한 방안으로 보고 '혁명'이 아니라 '탈주'를 대안사회로 나아가는 전략으로 생각했다. 유목민은 '소수자-되기(becoming-minor)'를 실천하는 사람이다. 소수자는 이때 수적인 '소수(minority)'와는 다르다. '소수자-되기'는 다수가 지배하는 틀로부터 계속 탈주하는 행위다. 유목민은 그런 탈주를 끊임없이 감행하는 존재다(Deleuze and Guattari, 1987).

유목민이 다니는 길은 '홈 패인 공간'이 아니라 '매끈한 공간'에 해당한다. 홈 패인 공간은 정주민을 위한 공간이다. 이 공간에서 정주민은 하나의 지점에서 다른 하나의 지점으로 이미 정해진 경로를 따라 이동한다. 2장에서 살펴본 길들은 대부분 이런 길들이다. 고속철도, 고속도로, 버스길, 기찻길, 골목길 등은 모두 홈이 패여 있고, 정주민으로 사는 사람들은 그 패인 홈을 통해 이동한다. 정해진 길들인 것이다. 여기서는 이동이 주로 속도에 의해 측정되고 있다. 속도는 보통 비교를 통해 느껴진다. 더 빠른 길, 더 느린 길이 비교 대상으로 있어야 특정한 길의 속도가 가늠되는 것이다. 그러나 이런 비교되는 속도와는 다른, 완전히 다른 종류의 속도가 있다면 그런 속도는 기존의 길과는 완전히 다른 길을 선택함으로써만 이루어질 것이다. 이런 생각이 일리가 있다면, 우리로 하여금 기존의 길들에서 벗어나지 못하게 하는 것은 속도를 비교 가능한 수준에서 붙잡아 두기 위함이 아닐까 싶다.

영화 <본시리즈>(2002-07)나 <13구역>(2004) 등에서 주인공들이 보여주듯이, 사람들은 급하면 정해진 길을 무시하고 간다. 최고 속도가 있다면 이때 그것은 길 위에서 나오는 것이 아니라 길을 벗어남으로써 나오는 것 같다. 즉 동일 평면 위에 펼쳐지는 직선을 따라 그 어떤 최대 속도를 내며 가는 것보다 위상을 바꾸는 이동이 더 효과적이라는 말이다. (우주에서 가장 빠른 여행은 그래서 아마도 서로 다른 우주들을 가로지르는, 즉 웜홀을 통과하는 여행일 것이다.)

홈 패인 공간과는 달리 매끈한 공간에는 미리 정해진 길이 없다. 이 공간에서는 움직임이 먼저 있고 그 다음에 길이 생긴다. 아마도 오솔길이 만들어진 방식일 것이다. 오솔길은 처음에는 아무런 길이 없는 데서 사람들이 전진하면서 생긴 것이다. 유목민이 매끈한 공간의 소요자(逍遙者)인 것은 미리 닦인 길이 없는 광활한 초원이나 사막 위를 먼저 다니고, 그 뒤에 길을 내기 때문이다. 매끈한 공간을 흘러 다니는 것은 정주의 합리성에 대한 거부다. 현재 나의 행동이 미래에 어떤 결과를 가져올는지 예측하고, 그 계산에 따라 행동하는 것이 합리적인 태도다. 많은 길들은 그래서 합리성을 대변한다. 길이 코드, 약호의 집합인 것은 그런 이유 때문일 것이다. 자유로운 사람은 그런 계산적 행동을 하지 않는 사람, '노는 사람'이다. 노는 사람은 붙박이거나 얽매인 사람이 아니다. 여기서 '놀다'는 "고정된 데서 벗어나다"는 뜻이다. 합리성의 계산은 사람들로 하여금 고정된 길을 가도록 만든다. 반면에 고정된 자리에서 벗어난 사람은 얽매이지 않고 떠돌 수 있는 사람이다. 물론 무작정 떠도는 것이 마냥 능사일 수는 없다. 그렇다면 우리는 어떤 길을 가야 하는 것일까?

제 4 장
길 떠나기

오래 전에 나는 건축가 고 정기용으로부터 주택을 설계할 때 꼭 다락 방을 만들어 넣기는 하되 그리로 올라가는 계단은 생략해 버리는 동료가 있다는 말을 들은 적이 있다. 계단 없는 다락방에는 어떻게 올라가는가 하는 의문이 든 것은 당연한 일, 그의 말을 듣고 내가 호기심을 보이자, 정기용이 전해준 동료의 '해결책'이 재미있었다. 밧줄을 타고 다락방으로 올라가도록 만들어 놓았다는 것이다. 밧줄을 타고 오르는 일은 암벽 타는 등반 전문가들이 주로 하는 일이다. 하지만 집안의 다락방 가는 길을 왜 그토록 어렵게 해놓았다는 말인가? 이런 질문에 대한 답변은 일상이 지배 하는 집안에서도 이차원(異次元) 경험을 갖기 위함이라는 것이었다. 다락 까지의 거리가 불과 몇 미터라고 해도 밧줄을 타고 어렵게 올라가 닿게 되면, 그곳은 마치 험한 암벽을 타고 오른 뒤에야 닿을 수 있는 장소처럼 여겨져 이제 집안의 다른 곳과는 전혀 다른 세상이 될 수 있다. 건축가가 자신이 설계한 집에 이런 '등반' 시설을 설치해 놓은 것은 집 안에서도 집을 떠난 것과 같은 기분을 가질 수 있도록 하기 위함이었던 셈이다. 여기서 '집안'은 일종의 폐쇄회로로 인식되고, 다락방으로의 이동은 그런 회로로부터의 탈출에 해당한다. 그렇다 하더라도 다락방은 집안에 배치될 수밖에 없기 때문에, 이 탈출이 말 그대로 집을 떠나는 행위인 것은 아니다. 하지만 다락방으로의 이동에 큰 중요성을 부여하고 있다는 것은 그 건축가에게 집 떠나기는 우리가 일상적으로 꼭 해야 일로 인식되고 있다는 말이기도 하다.[36]

그렇다면 집 떠나기는 왜 그렇게 중요한 일로 설정돼야만 하는 것일까? 집 또는 집안은 우리가 거하고 머무는 곳, 깃들은 곳이다. 집에서 우리는 삶의 주된 부분을 꾸려가며, 집이 없으면 인간-동물로서의 위상을 누리기도 어렵다. 집은 우리의 보금자리, 인간적 삶의 근간인 것이다. 최초의 집은 동굴이었다. 나무에서 내려왔지만 아직 손으로 물건다운 물건을 만들지 못하던 유인원으로서는 동굴을 발견한 것이 천만다행이었을 것이다. 비바람을 피하려면 그만한 곳이 어디 있었겠는가. 집은 이 동굴이 진화한 모습으로, 오늘날 우리가 살고 있는 주택은 진화한 인간이 동굴을 새로운 모습으로 바꿔낸 것이라 할 수 있다. 나무에서 내려와 털 빠지기 시작한 유인원에게 동굴이 체온 유지나 위험한 다른 동물로부터의 안전 등 생존에 필수적인 혜택을 제공한 것처럼, 오늘날의 집도 사람들에게 많은 것들을 제공한다. 객지의 어려운 삶을 풍찬노숙(風餐露宿)으로 묘사하는 데서 알 수 있듯이, 집이나 그와 유사한 터전이 없는 삶은 인간다운 삶이라 하기 어렵다. 경제위기가 세계 곳곳을 강타해 무주택자들이 늘어나고 있는 21세기 초, 집 없는 삶이 비인간적 삶임을 누가 쉽게 부정하겠

36_ 같은 날 정기용은 집안에서 돌아다니는 것이 편리하기는커녕 오히려 최대한 불편한 주택 설계를 즐기는 다른 건축가에 대해서도 이야기했었다. 이 건축가는 접근하기 쉽게 통상 실내 적당한 곳에 두기 마련인 화장실이나 냉장고 위치를 일부러 마당이나 집 바깥에 두는 실험을 하곤 한단다. 거주자들로 하여금 날씨가 궂을 때 일을 보러 갈 때는 일부러 비를 맞도록 해놓았다는 것이다. 이런 식의 거주 공간 배치는 실내 생활에 편의성을 제공하는 것이 아니라 오히려 그것을 제거하려는 시도로서 건축 내부에 가능한 한 많이 외부를 넣어 보려는 시도라고 하겠다. 사실 정기용 자신도 자신의 건축에서 '건축의 외부'를 많이 반영하려 했던 건축가다(강내희, 2011).

는가. 하지만 살 집을 설계하면서 다락방으로 올라가는 밧줄을 설치해 집 떠나기 연습을 하도록 해놓은 건축가의 발상이 그렇다고 호사가의 취미로만 여겨지지 않는 이유가 있다면, 그것은 갈수록 많은 사람들이 길 떠나기의 필요를 느끼고 있기 때문일 것이다. 집은 거처, 주택이 되면서 일상의 공간이 되었고, 또 다수자에게는 안주의 공간이 되었다. 문제는 오늘날 일상에의 안주가 인간적 삶을 옥죄기도 한다는 것이다.

적어도 두 가지 점에서 그러하다. 우선 일상의 거처, 안주의 공간으로 변하면서 집은 우리의 삶을 정체시키는 기제로 작용하게 되었다. 집은 붙박여 있는 만큼 색다른 삶의 모험을 제공하기 어렵다. 실제 또는 상상적 가출이 젊은 세대에게는 통과의례가 되어 있고, 출가를 유일한 구도의 방안으로 여기는 사람들이 있다는 것은, 정주를 위한 집이 한편으로는 인간적 삶을 위해 필요하면서도 다른 한편으로는 관례화되지 않은 또 다른 삶의 추구에 걸림돌로 인식되기도 함을 보여준다. 흔히 가정생활을 '다람쥐 쳇바퀴'로 비유하는 것도 거기서 유지되는 일상이 차이 없는 반복만 재생산한다는 인식, 집이란 공간은 안락한 삶을 가능케 할는지는 몰라도 가슴 뛰게 하는 삶을 유발하는 곳은 아니라는 인식의 발로일 것이다.

또 하나, 오늘날 안락한 삶, 안주의 생활은 대부분 중간계급 이상 즉 부르주아적 삶이라는 점에서 사회적 불평등을 전제한다는 문제도 있다. 주택을 소유하고 안주할 수 있다는 것은 불평등한 사회에서는 특정한 계급에 속한다는 것, 더 많은 다른 사람들을 착취하거나 수탈하는 사회적 체제를 자신의 생존 및 생활 기반으로 갖고 있다는 것을 의미한다. 나는 다락방으로 가기 위해 집안에 등반용 밧줄을 설치하는 사람 가운데 이런 인식을 지닌 경우가 많을 것으로 생각하지는 않는다. 그 다락방은 십중팔구 사회적 삶의 형태, 예컨대 계급불평등과 같은 문제를 성찰하는 공간이 되는 경우는 드물 것이다. 그러나 집 떠나기가 필요하다고 느끼는 사람은 누구라도 자신의 집을 중심으로 형성되는 삶의 모습에 대해 문제의식을 갖게 된 사람임이 분명하다. 이것은 자신도 모르는 사이에 오늘날 자신이 속한 삶이 어떤 문제적 상황 가운데 놓여있다는 것을 그가 느꼈다는 말이기도 하다. 나는 이런 점에서 개인적 차원의 집 떠나기도 집을 중심으로 구축된 오늘날 삶의 사회적 조건에 대한 반응으로 해석될 수 있다고 믿는다.

물론 일상으로부터의 탈피가 언제나 좋은 일만은 아닐 것이며, 일상이 언제나 일면적이어서 권태의 지배만 받는다고 할 수는 없다. 집안의 삶, 집을 중심으로 이뤄지는 삶, 즉 일상생활에는 아무런 변화나 그 가능성 또는 가치가 없다고 단정한다면, 그것이야말로 예컨대 전통적으로 집안을 지켜온 여성의 삶을 부당하게 폄하하고, 일상의 평범함이 오히려 오늘날 정치의 진면목이요, 여성적 활동이 또 다른 인간적 창조성의 영역임을 부정하는 일일 것이다. 그런 인식은 일상이야말로 사실 삶의 새로운 변화가 생겨날 수 있는 가장 보편적인 곳이고, 그 변화를 실제로 살아내게 되는 바로 그 장소임을 부정하고 있기도 하다. 그러나 저 멀리서 한 세상 소식을 듣거나 또 저 먼 곳에서 세상을 바꿀 혁명이 일어난다 한들, 내가 사는 이곳의 예사스런 삶에서 의미 있는 변화가 없다면 무슨 소용이겠는가. 따라서 일상을 벗어날 필요가 있다는 것은 일상의 중요성을 외면한다거나 일상을 폄하한다는 말과는 구분되어야 한다. 그보다 그것은 일상이 그처럼 중요하기 때문에 새로운 변화를 모색해야 한다는 말로 이해될 필요가 있다.

오늘날 일상의 변화가 필요하다면, 그것은 무엇보다도 자본주의적 삶이 일상을 지배하고 있기 때문일 것이다. 집 떠나기가 필요하다는 것은 그렇다면 자본주의적 일상에의 길듦이나 익숙함으로부터 벗어나야 한다는 말과 같은 것이 된다. 물론 집 떠나기는 태곳적부터 있었던 일이다. 원숭이가 나무에서 내려와 스텝에 살게 된 것부터가 집 떠나기였던 셈 아니겠는가. 그런데 스텝에서 살게 된 이후로, 즉 우리가 유인원이 되고, 특히 인간이 되고 난 뒤부터 집 떠나기는 길 떠나기의 형태로 전개되었다고 볼 수 있다. 집을 만들어 살고 난 뒤로 인간은 새로운 존재가 되기 위해 집을 떠나야 했고, 이것은 바로 길 떠나기 형태로 이루어졌던 것이다. 길 떠나기는 그렇다면 어떻게 전개된 것일까? 이 장에서 나는 역사적으로 이루어진 길 떠나기의 몇 가지 형태, '떠나는 존재'가 될 때 오늘날 우리가 선택하는 몇 가지 길 형태를 살펴보면서 길 떠나기의 의미를 생각해 보려고 한다.

마을

선뜻 이해되지 않을지는 모르지만, 오늘날 많은 사람들이 가장 원형적인 장소 즉 고향의 장소로 기억하고 있을 시골 마을도 길 떠나기의 산물이다. 이것은 인간 진화와 역사의 관점에서 볼 때, 최초의 길 떠나기는 숲을 떠난 것이었기 때문이다. 마을은 인간이 숲으로부터 벗어난 모습에 해당한다. 마을이 들어서려면 숲을 절단해 개활지를 만들어야 하기 때문이다. 인간이 인간으로 된 뒤에 살게 된 숲은 물론 과거 원숭이 시절의 숲과는 종류가 다르다. 수상생활을 하는 동물에게 숲은 땅과 분리된 거처였다고 할 수 있다. 직립 보행을 하게 된 동물이 숲을 완전히 떠나는 것은 아니지만, 이제 숲은 그 동물에게 언제나 머무는 곳이 아니라 사냥을 위해 들르는 곳으로 바뀌고, 자신이 움을 세워 사는 마을과는 구분된다. 숲은 길을 잃고 헤매는 곳, 들어가면 위험한 곳으로 인식되기 시작하는 것이다. 이런 점을 단적으로 보여주는 것이 서양어에서 '미개인', '야만인'을 의미하는 단어 'savage'가 숲을 의미하는 명사 'silva'의 형용사형인 'silvaticus'의 변형 'salvaticus'에서 나왔다는 사실이다.[37] 이런 맥락에서 마을은 숲과는 달리 사람들이 안전하게 살 수 있도록 만든 공간이라 하겠다.[38]

어렵게 만들어낸 곳이기 때문에 마을, 정착지, 집, 그리고 이런 공간에서 거주하는 가족은 우리에게 소중한 장소요 사람들이다. '가족의 따뜻한 품'이라는 생각도 그래서 생겼을 것 같다. 오늘날 자본주의 사회에서도 가족과 함께 사는 집은 최후의 은신처로 표상된다. 크리스 콜롬버스의 <나 홀로 집에>(1990)와 같은 영화가 미국의 박스오피스를 석권했을 뿐만 아니라 세계 다른 나라 영화관들에서까지 큰 인기를 끌었던 것은 집이란 가족의 보금자리이니만큼 어린아이도 적극 지켜 내야 할 곳이라는 인식이 공유되었기 때문이기도 할 것이다. 가족의 소중함은 인간적 삶이 동물적 삶으로 퇴행한 상황에서, 즉 공적인 사회적 보살핌이 사라지고 각자 풍찬노숙의 신세가 될 때 더 날카롭게 느껴진다. 길 위에 홀로선 사람은 외롭고 힘든 법이다. 길 위는 아늑함을 찾기 어려운 집밖, 한데가 아닌가. 제대로 된 사회라면 복지나 다른 사회적 보살핌 체계를 통해 그런 곳으로 내몰린 사람들을 지원해 줘야 하겠지만, 그런 기반이 갖춰져 있지

37_ 영어의 'savage'는 중세 프랑스어 'sauvage' 또는 'salvage'에서 도입되어 중세영어에서는 'sauvage', 'salvage', 'savage' 등으로 표기되었고, 근대영어 이후 'savage'로 굳어졌다.

38_ 서구 전통에서 마을 또는 도시는 숲과 단절된 공간으로 제시된다. 르네상스 시대에 정원이 담장으로 둘러쳐져 있는 것으로 나타나는 것도 이런 전통의 일환일 것이다. "거룩한 자기 시의 감미로운 선물로 아무데서나 헤매고 짐승처럼 방황하던 인간을 거두어 그들로 하여금 서로 모여 함께 있게 하고, 집을 짓게 하고 서로 협력하도록 한 것은 오르페우스였다…그의 뒤를 따른 이는 암피온으로 그는 최초로 도시를 짓게 하고, 그 안에 사람들이 법과 권리에 따라 품위 있고 질서 있게 살도록 했다"(Webbe, 1904: 234; Halpern, 1991: 59에서 재인용). 암피온과 오르페우스는 여기서 시인을 대변하는 신화적 인물들이다. 이들이 시인이라는 것 외에 시 즉 문화를 통해 인간을 마을, 도시로 데려온 인물로 제시되고 있다는 것이 중요하다.

않은 사회에서는 가족이 최후의 버팀목이 되곤 한다. 어린아이가 열심히 자기 집을 지키는 내용을 다루는 <나 홀로 집에> 같은 영화가 나오는 것은 필시 가족이 아니면 서로 돕지 않는 삶이 정상화된 상황을 반영하는 것이다.

그러나 유일하게 비빌 언덕이 가족뿐이라면, 인류가 유적 존재로서의 위엄을 유지할 수 있는 기반을 닦을 것을 기대하기는 어렵다. 가족은 지배의 중요한 수단이요, 장치이기도 하다. 구성원들 간의 호혜와 연대 기틀 마련을 방해하는 사회, 만인의 만인에 대한 경쟁과 투쟁만을 가장 유력한 생존전략으로 권장하는 사회일수록 사람들로 하여금 가족에게 의존하도록 만든다. 그러나 가족이 삶의 유일한 버팀목이 되면 사회적 연대에 기반을 둔, 삶의 호혜적 설계는 그만큼 더 어려워질 수밖에 없다. 피붙이로 구성되는 가족에 의존하는 삶은 최악의 상태에 빠지면 같은 종마저도 잡아먹는 동물적 상황에서는 벗어나게 해줄는지 몰라도, 인간을 사회적 존재로서 완전한 자유를 누리도록 해주지는 않는다. 자본주의 사회가 유달리 가족의 가치를 강조하는 것은 우리로 하여금 가족의 한계를 벗어난 더 발전된 인간적 유대를 기대할 수 없도록 만드는 방편이기도 하다. 자본주의는 기본적으로 우리의 길 떠나기를 원하지 않는 사회 체제인 것이다.

길 떠나기와 이야기

사람들은 이야깃거리를 갖길 원한다. 이야기가 없는 사람과 있는 사람 가운데 어느 쪽이 되고 싶으냐고 물으면 대부분이 후자를 선택할 것이다. 하지만 집안에 '틀어박혀서는' 이야깃거리를 만들어 내는 것이 어렵다. 재미있는 이야기를 만들어낼 수 있으려면 상투적인 삶에서 벗어나야 하고, 따라서 집을 떠나 길에 나서는 것이 필요하다. 사람들이 길을 떠나는 것은 그래서 이야기를 만들기 위함이라고 할 수 있다. 왜 이야기 만들기가 중요한 것일까?

이야기하기가 인간-동물의 진화에 핵심적 역할을 했다는 주장이 있다. 호모 사피엔스는 일만 하는 개미가 아니라 이야기 놀이를 무척 즐기는 베짱이였다는 말이다. 예컨대, 일만 하는 부족과 이야기 즐기는 부족이 있다면 살아남을 가능성이 큰 쪽은 후자라는 것이다(Gottschall, 2012). 그렇다면 사람들은 왜 이야기를 즐기는 것인가? 인간적 삶에 도움이 되기 때문이다. 이야기는 보편적으로 문제 상황을 중심으로 구성되어 있다. 이야기 세계에서 핵심 존재인 주인공은 어려움을 겪지만 언제나 그것을 극복해 내는데, 이야기 수용자는 이때 자신을 주인공과 동일시하게 된다. 이는 인간이 진화 과정에서 '거울 뉴런'을 갖게 되었기 때문일 수 있다. 거울 뉴런은 허구적 인물이 고통, 충격, 연민, 사랑 등을 겪는 것을 보거나 듣는 청자나 독자, 시청자도 같은 경험을 할 수 있게 해주는, 즉 우리들로 하여금 공감의 능력을 발휘하도록 만드는 신경 기제다. 이런 점 때문에 주인공이 역경을 이겨내는 이야기를 듣고 즐기는 것은 항공모함이착륙 시뮬레이션을 연습하는 것과 유사한 효과를 만들어 낸다는 견해가 있다. 이야기는 "인간이 영위하는 사회적 삶의 모의비행장치"(Oatley, 2008; Gottschall: 58에서 재인용)라는 것이다. 사람들이 이야기를 즐기는 것은 이런 경험을 대리로도 할 수 있기 때문이다. 하지만 물론 이미 만들어진 이야기를 듣고 자신이 주인공이 된 것으로 느끼는 것과 자신이 직접 주인공으로 행동하는 것은 다른 일일 것이다. 오늘날 사람들이 집을 떠나 길로 나서고 싶어 한다면 그것은 자신이 주인공이 되는 이야깃거리를 찾기 위함이리라.

서사의 주인공이 되려면 '떠나는 자'가 되어야 한다. 길 떠나기는 익숙해진 환경의 경계를 벗어나는 행위에 속한다. 다시 말해 모험의 공간으로 들어서는 일인 것이다. 반면에 부동의 요소들—조국, 마을, 부모와 형제 등—은 '주인공의 환경'에 속하고, 그가 행하는 가장 중요한 행동 즉 길 위의 모험 대처를 위해 그가 동원할 수 있거나 아니면 그의 행동을 제약하는 자원들, 조건들, 한계들이 된다. 길을 떠나는 것은 '움직이는 인물'이 된다는 것으로, "움직이는 인물은 주어진 분류화를 허물고 새로운 구조를 확립할 수 있는 가능성, 혹은 불변체적 본성 속에 자리한 구조가 아니라 다각도의 변이형을 통해 만들어진 구조를 제시할 수 있는 가능성을 품고 있다"(로트만, 2008: 24). 떠나는 자가 된다는 것은 따라서 자신의 이야기를 만드는 행위, 주로 모험을 감행한다는 말이다. 전통적으로 도붓장수, 뱃사람, 군인 등이 이야기꾼으로 자주 등장하는 것은 그들이 길에서 겪는 일이 많을 수밖에 없었기 때문이다.

길 떠나기는 물론 다양한 형태로 이루어지고, 집 떠난 사람들이 걷는 길들의 유형도 다양하다. 사람들은 어떤 길을 걸었고, 걷고 있는 것일까? 일상에서 우리는 어떤 길들을 걷고 있고, 또 일상을 벗어나기 위해 어떤 길들을 걸으려 하는가? 길은 크게 두 방향으로 나있다고 할 수 있다. 집을 떠나 외지로 가는 길과 떠나온 집으로 되돌아가는 길이 그것이다. 이 가운데 집으로 가는 길 즉 귀향길은 이야기를 하러 가는 길에 속한다. 집을 떠나 겪은 사건을 보고하기 위해 가는 길인 셈이다. 반면에 집을 떠나는 길은 이야기를 만들기 위해 가는 길이다.

길 떠나기는 집 떠나기이자 마을 떠나기이기도 하다. 숲으로부터의 절단인 마을은 그 자체가 인간적인 세계, 다시 말해 문화적인 공간으로서, '기호적 체계' 또는 '기호계'에 속한다. 로트만에 따르면, "문화와 비문화를 구분 짓는 경계의 모든 다양성에도 불구하고, 본질상 그들 모두는 하나의 특징으로 수렴될 수 있다. 즉, 비문화를 배경으로 했을 때, 문화는 언제나 기호적인 체계로서 나타난다"(63). 여기서 우리는 비문화=숲, 문화=마을이라는 등식이 성립되고 있음을 보는 셈인데, 흥미로운 점은 길 떠나기는 이 맥락에서 일종의 '문화 저버리기'가 된다는 사실이다. 숲을 절단해 어렵사리 확보해낸 공간인 마을은 숲의 비문화와 구분된다는 점에서 이미 문화의 영역에 들어온 '우리'의 공간이다. 숲은 사람, 정확히 말해 사람다운 사람은 살 수 없는 곳으로, 거기 사는 사람은 짐승과 다를 바 없는 미개인이나 야만인일 뿐이다. 야만인은, 그 영어 표현 'barbarian'의 어원인 그리스어 'barbaros', 산스크리트어 'barbara'가 개가 내는 소리, 무슨 말인지 알아들을 수 없는 소리 즉 의미 없는 말이라는 의미를 갖고 있는 데서 알 수 있듯이, 비문화적인 존재다. 그런데 사람들에게 길 떠나기가 필요하다는 것은 비문화의 상태를 극복해 도달한 문화를 다시 저버릴 필요가 있다는 말이 된다. 이것을 우리는 어떻게 이해해야 할까?

길 떠나기는 기본적으로 위험을 무릅쓰는 행위다. 길 떠나기의 한 대표적 유형인 여행은 그래서 전형적인 모험인 것으로 간주되었다. 길 떠나기로서의 여행은 두 갈래 길로 나아갈 가능성을 갖는다. 하나는 과거로 향해 있다. 과거로 난 이 길도 두 갈래다. 그 하나는 과거의 안락한 삶으로 이어준다. 사람들은 이상향을 과거에 속했던 것으로, 그래서 이제는 없는 것으로 생각하는 경향이 크다. 요순시대, 무릉도원, 아르케디아, 원시공산주의 등 사람들이 유토피아로 간주한 곳들은 대체로 과거 일로 상상되는 것이다. 길을 떠나는 사람 중에 이런 이상향을 찾으려는 사람은 과거로 향한 길을 가려는 셈이다. 하지만 과거로 난 길 가운데는 또 다른 길이 있으니 그것은 저주받은 길, 그래서 피하고 싶은 길이다. 이 길은 통상 마을이 출현하기 이전의 상태 즉 숲으로 난 길, 인간이 인간으로 진화하려면 반드시 떠나와야 했던 곳으로 이끄는 길, 흔히 야만화 또는 미개화라고 간주되는 퇴로다. 생태론적 관점을 취할 때 이 길은 오히려 인간이 저지른 폭력을 치유하는 길로 이해될 수도 있겠지만, 사람들은 대체로 이 길로 돌아가고 싶어 하지 않는다. 숲속 생활로의 회귀를 거부하는 태도는 예컨대 유럽인들이 마을이나 도시, 수도원을 지을 때 높은 담을 쌓아 외부 자연과 내부 문명과 도덕을 구분하려 한 데서도 볼 수 있다.[39] 중세 로맨스에서도 편력기사가 직면하곤 하는 가장 큰 위험 중 하나는 숲속이나 황야에서 미로에 빠져 배회하는 것이었다. 이런 미로에 빠지는 것은 인간 이전의 동물 상태—야만이나 악, 저주가 지배하는 곳, 예컨대 지옥—로의 퇴행 즉 회귀적 타락에 해당한다.

집 앞의 길이 가는 또 다른 방향은 미래다. 미래로 난 것이기 때문에 이 길은 알 수 없는 길, 미지의 길에 해당한다. 이 길 역시 두 갈래라고 할 수 있다. 왜냐하면 미래로 난 미지의 길은 한편으로는 두려움과 공포, 다른 한편으로는 기대와 희망을 불러일으킬 수 있기 때문이다. 미래로의 길 떠나기를 감행하는 사람은 물론 대부분 그 중 두 번째의 길로 나아가고 싶어 할 것이다. 하지만 이 길은 미지의 길이기 때문에 어디로 향하는지 사실 알 수가 없다. 그것은 심지어 과거로 난 길, 그 가운데서도 퇴행과 타락의 길로 이어질 수도 있다. 사람들이 이야기의 주인공이 되고 싶으면서도 길 떠나기를 두려워하는 것도 어쩌면 이런 우려 때문이 아닐까? 이야기를 듣는 사람들은 많이 있어도 이야기를 살아내는 사람 즉 주인공은 그래서 많을 수가 없는 것이 아닐까?

이야기를 가능하게 하는 것, 그것을 로트만은 '슈제트(shuzhet)'라고 불렀다. 슈제트는 '파불라(fabula)'에 대립하는 개념으로서(로트만: 21-

---

39_ 예컨대 9세기 전까지 이태리에서는 삼림을 벌목해 마을을 만들고 거주지로 삼았고, 이 과정을 주도한 것은 수도원과 성직자들이었다. 이 결과 교회는 수목과 이교도의 적으로 통했다(Gullota, 2012).

22), 단순한 사건들 즉 주인공의 꿈이나 의지가 개입되지 않은 사건들의 연쇄로 이루어져 있는 후자와는 달리, 주인공의 길 떠나기를 통해 그런 객관적 사건들의 연쇄가 새로운 의미를 얻게 되는 방식이다.[40] 이 의미 획득은 길 떠남으로 이루어진다는 점에서 모험의 결과물에 속한다.

그런데 길 떠나기가 극한으로 치달을 경우, 다시 말해 다시 돌아오지 못할 길로 가는 행위가 된다면 새로 획득할 의미가 사라질 가능성도 없지 않다. 그것은 길 떠나기가 그때는 3장에서 언급한 '분지체계'로부터의 완전한 이탈, 즉 어렵사리 획득한 네겐트로피 상태에서 모든 질서와 의미가 소멸되는, 엔트로피가 증가하는 쪽으로만 가는 행위가 될 것이기 때문이다. 이런 모험을 감행하려는 것이 예술에서의 아방가르드적 실험일 것이다. 기존의 예술 전통이 수립한 의미체계를 부정하려 한다는 점에서 아방가르드는 궁극적으로 상승하기만 하는 엔트로피 곡선에서 나타난 감소단계, 즉 "곡선으로부터의 일탈과정이나 크기"(에코, 1995: 107)를 가리키는 '분지체계'에 대한 거부와 유사하다. 에코에 따르면, "엔트로피 곡선과 관련해 볼 때, 무질서의 평균치를 피할 수 있는 방식으로 조직화되는 언어 또한 비개연적인 사건"(109)으로 나타난다. 다시 말해 의미를 만들어 내는 언어는 엔트로피 곡선이 상승하며 무질서 상태로 나아가는 것과는 다른 '비개연적 사건' 즉 조직과 질서를 구축해 내는 체계인 것이다. 하지만 여기서 말하는 길 떠나기는 이 사건을 해체하는 것과도 같다는 점에서 위험을 내포하고 있다. 집과 마을은 언어처럼 분지체계에 속하는데, 거기서 떠난다는 것은 비개연적인 과정—분지체계의 구축은 개연성 높은 엔

40_ 로트만의 『기호계』 한국어 역자 김수환에 따르면, "파불라가 경험적-인과율적 시간 질서에 따라 연결된 전체를 뜻한다면, 슈제트는 현실적 시간의 경험적 순서를 따르는 파불라를 미학적으로 재가공한 것, 즉 온갖 종류의 서사적 구성 '기법'을 사용해 예상된 파불라의 진행을 (낯설게) 변형시킨 것을 뜻한다"(로트만: 22의 역자 각주). 이 낯설게 하기는 주인공의 길 떠나기를 중심으로 이루어진다고 할 수 있다.

트로피 곡선 증가와는 다른 예외적인 것이라는 의미에서―을 통해 구축한 질서의 세계를 버리는 것이기 때문이다.[41] 그래서 길 떠나기는 돌아올 것을 예기하고 일어나는 경우가 대부분이다. 말하자면 출가―이것이 모든 집, 고향을 저버리는 행위라면―와 귀가 사이에는 극단으로 향하는 힘을 막아내는 또 다른 힘이 작용하는 것이다.[42] 서사행위의 견지에서 볼 때, 길을 떠나지 못한 사람은 할 얘기가 없는 대신, 길을 떠나 가버린 사람은 이야기할 기회를 갖지 못할 것이다. 이야기하는 사람은 떠났다가 다시 돌아온 사람이기 마련이고, 그의 이야기는 그래서 그의 여행 보고 형태를 취하게 된다.[43] 이런 점에서 이야기는 디에게시스, 다시 말해 전령에 의한 전언 형태를 취하는 경향이 있다. 전령은 여기 있는 우리가 가보

41_ 길 떠나기는 들뢰즈와 가타리가 말한 '탈주' 또는 '탈영토화' 개념을 환기시키기도 한다. 그들에 따르면, 반복적 삶으로부터의 이탈, 반복되는 '후렴'으로부터의 탈주선이 음악이다. "음악은 후렴을 탈영토화하는 것으로 이루어지는 창조적, 능동적 작용이다. 후렴이 본질적으로 영토적이고 영토화하거나 재영토화한다면, 음악은 그것을 탈영토화하는 표현 형태를 위한 탈영토화된 내용으로 만든다"(Deleuze and Guattari, 1987: 300). 그런데 여기서 주목할 것은 들뢰즈와 가타리가 말하는 탈주, 탈영토화가 '죽음으로의 탈주'와는 다르다는 사실이다. 그들이 말하는 음악은 후렴의 반복성을 해체하는 것이기는 하지만 또 다른 더 높은 차원의 질서를 만들어 내고 있기 때문이다.

42_ "극히 통속적인 언어적 질서로부터의 일탈은 새로운 종류의 조직화 방식을 내포하게 된다. 이것은 **이전의 조직화 방식과 관련해 볼 때는 무질서로 그리고 새로운 담론의 매개변수들과의 관계에서 보면 질서로 볼 수 있다.** 하지만 고전예술이 한계를 분명히 정해놓고 언어의 관습적인 질서를 파괴하는 반면 현대예술은 극히 '비개연적인' 형태의 조직화를 통해 원래의 질서에 끊임없이 도전한다. 다시 말해 고전예술이 본질적으로 기본 원칙은 그대로 준수한 채 독창적 요소를 언어 체계 안에 끌어들이는 반면 현대 예술은 흔히 체계 자체에 고유한 내적인 법칙을 가진 새로운 언어체계를 부과함으로써 독창성을 드러낸다. 이리하여 현대 예술은 전통적 언어체계에 대한 거부와 보존 사이에서 끊임없이 동요하게 된다―왜냐하면 전혀 새로운 언어체계만을 강조한다면 담론은 더 이상 전달될 수 없기 때문이다. '열린 작품'의 정수를 이루는 **형식**과 다의적 의미의 **가능성** 간의 변증법은 이러한 동요 사이에서 발생한다"(에코: 121. 원문 강조).

43_ 물론 이때 돌아온 사람과 떠난 사람이 동일한 사람인가는 판단이 필요한 문제라고 하겠다. 돌아온 자는 자신의 '원래' 모습에 늘 '유령적' 차원을 덧붙여 갖고 있기 마련이기 때문이다. 이런 점을 잘 보여주는 한 예가 영국 시인 새뮤얼 콜리지의 「늙은 수부의 노래」다. 이 작품에서 이야기꾼은 떠났다 돌아온 수부의 이야기를 귀신에게 홀린 듯이 듣게 된다.

지 못한 곳에서 온 사람이다.

　길을 떠나는 일은 과거의 허물을 그대로 덮어쓰게 만드는 일상을 벗어나는 일이며, 따라서 기존의 습속에서 벗어나는 일이다. 이 떠나기는 종종 성장의 과정으로 이루어지며, 이야기하기, 서사행위의 토대가 된다. 인류가 이야기하는 존재가 됨으로써 생존 능력을 강화했다면, 그것은 우리가 모두 주인공이 되고 싶어 하거나, 되어야 하기 때문일 것이다. 집 떠나기가 '원시' 인류에게 보편적인 현상이었던 것은 그 때문이 아니었을까 한다. 오늘날도 거의 대부분 '원시' 부족에서는 성년식을 통과의식으로 치르며, 이때 해당 개인은 집을 떠나 지내는 경우가 허다하다. 예컨대 바다 근처에 사는 부족의 경우는 바다로 나가서 상어와 같은 큰 물고기를 잡아와야 하거나, 숲이나 스텝에 사는 경우는 집을 떠나 원숭이나 영양 등 제법 큰 짐승을 잡아오도록 하는 것이다. 이런 과정을 거쳐 성년이 된 그 부족 성원은 이야깃거리를 장만한 셈이라고 할 수 있다. 길 떠나기가 서사의 핵심적 조건이 되는 것은 이런 점 때문이다. 이런 점을 말해주는 것이 과거 구전으로 전해오던 민담에 빠짐없이 주인공이 집을 떠나 과업을 수행하는 이야기가 나온다는 사실일 것이다.[44] 이것은 서사가 상태 전환, 사건의 발생을 기반으로 구성되기 때문이고, 길 떠나기가 그런 변화를 일으키는 기본적인 요건이 될 수 있기 때문인 것으로 보인다. 물론 실제로 길을 떠나지 않는 경우에도 이야기가 불가능하지는 않다. 이미 말한 대로, 거울 뉴런을 보유한 사람들은 허구적 세계 참여를 통해 대체 경험을 할 수 있으며, 상상력을 보유하고 있다. 그러나 자리를 지키고 있는 사람이 하는 이야기에도 길 떠나기는 그 내용 즉 서사에서 반드시 언급되어야 할 사건으로 포함되어야만 한다.

44_ 블라디미르 프로프가 연구한 러시아민담에는 등장인물이 집을 떠나 과업을 수행하는 이야기가 빠지지 않고 나온다(Propp, 1968).

순례길과 중세적 관행

근래에 한국에서는 진보운동 진영에서 어떤 사안을 알리고자 할 때 삼보일배나 오체투지의 형식을 빌리는 경우가 종종 있다. 이것은 새만금 갯벌을 살리려는 여론 조성을 위해 수경 스님과 문규현 신부가 2003년 3월 전라북도 부안에서 서울까지 300킬로미터가 넘는 거리를 두 달 가까이 삼보일배를 하며 올라온 뒤에 생긴 일이다. 두 성직자는 2008년 9월에도 이명박 정부에게 국민소통, 종교평화, 환경보전을 촉구하고자 지리산에서 계룡산까지 비슷한 장정을 진행했는데, 두 번째 장정에서는 삼보일배가 아니라 오체투지 방식으로 진행했고, 두 사람의 고행 행진 취지에 동감한 다수가 참여하기도 했다. 삼보일배도 하기 어렵겠지만, 오체투지는 훨씬 더 어렵다. 수경은 당시 감행한 오체투지로 인해 무릎을 크게 상했던 것으로 알려졌다.

오체투지는 순례 행위에 속한다. 한국에서는 오체투지가 두 성직자의 사회적 발언 형태로 최근에 등장했지만, 티베트 같은 곳에서 그것은 적잖은 사람들이 불심을 드러내기 위해 오래 전부터 해오고 있는 실천이다. 한국에서 오체투지가 시위문화의 새로운 형태가 되기 시작할 무렵 나는 한 다큐멘터리 영상을 통해 고산 지대를 가로지르는 차마고도를 따라 오체투지로 라사까지 가는 티베트 순례자들 모습을 본 적이 있다. 하지만 오체투지를 포함한 순례 행위는 중세적 현상에 속한다고 봐야 할 것이다. 물론 중세 이후의 근대 초기도 아닌, 탈근대가 시작되었다는 21세기인 오늘날에도 그런 관행이 남아 있다는 점을 놓고 보면, 어떻게 그것이 '중세적'이냐는 반문도 할 법하다. 하지만 고대, 중세, 근대, 탈근대가 비동시적으로 차례로 따로 나타나는 것이 아니라, '비동시성의 동시성'의 형태로 나타날 수 있다면, 오늘날이라고 해서 중세적 현상이 나타나지 말라는 법은 없다. 티베트의 경우 오체투지가 대중적 현상으로 남아있는 것은 그 곳에 종교 중심적인 중세적 생활 방식이 다른 곳보다 많이 남아 있는 때문일 것이고, 한국에서 최근 오체투지를 이용한 시위문화가 생겨난 것은 특정한 시점 정권을 잡은 세력이 행사하는 폭력이 '전근대적'이어서 그에 대한 대응 역시 '전근대적'일 필요가 있었기 때문이라고 할 수도 있다.

순례가 중세적 관행이라는 것은 영어에서 중세 유럽 기독교 세력이 추진한 가장 큰 대외적 프로젝트였던 '십자군 원정'과 '순례'를 가리키는 단어가 오랫동안 같았다는 사실이 말해준다.

> 순례(pilgrimage)와 십자군 원정(crusade) 간의 밀접한 관계는 용어를 통해 알 수 있다. 오랫동안 두 여행 사이에는 뚜렷한 구분이 없었다. 성전 참가자와 순례자는 둘 다 페레그리니(peregrini)였고, 십자군 원정을 묘사하는 표준 용어에는 이테르(iter, 길, 노정, 여행), 엑스페디시오(expeditio, 긴 여행), 그리고 심지어 페레그리나시오(peregrinatio, 순례)가 들어 있었다. …크루시아타(cruciata) 라는 단어는 중세 말, 르네상스기에 나타났을 뿐이다. 순례와 하느님을 위해 싸우는 것은 둘 다 개인적 구원과 정화를 가져왔다. 이 유사성은 법적인 맥락과 외부 상징체계를 통해 분명해지기도 한다. 순례자와 십자군 전사는 모두 맹세 즉 하느님에 대한 자발적이고 엄숙한 약속을 했던 것이다 (Jaspert, 2006: 23).

근대적 형태로 삶의 분화가 생기기 이전, 혹은 마법 또는 종교가 삶을 통합하던 시절 순례는 오늘날보다 훨씬 더 자주 많은 사람들이 수행한 관행이었다. 중세 유럽에서는 주요 성지 순례는 많은 사람들이 평생에 꼭 해야 할 일로 여겨졌고 이를 소재로 하는 이야기도 많다. 중세 로맨스에 주인공으로 등장하는 기사들은 주로 성배를 찾아나서는 등 순례와 유사한 목적으로 길에 나선 인물이다.

순례도 길 떠나기에 해당하는 만큼 이야기의 좋은 배경과 소재가 되곤 한다. 중세 사회에서 이야기가 순례를 모티프로 삼아 만들어지는 것을 보여주는 좋은 예가 초서의 『캔터버리 이야기』다. 이 작품에는 다양한 이들이 이야기꾼으로 등장하는데, 당시의 세 신분 즉 기도를 전문으로 하는 사제, 전쟁을 전문으로 하는 귀족, 그리고 노동을 전문으로 하는 평민과 농민이 그들이다. 14세기 말에 쓰인 이 작품에서 이런 다양한 인물들이 순례에 참여하는 것으로 설정되어 있다는 것은 중세에 순례가 매우 보편적인 관행이었음을 말해준다.

한국의 시위성 삼보일배, 티베트 순례자의 오체투지 등 오늘날도 순례는 다양한 형태로 이어지고 있다. 한국에서는 근래에 기독교 인구의 증가와 종교 관광의 발달로 신자들의 예루살렘 성지 순례가 크게 증가했고, 이런 현상은 미국 등 기독교 인구가 많은 나라에 공통된 것이기도 하다. 이슬람권에서는 사우디아라비아의 메카 성지에 매년 수백만 명이 참가하고 있으며, 최근에는 페만 전쟁, 이라크와 아프가니스탄 침공 등 서구 세력에 의한 현대판 '십자군 전쟁'의 재개에 극렬하게 맞선 이슬람 근본주의의 극단적 대응, 그 중에서도 칼리프 국가 건설을 선언한 아이시스 세력을 지원하는 '반 십자군 원정' 현상까지 생겨났다. 이런 식으로 나타나는 오늘날의 순례는 과거 중세의 그것과는 물론 모습이 판이하게 다르다. 이전에는 성지로 가기 위해 통상 고난의 길을 걷곤 했지만, 이제 사람들은 순례길에 오를 때 통상 삼보일배나 오체투지보다는 관광의 형태를 취한다. 이들이 들어가는 메카와 예루살렘의 성지, 칼리프 국가는 종교적 질서가 지배한다는 점에서 중세적인 성격을 띤다고 하겠는데, 그렇다고 현대성을 완전히 탈각하는 것도 아니다. 성지로의 접근을 위해 사람들은 항공로와 같은 첨단적인 길을 선택하며 중세적인 칼리프 국가를 건설하는 '성전'에 전사로 참여할 것을 세계의 무슬림을 상대로 독려하기 위해 아이시스는 최첨단 정보기술을 활용한다. 이것은 비동시성의 동시성의 한 양상으로서, 오늘날 세계체계를 지배하고 있는 신자유주의적인 자본주의 질서에 의해 빚어졌다고 할 수 있고, 이 질서가 다른 모습을 띠었다면 상이한 시간들이 형성하는 동시성의 모습 역시 달라졌을 것이다.

운명 개척의 길과 부르주아의 등장

길은 집밖에 나 있으며, 친근한 곳으로부터 멀리 떨어지는 방향으로 향해 있다. 잠재적으로 길은 미지의 세계와 연결되어 있는 것이다. 이런 점에서 길을 떠나는 것은 새로운 일을 도모하는 일이며, 여기에는 다양한 가능성이 포함된다. 길에서 사람들은 위험한 일을 겪기도 하고, 심지어 죽음을 당할 수도 있지만, 새로운 인연을 만들 수도 있고, 더 좋은 기회를 포착할 수도 있다. 이런 다양한 가능성들에 열려 있기 때문에 길 떠나기는 적절한 계기와 조건, 그리고 용기 등을 필요로 한다.

전근대 사회에서는 사람들이 길을 떠나는 일이 흔치 않았다. 특히 여성들이 그러했다. 내 할머니는 여든 평생을 안태 고향 이십 리 밖을 벗어나지 못하고 사셨는데, 이것이 19세기 말, 20세기 초반까지 한국 여성 대부분의 인생살이였다. 과거 한국의 시골 마을에서 타지로 '출입'할 수 있는 기회를 가졌던 사람들은 극히 소수에 속한다. 오일장을 돌며 장사를 하며 장돌뱅이로 살던 사람들이나, 타지 사람들과 교유를 할 수 있던 양반들에게만 그런 기회가 주어졌던 것이다. 길 떠나기는 따라서 드문 일 또는 특권적인 기회였으며, 그런 기회를 가진 사람들만이 집과 마을에 붙박여 살아야 하는 사람들이 누리지 못한, 새로운 미래를 개척할 수 있었다고 봐야 한다. 조선시대 시골 선비들이 과것길을 떠난 것이 좋은 예다. 과것 길은 신분사회에서 '입신양명'을 할 수 있는 거의 유일한 출셋길로서 더 나은 미래로 연결되는 통로에 해당한다. 그렇다고 그런 길이 꼭 편안하기 만 한 것은 아니라는 점은 '은혜 갚은 까치' 이야기 같은, 과거 보러 가는 선비가 겪는 모험담을 담은 이야기가 곧잘 민담으로 전해온다는 사실이 말해 주고 있기도 하다.

다수의 사람들이 고향마을을 떠나서 살게 되거나 살아야 하는 것은 주로 삶의 조건에서 거대한 변동이 생겨날 때다. 인간의 진화 및 역사 과정에서 이런 일은 자주는 아니더라도 반복해서 일어났다. 다시 말하지 만 인간이 '존재'가 된 것 자체가 직립 보행과 주행을 가능케 한 숲으로부 터의 이탈이라는 길 떠나기를 통해서 일어난 일이다. 대규모 인구이동은 역사적으로도 여러 번 있었고, 이때마다 사람들은 정주하던 곳을 대거 떠나야만 했다. 하지만 다수가 고향 마을에 남은 상태에서 다른 다수가 집을 떠나는 일이 늘어나기 시작한 것은 근대적 삶이 시작되면서부터일 것이다. 그 전에 일어난 대규모 인구이동은 전쟁이나 기후 변동 등에 의해 집단적 이동을 강요했다면, 근대 이후의 인구이동은 개인적 이동을 유발 한 것이다. 이런 변화는 무엇보다도 자본주의적 축적 체계의 작동과 관련 되어 있다고 봐야 한다.

들뢰즈와 가타리의 어법을 사용하자면, 자본주의적 사회의 구축은 탈영토화와 재영토화가 결합된 결과, 즉 봉건적 장원이 붕괴되고 새로 운 사회적 영토가 형성된 결과라고 할 수 있다. 맑스에 따르면, 이 새로 운 사회적 영토 즉 자본주의적 축적 체제는 기존의 영토가 해체되면서 생겨난 두 가지 형태의 '자유' 세력, 즉 자본과 노동력의 결합으로 구축 되었다. 부르주아지의 자본과 프롤레타리아트의 노동력이 과거에 속 해 있던 영토로부터 자유로워짐으로써 새로운 축적의 길을 만들어낸 것이 자본주의라는 것이다. 이로 인해 근대 초에는 대규모 인구이동이 일어났는데, 중요한 것은 이 이동은 축적을 위한 생산 활동을 목적으로 이루어졌기 때문에, 과거와는 달리 인구의 배제가 아니라 확보 형태를 띠었다는 점이다. 숲에서 스텝으로의 이동, 게르만족의 대이동과 같은 고대의 민족이동은 기존의 거주 공간을 버리는 경향이 컸다면, 새로운 인구이동은 기존의 거주 공간을 버리는 형태가 아니라, 그것을 재구조화한 공간으로의 이동 형태를 띠었다고 할 수 있다. 이 책의 7장에서 살펴보겠지만, 이것은 예컨대 인클로저로 인해 기존의 생활 근거지에서 쫓겨난 농민들이 같은 곳에 새로 조성된 농장으로 재배치되었기 때문이다.

이 변화를 주도한 것은 물론 부르주아 세력이다. 근대 초기에 이 새로운 주체 형태가 등장한 것은 귀족 중심의 신분사회가 붕괴되는 과정에서 새로운 사회적 길 떠나기가 대대적으로 일어난 결과로 해석될 수 있다. 자본주의가 이르게 발달한 영국의 경우 부르주아 계급은 30년이나 지속된 장미전쟁을 거치면서 기존의 지배세력이 대거 몰락하게 되는 것을 계기로 성장하기 시작했다. 요크 가문과 랭커스터 가문으로 나뉘어 귀족들이 장기간 혈전을 벌이는 사이에 일부 개인들이 이런 상황에서 이득을 보고 부와 권력을 장악하면서 지배계급으로 합류했던 것이다. "영국에서 옛 봉건 귀족층은 장미전쟁 동안 궤멸당해 자본주의의 요구를 아주 잘 알고 있던 새로운 귀족층에 의해 대체되었다. 종교개혁은 이 귀족층을 위해 교회를 약탈했다. 옛 봉건 귀족은 17세기에 이르면 완전히 사라지고 만다"(Kautsky, 2009: 533). 필립 시드니, 월터 롤리 등 르네상스 시대 영국의 유명한 귀족도 이렇게 신분 상승을 이룬 신흥부르주아지 집안 출신이었다.

신흥 부르주아지가 경제적 부와 정치적 권력을 가질 수 있었던 것은 그들이 나름대로 '길 떠나기'를 감행한 성과물이다. 이 과정에서 그들은 새로운 주체로 형성된다. 즉 패션, 미술, 문학, 궁술 등 당시 지배 계층이 중요하게 여긴 기예와 활동을 감상하고 즐기며 나아가 관련 작품을 생산하는 능력을 계발했고, 또 새로운 처신술을 익히고, 공적인 삶을 영위할 능력을 지닌 존재로 탈바꿈되는 것이다. 그들이 인생을 개척해 내고, 자신의 운명을 바꿔낸 것은 이런 변신과 함께 일어난 일이라고 할 수 있다.

부르주아지가 사회적 세력으로 등장하는 과정에서 '운명'의 의미도 바뀌게 된다. 르네상스 시대에 외지로 향하는 길은 누구에게나 모험이었고, 자신의 운명을 거는 일이었다. 인도와 중국을 찾기 위해 대서양을 횡단한 콜럼버스 같은 이가 그런 모험을 감행한 대표적인 경우다. 콜럼버스 같은 이에게, 그리고 르네상스 시대 자수성가를 통해 신흥 귀족으로 부상한 많은 이들에게 운명은 따르기만 할 것이 아니라 개척해야 할 것이었다고 할 수 있다. 그런 점에서 근대인은 오이디푸스로 대변되는 고대인과는 근본적으로 달랐다고 봐야 한다. 오이디푸스는 자신의 운명을 피해 떠나지만 결국 그 운명대로 살아갈 수밖에 없다는 점에서 고대인에 속한다. 고대인의 운명(destiny)은 이미 신탁에 의해 주어진 것으로서 피할 수 없는 측면이 컸다. 오이디푸스가 아무리 자신에게 부과된 운명을 벗어나려고 해도 오히려 그런 노력 자체로 말미암아 자신의 운명과 맞닥뜨리게 되는 것은 그의 운명이 필연성(necessity)의 질서에 속했기 때문이다. 물론 고대라고 해서 모두 운명을 '불가피한 필연성' 또는 '미리 정해진 것(predestination)'으로만 본 것은 아니다. 스토아학파가 운명을 그런 필연성과 동일시하고, 개인의 자율성이란 순전히 주관적인 것이라고 이해했다면, 에피쿠로스학파는 운명이란 개인과는 무관한 것으로 보고, 개인적인 차원이나 사회적인 차원에서 인간은 자신에게만 의존할 뿐이며, 따라서 숙명(fate)을 갖는다고 봤다(Heller, 1978: 364).

르네상스 시대에 통용된 운명의 개념은 에피쿠로스학파의 그것과 가깝다. 물론 필연성으로서의 운명과 숙명으로서의 운명을 구분하려는 시도가 없었던 것은 아니지만, 운명은 더 자주 숙명인 것으로 이해되었고, 숙명은 "예정된 길이 아니라 오히려 가능한 일련의 진로들을 의미"하게 되는 것이다(Heller: 366). 르네상스 시대에 운명의 영어 표현이 '기회', '행운'을 뜻하는 라틴어 'fortuna'에서 유래한 'fortune'으로 사용되기 시작하는 것은 이런 의미 변화와 무관하지 않다. 운명은 행운을 잡을 기회로도 이해되면서 '재산'의 의미도 갖게 된다. 운명의 이런 의미 변화는 30년 전쟁과 이후 인클로저 운동을 겪은 일부 개인들이 이룩한 신분 상승, 스페인과 포르투갈 그리고 영국이 주도한 항로 개발 등의 변동, 다시 말해 유럽 내부와 외부(나중의 제3세계)에서 일어난 원시적 축적과 같은 사회적 변동이 생긴 것과 궤를 함께 했을 것이다.

근대적 길 떠나기는 사람들로 하여금 새로 접어든 길에서 과거와는 다른 행동을 하게 하는 즉 연기를 하게 만드는 '연극적 효과'를 만들어 내기도 했다. 영국 르네상스기에 작품 활동을 한 셰익스피어가 그의 희극 『좋으실 대로』(As You Like It)에서 등장인물 자크로 하여금 "세상은 모두 무대요, 남자와 여자는 모두 배우일 뿐"(Shakespeare, 1975: 55)이라고 말하게 한 것은 우연이 아니었다.[45] 당시 세상이 극장과 같아진 것은 집을 떠나 길 나선 사람들이 많았기 때문이기도 하다. 대부분 사람들이 유년시절에서 노년시절까지 일생을 같은 마을과 그 인근에서 보내는 전근대적

45_ 1599년 셰익스피어의 극단이 런던에 전용 극장을 세우고 '지구'라는 의미를 가진 단어를 사용해 '글로브 극장'이라는 이름을 붙인 것도 극장에 오면 바로 세상을 볼 수 있다는 인식을 드러내고 있다. 글로브 극장의 모토는 "Totus mundus agit historionem"("세상 사람이 모두 배우다" 또는 "세상이 모두 극장이다")로서 『좋으실 대로』에서 자크가 하고 있는 말("세상은 모두 무대다")의 라틴어 표현에 해당한다.

공동체 사회, 즉 타지에서 온 사람들을 만날 일이 별로 없는 곳에서는 연기를 해야 할 필요성이 생기지 않는다. 하지만 원시적 축적이 진행되고 뿌리박고 살던 장원으로부터 벗어나 낯선 길로 떠도는 사람들이 많아지면, 연기를 통한 정체성 형성이 사회의 보편적 현상이 될 수 있다. 서로 낯선 사람들이 만나면 그들의 정체성은 과거처럼 신분에 의해 결정되기보다는 각자가 하는 행동, 연기에 의해 결정된다. 길은 이때 연기가 필요한 무대로 바뀐다고 하겠다.

여행에서 관광으로

"집 나가면 고생이다"라는 말이 있다. 길을 떠난다는 것은 집안의 안온함을 벗어나는 일이고, 집을 벗어나면 어떤 위험한 상황에 빠질지 몰라서 그런 말이 생겨났을 것이다. 서양말에서 '여행'의 의미를 지닌 'travel'은 '고역'을 뜻하는 프랑스어 'travail'에서 나왔다. 'travail'는 고문도구를 뜻하는 라틴어 'trepalium'에서 유래한 말이다. 여행을 뜻하는 말에 '고문'을 의미하는 말이 사용된 것은 여행이 적어도 19세기 중반까지는 고역이었기 때문이다.

전근대의 여행 형태를 생각하면 여행이 왜 고역이었는지 쉽게 짐작이 간다. 근대 초에 유럽 청년문화의 중요한 한 현상으로 등장한 그랜드투어가 행해진 방식을 살펴보자. 그랜드투어는 주로 재력 있는 북유럽 상류층 젊은이들에 의해 이루어진 유럽대륙 여행으로서 영국에서 1660년경부터 처음 시작되었으며 19세기까지 이어졌다. 자신도 그랜드투어 경험이 있는 아담 스미스에 따르면 영국에서는 "자녀들을 학교 졸업과 동시에 대학 보내기 전에 다른 나라를 여행시키는 것이 관습이었다"(부어스틴, 2004: 126에서 재인용). 하지만 우리는 이 '관습'이 소수에게 국한된 것이었음도 잊지 않아야 한다. 그랜드투어는 17세나 18세의 나이에 시작해 21세 정도가 되었을 때 돌아오는 긴 여정으로 이루어졌기 때문에 아무나 할 수 있는 일이 아니었다. 그것도 혼자서가 아니라 개인교수 겸 통역사, 하인, 요리사를 대동하고 마차로 하는 여행이었던지라 비용 또한 상당했다. 이처럼 특권층이 아니면 확보할 수 없는 물적 자원을 필요로 했다는 점에서, 그랜드투어는 기본적으로 호사스런 행각이었다고 봐야 한다. 그것을 가리키는 용어에 당시까지는 고생이라는 의미가 여전히 강했을 '여행(travel)' 대신, 오늘날 길 떠나기의 지배적 형태인 '관광(tourism)'과 어근이 같은 '유람(tour)'을 쓴 것도 그랜드투어가 상류층이 누릴 수 있는 여유임을 말해주고 있다.[46] 그러나 그렇다고 해서 그랜드투어가 관광과 같았다는 말은 아니다. 무엇보다도 당시에는 길 사정이 열악했다. 앞에서 언급한 대로 19세기까지도 유럽에서 가장 좋은 길은 고대 로마 시대에 축조한 공도였던지라, 그랜드투어에 나선 사람들은 자연히 그 길을 이용하게 된다. 하지만 로마 공도는 천 년이 넘게 사용되어 왔던 만큼 지역에 따라 보수되지 않고 방치된 곳도 많을 수밖에 없었다. 그랜드투어 참여자들을 오늘날의 관광객과 동일시할 수 없는 것은 그들의 경우 길을 통과하며 곳곳에서 난관을 겪었기 때문이다.

다니엘 부어스틴에 의하면 미국에서도 "과거의 여행은 하나의 모험이었다"(부어스틴: 129). 무엇보다 과거에는

글자 그대로 길 없는 지역을 여행하는 것이 쉽지 않았기 때문에, 강도, 살인자, 질병위험을 기꺼이 감수할 사람, 길 없는 황야나 마차 바퀴가 높아야 빠지지 않고 통과할 수 있는 습지와 늪지대의 길을 개척할 사람들만이 여행

46_ 그랜드투어 현상을 비판한 사람들은 '모험의 결여'를 문제 삼기도 했다. "유럽 유람"은 "무기력하고, 단조롭고, 변화가 없는 활동"이라며 "하찮은 것"으로 본 것이다(Wikipedia, 'grand tour').

목적에 상관없이 여행할 수 있었다. '가장 좋은 조건으로 여행한다고 해도, 상류사회 사람들이 덜컹거리는 마차로 미국대륙을 횡단하는 데는 6필의 말이 필요했고 가끔은 황소의 도움도 필요했다'(128).

길 떠나기가 쉬워진 것은 새로운 길 떠나기 방식인 '관광'이 등장했기 때문이다. 장거리 여행의 방식이 바뀌기 시작한 것은 19세기에 들어와서의 일이다. 부어스틴에 따르면,

최초의 조직적 관광은 1838년 웨이드브리지(Wadebridge) 마을 사람들을 특별 열차로 보드민(Bodmin) 마을까지 관광시키는 목적으로 진행되었다. 관광객들이 그곳에 간 이유는 2명의 살인자를 교수형시키는 장면을 보기 위해서였다. 보드민의 교수대는 울타리 없는 역에서 잘 보이는 곳에 있었기 때문에, 관광객들은 열차에서 내리지 않고도 교수형 장면을 구경할 수 있었다(132).

여기서 눈여겨볼 점이 최초의 조직적 관광에 활용된 것이 철도와 기차였다는 사실이다. 사실 길 떠나기의 새로운 방식으로 관광이 여행을 대체하기 시작한 것은 철도와 기차, 그리고 이와 연결된 항로와 증기선이 등장했기 때문이다. 기차와 증기선이라는 대중교통 수단을 이용하게 되면서 사람들은 과거와는 전적으로 다른 방식의 길 떠나기를 할 수 있게 된다. 영국에서 최초의 도시 간 철도 노선은 1825년에 등장했고, 기차가 대중교통 수단으로 이용되기 시작한 것은 1840년대 들어와서부터다. 기차와 증기선은 그 전까지 가장 중요한 원거리 이동 수단으로 사용되던 마차와는 비교할 수 없을 정도로 여행을 대중화하는 데 기여했다고 볼 수 있다. 이들 이동 수단은 승객을 대규모로 태울 수 있었다.

여행이 관광으로 전환하기 위해서는 길 떠나기가 더 이상 위험을 무릅쓰는 모험이어선 곤란하다. 관광도 여행처럼 길 떠나기이기는 하지만 길을 트는 노역을 포함하지 않는 장소 이동에 의한 낯섦 '체험'의 기회를 제공한다. 여기서 체험에 따옴표를 붙인 것은 그러나 그것이 과연 진정한 체험일까 하는 의문이 들어서다. 처음에 기차를 타본 사람 가운데는 그것이 제공하는 체험의 허위성을 혐오한 경우도 없지 않았던 모양이다. 예컨대 존 러스킨은 기차로 이동하는 것에 대해 "한 장소로 '보내지는' 것일 뿐이고, 소포가 되는 것과 전혀 다르지 않다"는 이유로 "나는 절대 여행으로 간주할 수 없다"(Boorstin, 1978: 87에서 재인용) 했다고 한다. 그러나 19세기에 관광이 새로운 길 떠나기 형태로 출현한 역사적 이유를 이해할 필요도 있다. 그 이유를 당시 기차나 증기선이 개발되었다는 기술적 발달에서만 찾지 않는 것이 중요하다. 관광의 출현은 그보다는 당시 자본주의가 사람들을 대거 관광객으로 전환시켜야 할 필요성을 느꼈기 때문에 이루어진 현상일 것이다. 19세기 중반에 접어들어 자본주의는 철도와 항로의 연결을 통해 한편으로는 생산방식을 혁신하고 다른 한편으로는 생산된 상품의 소비를 진작시켜야 했으며, 이 과정에서 소비자본주의를 발달시킬 필요가 있었다. 19세기에 이르러 '대중'이 출현하기 시작한 것도 이런 맥락에서 일어난 변화였을 것이다.

관광의 출현은 여가의 제도화가 낳은 현상으로 이해될 수 있다. 알다시피 여가는 아마추어리즘의 영역에 해당한다. 여가란 일상의 반복적 고역으로부터 얻은 잠깐 동안의 해방 즉 짬일 뿐이며, 따라서 본격적인 일을 벌일 수 있는 여유를 제공할 수는 없는 것이다. 여가가 대중적 혜택이 되면서 여행이 어려워진 것도 그런 점과 무관하지 않을 것 같다. 짬만 갖고서는 고역은 물론이고 위험까지 우려되는 여행을 준비해 떠나기는 어렵지 않겠는가. 여가로 하는 일이 '전업(profession)'으로 발전하기 어려운 것도 같은 이유 때문일 것이다. 하지만 오늘날 여가는 대중이 참여하는 사회 제도가 되었는데, 이런 변화가 생긴 것은 전업이 고역이 되고 난 이후이고, '작업(work)'이 '노동(labor)'으로 바뀐 이후다. 한나 아렌트에 따르면, '노동'이 생존의 필요에 얽매인 인간의 동물적 삶을 규정하는 활동이라면, '작업'은 인간의 생명 유지와 직접 관련이 없는, '인간의 비자연성'에 상응하는 활동이다(Yar, 2005). 노동이 오늘날 인간 활동의 가장 중요한 형태로 자리를 잡고 있다는 것은 누구도 부정하기 어렵겠지만, 자본주의가 프롤레타리아를 임금노동자로 전환시키기 전까지 사회적으로 더 중요한 위상을 누렸던 것은 '작업'이었다. 노동은 고역으로서 노예나 하던 활동이었기 때문이다. 작업의 주인공은 각종 장인으로서, 이들의 산물은 노동자의 산물인 '제품(product)'과는 구별되는 '작품(work)'으로 간주되었다. 작업이라고 해서 등골 휘는 노고가 왜 없었겠는가마는, 그래도 그것은 장인의 구상과 실행으로 이루어진 활동이었던 만큼, 소외감을 일으키지는 않았다고 할 수 있다. 반면에 자본주의적 노동은 분업화, 기계화의 경향을 밟는다. 노동자들에게 가끔씩은 여가를 주고 노동으로 지친 몸과 마음을 쇄신하고 재충전하는 기회를 주는 것이 사회적으로 중요해진 것은 그 때문이다. 관광은 이처럼 여가가 제도화되고 난 뒤 노동자들에게 주어진 휴식의 형태다.

관광은 그래서 과거의 여행과는 달리 일견 여유로움, 한가함의 형태를 띤다. 그랜드투어의 경우 상류층 자제가 아니면 가기 어려운 행각이기는 했지만 천년도 더 된 로마 공도를 마차로 다녀야 했기 때문에 결코 쉬운 일이 아니었다. 반면에 기차가 출현한 뒤로는 사람들이 장거리를 이동하는 방식은 크게 수월해진다. 고정된 철도 위를 달리는 기차에서는 별로 할 일이 없어서—도중에 마차가 고장이라도 나면 일행 모두가 나서서 마차를 고치거나 짐을 함께 날라야 하는 수고를 해야 하던 때와는 달리―러스킨의 말처럼 목적지로 보내지는 소포처럼 앉아있기만 하면 되었던 것이다. 관광으로서의 길 떠나기에서 사람들이 한가함과 여유로움의 모습을 드러내는 것은 이처럼 그들이 여행의 고역과는 거리가 멀어졌기 때문이다. 이런 점은 그랜드투어에 참여한 상류층이 누리던 여유와 19세기 후반 이후 기차에 의한 이동이 가능해진 뒤에 등장한 관광에 참여하기 시작한 대중이 누리게 된 여유의 차이를 보여준다. 전자의 여유가 고역과 난관을 전제하더라도 특권의 표시 즉 노블레스 오블리주의 성격을 지닌다는 점에서 누림의 대상이라면, 후자의 여유는 당시 형성되기 시작한 대중에게 수혜의 형태로 허용된, 그러나 자본주의적 축적을 위해 절대적으로 필요한 소비의 행위를 강요받은 사람들이 보여주는 모습이다. 기차와 철도는 대규모 자본이 투여되어야 하는 산업으로서, 자본 회수를 위해서는 승객 즉 소비자의 확보가 절대적으로 필요했을 것이다. 여행이 관광으로 전환했던 것은 무엇보다도 자본의 축적에 그런 변화가 필요했기 때문이라고 할 수 있다.

길 떠나기가 소비의 대상으로 전환하게 된 것은 철도와 항로의 개발과 연결이 이루어지기 시작하고, 더 많은 사람들이 여행, 아니 더 정확하게 말해 관광을 떠날 수 있었기 때문이다. 이런 변화가 처음 이루어진 것은 19세기다. 1830년대 후반에 이르러 대서양을 건너는 증기선의 항해가 정기적으로 이루어지고, 1840년대에는 이미 크게 확장되기 시작한 철도와 항로가 결합되는 것이다. 그러나 관광이 진정으로 대중화된 시대는 20세기 중반에 '자본주의 황금시대'가 열리고, 선진자본주의 나라들에서 코포라티즘에 의해 노동자계급의 생활수준이 향상된 이후일 것이다. 노동과 자본, 국가의 타협에 의해 작동하는 포드주의가 안정적으로 가동하면서 미국과 유럽의 노동자계급은 정규 임금 이외에도 상당한 부가 급여를 받게 되었고, 아울러 노동복지의 일환으로 휴가도 얻게 되었다. 이런 변화를 통해 하향 이동하기 시작한 사회적 부를 회수코자 자본이 취한 조치에 레저 산업 발달이 포함된다. 20세기 중엽의 관광 확산에는 선진 자본주의 국가들에서는 이미 광범위하게 구축된 교통망도 큰 작용을 했을 것이다. 그때가 되면, 증기기관을 대체한 석유기관의 힘으로 달리는 기차, 기선이 다니는 철도와 항로 이외에도 고속도로와 항공로가 새로운 신체이동기로 작동하게 된다. 미국의 경우 이때는 1920년대에 확산되려던 소비자본주의가 1929년의 공황을 맞은 데 이어 2차 세계대전을 겪으며 주춤하다가, 다시 본격 가동하기 시작한 때이기도 하다. 세계자본주의 헤게모니 국가인 미국에서 나타난 현상은 다른 선진자본주의 국가들에서도 비슷하게 반복된다.

한국에서 관광과 휴가가 레저 산업과 본격적으로 연계되며 새로운 길 떠나기가 대대적으로 일어나기 시작한 것은 1980년대다. 1970년대에도 경인고속도로(1969), 경부고속도로(1970), 영동고속도로(1971), 호남고속도로(1973), 구마고속도로(1978)가 개통되며 전국적 교통망이 깔리기 시작하기는 했지만, 당시는 아직 본격적인 소비자본주의가 가동된 것이 아니었다. 1980년대부터 길 떠나기의 새로운 양상이 생기기 시작한 것은 무엇보다도 이때 자동차 산업이 발달하고, 자동차를 보유한 인구가 늘어나면서 소비자본주의가 형성되기 시작했기 때문이다. 이 변화는 광주 항쟁을 폭력적으로 진압한 전두환 정권 하에서 실시된 이른바 3-S—섹스, 스포츠, 스크린—중심의 문화자유화 정책의 일환이기도 하며, 관광이 본격적으로 확산된 것은 자동차 산업의 내수시장이 확장되고 레저 산업과의 연계가 새롭게 만들어지면서 생긴 결과다. 이제는 한국인에게도 관광이 일상의 일부가 되었다는 것은 휴가철이나 주말 등 계절을 가리지 않고 전국의 고속도로에서 자동차들이 거북이걸음을 하는 모습에서 확인되고 있다.

산책길

일상적으로 집을 떠나는 행위 가운데 관광보다도 더 빈번하게 일어나는 것이 산책이다. 이 장 모두에서 언급한, 자기 집 다락으로의 '등반'이 집을 떠나지 않고 집을 떠나는 행위라면, 산책은 실제로 집을 떠나긴 하되 아주 짧고 간단하게 떠나는 경우다. 점심이나 저녁을 먹은 뒤 사람들은 잠깐 동네 골목을 걸어 다니거나 뚝방길로 나가기도 하고, 거주환경이 좋은 경우에는 마을 뒤 산길을 거닐곤 한다. 잠깐 가볍게 할 수 있기 때문에 산책은 시간 여유만 있다면 누구나 쉽게 할 수 있는 일이다. 그래서 그것은 본격적인 길 떠나기라기보다는 그에 대한 일종의 '맛보기'에 속한다고 볼 수 있다. '풍미 산책', '문학 산책', '문화가 산책' 등의 표현에 나오는 '산책'이 가벼운 시도, 잽 넣기 정도의 의미를 지니는 것도 그 때문일 것이다.

산책은 그래도 떠남의 경험을 안겨줄 수가 있다. 다락으로의 '등산'처럼 뒷산이나 동네 숲 또는 골목으로의 산책은 집안에서는 느끼지 못하는 해방감을 만들어 내기도 한다. 산책이 명상에 이용되곤 하는 것도 같은 이치다. 명상은 통상적이고 틀에 박힌, 그래서 번잡한 사고와 그 틀에서 벗어나려는 시도이니까. 명상이 두뇌 건강에 도움을 주듯이 산책도 일상의 윤활유 역할을 하는 경우가 많다. 산책은 상상력을 증진시키는 데에도 도움이 된다. 역사적으로 가장 왕성한 상상력을 발휘한 사람들 가운데는 산책을 일상적으로 했다는 사람이 많다는 보고도 있다(Currey, 2013; Burkeman, 2013에서 재인용).

그러나 최근에는 삶의 호사가 될 정도로 산책이 어려워진 것도 사실이다. 산책길에 나설 수 있다는 것은 한가로운 시간을 확보할 수 있다는 의미도 된다. 오늘날 사람들이 과거에 비해 수면시간이 줄어들었다는 것은 새로운 사실이 아니며, 특히 한국처럼 압축적 근대화를 이룩한 사회의 경우 사정이 심하다.[47] 산책을 하려면 대략 한 시간 남짓한 자유시간이 필요할 것인데, 신자유주의적 자본주의 체제에서 살아가야 하는 사람들로서는 일상에서 그런 여유를 확보하는 것이 쉽지 않다. 게다가 이제는 쉽게 접근할 수 있는 뒷산이나 방죽이 많은 것도 아니다. 한국의 지형은 중생대 쥐라기 말기 후대동기 조산운동의 영향을 받았기 때문에 곳곳에 습곡과 단층이 많다. 그런 만큼 산이 많고 산길이 많이 나 있어서 거닐기에 무척 좋은 환경이지만, 최근에 들어와서는 도시화가 급속도로 진행돼 사람들의 거주지 주변이 대거 개발되고, 그나마 남아있거나 새로 조성된 길들도 자동차가 점유해 버렸다. 대도시에 거주할 경우 사정은 훨씬 더 열악하다. 과거 산책로로 사용되곤 하던 길들, 특히 골목이 거의 다 사라져 버렸다. 서울의 경우 600년 역사를 지니고 있던 피맛골마저 없애 버릴 정도다. 이런 일이 한국에만 국한되는 것도 아니다. 예컨대 중국의 베이징에서도 2008년 올림픽을 앞두고 도시미관을 해친다는 이유로 후통(胡同)으로 불리는 유서 깊은 골목들이 대거 철거됐다. 개발의 열기가 일고 있는 세계의 다른 많은 곳에서도 수없이 많은 골목이 사라졌을 것이다.

산책은 마을의 존재를 전제하며 마을 안에서의 배회나 그 인근으로의

---

[47] 한국인은 OECD 국가에서 가장 긴 노동시간을 갖고 있다. 2010년에 OECD가 발표한 바에 따르면, 회원 국가들의 2008년 기준 평균 노동시간은 1,764시간으로 1998년의 1,821시간보다 약간 줄어든 것으로 나타났다. 이 통계를 보면 근대 이후 한국의 사회운영에 가장 큰 영향력을 미친 일본과 미국이 유럽 국가들에 비하여 노동시간이 상당히 길다는 사실을 알 수 있다. 미국의 경우 노동시간이 1,792시간이고, 일본은 1,772시간인 반면에 유럽 국가들은 영국이 1,653시간, 아일랜드가 1,601시간, 프랑스가 1,544시간, 독일이 1,430시간, 네덜란드가 1,389 시간인 것이다. 미국과 일본의 노동시간은 OECD 회원국 평균과 거의 비슷하지만 유럽 국가들의 그것보다는 더 긴 것을 알 수 있다. 하지만 노동시간이 긴 나라로는 한국이 단연 앞선다. 한국의 노동시간은 2,256시간으로, 2위와 3위로 등록된 그리스(2,120), 칠레(2,095)보다 100여 시간이 더 길며, 일본과 미국보다 500시간 정도 더 길고, 최단 노동시간을 가진 네덜란드와 비교하면 놀랍게도 867시간이나 더 길다. 8시간 노동일을 기준으로 계산하면 한국인은 네덜란드인에 비해 108일 3시간 즉 3개월 18일 이상을 더 일하는 셈이 된다(Rampell, 2010).

출입 형태로 이루어지곤 한다. 마을을 떠나며 이루어지기도 한다는 점에서 산책은 '숲'으로 걸어감이라는 형태를 취할 수도 있다. 하지만 산책을 통해 숲으로 들어감은 위험을 감수한 비문화로의 퇴행과는 구분된다. '산책'이 '맛보기'를 의미할 수 있다는 사실은 산책을 통해 일어나는 숲으로의 퇴행이 본격적인 것은 아니라는 말이기도 하다. 그것은 집과 마을에서의 생활이 일상으로 바뀜으로써, 문화가 습속의 형태로 바뀌게 되면서 갖게 된 무료함에 약간의 긴장 또는 신선함을 선사하려는 시도일 뿐인 것이다. 산책을 통해서는 어디로 향할지 모르는 미래로의 탈주가 일어나는 것도 아니다. 산책은 길어야 두어 시간을 넘기가 어려우며, 산책을 통한 길 떠나기는 그래서 잠정적인 것에 머문다. 산책은 우리가 언제나 집을 떠날 수 있음을 보여주는 사례이지만, 또한 일상을 떠나려는 우리의 시도가 늘 실패하고 만다는 것을 보여주는 사례가 아닐까 싶다.

산책은 실내에서도 이루어질 수 있다. 이는 도시화가 진행되기 시작하면서 새로운 공간이 등장해 가능해진 일이다. 19세기 초 프랑스 파리에 모습을 드러낸, 그랑 마가쟁(백화점)의 전신인 회랑식 상가 아케이드가 그런 공간의 초기적 예에 속한다. 아케이드는 외부가 실내가 된 공간이다. 대부분의 파리 아케이드는 루이-필립이 7월 혁명을 계기로 왕위에 올라 프랑스 부르주아지의 상승을 지휘한 시기와 일치하는 1820년대 초에서 1830년대 중반에 들어섰다. 벤야민에 따르면, 루이-필립 치하에서 '사적 시민'이 '역사의 장'에 처음 등장하게 되는데(Benjamin, 1983: 168), 실내 공간은 이 부르주아적 주체가 필요로 하는 공간이었다.

사적 시민으로서는 처음으로 생활-공간이 작업 공간과 구분되었다. 전자는 실내로 구성되었다. 사무실은 그 보완이었다. 사무실에서 현실을 계산한 사적 시민은 자기의 환상을 지원해줄 것을 실내에 요구했다. 이 필요성은 그가 사회적 관심사를 자신의 사업 관심사에 덧보탤 의도가 없었기 때문에 더욱 절박했다. 자신의 사적 환경 창조를 통해 그는 양자를 억압했다. 이로부터 실내의 환등상이 생겨났다. 실내는 사적 시민에게는 만천하였다. 그 안에서 그는 공간과 시간상 멀리 있는 것들을 집합시켰다. 그의 거실은 세계-극장의 칸막이 좌석이 되었다(Benjamin: 167-68).

아케이드는 사적 시민이 확보한 또 다른 실내공간으로서, 19세기 파리에서 환등상이 유난히 고밀도로 집적된 곳이었다. 이런 아케이드에서의 산책은 통상적인 집 바깥으로의 산책과는 전혀 다른 경험을 제공했을 것이다. 그것은 외출이라는 외관을 갖고 있지만, 동시에 실내로의 복귀를 의미하기도 했기 때문에 외출로서의 산책이 지닌 길 떠나기와는 다른 의미를 지녔다고 봐야 한다. 프랑스 섬유산업이 호황을 이루던 1820년대에 들어서기 시작한 아케이드는 "사치품 거래의 중심이었다"(158). 당시 아케이드가 환등상의 전형적 공간이 된 것은 거기 진열된 상품의 황홀한 광경이 방문객들의 시선을 사로잡았기 때문이다. 그때 이루어진 사람들의 외출과 산보는 그런 점에서 일상으로부터의 거리두기라기보다는 오히려 일상으로의 외출에 해당한다고 할 수 있다. 사람들은 집을 떠나와 실내 도시라 할 아케이드에서 물건을 사서 다시 집으로 돌아갔다. 벤야민은 그래서 "실내의 진정한 거주자"는 '수집가'라고 말한다(168).

　　물론 다른 종류의 산책자가 없었던 것은 아니다. 벤야민이 주목한 '만보객(漫步客, flâneur)'이 그런 사람이다. 아케이드 안을 돌아다니길 좋아한 것은 이 주체도 마찬가지였다. 그렇기는 해도 그가 여느 수집가 또는 소비자와 달랐던 것은 아케이드 공간을 출현시킨 새로운 생산과 소비의 방식, 그리고 그와 연동된 사회적 속도를 그의 경우는 고의로 거스르려 했다는 점 때문이다. "1839년 거북이를 데리고 나와 산보하는 것이 고상한 일로 간주되었다. 이것은 우리에게 아케이드에서의 만보 속도에 대한 어떤 인식을 제공한다"(Benjamin, 1999a: 422). 거북이처럼 느리게 걷고자 애쓰는 만보객의 모습은 우스꽝스러움, 억지스러움의 그것일 수 있겠지만, 그것은 또한 그가 가속화되고 있던 지배적 생산과 소비, 생활 속도에 나름대로 저항하고 있었음을 보여준다.

숲속이나 들판 속의 마을이 대부분 사라지고, 대부분 마을이 도시 안에 놓여있는 오늘날, 산책은 19세기 초에 파리에 등장한 아케이드에서의 산책과 많은 형태에서 닮은꼴이 되었다고 할 수 있다. 도시화가 진행됨으로써 산책은 갈수록 거리에서의 산책이 되고 있고, 거리는 거리대로 상가, 그것도 실내 상가의 모습을 띠어가고 있기 때문이다. 지금 이런 식의 산책에서 우리가 만나는 사람들 가운데 만보객은 얼마나 될까? 벤야민은 만보객을 '지방신(genius loci)의 사제'로 부르기도 했다(Benjamin, 1999b). '지방신'은 특정한 장소의 신이며, 따라서 장소가 있는 곳, 다시 말해 모든 곳에 존재한다. 조방신, 안방신, 빨래터신, 뒷간신, 장독신, 곡간신, 마굿간신, 삽짝신, 터주대감, 용왕신, 산신, 고목신, 나무신이 지방신의 다양한 이름이다(강내희, 2014: 536). 만보객이 이런 지방신들의 사제라는 것은 그가 자신이 다니는 아케이드, 거리에 있는 무수한 사물들을 모두 경배한다는 말과 같다. 아케이드에서 굴러다니는 휴지조각, 길거리에 방치된 깡통 등 아무리 하찮은 것일지라도 그에게는 관심거리인 것이다. 이것은 만보객이 자본주의적 생산물 하나하나의 기원과 생산과정, 유통과정 어느 측면도 놓치지 않고 세심하게 관찰한다는 말이기도 하다. 오늘날 우리는 그러나 자본주의 사회에서 어떤 종류의 사제가 되어 있는 것일까?

출근길
산책이 갈수록 갖기 어려운 호사가 되고, 산책에 나서는 것이 일상으로부터의 탈피이기커녕 오히려 갈수록 우리를 옥죄는 일상에 대한 종속이 되고 있다는 것은 오늘날은 길 떠나기가 길트기로 되는 일이 그만큼 드물다는 것을 말해준다. 하지만 그래도 산책이 일상과는 좀 다른 삶의 속도, 기회를 제공해줄 일말의 가능성이라도 있다면, 그런 가능성을 아예 봉쇄하는 길 떠나기 형태도 있다. 우리로 하여금 늘 집을 떠나게 만들지만 결코 집을 떠나지 못하게 하는 길 떠나기, 그것은 바로 출근일 것이다.

인류의 역사에서 오늘날만큼 많은 사람들이 매일 집을 떠났다 돌아오는 것을 관행으로 삼은 적은 없었다. 태고 적 인류도 사냥을 하거나 채집을 위해 움집을 떠났다 돌아오곤 했을 것이다. 채집의 경우는 주로 집단생활지 주변에서 일어나는 일이었을 것이므로 집 떠나는 행위라고 하기도 어려울지 모르나, 사냥을 나가는 것은 분명 그런 경우에 해당한다. 하지만 사냥길을 나서는 것과 출근길을 나서는 것 사이에는 커다란 차이가 있다. 사냥은 큰 짐승들을 포획하기 위해 목숨까지 걸어야 하고 따라서 언제나 모험을 동반했다고 한다면, 출근은 반대로 우리가 포획되기 위해 길 떠나기를 하는 것에 가깝다. 자본주의 사회에서 출근은 우리를 축적의 도구, 착취의 대상으로 만들기 때문이다.

출근의 정례화는 우리의 일상이 어떤 폐쇄회로에 갇혔음을 말해준다. 매일 출근을 해야만 하는 사람들은 어디 훌쩍 떠나고 싶어도 떠날 수가 없다. 오늘 이 출근길을 무엇보다도 실감나게 보여주는 것이 세계의 대도시들을 휘감고 있는 교통망일 것이다. 서울의 경우 시내 주요 지역을 관통하는 서울 지하철 2호선을 비롯하여 수많은 도로, 철도, 전철 등으로 연결되어 있다. 서울의 외곽 지역에도 다수의 위성도시들이 배치되어 있으며 이들 도시에 거주하는 사람들 대부분은 서울로 출퇴근을 한다. 오늘날 상상을 초월하는 교통망의 거대함은 그 안에서 상시로 벌어지는 혼잡

상황과 함께 대부분 사람들이 출퇴근을 중심으로 하는 일상의 폐쇄회로에 갇혀 있다는 단적인 표시다

물론 때로는 이런 폐쇄회로를 벗어나려는 시도도 없지 않다. 평소의 삶을 접고 종적을 감춰버리는 자발적 실종자가 되는 것이 한 예다. 미국 서부극 영화 끝 부분에 가끔 등장하던 '석양으로 사라지는 주인공'이 그런 유형에 속한다. 석양은 박명과 어스름이 지배하는 곳, 말하자면 중간지대다. 석양으로 사라지는 것은 밝음이든 어둠이든 일상이 강요하는 어떤 분명한 지대에의 귀속 또는 종속으로부터의 탈피다. 석양은 불분명한 미래이지만 적어도 일상의 당연함과 빤함으로부터의 자유일 가능성을 지닌다. 이 가능성이 목숨까지 앗아갈 위험과의 부딪침일지라도, 이런 위험을 선택하려는 사람이 있다는 것은 오늘날 삶이 만들어낸 폐쇄회로의 지배가 더 참을 수 없을 정도가 되었음을 말해준다고 하겠다.

그러나 자발적 실종자는 소수에 불과하고, 훨씬 더 많은 사람들은 출근을 오히려 특혜로 생각할 것이다. 사정이 이렇게 된 것은 특히 대략 1970년대부터 새로운 자본주의적 축적 체제가 수립되면서, 노동을 희귀하게 만드는 지배전략을 작동시킴으로써 생겨난 결과로 보인다. 세계적으로 노동인구가 증가한 것은 분명하지만,[48] 동시에 (적어도 다수의 기존 자본주의 사회에서는) 노동에 대한 공격이 이루어짐으로써 노동 기회가 특혜로 바뀐 것 또한 사실이다. 노동으로부터 배제되어 출근할 기회가 사라지면 바로 삶의 위기로 빠지게 되는 상황에서 출근길을 거부할 수 있는 사람은 많지 않다. 그렇다고 출근이 마냥 즐거운 일이라는 것은 물론 아니다. 출근길에 나서는 사람들은 자본주의 체제가 만들어

48_ '노동의 종말'이라는 테제가 나오기 시작할 무렵 즉 1980년대부터 세계적으로 노동인구가 크게 증가한 것은 중국, 인도, 브라질, 남아프리카, 러시아 등의 나라에서 새로운 자본주의적 축적이 이루어지고, 농촌 등 비자본주의적 영역에서 살아가던 인구가 대거 상품생산 영역으로 편입되었기 때문이다.

놓은 착취 구도에 매일 제 발로 걸어 들어가는 꼴 아니겠는가. 출근길은 이런 점에서 사람들이 들어가고 나면 벗어나기 어려운 미로의 한 형태를 이룬다.

미로

길 떠나기가 어렵게 느껴지고 두려운 것은 그것이 대부분 미지의 세계로의 나아감이기 때문이다. 모르는 곳에서는 실수나 사건을 겪으면 위험이 배가된다. 길을 벗어나거나 잘못된 길로 접어드는 것이 그런 경우다. '오류', '잘못', 또는 '일탈'을 의미하는 영어 'error'는 그래서 우연치 않게 길을 잃고 헤맨다는 의미의 라틴어 'errare'에서 나왔다. 이때 '길'은 바람직한 정상적 상태에 해당한다. 중세 유럽의 로맨스 전통에서 갈라하드, 가웨인, 란슬롯 등 일부 기사들을 '편력기사(Knight-errant)'라고 부른 것은 그들이 이런저런 이유로 길을 벗어나 방랑하기 때문이다. 편력기사에서 편력을 의미하는 'errant'는 앵글로-프랑스어에서 유래한 중세영어 'erraunt'에서 나온 말로서 고대불어 'errer'가 어원인데, 이것은 영어 'error'와 함께 라틴어 'errare'에서 나온 단어다(*Online Etymology Dictionary*, 'error'). 편력기사의 '편력'은 그래서 기사의 모험만이 아니라, 그의 방랑과 방황도 함께 의미한다고 볼 수 있다.

사람들이 방랑, 방황하는 곳은 흔히 '미로'로 나타난다. 미로의 명제는 '출구를 찾으라'다. 그리스 신화에서 미로는 크레타의 왕 미노스가 괴물 미노타우로스를 가두기 위해 다이달로스를 시켜 만든 감금장치였다. 쇠머리를 한 미노타우로스를 가두기 위하여 만든 미로는 방황의 공간이다. 벗어나고자 하는 자와 가두려는 자, 장치를 만든 자와 장치에 갇힌 자들 사이에 상이한 관점들, 입장들, 서로 다른 욕망들이 거기서 서로 교차하면서 복잡한 흐름과 교류를 그것이 만들어 내기 때문이다. 하지만 미로에서 경향적 지배 효과가 결국 형성된다면, 그것은 미망일 것이다. 미로에 빠지면 혼미하게 되고, 미혹에 빠져 어쩔 줄 모르게 되지 않는가. 갇혀있는 자는 빠져 나가고 싶지만, 마음이 급할수록 짙어지는 것이 방황이다. 그 때문일까, 편력기사는 방황 과정에서 꼭 괴물을 만나곤 한다.[49]

　서양의 시 전통에서는 정원이 미로로 나타나는 경우가 더러 있다. 그 한 예가 르네상스 시대 영국 시인 에드먼드 스펜서의『페어리 퀸』2권에 등장하는 '열락의 정자(Bower of Bliss)'다. 열락의 정자는 일종의 '막힌 정원(enclosed garden)'으로서, 일견 삼림을 벌목해 만든 거주지, 특히 수도원과 비슷해 보인다. 중세 수도원 역시 숲을 절단해 마련한 개활지에 세워졌고, 외부 자연 환경과 벽으로 차단된 시설이었다(Gullota, 2012).[50] 하지만 물론 수도원은 막힌 정원의 형태를 지니긴 했더라도 미로와는 구분된다고 봐야 한다. 미로로 간주되는 막힌 정원은 열락의 정자처럼 자연이 아무런 통제를 받지 않아 멋대로 넘쳐 나는 곳이다.『페어리 퀸』2권에서 '절제의 기사' 가이언이 마녀 아크라시아가 남자들을 성적으로 유혹해 돼지로 만들어 버리는 열락의 정자를 폭력적으로 파괴해 버리는 것도 그곳이 그런 자연적 공간이기 때문이다. 열락의 정자는 이때 중세 교회나 수도원, 또는 교회 감시 아래 질서를 지키고 있는 기독교 정착지와는 달리 절제되지 않은 생활을 하는 곳, 따라서 절제의 기사라도 폭력을 써서 없애 버려야 할 곳으로 제시되는 셈이다. 이런 정원은 아무리 아름다워 보여도 통제되지 않는 세계, 따라서 위험한 공간으로 간주된다고 하겠다.

49_ 흥미롭게 『서유기』에서도 요괴들이 등장하는 것은 대부분 삼장법사가 무서움을 느낄 때, 이 골짜기에는 꼭 요괴가 있을 것 같다고 할 때다.

50_ "9세기 전 사람들은 삼림을 벌채해 마을을 세우고 거점으로 삼았다. 수도원과 성직자가 이 활동의 주요 참여자였다. 교회는 나무와 이교의 적으로 간주되었다"(Gullota, 2012).

미로로서의 정원이 자연 상태와는 반대되는 모습을 띠는 경우도 있다. 이때 자연과 인위 간의 가치 구도는 뒤바뀌게 되어, 자연은 바람직한 질서, 인위 즉 막힌 정원은 그런 질서가 무너져버린 타락의 상태로 제시된다. 후자 상태를 대변하듯 보여주는 것이 또 다른 르네상스 영국시인 앤드류 마블의 시 「정원 반대하는 풀베기꾼」("The Mower against Gardens")에 나오는 정원이다. 풀베기꾼이 속한 풀밭 즉 자연 세계와는 달리, 이 정원을 지배하는 것은 인공과 기교다.

죽어 움직이지 않는 공기 웅덩이를
　처음에 그는 네모난 정원 안에 넣었다.
그리고 넣어주면 화초가 마취되고 마는
　더 농익은 흙을 화초를 위해 반죽했다
분홍이 그러자 그의 마음만큼 혼색이 되었다.
　영양분이 종을 바꾼 것이다.
그가 이상한 향기로 장미를 물들이자,
　꽃들이 스스로 색칠하는 법을 익혔다.
튤립은 희던 것이 안색을 찾아다녔고
　제 뺨에 줄긋는 법을 배웠다(Marvell, 2006: 1706).

여기서 정원은 폐쇄된 공간이다. 생김새가 네모라는 것은 이 정원이 벽과 같은 인공적 경계에 의해 외부로부터 단절되었음을 시사해준다. 그 속에 생긴 공기 웅덩이는 흐를 수가 없으니 죽은 상태일 수밖에 없을 것이다. 이처럼 폐쇄된 공간을 만들어 놓고 "사치스런 인간"(같은 시 1행)은 육종 기술을 발휘해 장미의 색깔, 튤립의 모습까지 바꿔낸다. 이런 정원을 지배하는 것은 따라서 당연히 인위적 질서인데, 이 질서는 인간에 의해 통제되고 있다는 점에서 '열락 정자'에서 발산되는 통제되지 않는 욕망이 지배하는 자연적 질서와는 대별되지만, 인간을 가둬 잘못된 방향으로 살아가게 만드는 것은 마찬가지다. 담장 두른 폐쇄된 정원은 사람들로 하여금 바람직한 길을 잃고 헤매게 하는 또 다른 미로인 것이다.

미로-정원은 들어가면 위험한 곳, 들어가더라도 오래 머물러서는 안될 곳이라는 인식을 원형적으로 보여주는 예를 우리는 호메로스의『오디세이』에 나오는 '키르케의 섬'에 대한 오디세우스의 반응에서도 볼 수 있다. 호메로스의 키르케는 자신과 함께 잠자리를 한 남자들을 모두 짐승으로 바꿔 버린다는 점에서 스펜서의 아크라시아와 같은 마녀이지만, 후자와는 달리 모든 남성을 망치지는 않는다. 그녀가 돼지로 바꿔버린 자기 부하들을 원상으로 회복시켜 준 뒤, 오디세우스가 그녀와 1년 동안이나 같이 사는 것은 그녀에게서 신뢰할만한 점, 그에 대한 그녀의 사랑 등을 발견했기 때문이다. 하지만 물론 그는 결국 계속 함께 지내기를 원하는 키르케를 버리고 이타카로 가는 귀향길에 오른다. 오디세우스가 키르케의 섬을 벗어나려는 것은 그 섬을 자신을 옭아매고 방황시키는, 자신의 여정을 중단시킬 미로로 인식한 때문이다. 그는 여정에 오른 자이고, 여정을 마쳐야만 할 자이며, 그의 여정은 아내 페넬로페가 있는 고향 이타카에 도착해야만 끝이 나게 되어 있다. 그런 점에서 그는 '오디세이'의 주역인 셈이다. '오디세이'는 원래 오디세우스의 이야기라는 뜻이지만, 이 말이 이후에 '원정', '긴 여행'의 의미를 갖게 된 데서 짐작할 수 있듯이, 오디세우스가 오디세우스인 것은 그가 긴 여정 즉 오디세이에 참여한 자이기 때문이기도 하다. 키르케의 섬과 같은 미로에 머무는 것이 오디세우스에게 허용되지 않는 것은 그만의 여정인 오디세이가 고향 이타카로 돌아가야만 종결되기 때문이다. 그리고 오디세우스의 긴 여정이 오디세이가 되고, 이것이 다시 긴 여정, 여행의 의미를 갖게 되었다는 것은 오디세우스가 길 떠나기를 귀환으로 마무리하는 인간의 전형임을 말해준다.

하지만 이런 식으로 미로를 생각하는 것을 '서구적' 사고방식의 한계로 인한 것이라는 관점도 가능하다. 율리시즈—오디세우스의 라틴어 이름—가 고향으로 돌아가려는 것은 가장의 의무를 다하기 위함이고, 자신의 가족, 고향, 그리고 고향 도시를 일군 문명을 지키기 위함이라고 할 수 있다. 인류는 그동안 길 떠나기를 귀향길로 마무리하는 방식으로 살아왔다고 해도 과언이 아니다. 인류 문명의 건설은 더 많은 사람들이 정착할 곳을 세우는 작업이었던 것이다. 유가 전통에서 출세한 자식은 낙향해 더 좋은 집을 짓는 것으로 가문을 빛냈고, 불교나 기독교에서 출가한 사람들은 훌륭한 교회와 사원을 만인의 고향으로 삼고자 했다. 율리시즈에 부과된 귀향 의무는 그래서 문명인의 보편적 짐일 텐데, 문제는 문명이란 불만을 생산해 내기도 한다는 것이다(프로이트, 1997). 문명을 위한 삶 때문에 만들어진 불만, 그것은 상징적 질서에 의해 배제된 실재계가 자신의 존재를 알리는 방식, 즉 무의식의 '언어'이기도 할 것이다.

정원과 미로를 즐길 공간으로 생각할 수는 없는가 하는 질문이 그래서 제기됨직도 하다. 정원을 유혹과 방종, 타락의 장소로 여기는 것 이외의 길은 없는가? 이런 질문에 일말의 울림이 있다면, 그것은 미로와 고향의 통상적 의미, 그리고 양자의 통념적 관계에 대한 어떤 불만족 때문일 것이다. 길 떠나기의 궁극적 목적을 귀향에서 찾을 경우 미로는 빠져서는 안 될 길, 빠지면 반드시 벗어나야만 하는 길이 된다. 반면에 돌아가려는 고향이 없다면, 또는 고향이 있다 하더라도 그곳이 돌아가고 싶은 곳이 아니라면, 미로는 새로운 의미를 갖고 다가올 수도 있다. 사실 율리시즈가 벗어나고자 하는 섬은 머물러도 별다른 문제가 없는 곳이다. '아름다운 여신' 키르케가 그를 사랑하며 그녀의 마법적 힘으로 그를 보호해 주고 있지 않은가. 그러나 미로가 제시하는 명제는 여전히 '출구를 찾으라!'일 뿐이다. 오디세우스는 오디세이 즉 문명을 위한 여정에 나섰고, 키르케의 섬처럼 아무리 매혹적인 모습으로 나타나더라도 미로를 벗어나야만 그의 여정은 끝날 수 있다. 다만 문제는 출구를 찾더라도 어떤 출구를 찾느냐는 것이다. 키르케가 오디세우스에게 고향으로 돌아갈 세 가지 길—배회하는 바위들을 지나는 길, 스킬라와 카리브디스 사이로 난 길, 그리고 하데스를 다녀오는 길—을 알려주는 데서도 드러나듯이, 길은 늘 올바로 선택해야 하는 대상으로 주어진다. 미로에서 출구를 찾는다는 것은 이처럼 출구를 발견하기만 하면 되는 일이 아니라, 어느 출구가 진정한 출구인지 알아야 하는 일이기도 하다.

이 길을 알아내는 일, 그것은 그렇다면 미로에 갇혀있을 때 풀어야 할 과제, 즉 미로 내부에서 출구와 관련한 어떤 전망을 확보하는 일이 되겠다. 이 논지는 오늘날 자본주의 사회를 극복하고자 할 때도 해당될 것이다. 자본주의 사회를 우리가 갇혀 있는 미로—출근길의 거대한 네트워크에 의해 우리를 착취의 대상으로 만들고 거기서 나갈 어떤 길도 봉쇄하고 있는 일상의 폐쇄회로—로 볼 수 있다면, 거기서 벗어날 출로를 찾는 것은 반드시 필요하겠지만, 문제는 어떤 출로를 택해서 나갈 것이냐다. 고향으로 돌아가게 하는 출로 즉 귀향길인가, 아니면 새로운 미래로 난 길인가? 오늘날의 자본주의를 벗어나면 나타날 새로운 세상의 이름은 근본주의, 무정부주의, 공동체주의, 사회주의, 공산주의, 코뮌주의, 문화사회 등 다양하다. 이처럼 출로의 방향이 어지럽기 때문에 차라리 미로 속에 안주할 것을 권하는 일도 광범위하게 일어난다. 지난 수십 년 동안만 하더라도 지배세력은 '대안은 없다(TINA)'라는 말로 사람들을 자본주의적 미로 속에 가둬 왔다. 우리가 지금 헤매고 있는 자본주의라는 미로에서 벗어나려면 어떤 길을 확보해야 하는 것일까?

귀환?

비극과 희극의 차이는 귀환의 가능성 여부에 달려 있기도 하다. 비극적 주인공은 돌아오지 못할 길을 떠나는 셈이고, 희극의 주인공은 아무리 어렵고 희한한 일을 겪는다 하더라도 결국은 안전한 집, 고향으로 돌아온다. 희극이 이처럼 자기의 원래 거처로 주인공이 귀환하는 모습을 보여주는 것은 자연적 순리가 작용함을 믿는 낙관적 믿음의 표현이다. 반면에 비극에 등장하는 주요 인물들은 돌아오지 못할 죽음의 길로 떠나게 된다. 『햄릿』1막 5장에서 주인공이 죽은 선왕의 유령을 보고 따라가는 것이 한 예다. 햄릿은 "저것이 전하를 물길 쪽이나 바다로 향해 매달린 무서운 절벽 꼭대기로 유인해 거기서 전하의 이성을 앗아갈지도 모르는 어떤 다른 무서운 모습을 지으며 전하를 광기로 이끌면 어쩌시겠습니까?" (Shakespeare, 2003: 116) 하며 친구 호레이쇼가 말려도 말을 듣지 않는다. 그가 친구의 말을 듣지 않는 것은 아버지의 유령과 끝까지 대면하기 위함이다. 이 대면을 감행한 것이 햄릿으로 하여금 되돌아올 수 없는 길로 가게 했다고 할 수 있다.

길을 떠난 사람은 다시 집으로 돌아갈 것을 희구한다. 율리시즈의 이야기는 바로 이 귀환을 위해 몸부림치는 사람의 이야기다. 금의환향은 외지로 나간 사람들이 꿈꾸는 바이기도 하다. 성공한 체육선수, 연예인, 정치인이 고향을 찾으면 영웅 대접을 받는 것이 최근의 추세다. 그러나 고향에 돌아와도 환대를 받지 못하는 경우가 없지는 않다. 예수가 고향 나사렛에서 배척받았다는 것은 유명한 이야기다. 고향 사람들이 예수를 배척한 것은 그들이 그를 별 볼 일 없는 사람인 것으로 생각했기 때문일 가능성이 높다. 예수의 어린 시절 모습도 다 알고 있는 그들로서는 '구세주'도 대수롭지 않게 여겨졌을 것이다. "걔, 아무개 아들 아냐?" '아무개'는 이때 별 볼 일 없는 사람을 가리킨다.

이런 태도를 놓고 고향사람들이 예수의 '신성함'을 모독한 것이라고만 생각할 필요는 없을 것 같다. 마빈 해리스에 따르면 같은 마을 출신을 대수롭지 않게 여기는 것은 '원시 공산주의적' 태도에 해당한다. 그는 자신의 현지 조사에 도움을 준 데 대한 보답으로 살찐 소 한 마리를 사와서 잔치를 벌여줬지만 잔치에 온 피그미족 사람들이 고기를 게걸스럽게 먹으면서도 맛이 형편없다느니 하고 불평을 늘어놓는 것을 보고, 원시사회에서는 권력이 어느 한 개인에게 집중되는 것을 막으려는 경향이 있기 때문에 피그미족이 그런 모순된 행동을 하는 것이라고 해석하고 있다(해리스, 1992). 피에르 클라스트르에 따르면, 원시사회가 이런 경향을 보여주는 것은 그것이 '국가에 저항하는 사회'이기 때문이다. 통상 원시사회는 '국가 없는 사회'로 통하지만, 클라스트르는 그와 같은 견해는 국가의 존재를 사회적 진화 또는 발달의 결과로 보는 것으로, 원시사회에 대한 편견일 뿐이라고 본다. 그가 볼 때 원시사회가 '국가 없는 사회'인 것은 맞지만, 그렇다고 국가의 결여가 원시사회의 무능을 말해 주는 것은 아니다. 그는 원시사회가 '국가 없는 사회'가 된 것은 권력 집중으로서의 국가 출현을 그 사회가 막았기 때문인 것으로 본다(Clastres, 1989).[51]

고향으로 돌아가는 길 혹은 정착의 길을 벗어나는 삶을 유목민의 삶으로 간주할 수도 있다. 3장에서 본 것처럼 들뢰즈와 가타리는 국가장치의 지배를 강화하는 자본주의적 공리계를 벗어나는 삶을 영위하는 주체 형태를 유목민에게서 발견했다. 유목민은 정착을 거부한다. 이런 유목민이 미래 인간을 표상한다면, 그는 율리시즈로 표상되지는 않을 것이다.

51_ 들뢰즈와 가타리는 클라스트르와는 달리 국가는 언제 어디서나 있었다는 견해를 제출한다. "그리고 국가로부터 벗어나려거나 국가에 대비하려는, 혹은 아니면 국가의 진화를 촉진하거나 아니면 이미 그것을 폐절시키려는 국가 내부 또는 외부의 움직임이 있는 것처럼, 원시사회에는 국가의 방향으로 작용하는 많은 벡터들, 국가를 '추구하는' 많은 경향들도 있다. 모든 것은 부단한 상호작용 속에서 공존하는 것이다"(Deleuze and Guattari, 1987: 430).

자크 데리다도 율리시즈가 미래 문명의 건축가가 될 수는 없을 것이라고 말한다. "율리시즈는 회귀, 향수, 주거, 집안 관리(oikoniomia)를 의미한다. 이런 관점에서 나는 다음 천 년—그리고 이미 오늘날—의 건축가는 율리시즈 같은 이는 아닐 것이라고 말하고 싶다"(Derrida, 1991: 45; Ulmer, 1994: 31에서 재인용). 미래의 건축가가 율리시즈가 아니라면, 그는 어떤 유형의 인물인 것일까?

데리다는 미래로 가는 길을 추구함에 있어서 들뢰즈와 가타리와는 다른 접근법을 택했다고 봐야 한다. 들뢰즈와 가타리가 국가장치에 맞서는 '전쟁기계'나 정착민을 대체하는 유목민 등 명확한 유형의 대안을 제출한다면, 데리다가 제시하는 것은 더욱 조심스럽고 어쩌면 불명확하기도 하다. 그레고리 울머가 전하는 바에 따르면 데리다의 방안은 "귀향과 방랑의 대립을 해체"하는 '발명의 방법'이다(Ulmer: 30). 이 방법에 대해 울머는 다음과 같이 말한다. "(설계나 발명에서) 방법의 느낌이란 신화의 이중구속 또는 신화의 역설이 지닌 느낌—그 자체에 이방인이고 그 자체에 낯선' 한 '누구'(개인이나 분야)에 의해 이루어지는, '맞지' 않는 것의 맞잡기—에 가까울 것이다"(31). 맞지 않는 것을 맞잡는다는 것은 어느 하나를 일방적으로 선택하지 않는 일에 속한다. '발명의 방법'은 그래서 '차연(différance)' 전략과도 통한다고 할 수 있다. 차연은 텍스트 의미의 확정을 연기하면서도 계속 의미를 생산하는 작업으로서 맞지 않는 것을 계속 붙들고 있는 것이기도 하다. 이런 관점에서 보면, 귀향길에 오르는 것이든 유목민이 되어 정착지를 훌쩍 떠나는 것이든 어느 한 가지만 선택하는 것은 길 떠나기를 최선으로 종결시킬 방안이 될 수 없다.

은구기 와 시웅오의 단편 「귀향」에서 주인공 카마우는 백인 지배에 저항하다 구속되어 수용소에서 5년을 보낸 뒤 집으로 돌아온다(Ngugi, 1992). 그가 지금 걸어가는 길은 고향으로 난 길이다. 그것은 과거로의 회귀로 보인다. 가뭄으로 먼지가 풀풀 흩날리는 길을 걸어 그는 고향 집을 찾아가지만, 자기를 기다리고 있으리라 기대한 아내는 집에 없다. 그가 부재한 사이 자주 찾아오던 친구와 눈이 맞아 도시로 떠난 것이다. 망연자실한 카마우는 근처 강으로 나간다. 달빛이 밝다. 그 빛 아래 흐르는 물길을 보며 그는 깨닫는다. 그래, 왜 고향이라고 해서 변하지 말란 말인가. 저 흐르는 물처럼 모든 것은 변하게 마련이다. 이런 깨달음을 갖기 전 카마우는 그러나 고향은 변하지 않을 것으로 생각하고 있었던 셈이다.

이렇게 보면 길 떠나기에 나섰다가 귀향길에 오른 사람이라고 모두 고향으로 귀환하는 것은 아닐지도 모른다. 고향 자체도 변화하고 변해야 한다면, 고향으로 돌아가는 것은 오히려 새로운 과제를 짊어지는 일일 수도 있다. 이런 점에서 우리는 어쩌면 정착민이 되어서도 유목민이 되어야 하고, 또 유목민이 되어서도 정착민이 되어야 하는지 모른다. 유목 행위는 자칫 죽음의 예찬일 위험도 있다. D. H. 로렌스는 『날개 돋친 뱀』에서 주인공 케이트로 하여금 "아메리카는 정말로 거대한 죽음-대륙이 아닌지, 유럽인과 아시아인, 그리고 심지어 아프리카인의 '예!'에 대한 거대한 '아니야!'는 아닌지"(Lawrence, 2013: 78) 묻게 만든다. 미국을 이런 죽음의 대륙으로 만든 것은 더 나은 삶을 찾는다며 신대륙으로 간 사람들, 유목민적 존재였다.

길을 떠난다는 것은 묵은 길을 버리고 새 길로 들어선다는 것이며, 길든 삶의 터전인 집안을 벗어난다는 것으로, 집을 중심으로 해 축적된 습속을 버리고 새로운 습속을 만들어 내는 일이다. 우리가 이 지점에서 다시 확인해야 할 것은 묵은 길 또한 새로 터야 할 길로 다가올 수 있다는 사실이다. 은구기의 「귀향」에서 카마우가 '발견한' 고향은 그가 알지 못하는 사이에 변화를 겪은 곳이고, 신대륙으로 간 '미국인'은 모를지 몰라도 그들이 떠나온 구대륙 유럽 또한 역사가 진행되는 곳이다. 인간이 있는 어디에도 변화가 없는 곳은 없는 것이다. 그런 점에서 새 길로 나아가는 행위와 옛길로 돌아가는 행위는 다른 방식일지는 몰라도 모두 해야 할 과제를 계속 떠안는 길이 될 수밖에 없다. 길 떠나기는 그래서 계속되는 셈이다.

제5장
속도기계

　인류의 진화에서 나타난 가장 중요한 신체적 형태 변화는 뇌 용량의 급격한 증대일 것이다. 이런 변화를 일으킨 주된 요인은 진화의 어느 단계 이후 인류가 단백질이 풍부한 육류를 섭취하는 식습관을 갖게 된 것이라는 주장이 지배적이다. 이 주장에 따르면, "더 지적인 인류 조상이 사냥을 더 잘했고, 더 훌륭한 사냥꾼이었기 때문에 가족에게 더 많은 음식을 공급했으며, 그리하여 사냥꾼의 자손은 생존해서 번식할 가능성이 높았다" (Friedman, 2014). 이 '사냥꾼 인간' 테제에 따르면, 인간은 수상생활에서 벗어나 직립 생활을 한 뒤로 다른 동물을 사냥해 그 고기를 섭취함으로써 인간으로 성장했다. 하지만 이런 주장에 대한 반론도 없지 않다. 오스트랄로피테쿠스 아파렌시스의 두개골을 면밀하게 조사한 한 연구에 의하면, 인류는 처음 수백만 년 동안은 사냥꾼이었다기보다는 오히려 다른 포식자의 먹잇감이었다고 한다(Sussman and Hart, 2005). '사냥꾼 인간'이라는 생각은 인간을 죄인으로 취급한 유대-기독교 전통, 인간은 다른 짐승을 잡아먹을 만큼 우월하다고 생각하는 인간중심주의, 또는 여성보다 남성의 활동을 우월한 것으로 보는—남성은 주로 사냥을 하고 여성은 채취 활동을 했으므로—남성중심주의 등의 발로라는 비판도 제기되었다.

　여기서 '사냥꾼 인간' 주장과 그에 대한 반론 중 어느 쪽이 옳은지 선뜻 판단을 내리기는 어렵지만, 인간이 진화 과정에서 직립하게 되었고, 이후 어느 시점부터는 사냥할 수 있는 능력도 갖추었을 것이라는 점까지 부인할 필요는 없을 것 같다. 사냥에 필요한 것은 보행보다는 주행 능력이다. 먹잇감인 네 발 짐승을 잡으려면 달리는 능력, 그것도 오랫동안 달리는 능력이 필요했을 것이기 때문이다. 브램블과 리버만에 의하면, 장거리 달리기에 적합한 인류의 해부학적 형태 변화는 오스트랄로피테쿠스가 보행 능력을 갖추고 나서도 수백만 년이 지난 뒤에 일어난 일이다(Bramble and Lieberman, 2004). 이런 점은 인간이 사냥을 하기 시작한 시점과 주행을 하기 시작한 시점이 겹쳤을 것임을 시사해 준다. 물론 인간의 지구력 주행 능력이 꼭 사냥을 위해서만 필요했다고 하기는 어렵다. 오래 달리는 능력을 갖춘 인간은 오래 걷는 능력도 이미 갖추었을 것이며, 따라서 사냥 이외에도 지상에서 살아가는 데 필요한 다양한 활동을 했을 가능성이 높다. 이런 활동 중에 사냥만큼이나 중요했던 것이 채취다. 채취는 이미 수상생활에서도 이루어지고 있었겠지만, 인간이 직립 주행을 하게 된 뒤로는 새로운 형태로 전개되었을 가능성이 크다. 오스트랄로피테쿠스의 경우 직립 보행의 능력을 갖고 있었으나 아직 수상생활을 완전히 벗어난 것은 아니었으며, 장시간 보행을 할 수 있는 능력을 갖추었던 것도 아니다. 인간이 오래 걸을 수 있게 된 것도 직립 주행 능력을 갖게 되면서 신체의 해부학적 구조가 바뀐 결과라고 할 수 있다.[52] 인간은 직립 주행 능력을 갖추면서 새로운 보행 능력도 갖추었고, 이 과정에서 호모 사피엔

52_ 두 발 보행 능력은 아직 나무 사이를 움직이며 살고 있던 오스트랄로피테쿠스에게서 적어도 450만 년 이전에 나타났지만, 호모속이 오늘날의 해부학적 구조를 갖게 되는 데에는 다시 300만 년이 더 걸렸다. "따라서 보행 능력이 현대 인간 신체의 해부학을 설명해 줄 수는 없다"(University of Utah, 2004).

스로서의 능력들을 발전시켜 온 것으로 보인다.

인간이 만들어낸 길은 인간이 직립 주행 능력을 갖게 이후에 출현했을 가능성이 높다. 길이 생기려면 체중 무거운 동물의 발자취가 땅에 각인되어야 하는데, 이것은 반복적인 활동을 전제로 한다. 직립 주행 능력과 함께 인간은 수렵과 채취 생활을 안정적으로 영위했을 것이고, 이 과정에서 길이 만들어졌을 것이다. 그렇다면 길은 처음부터 속도기계였을 가능성이 높다. 길이 만들어지기 위해서는 인류가 반복적으로 지표면을 이동해야 하는데, 이런 활동은 상당한 규모의 수렵과 채취를 전제하는바, 수렵과 채취 활동은 인간이 장거리 주행 능력을 갖춘 뒤에 일어났을 것이기 때문이다. 요약하자면 장시간 뛰고 걸을 수 있는 인간만이 길을 만들어낼 수 있었을 것이다.

길은 출현한 뒤에도 계속 변화를 겪어 왔다. 스텝에서 처음 그 모습을 드러낸 길의 모습과 오늘날 길의 모습은 크게 다를 것이며, 이 변화에 의해 사람들이 길에서 하는 행동 또한 중대한 변화를 겪었을 것이다. 이것이 사실이라면, 형태 변화가 행동 변화를, 그리고 행동 변화가 기능 변화를 낳는다는 말이 된다. 오솔길, 당나귀길, 골목길, 뚝방길, 시골버스길, 고속도로, 고속철도, 철도, 항로, 정보고속도로 등의 사이에는 중대한 형태상의 차이가 있고, 그에 따라 그 길들의 작동 방식과 사회적 기능, 그 위를 다니는 사람들의 행동과 이들 행동이 지닌 사회역사적 역할에서도 큰 차이가 있다. 길의 모습이 바뀌는 것은 그 길을 만들어 내는 직립 존재의 행동 방식이 바뀌고, 그의 삶의 방식이 바뀐다는 말이기도 하다. 그런 점에서 길은 직립 존재가 지상에서 문화적으로나 역사적으로 살아온 발자취인 셈이다.

이 장에서 나는 길은 무엇보다 속도기계라는 관점에서 길의 형태 및 기능 변화를 살펴보고자 한다. 길은 출현된 순간부터 인간에게 속도기계로 작용했지만, 필요한 속도를 얻기 위해 끊임없는 변화를 거쳐 왔을 것이다. 길의 역사는 그런 점에서 길의 속도를 높이거나 속도를 관리하고 통제하는 과정으로 펼쳐져온 셈이라 할 수 있다. 아래에서 나는 길이 속도기계로 발전해온 방식, 속도기계로서 길이 취한 모습, 그리고 그와 함께 나타난 길의 작동 방식과 기능 등을 살펴보고자 한다.

길의 진화와 속도의 단수화

길이 속도기계인 것은 인간 신체의 이동을 더 빠르고 효율적으로 만드는 수단으로 작동하기 때문이다. 길 자체를 신체이동기계로 생각할 수도 있을 것이다. 지구상의 많은 생명체는 이동하려면 땅위를 움직여야 하는데, 이때 길은 그 이동을 더 용이하게 만든다는 점에서 기계적 효능을 갖는다고 할 수 있다. 길은 무엇보다도 인간 신체의 효율적 이동에 기여하는 기계다.

신체이동기로 기능하면서 길은 크게 보면 세 단계로 발전해온 것으로 보인다. 첫째, 인간을 포함한 몸무게 큰 짐승이 발로 걷거나 뛰어다닐 수 있는 지표면의 길들이 있다. 이런 길은 육중한 신체를 지니고 있으면서 발로 걸어서 지상을 이동하는 동물이 처음 만들었고, 이후 인간이 그런 길을 본떠서 집단생활을 할 때 변형한 길들이다. 코끼리길, 순록길, 들소길 같은 길은 다른 동물이 만들었다면, 오솔길은 인간이 걸어서 만들었고, 골목길이나 뚝방길은 인간이 공동생활을 하면서 도구를 사용해 조성해서 자신의 발로 걸어 다니는 길의 형태다. 당나귀길의 경우는 사람과 다른 동물—유럽의 옛 도시에서는 당나귀, 차마고도에서는 말, 또는 잉카왕도에서는 라마와 알파카—이 다닌다. 당나귀길에서는 짐을 실은 짐승을 사람이 끌거나 몰고 가지만, 말을 타고 다니는 길의 경우는 사람은 말의 발걸음을 이용해 이동을 하는 셈이다.

사람이 직립 이후 공동생활을 하고 사냥을 하며, 특히 주행 능력을 발휘하며 길을 냈다면, 처음부터 길은 새로운 형태를 갖게 된 인간의 신체가 속도를 낼 수 있도록 고안된 기계요 장치인 셈이다. 이후에도 길의 생김새는 대부분의 경우 속도를 더 내기 위해 새로워졌다고 할 수 있다. 길의 속도기계 성격이 더욱 부각된 것은 인간이 처음 길을 만들 때 핵심적인 역할을 했다고 볼 수 있는 발의 보철물이 바퀴 형태로 발명된 결과이기도 하다. 기원전 3500년경에 수메르인에 의해 바퀴가 발명되고, 비슷한 시점에 말이 길들여졌으며,53 전쟁 용도로 쓰이는 전차가 만들어진 것은 소를 사용한 전차의 경우는 기원전 3000년경 또는 기원전 제4천년기 후반, 말이 끌게 되어 속도가 더 빨라진 전차의 경우는 기원전 2000년경 또는 기원전 제2천년기 초기(BCE 1900~1800)의 일이다(Braudel, 2002; Anthony, 2009: 59, 61; Goldstein, 2001: 16).54 마차-전차가 등장한 것은 제국의 건설과 밀접한 관련이 있었던 것으로 보인다. 수메르, 힉소스, 이집트 등의 초기 제국들은 빈번한 전쟁을 수행하며 마차를 개발해 활용했는데, 길의 역사 맥락에서 중요한 것은 마차의 사용을 위해서는 평평한 길을 조성해야만 했다는 사실이다. 이리하여 만들어진 마차용 길은 제국 영토 통치를 위한 다양한 활동에 긴밀하게 사용된 것으로 보인다. 고대 이집트, 페르시아, 중국, 로마에서 왕도가 건설된 것은 이처럼 말과 수레가 결합된 마차가 널리 사용된 결과일 것이다. 왕도를 통해 말이 끄는 바퀴 달린 이동기계인 마차가 도로와 결합된 뒤로 도로와 마차는 수천

53_ 말은 4000년 전에 길들여졌다고 알려졌으나, 최근에는 5500년 전에 길들여진 증거가 발견되기도 했다. 따라서 바퀴의 발명과 말의 길들이기는 비슷한 시점에 이루어졌다고 볼 수 있겠다.

54_ 전차가 등장한 기원전 3000년 이전이면 이미 길들여진 말이 있었는데도 처음에는 소가 전차를 끌었던 것은 이때까지는 말이 전차를 끌 수 있을 만큼 크지 않았기 때문인 것으로 알려져 있다. 말이 전차를 끌기 시작한 것은 육종을 통해 체구가 커진 뒤다.

년 뒤 19세기에 이르기까지도 핵심적인 속도기계로 작용하게 된다. 19세기 이후에 철도, 포장도로, 고속도로, 고속철도 등이 새로운 길 형태로 건설된 것은 바퀴가 새로운 동력 즉 증기기관이나 석유기관에 의해 달릴 수 있게 됨으로써 생겨난 변화였다. 왕도 이후 처음으로 다양한 새로운 길들이 출현한 것은 신체이동의 책임을 맡고 있던 발 역할을 대신할 수 있는 바퀴의 발명과 바퀴를 돌릴 수 있는 동력원이 새로 다양하게 개발됨으로써 이루어진 일인 것이다.

세 번째 형태의 길은 가장 최근에 나타난 것으로 그 형태나 물질적 존재 방식에서 지금까지 출현한 모든 길과 근본적으로 구분된다. 아직까지 이 새로운 길의 구체적인 사례는 정보고속도로밖에는 없다. 정보고속도로는 인간이 발로 걷거나 뛰는 길, 바퀴 등을 이용한 신체운반기를 사용해 다니는 길과는 근본적으로 다른 신체 참여 방식을 요구하는 것으로 보인다. 과거의 길들은 동물의 것이든 인간의 것이든 모두 신체가 직접 참여해 통과하도록 만들었다고 할 수 있다. 직접 발로 걷는 길이든 아니면 운반기를 타고 가는 길이든 신체가 움직이도록 했던 것이다. 하지만 정보고속도로에서 신체는 직접 참여하는 법이 없고, 거기서는 정보라고 하는, 신체와는 다른 형태의 물질이 빛의 속도로 다니게 된다. 이때 만약 신체가 길에 참여하는 것이라면, 그 참여는 가상적인 성격을 띨 뿐이다.

이상 언급한 세 단계의 길들은 오늘날 비동시성의 동시성 형태로 공존한다고 볼 수 있다. 첫 번째 단계의 길이 출현했을 때에는 두 번째 단계의 길은 출현하지 않았거나 출현했더라도 큰 영향을 미치지 않았을 것이다. 따라서 이때 길은 자연적 신체와 결합된 자연-기계의 모습을 띠며, 주로 인간과 다른 동물들이 다니는 통로 역할을 했다고 볼 수 있다. 두 번째 단계의 길이 출현하게 되면 첫 번째 단계의 길은 뒤에 등장한 더 강력한 길의 영향 아래 놓이게 된다. 예컨대 바퀴달린 수레가 다니는 왕도가 등장하게 되면 두메산골 농투성이도 제국의 신민으로 차출되어 도로 건설의 부역을 해야만 하고, 또 그 도로가 완성되면 변경에 번서러 고향을 떠나야 하는 일이 생기는 것이다. 비슷한 식으로 신작로와 버스길 등이 출현하면 오솔길과 골목에서의 행동도 새롭게 등장한 도로망의 영향을 받게 된다고 할 수 있다. 19세기 중엽 오스만이 파리의 거리를 새로 조성하고 집집마다 번호를 매겼을 때, 과거 당나귀길들은 새로 조성된 길의 요구를 수용해야만 했을 것이다. 한국에서 새마을운동이 벌어지는 동안 시골마을 구석구석으로 개발 국가 행정의 손이 미친 것도 비슷한 예다. 이런 점에서 보면 오늘날은 선행한 두 단계의 길들이 모두 세 번째 단계 길 형태인 정보고속도로의 요구에 의해 새로운 역할을 수행할 것임을 짐작할 수 있다. 이런 것을 단적으로 보여주는 것이 인터넷으로 주문한 상품이 항공로, 항로, 고속도로, 도시 거리, 그리고 골목을 통해 내 집까지 전달되는 것이다.

　이런 식으로 길의 진화가 이루어지는 과정에서 나타나는 일관된 경향은 길에서 허용되는 속도가 계속 증가한다는 것이다. 물론 모든 길이 속도를 내기 위해서만 있는 것은 아니다. 오솔길의 경우는 거기서 주행도 가능하지만 보행이 더 어울린다고 하겠으며, 뚝방길이나 골목길 또한 특별한 경우가 아니면 뛰는 것보다는 걷는 것이 더 적합하다. 직립 주행 능력을 보유한 인간도 사냥을 할 때가 아니면 항상 뛰어다녔을 리는 없다. 길들 가운데는 속도를 내지 않으면 안 되는 길, 속도를 내는 것을 금하는 길, 또는 느린 보행과 빠른 주행을 함께 허용하는 길 등 다양한 형태가 있다. 고속철도의 경우는 속도를 내지 않는 것이 오히려 이상하다면, 오솔길이나 뚝방길, 골목길 등에서는 보행과 주행도 모두 허용되고, 산책길은 지나친 속도는 제한하는 편이다. 하지만 속도의 측면에서 볼 때, 길은 역시 진화할수록 더 빠른 속도를 구현하는 것이 지배적인 경향이었다고 할 수 있다.

길의 속도를 빠르게 하는 가장 중요한 방법은 속도를 줄이는 마찰, 즉 저항의 힘을 최소화하도록 그 형태를 바꾸는 것이다. 단적인 한 예가 고속도로나 고속철도 조성 과정에서 나타난다. 이런 길들은 되도록 직선으로 나 있고, 그 위를 달리는 차량은 공기 저항을 줄이기 위해 보통 유선형을 이룬다. 그뿐만 아니다. 길의 속도 감속을 예방하는 데에는 제도적 조치도 작용한다. 고속도로에서는 사람은 말할 것도 없고, 길들인 동물 가운데 가장 빨리 달리는 말, 사람의 동력으로 제법 빨리 달리는 자전거의 진입, 교차통행 등은 금지 대상이다. 고속도로를 통과하는 이동기계는 한국의 경우 시속 80킬로미터 이상으로 달려야만 한다. 이것은 고속도로가 한 방향으로 일정한 속도 이상을 낼 수 있는 차량만 진입을 허용한다는 말로서, 고속철도의 경우에는 KTX와 같은 특수 차량만 운행할 수 있도록 만들어 놓았다. 이처럼 동일한 속도를 지닌 차량만 진입을 허용하는 길은 속도의 탈-복수화 또는 단수화를 지향하는 셈이라고 하겠다.

길의 속도 단수화는 길의 분업화와 더불어 진행되었다. 길, 특히 지상의 길은 모두 유일무이한 장소에서 만들어지기 때문에, 장소의 고유한 조건이나 역할, 필요 등에 의해 용도가 결정되는 법이다. 특정한 산에 난 오솔길은 두 목적지를 이어주면서 그것이 놓인 장소의 지형적 특징에 의해 모양이 정해질 수밖에 없다. 뚝방길의 경우 물길이 원래 어떻게 나 있는가에 따라 그 만곡 형태가 결정되고 생김새가 만들어질 것이다. 이런 사실은 길은 처음부터 분업 가능성을 갖고 있다는 점을 말해 준다. 하지만 뚝방길에는 천천히 걷는 사람, 뛰는 사람, 그냥 서 있는 사람들이 같이 있을 수 있고, 오솔길에서도 계속 길을 가는 사람과 잠깐 앉아서 쉬고 있는 사람이 있을 수 있다. 반면에 자동차가 다니는 길, 특히 특정한 속도로 차가 다녀야 하는 길에서는 거기서 요구되는 속도를 낼 수 있는 자동차만 다닐 수 있게 하고, 고속철도에서는 KTX와 같은 동종의 차량만 다니게 하며, 정보고속도로의 경우에는 모든 정보를 빛에 가까운 속도로 전송한다. 이처럼 속도의 단수화를 겪게 되면서 생겨나는 것이 길의 분업화다. 분업화를 통해 길은 제한되고 전문적인 작용을 하게 된다. KTX가 다니는 고속철도는 신체들을 가능한 최고 속도로만 이송하는 역할을 담당하며, 다른 어떤 역할도 하지 않는다고 볼 수 있다. 반면에 시골의 버스길은 다양한 차종의 통행을 허용하면서 이들 차종을 이용하는 사람들이 특정한 시점 그 길을 갈 때 하는 다양한 활동을 하도록 해준다. 시골버스길은 경운기로 논을 갈러가는 농부도 잠깐 지날 수 있고, 등교하는 학생이 걸어갈 수도 있고, 또 승용차로 여행 다니는 사람도 지나갈 수 있다.

길에서의 속도 증가를 위한 가장 중요한 방식은 길을 직선화하는 일이다. 길은 애초에 사람을 포함한 몸집 큰 동물들이나 물, 돌과 같은 물질의 신체적 이동으로 만들어졌기 때문에 지형 조건에 따라 형태가 정해졌고, 따라서 자연스럽게 만곡한 모습을 이루기 마련이다. 이것은 길을 만들어 내는 물리적 신체가 중력과 마찰력 등 지구에서 작용하는 각종 힘들의 영향을 받기 때문이다. 그러나 인간은 직립과 함께 도구 사용 능력을 갖추게 되고, 특히 기술적 발달을 통해 길로 하여금 이런 신체적 한계를 벗어나게 할 수도 있다. 계곡이 있으면 다리를 놓고, 험한 산도 축성을 통해 길이 일정하게 직선으로 나아갈 수 있게 만드는 것이다. 물론 아무리 기술이 발달하더라도 모든 길을 직선으로 할 수 없다는 것은 고속도로마저도 때로는 산허리를 따라 꾸불꾸불하게 나있는 모습이 보여주는 바다. 하지만 버스, 물, 사람 등 어떤 종류의 신체든 몸집이 큰 것들이 빨리 이동하는 방식은 직선을 이용하는 것이며, 따라서 길에서 속도를 내기 위해서는 길을 직선화하는 것이 최선이다.

길의 직선화는 속도의 단수화에 의해 촉구되기도 한다. 고속도로나 고속철도는 차량이 고속으로 달릴 수 있도록 하기 위해 경사 회전을 해야 하는 필요성을 최소화하고, 길을 최대한 직선으로 만들어낼 필요가 있다. 물론 길의 직선화가 언제나 가능한 것은 아니다. 한국처럼 산이 많은 지형에서는 부득이 경사 회전을 허용해야 하는 곳이 생기게 마련이며, 이럴 때는 경사 회전의 기울기를 어떤 차종 중심으로 정하느냐가 중요해진다. 사람의 경우는 바로 선 자리에서 360도 회전이 가능하고, 이는 다른 동물도 마찬가지다. 그러나 자전거나 마차는 그렇게 회전을 하려면 더 넓은 반경을 돌아야 하며, 차량의 속도가 빠를 경우 반경은 더 넓어질 필요가 있다. 이것은 시속 300킬로미터를 달리는 KTX 열차를 위해 필요한 경사면 회전의 기울기는 시속 100킬로미터를 달리는 차량을 위한 것과는 비교할 수 없을 만큼 커야 한다는 말이다. KTX 노선에 KTX만 다니게 하는 것은 이런 이유 때문이다. 같은 길에 같은 속도를 가진 신체운반기만 다니도록 하면 길을 조성할 때 경사면의 회전 기울기를 정하기 간편하고, 또 하나의 길에 같은 속도만 가진 차량이 배타적으로 다니도록 하면 관리하기도 쉬워진다(임동근, 2008).

길의 진화는 길의 역할에 따라 길이 분업화하는 방향으로, 따라서 하나의 길에서 허용되는 속도를 탈-복수화하는 방향으로 이루어져 왔다고 할 수 있다. 그 결과는 길들이 갈수록 속도기계로서의 역할을 강화하게 되었다는 것이다. 이제 길이 속도기계로서 역사적으로 어떻게 변모해 왔는지 살펴보자.

고대 도로망—왕도

더 빠른 속도를 내기 위해 길에서의 속도를 단수화한 작업은 사실 오래 전에 나타난 일이다. 길 속도의 단수화가 생겨난다는 것은 길에서는 원래 복수의 속도가 존재했다는 것을 의미한다. 길의 상형문자인 '도(道)'가 이런 점을 시각적으로 잘 보여주고 있다. 3장에서 인용한 오대징의 해석을 다시 인용하면, "갑골문자(甲骨文字)에 나타난 '도(道)'자는 '행(行)'이란 글자 안에 '수(首)'와 '지(止)'가 겹친 모습이며, '행(行)'은 '十' 모양으로서 당초에 네 갈래 길을 그린 상형문자(象形文字)였다"(주희·여조겸, 1998: 135-36). 여기서 '道'는 네 갈래 길에서 나아갈 방향을 찾고 있는 사람의 서성거리는 모습을 나타내는 셈이다.

하지만 길에서 서성거리는 행위는 그 길에서 요구되는 속도에 방해가 될 경우 위험을 초래할 수도 있다. 테베의 왕 라이오스가 좁은 길 위에서 통행권을 놓고 다투다가 오이디푸스에 의해 죽임을 당한 것이 고전적인 예다. 통행권 다툼은 길 위에서 나타나는 서로 다른 속도, 그에 따른 서로 다른 인생 행보 간의 다툼이기도 하다. 자신의 통행권을 주장한 순간 라이오스는 운명에 따라 살아야 할 아들 오이디푸스의 진로를 방해한 셈이다.[55] 그가 아들에게 죽임을 당한 것은 길 위에 서 있는 행위, 진로를 차단하는 행위가 얼마나 위험한지 보여준다. 길에서의 상이한 속도들은 이처럼 폭력적인 방식으로 단수화되는 경우가 허다하다. 부자 간의 노상폭력이 신화 또는 상상의 이야기일 뿐이라는 반론을 누가 제기한다면, 적어도 왕도 이후 길에서는 속도를 통제하는 시도가 체계적으로 이루어졌다는 점을 상기시키고 싶다. 이 통제는 기본적으로 길에서의 통행이 최대한 빨리 일어나도록, 즉 길이 속도기계로서 최고의 성능을 발휘하도록 하기 위함이었다. 이런 점은 진시황의 치도, 다리우스의 왕도, 로마 공도 등이 제국 내에 행정 명령, 군대, 물자를 최대한 빨리

55_ 이 '방해'는 물론 아이러니하다. 라이오스는 그 방해 행위로 아들 오이디푸스가 운명대로 살도록 한 셈이기 때문이다.

전달하고 파견하고 수송하기 위해 만들어졌다는 점으로도 확인된다고 하겠다.

고대 페르시아의 왕도는 총장이 2,700킬로미터로서 다리우스 대제가 완성했다고 알려져 있다. 페르시아의 왕도는 걸어서 가면 석 달이 걸렸지만, 황제가 급파한 전령의 경우에는 7일에서 9일 정도가 걸렸다고 한다. 9일이 걸렸다고 하더라도 하루 평균 300킬로미터를 돌파한 셈이니, 길에서의 신체이동 속도는 기원전 4, 5세기경에 이미 경이로운 수준에 이르렀다고 할 수 있다.

왕도에서 속도가 철저히 통제되었음을 보여주는 또 하나의 예가 진시황의 치도다. 치도가 황제 전용 도로였다는 속설도 있지만 사실이 아니다. 치도는 세 개의 차도를 갖고 있었고(李開元, 2007), 바깥 두 차도에서는 일반 백성의 자유로운 통행을 허용했기 때문이다. 물론 그렇다고 치도가 엄격하게 관리되지 않았다는 말은 아니다. 치도에 있던 세 차도 가운데 중앙 것은 "3장 넓이의 노면"을 가지고 있었는데, 이것은 "황제, 왕공, 고위관료 및 전령사자를 위한 전용어도"로 사용되었기 때문이다(中國文化硏究院, 2003). 진시황은 치도를 달릴 수 있는 수레의 규격을 일률적으로 만들고자 거동궤(車同軌) 제도를 도입하기도 했다.[56] 거동궤는 통일 이전 패권을 놓고 각축을 벌이던 육국이 각기 개발한 수레의 규격을 단일한 규격으로 통일한 제도로서, 고대 중국의 길 위에서 일어난 대표적 속도 단수화 사례에 속한다.

잉카제국의 왕도인 카팍 냔에서도 비슷한 사례를 볼 수 있다. 이 왕도는 고속도로를 말이 아닌 사람에 의해 이루어냈다는 점에서 다른 왕도들과는 다르다. 카팍 냔을 달린 신체이동기는 마차가 아니라 인간이었는데,

---

56_ 진시황이 거동궤를 도입한 것은 그가 육국 통일 후 시황제가 된 뒤에 실시한 도량형 및 문자 통일과 궤를 함께 한다.

그것은 유럽인과 접촉하기 전까지는 가장 효율적인 속도 동물이라고 할 말이 아메리카 대륙에는 서식하지 않았기 때문이다. 하지만 그렇다고 잉카 왕도의 성능이 크게 떨어졌던 것 같지는 않다. 카팍 냔은 차스키라는 전문 파발꾼 제도를 두고 20-30킬로미터 간격으로 세워진 역(탐보)을 이용해 파발꾼이 교대해 가며 달리도록 해, 하루에 이들이 주파한 거리가 240킬로미터였다고 한다. "차스키들은 가벼운 물건의 운송도 맡았는데, 기동성이 어찌나 좋았는지 안데스산맥 한가운데 위치한 수도 쿠스코에 사는 황제가 바닷가에서 옮겨온 신선한 생선을 먹을 수 있을 정도였다"(경향신문, 2014. 7. 4). 이런 정도라면 잉카제국의 왕도 또한 아주 성능 좋은 속도기계였다고 할 만하다. 철저한 관리 대상이 된 것은 잉카 왕도도 마찬가지였다. "일반인은 공적인 허가를 받지 않고 사적인 목적으로 그 길[왕도]을 사용할 수 없었"(Cartwright, 2014)던 것이다. 같은 규격의 마차만 달릴 수 있는 치도, 차스키만 달릴 수 있는 잉카 왕도의 존재는 길의 속도를 단수화하려는 시도가 이미 전근대에도 있었음을 말해준다.

왕도는 대개 수천 킬로미터에서 수만 킬로미터에 이르기 때문에 엄청난 인력을 동원해야 건설할 수 있는 길이었다. 이집트, 페르시아, 중국 등의 고대 사회에 왕도가 축조되었다는 것은 따라서 그들 사회가 대규모 인구를 동원할 수 있는 사회적 능력을 지녔음을 말해 준다.57 왕도 건설은 고대 제국이 상이한 지방에 분산되어 있는 사회적 자원과 능력을 중앙으로 집중시키고, 아울러 사회적 통일성을 만들어 내는 중요한 방안이었을

57_ 잉카 왕도의 건설은 다른 왕도보다 훨씬 후대에 일어난 공사였지만, 그렇다고 작업이 수월했던 것은 결코 아니다. 이 도로망의 많은 부분은 안데스 산맥 여기저기 솟은 고산의 꼭대기 산전까지 닿아 있어서, 높은 곳은 무려 5천 미터에 육박한다. 더구나 잉카제국은 철기문명을 발달시키지 못한 상태였던지라, 노동자들은 목재, 석재, 청동 도구를 사용해 작업을 해야 했다(Cartwright, 2014). 하지만 이런 열악한 기술 조건에도 불구하고, 4만 킬로미터에 달하는 카팍 냔 도로망을 건설했다는 것은 잉카제국이 고도의 도로 축조 기술과 함께 수많은 노동력을 동원할 수 있는 정교한 사회적 조직력을 갖추고 있었음을 말해준다.

것이다. 이 과정에서 기존에 존재하는 다양한 길들 또한 하나의 체계로 종합되었다고 할 수 있다. 중국에서 진시황은 치도와 직도(直道), 오척도(五尺道)를 건설해 통일 이전 전차의 규격 차이 등으로 인해 제각각의 모습이었던 도로를 통일시켰다고 전해진다(李開元, 2007). 이런 작업은 이미 만들어진 길들을 새로운 도로망에 편입해 넣는 방식으로 이루어지곤 했다. 오척도의 경우 진시황 시대 상알이 처음 건설한 것으로 알려져 있지만, 최근의 고고학적 조사는 그보다 훨씬 이전 즉 상나라 말 또는 주나라 초의 고대 파촉 문명이 베트남 북부 지역과 교역을 하며 오척도를 만들기 시작했을 가능성도 말해준다(陳顯丹, 2012). 직도와 치도 또한 과거 열국이 이미 조성해 놓은 길을 새로 복구 개수해서 포함시켰을 것이다. 로마 공도의 경우도 수세기에 걸쳐 완성되었다고 하니, 로마군이 정복한 지역의 기존 길들이 새롭게 포장되거나 수리되어 그 안에 포함되었을 가능성이 높다. 왕도 건설은 그래서 새로운 도로 축조 이외에도 기존의 길들을 제국의 도로망으로 편입시키는 과정이기도 했다. 이 결과 나타난 전반적 효과는 속도기계로서의 길의 성능 강화라고 할 수 있을 것이다. 진시황이 대장군 몽염을 시켜 완성시킨 직도는 북방 흉노의 침략에 대비해 최대한 빨리 군대를 진군시키기 위해 만든 말 그대로 직선으로 된 길이었다. 황제의 명령을 제국 내 주요 지역들로 최대한 빨리 전달하고, 지방에서 일어나는 사건에 대한 보고가 최대한 빨리 이루어지며, 또 물자와 자원, 군대를 최대한 빨리 수송하고 파견하는 일이 왕도를 통해 이루어졌을 것이다. 왕도는 그래서 제국의 영토 안에서 일어나는 각종 신체이동 속도를 증가시키는 핵심적 장치였던 셈이다.

근대 도로망

역사적으로 보면 속도기계로서 길의 발전은 차근차근 일어난 일은 아니었다고 봐야 한다. 특히 대규모 도로망의 경우는 고대 사회에서 한 번 크게 조성된 뒤로 근 2천년이 넘도록 조성된 적이 거의 없었다고 할 수 있다. 고대 왕도의 규모에 버금가거나 그것을 뛰어넘는 길 네트워크 건설은 19세기 이후에 들어와서야 비로소 시도되었다. 물론 잉카 왕도의 경우 그 전성기를 15세기에 맞았지만, 그것은 지구의 나머지 대륙들과 수만 년 분리되어 있던 아메리카 대륙의 일이다. 이것은 중세와 근대 초에 는 특기할 만한 대규모 도로망 건설이 이루어지지 않았다는 말로서 일견 이상하게 들릴지도 모르나, 사실 그럴 필요가 없었기 때문인 것으로 여겨 진다. 고대의 왕도 건설은 말을 이용한 마차가 다닐 수 있게 하는 것이 주된 목적이었다. 왕도 건설 이후 2천년 가까운 기간에 걸쳐 도로망 건설 이 불필요했던 것은 그동안 유라시아 지역에서는 말을 이용한 마차가 가장 효과적인 신체이동기 역할을 해냈기 때문일 것이다.[58] 17세기 후반 에 시작해 19세기 중반까지 유행한 그랜드투어에서 사용된 교통수단도 마차였다. 앞서 언급한 대로 유럽에서는 19세기까지도 로마 공도가 가장 훌륭한 도로망으로 기능하고 있었고 그때까지는 말이 가장 훌륭한 축력 제공자 역할을 했던 것이다.

왕도를 대체하는 또는 왕도에 버금가는 새로운 즉 근대적 도로망이 구축되기 시작한 것은 19세기 초부터다. 이 변화는 원시적 축적과 중상 주의 단계를 벗어난 자본주의가 18세기 후반에 접어들어 산업혁명을 중심으로 새로운 축적 방식을 진행한 것과 궤를 함께 한다. 자본주의는 중상주의 하에서 이룬 축적을 기술 발전에 투입함으로써 새로운 축적 체제를 만들어 냈는데, 이때 중요하게 등장한 것이 증기기관을 이용한

58_ 중국의 수양제가 주도한 것과 같은 운하 건설을 도로망 건설과 같은 것으로 볼 수 있지 않을까 할 수도 있겠지만, 운하의 경우는 대규모 운송은 가능하게 했지만, 속도 측면에서는 기존의 왕도에 미치지 못한다.

공장제 기계공업 중심의 생산이다. 당시 공장제 생산이 가능했던 것은 중상주의 시기 자본주의가 상업 활동, 식민지 수탈 등을 통해 축적한 자본과, 16세기 이후 본격적으로 시작된 인클로저 운동이 수세기 동안 진행된 결과 공유지로부터 쫓겨난 대규모로 형성된 프롤레타리아 노동력이 이제 본격적으로 긴밀하게 결합될 수 있었기 때문이기도 하다. 대규모 자본은 대규모 노동력을 활용하기 위해 기술 개발에 많은 투자를 했고, 이로 인해 18세기 후반부터 증기력을 활용하는 다양한 공작기계를 발명하게 된다. 근대적 도로망은 그래서 산업혁명이 진전됨에 따라 자연스럽게 필요해졌다고 할 수 있다. 공장제 생산에 필요한 원료의 공급, 생산된 상품의 유통과 판매, 생산과 소비 활동을 위해 새로운 운송체계가 요청되면서 고대 왕도의 효율성을 능가하는 도로망이 건설된 것이다.

영국의 맨체스터와 리버풀 간에 철도가 처음 개통된 것은 당시 영국이 자본주의 헤게모니 국가로서 세계자본주의를 주도하고 있었다는 사실과 관련되어 있다. 리버풀은 항구도시로서 한편으로는 맨체스터 같은 산업도시에서 생산된 상품을 해외로 나르는 수출항이었지만, 다른 한편으로는 인도에서 생산되는 면화와 같은 원료를 들여오는 수입항이기도 했다. 영국의 철도는 이렇게 보면 처음부터 대양을 가로지르는 화물선 항로와 연결되어 있었던 셈이다. 이런 사실은 근대의 도로망이 고대의 왕도와는 다르게 세계체계적인 성격을 가졌음을 말해준다. 왕도의 경우, 특히 로마 공도는 19세기 말까지도 세계에서 가장 광범위한 도로망이었지만, 그 이용 지역이 로마 제국에 국한되어 있었던 것이지, 세계 전체와 연결되어 있었던 것은 아니다. 그러나 영국의 맨체스터에서 리버풀로 가는 기차는 대양을 건너 인도나 아메리카 대륙으로 향하는 화물선과 연결되고, 이 화물선이 미국에 도착할 경우 대륙 간 철도를 통해 미국 전역으로 화물이 운송될 수 있었다는 점에서 세계체계의 존재와 작동을 전제했다고 볼 수 있다. 철도와 항로의 연결은 대양을 다니는 큰 배가 증기기관 동력을 갖게 된 1840년대 이후 더욱 긴밀해진다.

속도기계로서 길은 근대적 도로망의 형태를 띠게 되면서 새로운 사회적 속도를 반영하기 시작한다. 먼저 근대적 도로망은 생산의 기계화를 반영해, 길을 기계화된 속도기계로 바꿔냈다. 근대적 도로망에서 요구되는 동력은 고대 왕도에서처럼 동물의 체력이 아니라 증기기관이라는 기계에 의해 공급된다. 왕도를 달리던 마차를 끌던 말은 기차가 처음 등장했을 때는 기차와 비슷한 속도로 달릴 정도로 빠르고 체력 또한 매우 뛰어난 편이지만, 장거리 이동과 운송 목적으로는 사용하기 어렵다. 19세기 중엽부터 기차와 증기선이 광범위하게 사용되기 시작한 것은 증기기관이라는 새로운 동력원이 보급되었기 때문이다. 기차는 석탄만 공급되면 계속 동력을 제공해 주는 증기기관을 이용하는 만큼 거의 무한정한 주행 능력을 지닌 신체 운송 기계가 된다. 기차와 철도, 나아가 이들 육로의 속도기계들과 연결되는 증기선과 그 항로는 이런 점에서 19세기부터 작동하기 시작한 산업자본주의적 생산, 이와 연계된 사회적 신진대사 속도 등과 연동된 새로운 길 체계를 구성했다고 할 수 있다.

이 맥락에서 기계제 생산에 기반을 둔 자본주의가 본격 가동되기 시작한 19세기 초에 쇄석도로 공법이 개발되었다는 사실이 주목을 끈다. 1810년대에 존 머캐덤에 의해 '머캐덤 공법'이 개발된 뒤로 쇄석도로는 철도 수송에 의해 생산과 소비의 속도가 빨라진 것과 궤를 함께해, 세계 곳곳에서 사용되기 시작했다. 이 확산은 철도와 항로의 연결로 자본주의적 세계체계의 '대동맥'이 건설되는 가운데, 그로 인해 더욱 활발해진 자본주의적 생산과 소비를 진작하기 위해 사람들이 많이 거주하는 도시 내부, 그리고 도시와 지방을 연결하는 통로를 광범위하게 제공하게끔 만들었다. 쇄석도로를 통해 19세기 초에는 마차가, 19세기 말부터는 자동차가 사람들의 외진 거주지로도 접근할 수 있게 된 것이다. 머캐덤 공법이 도입된 뒤로 도로를 포장하는 방식은 쇄석에 타르를 섞거나 아스팔트나 콘크리트 등 새로운 재료를 사용하는 공법의 개발로 더 새롭고 다양한 형태를 띠게 되었고, 20세기에 들어와서 자동차 사용이 확산되면서 포장도로가 가장 보편적인 길 형태로 부상하게 된다.

자본주의는 그러나 불균등하게 발전하기 마련이다. 영국에서 새로운 길 체계가 구축되기 시작했다고 해서 세계 전역에 동시에 같은 변화가 일어난 것은 아니다. 그래도 근대적 도로망 또는 길 체계에 세계체계적 성격을 부여할 수 있는 것은 그런 체계 또는 네트워크가 세계의 다양한 지역들을 서로 연결한다는 점 때문이다. 나는 어렸을 때 차도를 어른들이 '큰길'이라고 부르는 것을 들으며 자랐다. 그 길은 '신작로'라고도 했는데, 차도가 '큰길', '신작로'라고 불린 것은 마을 근처의 산길이나 논길, 들길 등 시골길들과는 달리 새로 닦은 길이고 또 기존의 것들보다는 폭이 넓었기 때문이다. 한국에 이런 길들이 등장한 것은 20세기 초 이후 일본 제국주의에 의한 한국 침탈과 수탈이 시작되는 것과 궤를 함께 한다. 신작로가 닦이고 도로망이 형성되면서, 경부선과 경의선을 비롯한 철도가 부설되면서 한국도 식민지로서 자본주의적 세계체계와 접속을 하게 되는 것이다. 한국에 처음 등장한 도로는 머캐덤 도로도 아닌 비포장 자갈길이 대부분이었지만, 그런 길이 형성되는 것과 함께 내가 태어난 고향마을을 포함해 한국의 각 지역은 외부 즉 자본주의적 세계와 연결되기 시작했다고 할 수 있다. 이 연결은 그러나 자본주의가 아직 크게 발달하지 않은 한국을 자본주의가 발달한 외부 세계와 연결하는 것이었기 때문에 7장에서 보겠지만 폭력적인 모습을 띤 것이었다.

혈관에 비유한다면, 자본주의적 교통망은 대동맥, 중소동맥, 실핏줄의 형태로 이루어진다고 할 수 있다. 개별 국가 내부 지역 간은 물론이고 대륙 간 이동을 가능케 한 철도와 증기선 항로의 연결은 이 혈관의 대동맥 형성에 해당할 것이다. 그리고 머캐덤 공법으로 19세기 초에는 마차, 19세기 말부터는 자동차가 다닐 수 있게 만들어지는 포장도로는 '중동맥', '소동맥'인 셈이다. 자본주의 신체의 혈관 체계는 도시의 역, 항구와 연결된 이들 중소동맥인 산골이나 들판에 원래 있던 실핏줄 길들—골목, 산길, 뚝방길—과 접속되면 '일단' 완성된다. (여기서 '일단'이라는 표현을 쓰는 것은 이 교통망은 앞으로도 계속 발달할 것이기 때문이다.) 이렇게 전면적인 도로망이 갖춰지면, 자본은 지구 전체로 접근할 통로를 마련하게 되는 셈이다.

당시 한반도 남단과 북단을 이은 경부선과 경의선 철도는 두 가지 측면에서 속도기계라고 할 수 있다. 한편으로 이 철도는 기존의 어떤 길보다 신체운반기가 빨리 달릴 수 있게 했다는 점에서 속도기계였다. 새로 난 길은 일본의 도쿄 역에서 기차로 출발할 경우 시모노세키에서 내려 관부연락선을 타고 부산으로 들어와 부산에서 경부선 열차를 타고 '경성' 역에 도착하고, 여기서 경의선 열차를 타고 가면 한반도를 벗어나 유럽까지 가는 길을 크게 단축시켰다(위키피디어 일본어판, '關釜連絡船'). 과거에는 이 정도 거리를 가려면 족히 몇 달은 걸렸을 것이다. 다른 한편 철도와 항로가 새로운 속도기계로 작용한 것은 증가된 물리적 속도로 인해 사회적 신진대사를 더욱 촉진시키고, 특히 자본 축적 운동을 가속시켰기 때문이다. 일본은 관부연락선 개통, 경부선 및 경의선 철도 건설과 함께 동양척식회사를 건설해 조선의 수탈에 나섰다. 이 수탈은 철도가 부설되는 동안에는 인근 농토가 몰수당하는 방식으로 이루어졌지만, 철도 건설 이후에는 조선 영토 접근이 쉬워짐에 따라 농산물에 대한 수탈 등의 형태로 이루어졌다. 이 과정에서 식민지 조선 삶의 속도에도 변화가 생겨나기 시작했다. 식민지 근대성이 형성되기 시작한 것이다.[59] 우리는 이 새로운 시간적 경험과 감각의 형성을 20세기 초에 등장하기 시작한 '신여성', '모던 보이' 등의 모습에서 확인할 수 있다. 또 기존의 민요나 창가와는 다른 음색과 템포를 지닌 트로트 음악이 새로 도입된 것도 삶의 속도가 새로워진 사례에 속할 것이다. 이런 음악은 정좌 자세로 멜리스마를 강조하는 방식의 창법을 구사해 소리의 미세한 흐름에 집중케 하는 전통 가곡과는 전적으로 다른 종류의 리듬을 느끼게 하며, 한국인으로 하여금 처음으로 도회적 삶의 속도를 느끼고 그에 따라 살도록 했다고 할 수 있다.

근대 도시와 직선거리

길들이 갈수록 직선화를 지향하는 것은 속도를 증가시키기 위함이고, 속도 증가는 주로 정치적이고(전근대적인 길 체계의 경우) 경제적인(근대적 길 체계의 경우) 목적의 유통을 원활히 하기 위함이라는 점에서 정복과 지배의 논리가 작동하는 과정이다. 지구상에서 이런 과정이 가장 집중적으로 나타나기 시작한 곳이 근대 도시다. 여기서 길들은 서로 기능을 연결해 각종 도로망을 형성하며, 속도의 증가를 위해 직선화를 지향한다. 이런 일이 일어나는 것은 기본적으로 근대 도시에서 길이 자본 축적을

59_ 나는 여기서 '식민지 근대화론'을 지지하는 것이 아니다. 식민지 근대화론은 한국이 식민지로 전락한 결과 자본주의적 발달이 이루어졌다고 보지만, 일본 제국주의에 의한 수탈은 부정할 수 없는 사실이다. 하지만 나는 '식민지 수탈론'을 전적으로 지지하지도 않는다. 식민지 수탈론에는 자생적 근대화론 즉 '내생적 자본주의 발달' 관점이 포함되어 있는데, 이 관점은 근대화와 자본주의화를 긍정적으로만 보는 경향이 있다고 여겨지기 때문이다. 내 입장은 '식민지 근대성론'에 해당한다고 하겠는데, 이것은 '수탈'과 '근대화'를 모두 역사적 사실로 인정하지만, '근대성' 나아가 자본주의 자체에 대해서 비판적인 태도를 취한다. 이에 대해서는 강내희(2001: 193-94) 참고.

위한 공간 장악에서 핵심적인 역할을 하고 있기 때문이다.

근대 도시에서 길들이 보여주는 초기 직선화 경향을 우리는 19세기 중반 파리에서 진행된 새로운 시가지 조성에서 가장 뚜렷하게 볼 수 있다. 이 작업을 주도한 사람은 오스만 남작으로 그는 1853년부터 17년 동안 파리 지사로 재직하면서 대대적인 재건 사업을 벌여, 오늘날까지도 남아 있는 파리 시가지의 모습을 결정하는 데 핵심적 역할을 한 것으로 평가된다. 19세기의 파리는 정치적으로 세계에서 가장 큰 격변을 겪은 도시로서, 혁명이나 봉기가 일어나면 바리케이드전이 펼쳐지곤 하던 곳이다. 1830년의 7월 혁명, 1832년의 6월 봉기, 1848년의 2월 혁명과 6월 혁명, 그리고 1870년의 파리 코뮌에서 바리케이드는 노동자계급과 시민 저항군의 핵심적 거점이었다. 빅토르 위고의 『레미제라블』(1862)에서 주인공 장 발장이 양녀 코제트의 연인 마리우스를 구하는 것도 6월 봉기 시에 바리케이드전이 벌어지고 있던 상황의 일이다. 오스만이 파리 시가지를 정비한 것은 이처럼 빈발하는 시가전에서 진압군에게 유리한 조건을 만들어 내기 위함이었다. 그런 점에서 그가 추진한 사업은 전략적 성격을 띠었다고 봐야 한다.

오스만 작업의 진짜 목적은 내전에 대비해 도시를 지키려는 것이었다. 그는 파리에서의 바리케이드 설치를 영원히 불가능하게 만들고자 했다. 같은 목적으로 루이 필립이 이미 목판 포장을 도입한 적이 있다. 그래도 바리케이드는 2월 혁명에서 한 역할을 담당한다. 엥겔스는 바리케이드 전투 기법에 대해 얼마간 생각한 적이 있다. 오스만은 그 전투를 두 가지 방식으로 끝내고자 했다. 거리의 폭은 바리케이드 설치를 불가능하게 만들기 위함이었고, 새 거리는 군막사와 노동자계급 지역 사이에 최단 통로를 제공하기 위함이었다. 당대인들은 이 작업을 '전략적 미화'로 명명했다(Benjamin, 1983: 174-75).[60]

벤야민이 말하는 '최단 거리'는 직선거리를 가리킨다. 당시 사람들이 이런 거리 조성을 '전략적 미화'라고 불렀던 것은 직선화된 넓은 거리가 내전 대비용으로 만들어졌음을 간파했기 때문일 것이다. 넓어진 직선거리는 바리케이드를 세우기 어렵게 만들고, 군대를 파견하기 쉽게 했을 뿐만 아니라, 심지어 저항군을 향한 대포 조준을 용이하게 만들기도 했다. 직선 거리의 조성은 노동자계급의 혁명적 저항을 봉쇄해서 그들을 자본 축적을 위한 상품 생산자로 만들기 위함이었을 것이다.

물론 근대 도시의 거리가 전략적인 성격을 띠는 것이 단순히 직선 모양이기 때문이라고만 할 수는 없으며, 벤야민도 '전략적 미화'를 직선거리에서만 찾았던 것은 아니다. 벤야민은 19세기 파리에서 거북이를 앞세우고 길거리를 산보하는 사람을 포함한 '만보객'이 출현한 사실을 중요하게 여겼다. 만보객의 과장된 느린 걸음 연출은 당시 자본주의적 생산이 가동됨에 따라 빨라지기만 하는 삶의 속도에 대한 저항에 해당한다. 여기서 기억할 점은 만보객의 그런 행위는 18세기 말부터 파리에 등장한 아케이드와 같은 소비 공간의 존재를 전제한다는 것이다. 이것은 파리와 같은 근대 도시는 한편으로는 거리의 직선화를 추진하면서 다른 한편으로는 새로 조성된 거리에서 사람들이 느릿느릿 다니며 소비생활을 할 수 있도록 만들기도 했다는 말이다. 우리가 근대도시의 전략적 성격을 발견할 곳은 그렇다면 바로 이 상반된 두 경향을 계산하고 조정하는 층위, 르페브르가 "전체적인 시각화(즉 극단으로 수행된 '시각적 논리')와 국가 관료제의 전략이라는 의미의 '사회 논리' 사이"에 생기는 "완벽한 대응"(Lefebvre, 1991: 312)이라고 불렀던 층위일 것이다.

르페브르는 '시각적 논리'와 '사회 논리' 사이에 완벽한 대응을 갖도록

60_ 벤야민이 언급한 엥겔스의 '바리케이드 전투 기법'은 엥겔스(Engels, 1935: 74-77)에서 언급되고 있다.

구축된 공간 형태를 추상공간이라고 부르고 있다.

추상공간은 균질적이지 않다. 그것은 단지 균질성을 그 목표, 그 지향, 그 '렌즈'로 가질 뿐이다. 그리고 사실 그것은 균질성을 만들어낸다. 그러나 그 자체로 그것은 다형적이다. 그 기하학적이고 시각적인 음소들은 대립을 통해 서로 보완한다. 그것들은 동일한 성과를 획득하는 상이한 방식들이다. 한편 으로는 공백 속에 존재하고 다른 어떤 자질도 갖추고 있지 않은 어떤 '계획'으로의 실재의 환원, 그리고 다른 한편으로 어떤 거울, 어떤 이미지가 지닌 평면성, 절대적으로 차가운 어떤 시선 하 순수 스펙터클이 지닌 평면성으로의 실재의 환원인 것이다(287).

여기서 제시된 '대립을 통한 상호 보완' 개념을 수용한다면, 추상공간은 일견 상반되는 것들이 동일한 목적, 기능을 위해 존재하는 셈이 된다. 거리는 직선이 아니라 곡선일 때에도, 가속은 물론 심지어 감속을 유발할 때에도 전략적 효과를 만들어낼 수 있다. 관건은 상반된 '음소', 형태, 경향 등을 양자택일 식으로 선택하는 것이 아니라, 양쪽이 대립을 통해 서로 보완하게 만드는 것이다. 오스만은 한편으로는 군대 막사에서 노동자계급 주거지로 최단 시간에 갈수 있도록 거리의 직선화를 추구하기도 했지만, 다른 한편으로는 벤야민이 눈여겨본 '19세기의 수도 파리'의 소비 공간에서 중산층이 활보하고 다닐 수 있게 해놓기도 했다. 다음은 마샬 버만이 묘사하고 있는 오스만 대로의 모습이다.

오스만 인도는 벤치가 줄을 잇고 나무가 우거졌으며, 대로와 마찬가지로 엄청나게 넓었다. 건너기 더 쉽게 하고, 구역 내 교통과 통과 교통을 분리하며 산책을 위한 교체 통로를 펼쳐놓기 위해 보행자 안전지대가 설치되었다. 대로 끝부분에 기념 건조물을 두고 있는 광활한 전망을 설계해 넣어 산책은 매번 인상적인 절정으로 향하게 되었다. 이런 특징은 모두 새로운 파리가 독특하게 매혹적인 장관, 시각적이고 감각적인 축제의 도시가 되게끔 만들었다…1880년대에 이르러 오스만 패턴은 대체로 근대적 도시계획의 모델 자체로 인정받게 된다. 그런 식으로 오스만 패턴은 이내 산티에고에서 사이공까지 이르는 세계 도처에서 생겨나 확장되는 도시들에 각인되었다(Berman, 1987: 151-52).

평화 시기—더 정확히 말해 바리케이드를 치고 시가전을 벌이던 혁명군을 평정하고 난 뒤—가 되면 오스만이 조성한 거리는 시민과 소비자를 위한 공간으로 변모한다. 이때 길이 다른 모습을 나타낸다면 그것은 시가전을 벌일 때 요구되는 진군과 그 속도가 불필요해지면서 모든 사람들이 여유로운 듯 보이기 때문일 것이다. 그러나 그렇다고 해서 도시의 거리가 속도기계임을 멈추는 것은 아니다. 추상공간에서는 상반된 요소들도 균질성을 지향하며 하나의 계획에 복무한다. 그것은 그들 요소가 자본 축적이라는 근본적으로 동일한 전략을 위해 계속 작동하고 있기 때문이다. 가속도를 내든 감속을 하든 자본주의적 추상공간에서 속도는 자본 축적의 최선 조건을 충족시키며 결정되는 것이다.

엥겔스는 『영국 노동자계급의 상태』에서 19세기 초반 영국 맨체스터에서도 서로 다른 속도가 공존하고 있었음을 보여준다. 당시 맨체스터의 노동자들은 가축에게나 어울릴 만큼 열악한 환경에서 살고 있었지만, 상층 및 중간 부르주아지는 "멀리 떨어져 있는 정원을 갖춘 별장에서 자유스럽고 건강에 좋은 시골 공기 속에서 편안하고 안락한 가정에서 생활하면서 전용차를 이용해 시내에 들어"오는 삶을 영위했다.

가장 훌륭한 장치는 금융귀족들이 지름길로 노동자 거주지역을 통과하여 자신의 사업지역에 도달하는 것이다. 그럼으로써 그들은 자신의 사업지역이 왼편과 오른편에 숨어있는 냉혹한 비참함의 한가운데 있다는 사실을 몰라도 된다. 상업지역으로부터 모든 방향에서 시내 밖으로 나가는 간선도로의 양편에는 중층 또는 하층 부르[주]아지에 의해 운영되는 상점들이 줄지어 있다. 이들은 자기이익 때문에 고상하고 깨끗한 외모를 좋아하고, 좋아할 수 있다 (엥겔스, 1988: 81).

이렇게 보면, 부르주아지는 한편으로 내전 시에는 노동자계급을 진압하기 위해 최대한 빨리 그들의 거주지역으로 가지만, 다른 한편으로 혁명이 평정된 평화 시에는 최대한 빨리 그들로부터 벗어나고자 하고, 또 다른 한편으로 노동자들과 분리된 공간에서는 여유를 드러낸다고 할 수 있다. 마샬 버만이 그려낸 오스만 대로변의 여유로운 모습은 프롤레타리아트와 부르주아지의 거주 및 생활의 공간이 분리된 이후에 등장한 일상의 모습인 셈이다. 두 공간의 속도 차이는 이 분리에 의해 결정된다. 이런 분리를 통해 한편에서는 여유 있는 삶이 조성될 수 있겠지만, 그런 삶을 가능케 하기 위해 생산기계가 더 빠른 속도로 가동되고, 부가 창조되어야 한다는 점을 기억하는 것이 중요하다. 여유는 이때 삶의 속도 가속화를 전제하고 있는 것이다.

4장에서 마을이 숲을 절단해 조성되었다는 사실을 지적한 바 있다. 절단을 통해 조성되는 것은 도시도 마찬가지다. 도시는 따라서 자연의 파괴를 통해 형성되지만, 자신이 발전시킨 역사적 환경을 파괴하기도 한다는 점에서 소규모 농촌마을과는 다르다. 이것은 도시가 절대적 공간 또는 자연공간으로부터 역사적 공간을 만들어낸 뒤, 다시 추상공간의 지배를 받는 과정에서 생기는 일이다. 이 과정은 맑스와 엥겔스가

"견고한 모든 것은 허공으로 사라진다"는 말로 요약한 '창조적 파괴'에 해당한다.

> 부르주아지는 생산의 도구, 그에 의해 생산관계, 그리고 이것들과 함께 전체 사회관계를 끊임없이 변혁시키지 않고서는 존재할 수 없다. 반대로 구 생산 양식을 불변형태로 보존하는 것이 과거 모든 산업계급의 제일 존재조건이었 다. 끊임없는 생산의 변혁, 모든 사회조건의 중단 없는 동요, 끝없는 불확실성 과 선동이 부르주아 시대를 이전의 모든 시대와 구분한다. 모든 고정된, 꽁꽁 얼어붙은 관계들이 구래의 케케묵은 편견과 소신들과 함께 쓸려 나가고, 새 로 형성된 것들은 굳어지기도 전에 낡은 것이 되어버린다. 견고한 모든 것은 허공으로 사라진다. 신성한 모든 것은 세속적인 것이 된다(Marx and Engels, 1984: 487).

우리가 창조적 파괴에 주목할 필요가 있는 것은 그런 과정을 이해해야 만 오늘날 사회적 신진대사 속도가 결정되는 방식을 제대로 알 수 있겠 기 때문이다. 다음날 더 많은 이윤을 낼 수 있다면 어떤 것이라도 당장 없애버릴 수 있다는 논리가 작용하면, 어떤 형태의 상품과 자본과 자원 이라도 그 자연적 수명을 보장받을 수 없으며, 이 결과 사물세계의 대사 속도는 전반적으로 빨라지게 된다. 자본의 회전 속도를 최대한 높이기 위한 이 가속화 현상은 오늘날 다양한 형태—고가 상품의 판촉을 위한 광고 행위, 상품 디자인과 스타일의 트렌드화, 상품의 계획된 노후화, 즉각적 소비를 겨냥한 일회용품의 범람('쓰고 버리는 사회' 구축), 행사 의 범람, 도시 재개발 또는 공간고급화(gentrification) 사업의 급증 등— 로 나타나고 있다. 곳곳에 새로운 길이 나타나고, 길 형태가 주로 직선으 로 바뀌는 것도 이런 변화와 연동된 현상이다. 길의 직선화가 이루어지면서 기존의 수많은 환경과 경관, 습속이 파괴되지만 이 파괴는 새로운 만남, 기회, 이윤을 만들어 내기 때문에 중단되는 법이 없다. 이때 파괴가 맡은 역할은 '창조적'이다. 창조적 파괴가 상품의 모습에 관여할 때 그 모습 자체의 변화가 이윤창출의 중요한 수단이 될 수 있다. 오늘날 삶에서 스타일이 중요해지고, 패션산업, 디자인산업, 광고산업 등이 발달하게 되는 것도 이 때문일 것이다. 이들 산업은 상품판매를 위해 등장한 새로운 산업으로서 상품의 수명을 제도적으로 단축시키는 데 기여한다. 몇 년 되지 않은 물건이 쉬 '후져' 보이는 것도 그 때문이다. 아울러 이들 산업은 상품에 대한 '유효수요'를 창출하는 역할을 맡는다. 길의 직선화가 이런 변화와 함께 일어난다면, 그것이 도시화의 중요한 수단이라는 말이기도 하다. 그 직선화는 이때 삶의 도시화를 나타내는 지표인 셈이다. 직선화한 길은 한편으로는 반란 진압, 다른 한편으로는 소비 진작을 위한 공간이 되며, 거기서 길의 바람직한 모습은 부산함이다. 부산함은 자본주의가 도시를 평정한 뒤 구축한 여가문화와 소비문화가 일상을 축제로 전환했다는 표시다.

창조적 파괴는 자본의 회전시간 단축을 위한 '가속화' 현상에 속한다. 상품의 계획된 노후화나 디자인의 트렌드화 등은 기능이나 내구성 등 상품의 용도와는 무관한 측면들의 강조를 통해 상품의 생애를 단축시킴으로써 더 많은 소비를 위해 더 많은 파괴도 서슴지 않는 판촉 기술들이다. 최근에 세계 곳곳에서 벌어지고 있는 도시 재개발에서도 비슷한 일이 일어난다고 할 수 있는데, 그것은 그 과정이 각기 수명이 다른 기존의 건물들을 무차별적으로 허물고 진행되기 일쑤이기 때문이다. 이때 파괴의 대상이 되는 것은 주로 자본 운동의 속도를 늦추는 것들로, 여기에는 당연히 길도 포함된다. 도시 재개발의 위력이 얼마나 큰가는 600년의 역사를 지녀 서울에서 가장 유서 깊은 골목으로 자리 잡고 있던 서울 청진동의 피맛골마저 사라지게 만든 데서 확인될 수 있다. 재개발이 이런 파괴력을 발휘할 수 있었던 것은 속도기계로서 피맛골이 오늘날 지닌 '낙후된' 성능을 더 이상 용납하지 않는 자본의 명령을 따랐기 때문일 것이다. 이 명령은 일관성을 갖고 있지만 그렇다고 언제나 동일한 방식을 보여주는 것은 아니다. 자본의 축적은 때로는 생산을 중심으로 하는 실물경제를 중심으로 이루어지다가, 때로는 금융거래 중심의 교환을 중심으로 이루어지기도 한다. 피맛골은 오늘날의 새로운 자본주의, 즉 금융화가 자본의 축적을 주도하고 있는 신자유주의 시대에서는 폐기해야 할 속도기계로 분류된 셈이다.

정보고속도로와 오늘날의 도로망

피맛골의 역사는 길이 사회적으로 필요한 속도와 얼마나 긴밀하게 관련되어 있는지 잘 보여준다. 피맛골이 서울의 종로 뒤에 조성된 것은 종로가 필요로 하는 속도를 감당하지 못하는 사람들이 있었기 때문이다. 종로가 하인들을 시켜 "물렀거라!"를 외치며 가마나 말을 타고 가던 관리를 위한 공로요 왕도였다면, 피맛골은 서민들이 말을 피해 숨는 골목이었던 것이다. 이것은 조선의 종로가 때로는 황제 등 일부 권력자들에게만 통행이 허용된 진시황 치도의 중앙 차도와 같았음을 말해준다.

피맛골이 최근에 철거된 것도 그것이 오늘날 사회적으로 필요한 속도를 감당할 수 없었기 때문이다. 피맛골을 철거시킨 종로 일대 재개발 사업을 추진하기로 결정한 데 대해 당시 서울시장 오세훈이 제시한 이유가 관심을 끈다. "피맛골의 향수를 간직하기 위해 많은 노력을 했지만 현재의 시스템 안에서는 (보존을 위한) 뾰족한 수가 없다"(한겨레, 2008. 10. 30). 재개발 사업은 지대 수입을 기대하며 진행되는 부동산 사업이라는 점에서, 넓게 봐서 금융화 논리를 따른다고 할 수 있다. 오 전 시장이 말한 '현재의 시스템'은 결국 금융화 논리에 의해 자본을 축적하는 오늘날 자본주의 축적 체계인 셈이며, 그가 추진한 재개발 사업을 통해 피맛골이 사라진 것은 피맛골과 같은 길은 이 축적 체계의 원활한 작동에 방해물로 간주되었기 때문일 것이다.

피맛골은 전근대에 서울이 처음 조선의 도읍으로 조성되면서 등장한 길이지만, 서울이 근대도시로 탈바꿈한 뒤에도 100년가량 존립했다. 이 시기는 한국사회가 제국주의, 신식민지 국가독점자본주의 등 크게 보면 자본주의 세계체계에 포섭되어 있을 때다. 적어도 19세기 말부터 오늘날까지 한국사회에서 자본주의 세계체계 속에 편입되어 있었지만, 그렇다고 한국의 자본주의가 동일한 형태로 작동했던 것은 아니다. 그러나 2000년대에 들어와서 피맛골이 사라진 것은 이제 자본주의가 이전과는 다른 방식으로 작동하기 시작했음을 말해준다고 할 수 있다. 피맛골이 존속하고 있을 때의 한국 자본주의는 속도기계로서의 길을 금융화의 논리에 아직은 철저하게 종속시켰던 것은 아니었다. 한국은 1980년대를 거치며 독점자본의 성장이 크게 이루어졌고, 따라서 발전한 자본주의로 급속하게 성장해 왔지만, 도시 공간 정책이 금융화의 논리에 완전히 포섭되지 않았기 때문에 전근대적 길들이 군데군데 남아 있을 수 있었다. 그러나 2000년을 고비로 금융화가 급속도로 진행되면서 한국의 공간 정책은 금융화, 특히 '금융적 매개'의 영향을 크게 받게 된다. 이런 변화가 생겨난 것은 1997년의 외환위기를 계기로 국제통화기금(IMF)으로부터 구제금융을 받게 되면서 김대중 정부, 노무현 정부 시기에 ABS, ABCP, MBS, 뮤추얼펀드, 리츠, 부동산펀드, 사모펀드 등 부동산 관련 금융상품들이 대거 도입된 결과이기도 하다(강내희, 2014: 384-92).

금융화 시대의 길 형태를 단적으로 보여주는 것이 정보고속도로다. 정보화는 오래 전부터 진행되었지만 한국에서 정보고속도로가 전면적으로 깔리기 시작한 것은 정보통신부를 정부 부처로 신설한 김대중 정부 이후부터다. 금융화와 정보고속도로는 서로 아주 긴밀한 관계를 맺고 있다. 세계적으로 금융화가 축적 전략으로 도입되기 시작한 것은 1970년대 초 브레턴우즈 협정의 파기로 금태환제도가 종결되고 변동환율제가 실시되고, 이후 금융파생상품을 위시한 금융상품이 대거 거래되기 시작한 것이 계기를 이룬다. 금융화가 원만하게 이루어지려면 정보고속도로의 역할이 중요하다. 그것은 외환시장들에서 거래되는 통화의 시세 차익을 노려 거래할 때, 디지털 기술을 이용해야만 필요한 거래 속도를 신속하게 확보할 수 있기 때문이다.

정보고속도로에 이르게 되면 길의 속도는 상상을 초월할 정도로 빨라진다. 이것은 정보고속도로가 광섬유를 사용해 정보 전달 속도를 높이기 때문이기도 하다. "광섬유는 투명도 높은 석영 유리로 제조되어 정보가 빛의 속도로 움직일 수 있게 만든 물질"(강내희: 409)이다. 오늘날 광섬유 활용으로 가능해진 정보 전달 속도를 최대한 활용하고 있는 것이 금융화 영역으로, 우리는 그 단적인 한 예를 최근 금융시장에서 일어나고 있는 '초단타매매'에서 볼 수 있다.

초단타매매란 100만분의 1초와 같은 극단적으로 짧은 시간동안 매수와 매도를 반복하는 거래방식으로 각각의 차이 자체는 매우 작지만 워낙 많은 양을 매매하다보니 결국 큰 수익을 만들어내는 방법이다. 초고속 통신망과 고성능 컴퓨터를 전략적으로 배치하고 알고리듬을 통해 투자하는데, 2010년에는 시장에 극단적인 쏠림을 유발해 다우존스지수가 순식간에 1000포인트가량 떨어지는 '플래시 크래시'를 일으키기도 했다(경향신문, 2014. 5. 23).

이 신문기사에서 언급되고 있는 '알고리듬'은 세계 외환시장에서 거래되는 각종 금융상품의 순간적 시세 변동을 포착해 차익을 내기 위한 수단으로서, 거대한 정보망을 활용하는 계산 장치라고 할 수 있는데, 이런 알고리듬 작동을 가능하게 하는 것이 정보고속도로다.

금융거래는 특별한 경우에 속한다고 생각한다면, 2015년 현재 한국에서 금융상품 거래를 수시로 하는 '투자자 주체'는 인구 20퍼센트에 해당하는 1천만 명은 훨씬 넘을 것이고,[61] 이웃 중국에서는 주식투자자가 전체 인구의 6.5퍼센트 정도에 머물지만 그 숫자는 엄청나서 9천만 명이 넘는다는 사실을 상기해봄 직하다. 그뿐만 아니다. 직접 금융 활동을 하지 않는 경우라 하더라도, 인터넷으로 각종 정보를 접하고 있는 서퍼라면 화면으로 광고를 접할 때마다, 정보고속도로로 일상화된 새로운 속도를 경험한다고 봐야 한다. 오늘날 '자동화 광고' 세계에서는 우리가 웹페이지를 여는 순간 0.2초 사이에 세계 광고계를 대상으로 입찰을 받아 우리 각자를 대상으로 맞춤 제작된 광고를 올려 우리의 눈길을 끌고 있다(한겨레, 2015. 4. 2).

정보고속도로의 출현과 함께 길들은 이제 속도기계로서의 잠재력을

61_ '투자자 주체'는 여기서 주식, 펀드, 파생상품, 부동산, 골동품 등 각종 자산에 투자를 일상적으로 하고 있는 사람들을 가리킨다. 한국의 투자자 인구에 대한 정확한 통계는 나와 있지 않지만, 보수적으로 잡더라도 1천만 명, 즉 인구의 20퍼센트는 될 것으로 보인다. 2009년 현재 신용평가기관인 한국신용정보의 데이터베이스에 등록된 금융거래 인구는 3,743만명이었다(국민일보, 2009. 10. 5). 이 가운데 주식이나 파생상품, 기획금융, 부동산 등에 투자하는 인구는 정확하게 파악되지는 않지만 1,000만명은 넘지 않을까 싶다. "한국거래소에 따르면 작년 주식투자자 인구는 502만명으로 2011년 528만명 대비 5.1%포인트 감소했다"(아주경제, 2013. 7. 22). 2011년 11월 한국투자자보호재단이 서울과 수도권, 6대 광역시에 사는 만 25-64세 2,576명을 대상으로 조사한 결과, 전체 조사대상자의 51.3%가 펀드에 투자하는 것으로 나타났다. 조사대상자 중 펀드투자자 비중은 2009년 49.4%, 2010년 47.4%로 감소했다가 2011년 다시 50% 위로 올라섰다(연합뉴스, 2011. 11. 28). 주식과 펀드 이외에 다른 금융상품이 있고, 또 부동산의 경우도 자산으로 ABS, MBS 등의 금융상품에 의해 매개된다는 점을 고려할 때 국내 투자자 수를 1,000만명 정도로 추산해도 큰 무리는 없을 것이다(강내희, 2015: 37-38).

거의 모두 발휘하고 있는 것으로 보인다. 길이 속도기계라는 것은 모든 길이 꼭 속도를 내는 길이라는 말은 아니다. 19세기 초 파리 아케이드 안에서 만보객이 일부러 거북이를 데리고 나와 산책했다는 사실은 길에 선 사람들이 꼭 급히 가려고만 하는 것은 아님을 보여준다. 소비자본주의 사회가 성립한 뒤로 도시의 거리가 광고판이나 상품 전시 등으로 환등상의 경관을 만들어 내는 데 심혈을 기울인 것은 지나다니는 행인들의 발걸음을 오히려 늦추기 위함이었다. 물론 길은 인간이 직립 주행 능력을 갖추게 되면서 생겨났다는 점에서 인간 활동의 가속화 경향을 대변하며, 오늘날의 길들이 보여주는 속도의 지배적 경향도 가속화라는 점에는 변함이 없다. 그러나 이런 경향 속에서도 새로운 시대에는 다양한 길들이 지닌 다양한 속도를 통합하는 새로운 길이 있기 마련이다. 맑스와 엥겔스는 "형편없는 공로를 가졌던 중세의 부르주아들이 수세기에 걸쳐 얻어낸 저 단결을 현대 프롤레타리아들은 철도 덕분에 몇 년 안에 성취한다"(Marx and Engels, 1984: 493)고 말했었다. 두 사람의 생각인즉슨 특정한 시대 지배적 길의 형태가 그 시대 사회세력의 조직적 단결에 핵심적 역할을 한다는 것일 게다. 물론 계급투쟁을 위한 프롤레타리아의의 단결은 철도 이용이 확산되었음에도 불구하고 맑스와 엥겔스의 예상과 기대를 충족시켰다고 볼 수는 없다. 하지만 여기서 실패는 철도가 단결에 중요한 수단이 아니어서가 아니라, 그것이 프롤레타리아 단결의 유일한 물적 기반인 것은 아니라는 것을 말해주고 있기도 하다. 프롤레타리아트가 아직 부르주아지의 지배를 받고 있는 데는 지배이데올로기의 지배, 노동운동 내부의 노선 갈등 등 속도기계 이외의 다른 요인들 작용이 더 중요할 것이다. 여기서 짚고 넘어갈 것은 모든 기술이 그러하듯 철도 또한 한편으로는 프롤레타리아의 단결을 위한 수단이지만 다른 한편으로는 자본가계급의 축적 수단이 되는 양면적 성격을 갖는다는 사실이다. 오늘의 상황에서 이런 점을 다시 생각해 보면, 우리는 정보고속도로가 철도를 대신해서 지배적인 속도기계로 부상해 있고, 오늘날의 '단결'은 정보고속도로의 활용 여하와 긴밀하게 연결되어 있다고 말할 수 있다. 다만 잊어선 안 될 것은 정보고속도로의 활용에서도 지배가 사라진 것은 아니라는 사실일 텐데, 이 지배가 어떤 형태로 작동하고 있는지 파악하는 것이 그래서 중요할 것이다. 정보고속도로는 그동안 길들이 속도기계로 발달해 오며 지니게 된 다양한 기능들을 통합하는 것을 그 주된 기능으로 갖고 있는 것으로 보인다.

오늘날 정보고속도로가 하고 있는 역할은 사람들이 온라인으로 상품을 주문해 배달받게 되는 과정이 잘 보여주고 있다. 온라인 주문은 인터넷 접속이 가능한 곳에서는 어디서나 넣을 수 있으며, 해외직구 웹 사이트를 이용할 경우는 온라인 영업을 하는 곳이면 세계 어느 나라로부터도 상품 구매가 가능하다. 정보고속도로를 통해 이루어지는 온라인 주문에서 구입된 상품은 오토바이, 자동차, 기차, 컨테이너선, 비행기 등 상품 배달에 필요한 다양한 신체이동기가 접근할 수 있는 곳 어디서나 이송된다. 이것은 골목길, 도시 차도, 철도, 항로, 항공로가 모두 정보고속도로와 연결되어 있기 때문이다. 한국의 소비자에게 배달되는 독일, 캐나다, 중국의 상품은 온라인 주문이 들어간 뒤 그들 나라의 다양한 도로망을 통해 한국에 도착하고, 한국에서는 최종적으로 퀵 서비스나 우편배달에 의해 소비자가 사는 동네 골목을 통해 전달된다. 정보고속도로는 이런 점에서 각 사회 도로망-혈관의 대동맥, 중동맥, 실핏줄이 연결되도록 만드는 기제로 작용하는 셈이다.

정보고속도로의 등장과 함께 속도기계로서의 길은 그 진화의 한계 지점에 이른 것 같다. 정보고속도로에서는 길의 고전적 형태 즉 신체가 참여하는 속도기계 모습은 사라지게 된다. 전근대적, 근대적 형태의 길은 인간에게 신체적 참여를 요구했었다. 사람들은 오솔길이나 골목길, 당나귀길 등에서는 직접 발로 걷거나 뛰고, 철도나 고속도로, 항공로에서는 기차, 버스, 비행기 등의 신체이동기에 직접 탑승하게 된다. 하지만 정보고속도로에서 우리의 신체 참여 방식과 성격은 가상적이다. 이 길을 '타게' 될 때, 우리의 몸은 여전히 '길' 외부에 있으며, 그런 점에서 정보고속도로에서의 탑승 형태는 탑승 아닌 탑승인 셈인 것이다. 이 결과 길은 정보고속도로에 이르러 그 원래 성격, 다시 말해 발이 디딜 수 있는 물리적 기반을 잃게 된다.

하지만 이렇게 그 진화의 한계 지점에 이름으로써, 정보고속도로는 지금까지 출현한 길들의 상이한 기능들을 통합하는 탁월한 능력을 갖추게 되었다. 앞서 본 대로 정보고속도로의 활용은 다른 모든 길의 활용을 가능하게 한다는 점에서 서로 분리된 길들을 새롭게 연결하는 일이기도 하다. 집 앞에서 펼쳐지는 골목, 이 골목과 연결되는 도시 차도, 그리고 이들 차도가 가닿는 고속도로나 고속철도, 나아가 항로와 항공로 등의 연결망은 그 구성이 아무리 복잡하고, 또 상이한 길들의 기능들이 아무리 서로 분리되어 작동하는 것 같아도, 정보고속도로와의 접속을 통해 일관된 역할을 부여받게 된다. 해외직구를 포함한 온라인 주문을 통해 상품이 바로 내 거처까지 배달되고 있다는 것이 그 증거다.

정보고속도로의 존재는 그 자체로 전근대적 형태의 길, 근대적 형태의 길의 존재를 함의하며, 그런 점에서 세 가지 길 형태의 동시적 존재를 시사한다. 정보고속도로의 출현과 탈근대 담론 등장이 일치하는 것은 이런 점에서 우연이 아닐 것이다. 정보고속도로의 출현을 통해, 인간과 동물의 자연적 신체로 만들어 내고 그 신체가 참여하는 전근대적 길 형태, 기차나 버스, 비행기 등 기계적 신체이동기와 인간(및 소포나 원료 등 운송품들)의 신체가 참여하는 근대적 길 형태가 탈신체적인 정보가 전달되는 새로운—탈근대적—길 형태와 서로 결합되는 것은 일종의 비동시성의 동시성이 형성되는 사례에 해당한다. 탈근대성이 전근대성과 근대성, 그리고 새로운 시대성의 결합 형태로 이루어진다면, 오늘날 정보고속도로가 출현해 서로 다른 시대의 길들이 새롭게 배치되는 것도 그런 형태와 상동성을 보여주는 사례일 것이다.

하지만 이 새로운 길 형태의 등장을 마냥 환영할 수 없는 것은 누가 장악하느냐에 따라 그것은 지배의 수단으로 작동할 가능성이 높기 때문이다. 이런 우려가 기우만은 아니라는 것이 2013년 미국 정보국(CIA), 국가안보국(NSA) 관련 일을 해온 에드워드 스노든의 폭로로 밝혀진 바 있다. 미국과 영국, 그 밖의 많은 국가가 오늘날 정보고속도로를 '달리는' 거의 모든 정보를 수집해온 것이다. 이것은 오늘날의 자본주의적 세계체계, 그리고 그 헤게모니 국가들이 정보고속도로도 장악하고 있음을 보여주는 단적인 예다. 맑스와 엥겔스가 철도에 의해 이루어질 것으로 기대한 단결이 제대로 이루어지지 않은 것처럼, 인터넷의 보편적 사용으로 정보민주주의가 이루어질 것이라고 여겼던 기대 또한 구현되지 않았다는 것은 철도든 정보고속도로든 새로운 길 형태의 출현이 해방을 위한 단결을 보장하는 것이 아님을 말해준다. 물론 그렇다고 길의 역사적 진화가 아무런 의미가 없으며, 새로운 길 형태 출현이 지닌 함의를 외면해야 한다는 말이 성립하는 것은 아니겠지만 말이다.

속도기계로서의 길들은 각기 상이한 속도를 펼쳐 내지만, 인류 진화 및 역사의 발전 단계에 따라 당시 존재하는 길들의 전체 배치를 총괄하는 각 시대의 생산양식이 속도의 지배적 경향을 만들어 낸다고 할 수 있다. 고대 제국들의 왕도가 각 제국에 구축되어 있던 기존의 길들과 제국 통일 이후 조성한 새로운 길들을 통합한 사례라면, 철도와 항로 그리고 포장도로의 연결망은 산업자본주의 시대의 길 네트워크를 구축한 것이고, 정보고속도로에 의한 길들의 새로운 기능 통합은 20세기 말 이후 금융화가 새로운 자본주의적 축적 전략으로 작동하며 기존의 길들과 정보고속도로의 역할이 통합된 사례에 속한다. 근대 이후 속도기계의 지배적 경향을 지배한 것은 자본의 축적 논리다. 자본의 원시적 축적 이후 속도기계로서의 길에는 중요한 변화가 생겨났다. 예컨대 철도와 항로는 자본의 회전 속도 가속화를 위해 상품 운송수단의 성능을 높여야 할 필요가 커짐에 따라 더 많은 기술적 향상을 이루어 최근에는 고속철도, 크루즈 항로 등으로 발전했고, 자동차도로의 경우 고대 이후 사용되고 있던 마차도로와 19세기에 개발된 머캐덤 도로를 개량하면서 고속도로 형태로 진화한 것이다. 항공로 역시 20세기를 거치며 지구 전역을 거미줄처럼 감쌀 정도로 고도의 발전을 이루게 된다. 18세기 후반부터 본격화된 기계제 생산에 동원된 상품—노동과정을 통해 생산된 상품과 그 과정에 투입되기 위해 구매된 노동력—의 원활한 유통을 위한 이런 교통망의 구축은 20세기 말부터 정보고속도로가 새롭게 등장하면서 더욱 정교해지고 속도 또한 상상하기 어려울 정도로 빨라졌다. 컴퓨터 프로그램에 의한 자동결제 방식을 도입해 100만분의 1초 안에 금융상품의 거래가 이루어지도록 하는 초단타매매가 보여주듯이, 정보고속도로는 상품 교환 속도를 더 이상 가속하기 어려울 정도로 빠르게 만든 것이다.

하지만 갈수록 빨라지는 속도기계와는 대조적으로 그런 가속의 경향에 대해 무관심하거나 저항하는 일도 없지 않다. 최근에 한국에서 자주 선보이는 삼보일배나 오체투지에 의한 시위가 감동적인 것은 자동차들이 쌩쌩 달리는 차도에서는 그런 몸놀림이 더욱 더 느린 것으로 비교되어 보이기 때문일 것이다. 이렇게 보면 문제는 속도를 줄이느냐 늘이느냐가 아니라 사실은 '속도의 복수화' 즉 속도를 어떻게 다양화할 것인가가 아닐까 싶다. 속도의 단수화는 사회적 급행료를 양산하고, 나아가서 선택할 대안들을 축소해 버린다. 우리는 그래서 속도 단수화의 경향을 지양하면서 상이한 속도들을 허용하는 길 형태들을 찾아야 할 것 같다. 하지만 그 전에 오늘날 지배적인 길 형태들에 대해 좀 더 알아볼 필요가 있다.

제6장
길과 계획

　수상생활을 하던 원숭이가 두 발 보행 능력을 갖추게 되고, 이후에 장거리 주행을 할 수 있는 능력을 획득함으로써 유인원에서 인간으로 진화했다는 것은 인간의 몸에서 새로운 탈영토화와 재영토화가 일어났음을 말해준다. 현생 인류인 호모 사피엔스가 지상에 출현한 것은 대략 20만 년 전, 유인원 가운데 인간속이 오늘날 우리 인간과 같은 종으로 진화한 결과다. 인류의 진화로 인간속이 갖게 된 핵심 능력의 하나가 언어 능력으로, 언어가 표현의 새로운 형식으로 작동하기 위해서는 음성적 실체를 구성할 수 있는 해부학적 변동, 즉 안면을 중심으로 하는 인간 신체의 탈영토화가 필요했다.

　관련된 실체는 기본적으로 음성적 실체이고, 이는 후두만이 아니라 입과 입술, 그리고 얼굴의 전반적 운동성 등 다양한 기관 요소들을 활용한다. 다시…전체 지도에 대한 설명이 필요하다. 주둥이 탈영토화로서의 입…입 탈영토화로서의 입술이 그것이다(오직 인간만이 입술, 다시 말해 내부 점막이 바깥으로 감긴 모습을 지니고 있다. 오직 인간만이 젖가슴, 다시 말해 탈영토화된 유선을 갖고 있다. 언어학습에 유리한 긴 양육 기간은 젖가슴 위의 입술,

그리고 입술 위의 젖가슴 재영토화를 동반한다). 음식과 소음 대신 말로 우리의 입을 채우다니 얼마나 흥미로운 탈영토화인가. 스텝은 다시 강력한 선택압박을 행사했던 것 같다. '유연한 후두'는 자유로운 손에 상응하는 발달이며, 그것은 우리의 외침이 숲의 끝없는 소음 너머로 들리도록 더 이상 거대한 후두낭을 가질 필요가 없는 벌목된 환경에서만 생길 수 있었을 것이다. 또렷이 발음한다는 것, 말한다는 것은 부드럽게 말한다는 것이다. 벌목꾼이 말하는 일이 드물다는 것은 누구나 안다(Deleuze and Guattari, 1991: 61-62).

들뢰즈와 가타리는 여기서 인류의 조상이 스텝으로 내려오면서 바로 언어 능력을 갖춘 듯이 말하고 있지만, 그 능력이 과연 수백만 년 전에 이루어졌는지는 의문이다. 5장의 서두에서 언급한 리버만의 주장에 설득력이 있다면, 언어 능력은 직립 보행 이후, 즉 스텝에서의 생활을 시작하고서도 수백만 년이 더 지난 후에 생겼을 가능성이 높다. 하지만 그런 변화가 언제 있었든지 간에, 얼굴에서 전면적인 탈영토화와 재영토화가 발생해 언어 능력을 갖추고 그에 부대하는 능력들—사냥과 채취, 사랑, 가족, 소통, 사회적 활동 등—을 발휘하게 되면서, 인간은 원숭이와는 물론이고 다른 유인원과도 구분되는 특이한 차별성을 갖게 되었을 것이다. 이때부터 인간은 가장 완벽한 직립 동물의 모습, 머리를 하늘로 두고 발은 땅을 밟고 선 인간다운 모습을 하게 된다. '자유로운 손'과 '유연한 후두'의 상응 관계는 온전하게 직립해서 살아가는, 즉 플루서가 '존재'라고 부른 인간에게만 형성될 수 있었을 것이다.

직립 존재가 됨으로써 인간은 동물로서는 드물게 솜씨를 지니게 되었다. 이것은 앞발의 탈영토화로 생긴 자유로운 손이 이제 직립 생활을 하게 된 인간의 신체에서 새로운 위치와 역할을 부여받는 재영토화의 결과다. 이 탈영토화/재영토화는 수상생활 시절 손에게 부과되었던 이동 의무를 없애줬지만 손의 정처를 앗아가기도 했다. 어깨에 매달린 사람의 손은 그래서 걸을 때면 허공을 헤젓는 듯 보인다. 그것은 자유를 얻은 손이 의무의 공백에서 느끼는 공허함을 만회하려는 몸짓에 가깝다. 솜씨는 이 몸짓으로부터 생긴 것이 아닐까? 허공을 헤젓는 손이 새로운 정처를 찾기 위해 하게 된 행동 즉 각종 모색, 추구, 시도, 실험의 결과로 손에 달라붙은 역능들 집합이 솜씨 아닐까? 솜씨는 호모 하빌리스, 호모 에렉투스, 호모 사피엔스로 거쳐 오면서 갈수록 정교해졌겠지만, 직립 주행을 하게 되고 언어 능력이 강화됨으로써 수렵과 채취를 집단적으로 할 수 있게 된 호모 사피엔스에 의해 가장 많이 확보되었을 것이다.

직립 주행 능력의 획득과 함께 인간이 길을 만들기 시작했다면, 이는 그때부터 손의 완벽한 자유와 함께 도구 만드는 능력이 늘어나고, 언어활동을 통해 집단적 생활을 하면서 인간 사회가 구축되었기 때문이라고 할 수 있다. 길의 형성은 인간이 다른 영장류는 물론이고 다른 유인원과도 구별되면서 더욱 고차원적인 인지 능력을 보유하게 된 뒤에 이루어졌을 것이다. 길이 만들어지려면 인간의 반복적이고 집단적인 신체이동이 필요하며, 이런 활동은 인간의 발이 단순한 이동 능력만이 아니라 반복적인 이동과 주행까지 할 수 있는 해부학적 조건을 갖출 것을 전제한다. 직립 주행은 인간을 하늘에서 바라보는 존재로 만들었다는 점이 이 맥락에서 특히 중요하다. 발로 길을 만들어가는 것은 곧추서서 걷고 뛰는 일로서 직립 자세만 요구하는 것이 아니라 눈높이를 높이는 일이기도 하다. 눈높이는 이때 인간의 인지능력 높이로 비견된다. 장축 동물은 저항이 작은 방향으로 움직이기 때문에 외부 환경을 감지할 수 있는 수용 감각계를 신체 앞쪽 끝에 배치하는데(이나스, 2007: 99-100), 인간의 경우는 직립을 통해 이 앞쪽 끝이 신체 정상의 전면부가 되었다. 눈높이가 높아진 것은 분명 인간에게 중요한 이점을 제공했을 것이다. 시고가 높아지면 잘 볼 수 있게 된다. 여기서 잘 본다는 것은 물리적 신체 능력에 국한되지 않는다. 인간의 시각적 능력은 닥쳐오는 위험을 미리보고 거기에 대처할 수 있는 능력 등 다른 인지적 능력도 동반했다. 직립을 통해 인간은 보행과 주행 능력, 언어 능력은 물론이고, 높아진 눈높이를 활용해 주변 환경에 대한 조망 능력까지 갖춤으로써 전망과 계획을 세우고 발휘하는 능력까지 갖출 수 있었을 것이다. 인간이 '밖으로 서서 사는 동물' 즉 존재가 됨으로써 자연으로부터의 소외를 겪는다는 것은 이와 같은 사고 능력을 갖게 된 결과가 아닐까 싶다.

길의 진화와 역사라는 관점에서 이런 점을 생각하면, 길의 출현은 인간이 다른 동물과는 구별되는 인지적 능력을 갖추게 되었음을 알리는 사건이었던 셈이다. 길을 만들어가면서 인간은 자기의 생존에 유리한 방식으로 환경을 바라보고, 변화시켰다고 할 수 있다. 그런 점에서 길은 인간이 자신의 삶을 스스로 설계하기 시작했음을 보여주는 초기적 징표에 해당한다. 길은 인간존재의 발자취인 것이며, 이 발자취가 계속 새로운 모습으로 변해 왔다는 것은 인간적 삶이 그렇게 변해 왔다는 것이기도 하다. 이 장에서 나는 인간의 인지 능력을 대표적으로 보여주는 전망과 계획 세우기의 측면에서 길의 형태와 역할, 역사 등을 살펴보고자 한다.

길과 계획

자유로운 손과 유연한 후두를 지님으로써 새로운 능력을 보유하게 된 인간-동물은 직립 생활을 통해 반복되는 이동생활을 함으로써 길을 만들게 되었다. 직립은 이때 시고를 높여줌으로써 인간-동물에게 멀리 보기와 미리 짜기 능력도 갖추게 했을 것이다. 이런 점은 인간이 존재 즉 '밖으로 선' 동물이 되면서 상상력과 구상 능력을 갖게 되었을 것임을 말해주고 있다. 그리고 이런 능력을 갖춘 인간에 의해 만들어지기 시작한 것이라면, 길은 인간이 '건축가'가 되었다는 징표이기도 하다. 건축가-동물로 진화한 인간에 의해 만들어짐으로써, 길은 동물이 만드는 것과는 근본적으로 다른 모습을 띠게 되었다. 맑스가 말한 것처럼, "꿀벌의 집은 인간 건축가들을 부끄럽게" 만들지만, "가장 서투른 건축가를 가장 훌륭한 꿀벌과 구별하는 점은, 사람은 집을 짓기 전에 미리 자기의 머릿속에서 그것을 짓는다는 것이다"(맑스, 2001a: 236). 코끼리처럼 몸무게가 많이 나가는 짐승이나 지렁이처럼 아주 작은 생명체도 인간처럼 길을 만들 수는 있지만, 동물의 길과 인간의 길은 전자의 형성이 자연발생적이라면, 후자는 사전 계획과 설계 즉 구상에 의거한다는 데서 차이를 드러낸다.

길을 만드는 일이 사전 구상을 전제한다는 것을 단적으로 보여주는 예가 다리를 놓는 작업이다. 다리 조성은 길 조성의 일부분으로서, 어떤 분리만이 아니라 그 분리를 극복해야 할 필요성도 전제한다. 시냇물이나 계곡으로 인해 분리되어 있는 양쪽 제방을 잇는 작업은 한쪽에서 다른 쪽, 그리고 그 반대 방향을 미리 보고, 간극의 길이를 측정하고, 필요한 재료를 준비하는 등의 계획적 과정을 필요로 할 수밖에 없다. 그리고 이런 일들이 이루어지는 것은 제방 간 분리에 대한 단순한 인지만이 아니라, 그 분리를 극복해서 양쪽을 이어야 한다는 판단이 개입한 결과이기도 하다. 이런 점은 "유일하게 인간에게만 하천의 양쪽 제방이 단지 개별적인 것이 아니라 분리된 것이며 따라서 잠재적으로 연결 가능한 것"(어리, 2014: 54)으로 나타남을 말해주고 있다. 이처럼 다리 건설도 양쪽 제방 또는 언덕의 분리 사실을 인지하고 두 곳을 연결할 필요를 느끼게 된 인간의 고유한 인지 능력을 전제하지만, 서로 멀리 떨어진 장소들을 잇는 길을 건설하는 일은 더 고차원의 추상적 능력을 필요로 한다고 볼 수 있다. 이것은 다리로 연결되는 분리된 언덕이나 제방은 대부분 한눈에 바로 들어오지만, 길을 통해 연결되어야 하는 장소들은 시야를 벗어나 있다는 점 때문이기도 하다. 시야에 직접 속하지 않은 장소들을 연결하는 길을 건설하는 일은 그들 장소 간의 거리와 방향 측정, 그것들 간의 다양한 관계 설정이나 이해와 관련된 입장, 판단, 계획, 계산 등을 요구할 수밖에 없다.

다양한 길들이 지닌 물리적 형태는 이런 추상성들을 반영한다고 할 수 있다. 산 속에 난 오솔길의 모습을 살펴보자. 통상 오솔길은 가느다랗고 꾸불꾸불하며, 눈에 잘 띄지 않기도 하는데, 이런 모습은 그것이 잇고 있는 마을들 관계의 사실적 표상이라고 해도 무방할 것이다. 오솔길이 때로는 풀에 가려 흔적이 희미한 것은, 그것에 의해 연결되는 마을들 간의 관계가 그렇게 긴밀하지 않다는 물리적 지표이기도 하다. 풀이 무성한 오솔길은 시골 마을들이 전통적으로 자족적 생활을 하고 있고, 따라서 오솔길로 걸어 닿을 수 있는 산 너머 마을들과는 통래를 하더라도 아주 간간이 하고 있을 뿐임을 보여준다. 반면에 자동차가 다니는 도로가 더 넓고 또 직선인 것은 그만큼 거기서 왕래가 많이 일어난다는 표시이기도 하다. 이런 점을 생각하면 길의 형태는 그것이 잇고 있는 장소들 간의 관계를 보여주는 지표라고도 할 수 있겠다. 1968년부터 시작된 경부고속도로 건설 과정에 곳곳에 다리, 터널이 놓인 것은 부산과 서울 간의 이동을 최대한 빨리 할 수 있도록 길을 직선화해야 했기 때문이다. 직선화는 이때 한국 자본주의 발달에 중요한 역할을 맡게 된 두 대도시 간의 관계에 대한 시각적 표상에 해당한다. 경부고속도로의 처음 모습은 당시 한국의 지배 세력이 품고 있던 각종 사회적 판단, 경제발달 계획, 사회발달 전망 등을 보여주는 물리적 형태였던 셈이다.

길은 어디서든 지구 위 하나밖에 없는 어떤 특정한 장소에 놓이며, 장소는 어떤 것이든 유일무이하다. 아무리 하찮게 보여도 장소는 지상에서 '오직 그곳'으로만 존재하기 때문이다. 장소로 존재하는 한, 길 또한 어떤 것이든 다른 것으로 대체될 수 없으며 따라서 특이성을 갖는다고 봐야 한다. 모든 길은 '지금 여기'를 그 장소로 갖는 것이다. 하지만 길에도 종류가 있고, 따라서 공통성을 지닌 길들이 있다. 지상에는 각각으로 보면 '오직 그곳'인 오솔길이 무수히 많고, 이는 골목길도 물길도 심지어 고속도로도 마찬가지이지만, 이런 길들이 보통명사로 통칭되기도 한다는 것은 길들의 유일무이한 개별적 구체성이 그 위치, 물성, 기능, 가치 등의 측면에서 분해되어 새롭게 분류될 수 있기 때문이다. 보통명사 '길'의 존재는 길이 지닌 이런 추상성의 징표라고 할 수 있다. 그리고 길의 추상성 또는 그 성분으로의 분해 가능성은 길이 계획과 계산, 측정 등 다양한 인지적 작업의 대상이 될 수 있다는 말이기도 하다. 이런 점은 길이 만들어질 때 이미 인간이 멀리 보기와 미리 짜기 능력을 갖추고 있었던 것과 무관하지 않을 것 같다. 멀리 보기와 미리 짜기는 두 장소의 연결을 가능케 하며, 이 연결은 크고 작은 계획을 전제하고, 이 계획은 시고와 시야의 확보 속에 이루어진다. 길들은 한편으로는 장소로서 유일무이한 성격을 갖지만, 다른 한편으로 두 장소 이상을 서로 연결한다는 점에서 일정한 공통성을 지닌다고 할 수 있다. 이때 공통성은 상이한 장소들 사이에 길로 인해 공유되는 어떤 것에 의해 주어진다고 할 것이다. 길을 낸다는 것은 이처럼 공통성과 특이성의 동시적 추구에 해당하는 셈이다. 그리고 길을 내는 일은 '걸어서 길을 내는' 자연적 과정임과 동시에 둘 이상 장소의 거리와 길의 굴곡, 방향 등을 결정하는 계획적 과정이기도 하다.

길에 나서는 일 또는 길을 찾는 일을 '구도'로 표현하는 것은 따라서 아주 자연스런 일이다. 길에 나서는 것은 직립 존재로 살아간다는 것이며, 이것은 멀리 보기와 미리 짜기의 삶을 산다는 말이기도 하다. 갑골문자에 나타난 '도(道)'자가 '행(行)'이란 글자 안에 '수(首)'와 '지(止)'가 겹친 모습이라는, 3장에서 언급한 사실은 이 맥락에서도 의미심장해 보인다. '行'은 이때 네 갈래 길의 모습이며, 이 글자 안에 '首'와 '止'가 들어 있는 '道'는 사람이 길 위에서 서 있는 모습이다. 다시 말해 "십자로 상에 선 사람이 길을 떠나기에 앞서 그 행방을 결정하려고 잠시 멈추고 있는 모습"인 것이다. '구도자'가 문자 그대로 '길을 찾는 사람'인 것은 이런 맥락에서 쉽게 이해될 수 있다. '구도' 또는 길 찾기의 이런 의미는 진화론적인 측면에서 더 쉽게 이해된다. 길 위에 선 사람은 구도자의 모습이기 이전에 직립 존재의 모습으로 보이기 때문이다.

'구도'를 인류 진화의 측면에서 다시 해석할 경우 그것은 길 찾기가 될 것이며, 이때 길을 찾는다 함은 멀리 보고 미리 짜기의 삶을 산다는 것, 다시 말해 호모 사피엔스로서 살아간다는 의미가 될 수 있을 것이다. 길 찾기를 한다는 것은 이때 인간이 직립 주행을 할 수 있는 해부학적 조건을 갖추었다는 것, 과거에는 할 수 없었던 멀리 보기와 미리 짜기 능력을 갖추었음을 말해준다. 길이 인간의 삶에 출현한 것은 그래서 이 삶이 계획적인 것으로 전환되었다는 말이기도 하다. 길의 존재를 가능케 한 것은 직립 존재의 출현이며, 이것은 고유한 인지적 능력을 갖추고 자신의 삶을 설계하는 독특한 동물의 진화가 일어났다는 징표인 셈이다. 인간은 길을 닦고 조성하면서 자기 삶의 거푸집을 짓고, 인간적 삶을 구축하기 시작했다고 볼 수 있다. 길을 만드는 일은 인간으로서는 삶의 미리 짜기에 해당하는 셈인 것이다. 길을 만드는 일은 또한 백지 위에 선을 긋는 것과도 비슷하다. 선을 그으려면 연결할 점들이 필요한 법, 우리는 넓은 땅위에 있는 사람들이나 장소들의 위치를 그런 점들로 간주할 수 있을 것이다. 여기서 선을 긋는 일과 길을 닦는 일의 유사성이 도출된다. 선 긋는 작업이 서로 떨어진 점들을 연결해 관계를 맺도록 하는 것이듯이, 길을 닦는 일도 서로 거리를 둔 두 지점들 사이에 관련성을 부여하는 작업인 것이다. 길은 이때 서로 다른 위치에 있는 사람들, 지점들을 잇는 관계의 끈이 된다고 할 수 있다.

길을 가는 일은 그래서 한 지역과 영토에서 만들어진 기존 연결망을 확인하는 것이면서 아울러 새로운 연결망을 모색하는 작업과도 같다. 물건, 장소, 사람 등으로 구성되는 다양한 지표상 지점들을 잇고 그것들 간의 관계를 형성한다는 점에서 길들의 연결망은 쉽게 도표로 나타날 수 있다. 열차 다이어그램이 그런 예다. 길이 지도상에 자주 등장하는 것도 그 때문일 것 같다. 지도 위에 나타남으로써 길들은 영토에서 이루어진 각종 왕래와 관계들, 즉 교통의 집대성임을 드러낸다. 교통은 이때 운송만이 아니라 소통이기도 할 것이다. 특정한 영토 위에서 이루어진 각종 교통이 만든 흔적으로서의 길 체계는 영토를 운영하는 한 사회의 운영 프로그램과 무관할 수가 없다. 길은 우리가 살아온 흔적이면서 동시에 가보지 않은 미래로 향해 미리 짠 계획이다. 길은 이런 식으로 삶의 기획과 떼려야 뗄 수 없는 관계를 맺고 있는 것이다.

계획은 당연히 사전적이지만, 어림짐작을 포함하기도 한다는 점에서 그 안에 사후적 측면도 갖는다고 할 수 있다. 계획은 어떤 것이든 청사진을 동반하는 법이며, 그렇기 때문에 설계되는 대상의 완성된 모습에 대한 기대와 예측도 포함하기 마련인 것이다. 길이 이런 계획의 형태가 될 수 있는 것은 길에서는 한 쪽 끝에 서서 아직 가보지 않은 저쪽 끝을 상정하고, 가보지 않은 곳을 이미 다녀온 것처럼 여기는 일이 발생하곤 하기 때문이다. 길을 만드는 일이나 길에 나서는 일이 이런 식으로 사전적이면서도 사후적인 측면을 지닌다는 것은 그것이 통상 기획의 형태를 띤다는 것을 말해주는 것 같다. 다시 말해 길을 걸을 때 우리는 구성적인 이념과 규제적인 이념을 동시에 갖게 되는 것이다. 칸트에 따르면 구성적 이념은 경험적으로 확인 가능한 이념이고, 규제적 이념은 경험되지 않은 것을 상정하는 인간적 능력이다(칸트, 1997: 395). 길을 걸을 때 우리는 지나온 길을 경험적으로 확인하지만 아직 가지 않은 길에 대해서는 상정을 통해서 그것을 생각할 수 있을 뿐이다. 그러나 아직 걷지 않은 길에 대해 어떤 상정도 하지 않는 길 걷기란 있을 수 없다. 길을 걷는 것이 길을 찾는 것인 한에서는 말이다.

왕도와 제국의 통치 전략

오솔길이 서로 멀리 떨어진 마을들 간의 관계를 표상한다면, 골목길은 마을 내부에서 형성되는 관계를 표상한다고 할 수 있다. 골목길은 마을의 구도를 전제한다. 그 넓이, 길이, 모습 등이 마을을 가로지르는 하천이나 나무, 괴석 등의 위치, 마을에 들어선 주택과 건물의 배열, 마을 전체의 지형에 의해 정해지는 것이다. 골목길은 그래서 자연과 문화가 타협한 결과물에 해당한다. 한편으로는 주변의 들판이나 산에서 흘러들어오는 하천과 원래 그 곳에 있는 수목을 조건으로 삼고, 다른 한편으로는 거주민들의 필요에 의해 자연 조건을 변형시킨 것이 마을이라면, 골목길은 이런 마을이 구성되는 방식에 따라 조성될 수밖에 없다. 이것은 골목길 또한 자연의 변형으로서 인위적 공간임을 말해준다. 우리는 4장에서 마을이 숲의 절단임을 확인한 바 있다. 골목길이 인위적인 것은 자연의 변형인 마을의 구성 방식을 따르기 때문이다. 시골마을에 있든 도시에 있든 골목길이 습속으로 넘쳐나는 것은 그래서 당연한 일이다. 습속은 인위적으로 형성된다. 그러나 골목길의 습속이 오래전에 형성된 전통처럼 너무나 자연스럽게 느껴지는 것은 원래 인위적인 습속도 자연화될 수 있기 때문이다. 시간이 지나면 골목길에서 조성된 인위적인 관습은 원래 그런 것 즉 자연적인 것인 양 나타난다.

당나귀길에서 습속은 골목에서와는 다른 방식으로 새롭게 만들어진다. 당나귀길이 생긴 것은 이미 마을 생활을 시작한 사람들이 다른, 그것도 수백수천 킬로미터 떨어진 마을들과 교역을 해야 할 필요를 느꼈기 때문이다. 당나귀길을 통해 이송되는 것은 차마고도가 보여주듯 차나 소금 등 한 곳에서는 나지만 다른 곳에서는 나지 않는 산물들이다. 사람들이 당나귀길에 나서는 것은 따라서 그들이 가려는 타지의 삶의 방식이나 조건이 자신들의 그것과 차이가 있음을 알고 있다는 징표다. 골목길이 마을 공동체의 집단적 기억이 축적된 곳이라면, 당나귀길에서는 그런 기억의 공유는 없으며, 새로운 관행과 기억이 학습을 통해 축적되어야 한다. 차마고도에 처음 나서는 풋내기 마방은 자기 마을의 풍속이나 상식과는 다른 종류의 것들을 도제처럼 새로 배워야 하는 것이다. 숙련된 마방의 경우에는 일생을 통한 경험에 의해 축적된 지식을 보유하고 있겠지만, 나서는 길이 수백, 수천 킬로미터에 이르는 만큼 아직 가보지 않은 곳의 사정을 미리 예측해야 하는 과정이 생략될 수 없다. 이런 점 때문에 당나귀길을 나서는 사람은 북극성을 보고 수천 킬로미터 떨어진 섬을 찾아갈 수 있는 항로를 개척한 고대 남태평양의 항해자들과 일면 유사한 점이 있다. 두 경우 모두 추상적인 사유가 요구되는바, 그것은 가야 할 목적지의 방향과 거리에 대한 추측과 계산이 필수적이었을 것이기 때문이다. 다만 차마고도의 역사가 말해주듯이 당나귀길은 만들어지는 시간이 수백, 수천 년이 걸릴 정도인지라 교역의 조건이나 목적을 변동시키는 역사적 사건들에 노출될 수밖에 없다는 점에서, 미리 행해진 계산이 무용지물이 되는 경우도 많았을 것이다. 당나귀길에서 '역사적 습속' 혹은 시간의 흐름과 함께 변하는 습속이 생긴다면, 아마도 그것은 거기서는 계획과 계산이 예상치 못한 사건들로 인해 수정되고 변경되는 가운데서도 (서로 원거리 산물을 필요로 하는 지역들 간의 교류가 장기 지속되는 동안) 다양한 형태의 역사와 전통, 습속이 골목의 그것들과는 다른 방식으로 축적되기 때문이 아닐까 한다. 이때 계산 또는 추상화는 그 자체가 역사에 의해 굴곡과 변동을 겪는 셈이다. 당나귀길은 골목길과는 달리 계산의 요소를 더 많이 끌어들이기는 하지만, 이때 계산은 늘 수정되는 계산 그래서 느슨한 계산이 된다고 할 수 있다.

왕도의 출현과 더불어 길은 새로운 형태를 갖게 된다. 그것은 무엇보다도 이제는 길이 명백한 계산과 계획을 구현하게 되고, 무엇보다도 전략적 성격을 띠게 되기 때문이다. 오솔길, 골목길, 당나귀길을 다닌 것은 사람, 당나귀, 말 등 동물적 신체들뿐이었다. 반면에 왕도에서는 수레를 장착한 마차 즉 기계적 신체가 본격적으로 등장한다. 왕도가 처음 조성된 것은 지금까지 그 대표적 사례로 언급해온 로마 공도, 다리우스의 왕도, 진시황의 치도 등이 등장하기 훨씬 이전으로, 전쟁용 마차 즉 전차의 사용이 체계적으로 이루어진 때부터다. 전차가 등장한 것은 기원전 제4천년기 말부터였지만, 소가 끌던 전차를 말이 끌기 시작한 것은, 다시 말해 전차가 마차의 형태를 띠게 된 것은 기원전 2000년경 이후다. 마차 형태의 전차는 메소포타미아 지역, 오늘날의 이란과 근동에서 기원전 1900~1800년경에 처음 등장한 것으로 알려져 있다(Anthony, 2009: 61). 왕도는 전쟁용 마차 즉 전차가 사용되면서 새로운 길 형태로 조성되기 시작했을 것으로 여겨진다. 소달구지 대신 마차의 형태를 띠면서 전차는 훨씬 더 높은 속도를 낼 수 있게 되었지만, 원활한 주행을 위해서는 반드시 평평한 길, 그것도 장거리에 걸쳐 조성된 평평한 길이 필요했다. 마차가 처음 널리 사용된 메소포타미아 지역에서 수메르, 히타이트, 아시리아, 바빌로니아, 페르시아 같은 초기 제국들이 등장한 것은 이런 사실과 무관하지 않을 것이다. 마차는 당시 "부를 선전하는 최상의 광고"였다고 한다.

만들기 어렵고, 능숙한 운동 솜씨와 함께 질주하게끔 특별히 훈련받은 한 조의 말들이 필요했기 때문에, 마차는 자신들의 일상 노동 대부분을 고용된 일꾼들에게 넘길 수 있는 사람들만 사용 가능했다. 마차는 그 운행자가 협력 관계에 필요한 상당한 재정을 담당할 수단을 가졌거나 그런 수단을 가진 누군가의 지원을 받는다는 물질적 증거였다(62).

전쟁을 치르기 위해 이런 전차를 대규모로 동원하고, 또 전차가 달릴 수 있는 길을 대규모로 조성할 수 있으려면 고도의 전략적 능력을 갖춘 사회적 조직이 필요했을 것이다.

왕도는 국가와 같은 특정 정치체의 정치적 중심과 연결된 공식 도로로서 계획적으로 조성되었을 것임이 분명하다. 물론 계획적으로 조성되는 모든 도로의 조성이 왕도처럼 "국가 수준 조직의 지휘 하에 계획적으로 이루어지는 것"은 아닐 것이다. 카타리나 슈라이버가 지적하듯이 "모든 국가 도로는 꼭 공식적 계획과 공학적 작업의 흔적을 보여주지만, 공학적으로 이루어진 길이 모두 국가에 의해 만들어질 필요는 없다"(Schreiber, 1991: 244). 특정 지역 도로를 조성할 때, 당나귀길이나 심지어 골목길을 조성할 때도 지형에 따라서 정밀한 계획과 공학적 기술이 필요하기도 하겠지만, 그럴 때 국가의 개입이 이루어진 경우는 드물었을 것이다. 하지만 왕도를 건설하는 과정에서 요구되는 계획과 공학적 기술 수준은 골목길, 당나귀길 조성을 위해 요구되는 수준과 질적으로 다를 수밖에 없다. 초기 제국들에서 마차가 달리도록 만든 길이 무엇보다도 전쟁 수행과 밀접한 관련이 있었다는 것은 거기서 동원되는 각종 기술과 계획, 계산은 전략적 성격을 강하게 띠었을 것임을 말해준다. 평평한 길과 그 길을 달리는 마차는 원거리 원정을 가능하게 했을 터이나, 거꾸로 외부로부터의 공격도 수월하게 했을 것인 만큼, 공격은 늘 방어를 염두에 두고 추진되었을 것이다. 제국의 길 또는 왕도는 그래서 영토 확장과 방어를 위한 전략을 최우선적으로 고려해서 조성되었다고 봐야 한다. 그런 길은 언제나 전차 중심의 전쟁, 영토 내에서의 정보 소통, 지배를 위한 행정, 교역 등을 어떻게 수행하느냐 하는, 제국의 존립을 최우선시하는 관점에서 관리되었을 것이기 때문이다.

왕도는 페르시아, 로마, 중국 등 대제국들이 출현한 이후에도 전략적 역할을 계속 수행했다. 기원전 5세기 경 다리우스 대제가 건설한 페르시아 왕도에서는 정교한 우편제도가 작동한 것으로 알려져 있다. 전장 2,700킬로미터의 이 왕도를 말 탄 급사들이 주파하는 데에는 9일이 소요되었다고 하는데, 그들이 하루 300킬로미터로 빨리 달렸던 것은 크세노폰에 따르면 "최대한 빨리 모든 것을 처리하기 위해 모든 것에 대한 즉각적 정보를 얻기 위함"(Xenophon, 1968: 18; Silverstein, 2007: 9에서 재인용)이었다. 페르시아의 권력자는 곳곳에 자신의 '눈과 귀' 즉 첩자들을 심어두고 정보를 모았다고 하며, 기원전 7세기의 한 궁중 관리는 그래서 조카에게 '곳곳에 눈과 귀가 있으니 생각나는 모든 것'을 내뱉으면 안 된다는 충고를 하기도 했다(Silverstein: 22). 왕도는 첩자들이 수집한 정보가 황제에게 보고될 때만이 아니라, 반대로 중앙에서 지방으로 칙령을 전달할 때도 사용되었다. 칙령을 전달할 때에는 아케메니드 우편제도가 활용되었는데, 이때는 '황실 마구간의 말을 탄' 기수들이 제국의 전역으로 파견되었다고 한다(10). 이렇게 보면 우편제도를 작동시킨 왕도는 제국 운영, 특히 황제의 제국 지배라는 측면에서 핵심적 역할을 수행했다고 할 수 있다. 제국의 가장 빠른 통신 수단을 독점함으로써 황제는 제국 운영을 위한 주요 정보를 독점하고, 이를 통해 군사, 행정, 교역 등을 관장할 수 있었을 것이다. 이는 왕도가 제국 지배를 위한 전략적 교두보였다는 말이기도 하다.

우편제도가 운영된 것은 로마 공도에서도 마찬가지다. 아우구스투스가 도입한 로마의 우편제도 '쿠르수스 푸블리쿠스(cursus publicus)'는 그 문자적 의미가 '공도(公道)'라는 데서도 드러나듯이 황제만을 위해 운영되던 페르시아의 우편제도와는 달리 공공적 성격이 컸다고 볼 수 있다. 그러나 우편제도가 제국의 통치와 밀접한 관련을 맺고 있었던 것은 로마에서도 마찬가지였다. 이 제도는 기원 3세기부터는 속도를 낼 수 없는 화물을 이송할 때 사용되는 보통 길(cursus clabularis)과 시급한 소식을 전해야 할 때 사용되는 빠른 길(cursus velox)로 구분되어 운영되었는데, 후자의 경우 처음에는 정보 수집 제도 역할을 하다가 결국에는 제국 내부의 감시 제도가 된다(31). 콘스탄티누스 황제가 로마 제국의 수도를 비잔티움[콘스탄티노플]으로 옮긴 뒤, 황제의 전령들 가운데 특히 공무집행자(agentes in rebus)는 "쿠르수스 푸블리쿠스의 도로와 역을 감시"하면서 "각자 지역 행정을 감독했다"(38). 물론 쿠르수스 푸블리쿠스는 로마 공도의 일부였을 뿐이다. 로마 공도는 로마제국이 새로 건설한 부분도 있지만, 페르시아의 왕도 등 로마가 정복한 지역의 기존 도로까지 포함한, 전장이 40만 킬로미터가 넘고 그 가운데 돌 포장이 되어 있는 길만 8만 킬로미터가 넘는 거대한 도로망이었다(McPherson, 2013: 13). 하지만 "모든 길은 로마로 통한다"는 말이 있듯이 이 광활한 도로망의 중심은 제국의 수도였다고 봐야 한다. 왕도를 통해 작동한 우편제도의 경우도 황제로 하여금 자기가 통치하는 제국 구석구석을 보고 듣게 만드는 '눈과 귀' 역할을 했을 것이다. 쿠르수스 푸블리쿠스는 일면 정보 수집과 감시의 장치였고, 따라서 제국의 지배 전략을 위해 기능했다고 볼 수 있다. 로마 공도는 쿠르수스 푸블리쿠스로서 우편 또는 통신 목적 이외에도 군사, 행정, 교역 등의 목적으로 사용되었고, 이 과정에서 제국 전체의 통치를 위한 전략적 하부구조 역할을 했을 것이다. 공도의 존재와 그 유지, 관리와 관련된 일체의 일들은 그래서 거대한 계획적 성격을 띠고 있었다고 볼 수 있다. 로마 공도의 이런 측면은 왕도가 사회 관리를 위한 계획과 긴밀하게 연결되었을 것임을 실감나게 해준다.

고대 중국에서도 왕도는 국가 통치를 위해 작동했으며, 따라서 고도의 전략적 의미를 지녔다고 할 수 있다. 진 제국의 수도 함양을 중심으로 동서남북으로 퍼져 구축된 치도나 직도가 바로 그런 경우다. 치도 체계는 농서북지도, 삼천동해도, 남양남군도, 하내광양도, 요서회계도 등 5개 간선도로로 이루어져 있었고(李開元, 2007), 직도는 수도인 함양에서 북방으로 730여 킬로미터로 뻗어 있던 길이다. 정창원에 따르면 "진시황시대 건설된 치도는 주로 군사적 목적과 순행을 위한 정치적 목적을 갖고 있었다"(鄭椙元, 2008: 82)고 한다. 직도나 치도, 그리고 오척도 등 진시황 시대에 조성한 도로는 과거에 있던 길을 보수함과 동시에 새로 축성한 도로로서, 이는 천하를 통일한 뒤 진시황이 제국의 통치를 목적으로 시행한 여러 조치들, 예컨대 도량형이나 문자를 통일한 것과 궤를 함께했다고 할 수 있다. 진시황이 치도 등을 조성하고 거동궤를 도입한 것은 중원 통일 이전 열국들이 조성한 길들을 통일하기 위함이기도 했다. 통일 이전에도 중국에서는 각 열국이 마차를 사용하고 있었지만, 나라마다 그 규격이 달랐으며, 길의 폭도 달랐다고 한다. 진시황은 수레의 바퀴 크기를 같게 하고, 바퀴 간 간격도 여섯 자가 되게끔 통일해(위키백과 중국어판, '車同軌'), 차선의 폭을 규격화했고, 5장에서 언급한 것처럼 치도의 차선들 가운데 "중앙 3장 넓이의 노면"을 "황제, 왕공, 고위관료 및 전령사자를 위한 전용어도"(中國文化研究院, 2003)로 만들었다. 이런 사실은 치도가 제국의 원활한 통치를 위해 조성되었음을 말해 준다고 하겠다. 진시황은 황제 재위 시절 자신이 통일한 천하를 직접 살펴보기 위해 모두 다섯 차례의 순행을 한 것으로 알려져 있다(李開元, 2007). 순행은 사마천이 『사기』에서 쓰고 있는 것처럼 "친히 원방의 여민을 순찰"하는 행위로, 황제가 직접 제국을 통치하는 한 형태다(司馬遷, 2006-15). 다섯 번에 걸쳐 순행을 나갈 때 진시황은 치도와 직도를 이용했는데, 이런 점은 중국에서도 페르시아와 로마에서처럼 왕도가 제국의 지배와 직접 관련되어 있었음을 말해준다.

중세 도시의 거리

앙리 르페브르가 말하는 것처럼, 모든 사회, 생산양식은 그 자신의 공간을 생산한다. 중세 사회, 즉 봉건적 생산양식도 자신의 공간을 창조해 냈다. "중세적 공간은 선행 시대에 구성된 공간을 기반으로 세워졌고, 그 공간을 자신의 상징들을 위한 기초 및 버팀대로 보존했다…장원들, 수도원들, 대성당들이 좁은 길 및 간선도로 네트워크를 농촌공동체가 바꿔낸 경관에 정박시키는 거점들이었다"(Lefebvre, 1991: 53). 장원, 수도원, 대성당이 있던 곳은 소도시 또는 장시(town)라는 점에서, 중세에는 길들이 도시를 중심으로 모여들었다고 할 수 있다. 1285년 영국의 에드워드 1세는 지방 영주에게 지역을 통과하는 왕도(king's highways) 또는 공도를 잘 관리해야 할 의무를 부과하는 법령을 통과시킨다.

> 장시에서 다른 장시로 가는 공도는 숲이나 울타리 혹은 도랑이 있는 곳은 길 양쪽 200피트 안에 누가 악의를 품고 숨어있을 수 있는 도랑, 덤불, 수풀이 없게끔 넓혀야 한다…만약 도랑을 메우지 않거나 덤불이나 수풀을 베지 않은 영주의 잘못으로 강도행위가 일어나면, 영주가 책임을 져야 할 것이다(Rothwell, 1975: 458).

이 법령이 발표되기 반세기쯤 전에 작성된 최초의 체계적인 영국법 관련 저서에서 헨리 드 브랙턴은 다음과 같이 말하고 있다. 왕도는 "이웃들

간의 공유가 될 수 없고 어느 누구의 소유도 아니며 국왕 자신의 소유물이고, 말하자면 성스러운 것이다. 그리고 자기 땅의 경계와 한계를 넘어 왕도의 어떤 부분이라도 점유하는 자는 국왕 자신을 침해한 것이다"(de Bracton, 2012: 149). 이런 발언은 고대 제국들에서 왕도가 만들어진 뒤 천 년이 넘게 지난 뒤에도 왕도가 개념적으로나 물리적으로 그대로 보존되었을 것이라는 인상을 만들어낼지도 모르나, 사실은 그렇지 않았다.

왕도는 서유럽의 경우 로마의 쇠퇴 및 멸망과 함께 과거의 모습과 위엄을 거의 크게 잃기 시작한다. 맥스웰 레이에 따르면, 로마가 쇠퇴하면서 "로마의 공도 체계와 이를 조성하고 유지하고 관리할 기술은 쇠했고 이후 한 천년기가 넘도록 대부분 사라졌다"(Lay, 1992: 59). 동로마제국이 존속한 비잔티움 지역에서는 11세기까지도 우편제도를 작동시키기 위해 도로를 관리하려는 시도가 이어져 왔지만, 서쪽 지역에서는 공도 체계가 작동되는 데가 몇 군데 남지 않게 된 것이다. 이 결과 로마 공도에 대한 기억도 잊혀져, 조프리 오브 먼마우스는 1147년에 쓴『영국 왕들 이야기』(*History of the British Kings*)에서 로마 공도에 속해있던 워틀링 거리(Watling Street), 포스 가도(Fosse Way), 이크닐드 길(Icknield Way)을 만든 것이 영국의 전설적 왕 베를리누스라고 잘못 여겼고, 유럽 대륙에서는 로마 공도를 건설한 이가 614년에 사망한 오스트라시아의 여왕 브루힌다였다고 믿을 정도였다(59). 중국에서도 고대 왕도는 쇠퇴를 겪는다. 조셉 니덤에 따르면, 중국의 도로망은 한조 시대인 공원 20년(중국 내 다른 견해에 따르면 700년 이후인 당조 시기)에 절정에 이르다가 이후 천 년 간 조락했다(49).

고대 왕도가 중앙 권력에 의해 체계적으로 관리되었다면, 중세 유럽에서 로마 공도는 방임된 채로 지역의 필요에 따라 파괴되기 일쑤였다. "사용되지 않는 로마 공도의 돌은 가정 및 농장 용도로 채석되었다"(59).

중세 말의 도로 상태가 어떠했는지 단적으로 보여주는 것이 1190년 폭풍으로 인해 런던의 성 메리-르-보우 성당 기둥이 무너져 거리로 떨어졌을 때 8미터 길이의 기둥이 길 진흙탕에 빠져 윗부분 1미터만 보였다는 이야기다. 당시에는 요강을 길거리에다 비우는 것이 예사여서, 파리에서는 요강을 비우기 전 '오줌 조심!'을 세 번 외치는 것이 관례였다고 한다(63). 파리에서 처음 거리 포장이 이루어진 것도 1184년 필립 2세가 길거리에서 올라오는 악취를 싫어했던 것이 계기였다(62).

왕도 중심의 고대 도로망이 제국 역내를 총괄하는 총체적 관점에서 관리되었다면, 중세의 길 체계는 특정 지방 중심으로 형성되었다고 할 수 있다. 이것은 제국의 지배가 해체된 뒤, 왕도가 도시와 도시를 이으며 대륙을 가로지르는 통로 역할을 하지 못하게 된 때문이기도 하다. 로마 공도는 이제 지역에 따라 "여행 수단보다는 재산 또는 교구의 경계"로 사용되는 경우가 많았다. "워틀링 거리가 공원 878년의 웨드모어 조약에서 알프레드 왕의 앵글로-색슨 영국과 데인 족이 지배하는 북동부 지역 간의 경계로 지정"된 것이 좋은 예다(59). 제국이 사라진 뒤 중세 유럽에서 중심이 된 것은 소도시들이었고, 이들 도시는 이태리의 코뮌들이 잘 보여주듯이 독립된 정치적 단위로 작동했으며, 부르주아 즉 그 시민들에게 특권을 부여하기도 했다. 유럽의 중세 도시는 많은 경우 고대의 성에서 유래한 경우가 많은데, 이것은 도시 이름에 '성', '요새'를 의미하는 'berg', 'burg', 'borough', 'chester' 같은 말이 많이 포함되어 있는 것으로도 확인되고 있다.[62] 중세 도시는 성벽으로 둘려 쌓여 독립된 공간을 구성했으며, 외부로부터 침략을 막기 위한 방어적 성격의 요새에 가까웠다. 고대 제국

62_ 'Berg', 'burg', 'borough', 'burgh'는 게르만어 계통이고, 'chester'는 라틴어 계통이다. 전자는 뉘른베르크Nürnberg, 함부르크Hamburg, 에든버러Edinburgh 등에 나타나고, 후자는 맨체스터Manchester, 레스터Leicester, 랭커스터Lancaster 등에 나타난다. *Online Etymology Dictionary* 참고.

이 전차를 이용한 원거리 정복, 우편제도에 의한 신속한 정보 소통을 위해 전략적, 사회적 목표와 용도를 위해 왕도를 필요로 했다면, 중세 도시들이 택한 "공통의 방어 전략은 일부러 모든 관통도로를 폐쇄함으로써 약탈자, 침략자, 시기하는 이웃들을 막아내는 것이었다"(O'Keeffe, 1973; Lay: 59에서 재인용). 이렇게 보면 13세기 말 영국의 에드워드 1세가 지역 영주들에게 왕도를 잘 관리하도록 하는 법령을 제정한 것은 원거리 이동을 가능케 하는 왕도와 같은 관통도로가 중세 유럽에서 크게 쇠퇴한 뒤의 일로서, 당시의 열악한 도로 상황을 개선했으면 하는 바람의 표현이었을 것이다.

중세 유럽에서 길은 연속이나 연결보다는 폐쇄와 단절에 의해 그 전략적 역할을 수행하지 않았던가 싶다. 이런 점을 잘 보여주는 것이 양쪽으로 높은 건물들이 서 있는 좁은 미로 형태의 중세 거리 모습이다. 거리 폭이 좁고 미로로 되어 있으면 중간에 방어벽 설치가 용이할 것이기 때문에 외부 침략으로부터 도시를 지키는 데 유리한 작용을 했을 것이다. 이런 거리 배치는 중국에서도 발견된다. 중국의 전근대 도시 또는 성시 거리는 『수호지』에 묘사되고 있는 축가장 공격 장면이 보여주듯 미로 형태로 구축해 놓은 곳이 많다. 양산박 영웅들이 축가장을 공격하는 과정에서 크게 고초를 겪게 되는 것은 그곳이 미로로 이루어져 있기 때문이기도 하다. 한국의 경우 낙안, 동래 읍성 등을 제외하면 미로를 지닌 성시가 드문 편인데, 이는 성시 내부에 높은 건물이 거의 없었던 탓에 험준한 지형을 이용한 성벽 방어에 주력하는 것이 유리했기 때문이 아닐까 한다.

중세의 길 체계는 왕도를 운영할 수 있는 중앙 권력이 해체된 상태에서 일정하게 방치된 상태로 운영되었기 때문에 계획과 계산, 전략의 관점에서 보면 상당히 후퇴한 측면이 없지 않다. 물론 중세 도시들 또한 정교한 방어체계를 갖추고 있었고, 도시 주변의 관통도로가 폐쇄된 것 역시 외부 침략을 막기 위한 전략적 고려에서 이루어졌다는 것은 사실이다.

그러나 고대 제국의 왕도가 원거리 정복과 무역, 제국 전역의 통치, 정보 수집, 명령 하달 등 원심적 원리에 의한 작동 체계를 가지고 있었다면, 중세의 길들은 그런 적극적 전략보다는 폐쇄적이고 소극적인 구심적 전략의 소산에 속한다고 할 수 있다. 이에 따라 중세에는 도시와 도시를 잇는 관통도로보다는 도시 내의 거리들이 더 중요해진 것으로 보인다. 거리의 영어 표현 '스트리트(street)'는 로마 공도를 '포장도로' 즉 '비아 스트라타(via strata)'라고 부르던 것을 앵글로-색슨 족이 축약해 영어 어휘로 채용한 것이다. 도시 거리가 영어에서 '스트리트'가 된 것은 로마 공도가 대부분 사라진 가운데 그 중 남은 부분이 주로 도시에 위치했던 사정에서 연유한다.

관통도로로 작용하던 로마 공도가 중세 도시에서 거리로 위축되면서 길은 다시 제국의 통치를 위한 총체적 전략과는 분리되고 계획과 계산보다는 습속의 징표가 되었다. 중세 유럽의 거리는 "좁고 꾸불꾸불한" 것이 특징인데, 이것은 "그 길을 만들어 사용한 사람들의 축척에 맞게 수세기에 걸쳐 진화"했기 때문이다. "중세 거리는 모든 방향으로 걸어가는 것이 가능했을 때 만들어졌다. 중세 거리와 건물은 계획이나 규정을 갖고 지어지기보다는 변하는 조건, 변하는 필요에 부응해 시간이 지남에 따라 현장에서 적응해 생겨났다"(Bain, Gray, and Lodgers, 2012: 7). 이들 거리는 그래서 거주자들의 생활습관이 켜켜이 쌓인 곳인 셈이다. 계획이나 규정에 근거하지 않고 습속에 의해 만들어지는 길들은 두드러지게 전략적이라고 하긴 어려우며, 그런 점에서 중세의 거리는 유기적이었다고 할 수 있을 듯싶다. 공간이 '유기적'이라 함은 그 발달이 유기체를 닮았다는 말이다. "유기적인 것의 개념은 탄생에서 생의 말년으로 이어지는 맹목적 발달을 가리키고 함축한다." 르페브르는 "중세 도시에 대해 '유기적으로'—따라서 맹목적으로—발달했다고 말할 수 있는가?" 하고 묻고, "어쩌면—하지만 정치적 권력, 과두정치의 권력, 군주 또는 왕의 권력이 나타난 순간까지만"(Lefebvre, 1991: 272)이라는 답변을 제출한다. 여기서 '어쩌면'은 중세 도시의 유기적 성격에 대해 그가 유보적인 판단을 갖고 있다는 표시다. 르페브르는 "정치적 권력이 '전체'를 통제했다면 그것은 그 권력이 어떤 세부의 변화도 그 전체를 변화시킬 수 있음을 알았기 때문"이라고 보고 있다. 중세 도시의 핵심적 지점들은 수도원, 대성당 등이었다. 르페브르는 대성당이 들어섰다는 것은 "정치적 행동"이 있었다는 것으로 이해한다(74). 중세 도시가 전적으로 유기적이라고 규정하는 것은 그래서 일면적인 이해로서 정확하지 않다고 할 수 있다. 하지만 그렇다고 중세 도시와 거리가 전면적인 전략적 논리에 종속된 공간인 것으로 여기는 것 역시 정확하진 않을 것이다. 거기서는 엄밀한 계획보다는 무작위로 새롭게 떠오르는 조건과 필요가 공간 구성에 여전히 더 중요했기 때문이다. 이런 공간에서 전략이 작동한다면 그것은 신체적 습속이 쌓여 형성된 관행이나 경향에 가깝고, 따라서 엄밀한 효과 계산은 많이 결여된 전략이었을 공산이 크다. 2장에서 살펴본 것처럼, 20세기 초에 르 코르뷔지에가 유럽의 도시에는 없애야 할 당나귀길이 너무 많다고 불만을 터뜨린 것을 보면, 이런 신체적 습속은 오랫동안 지속되었던 것으로 보인다.

중세에는 왕도를 중심으로 하는 길 체계가 위축되었다고 말하는 것은 물론 유럽을 중심으로 생각할 때만 맞는 말이다. 이미 언급한 것처럼, 잉카제국은 16세기에도 3만9천 킬로미터에 이르는 왕도 카팍 냔을 조성해 운영하고 있었다. 말과 철기 사용을 하지 않는 상태에서 비록 사람이 직접 전령으로 뛰고는 있었지만, 잉카의 왕도는 당시로서는 최고 성능의 속도기계였다고 봐야 한다. 카팍 냔에서 실현된 240킬로미터의 속도는 구대륙 고대 제국 왕도의 속도보다는 좀 느렸지만,[63] 고대 왕도가 쇠퇴한 중세 이후부터 19세기 초에 기차가 등장하기까지 천 년이 넘는 기간 동안에는 그 어떤 속도기계보다 빨랐던 것이다. 근대 초에 카팍 냔을 처음 접한 유럽인들은 크게 놀란 것으로 알려졌는데, 그것은 그 도로망이 당시 유럽의 어떤 도로망보다 정교하고 체계적으로 잘 관리되고 있었기 때문이다. 그렇기는 하지만 잉카제국의 왕도가 인류의 길 체계에 미친 영향이 컸다고 하기는 어렵다. 그것은 한편으로는 그 길을 조성한 잉카인을 포함한 아메리카 원주민들이 수만 년 동안 유라시아 대륙과 분리된 채로 살아왔고, 다른 한편으로는 그들의 제국이 16세기 말에 유럽인들에 의해 멸망하고 말았기 때문이다.

원근법과 항로

길 체계가 세계 전체를 대상으로 새로운 차원에서 형성되기 시작한 것은 서유럽의 르네상스 시대라고 봐야 한다. 이때부터 대양을 오갈 수 있는 항로가 개척되고 '신대륙'의 발견이 이루어져 세계 전체가 하나로 엮이게 된 것이다. 이런 변동이 길에 대한 생각도 근본적으로 바꿔 놓았다는 점은 당시 새로운 지도제작법이 만들어지는 데서도 확인할 수 있다. 르네상스의 지도제작법은 중세의 그것과는 달랐다. 주디스 타이너에 의하면, 중세의 지도에는 크게 세 종류가 있었다고 한다. 마파 문디(mappae mundi), 여정 지도(itineraries), 그리고 포톨란 항해도(Portolan charts)가 그것이다. 이 가운데 마파 문디는 "성경적 믿음에 기초한 세계에 대한 개념

63_ 아케메니드 왕도를 달리던 전령들은 이미 언급한 것처럼 하루 300킬로미터를 주파했고, 공도를 이용한 로마 우편제도의 평균 속도는 하루 75킬로미터였다(Silverstein, 2007: 31). 로마 우편제도의 경우 급할 경우에는 속도가 평균의 4배 정도로 빨라졌다고는 하나(Ramsay, 1925: 60-64; Eliot, 1955: 76-80; Silverstein: 31에서 재인용), 그럴 경우에도 아케메니드 우편제도의 300킬로미터와 같고, 이는 카팍 냔 왕도를 발로 뛴 잉카의 파발꾼보다 하루 60킬로미터 더 빠른 정도일 뿐이다.

적 표상"(Tyner, 2014: 15)으로서, "많은 신화와 추측을 담고"(17) 있었고, 여정 지도는 주로 순례자가 이용할 수 있도록 만들었으며, 포톨란 항해도는 중국에서 발명된 자기 나침반이 13세기에 유럽에 도입된 이후에 만들어지기 시작해 해변의 항구들을 잇는 항로를 보여 주는 지도였다(15-17). 그런데 길 체계가 새로운 전략적 성격을 갖게 되는 것과 관련하여 우리가 눈여겨볼 점은 이런 중세의 지도와 르네상스 지도는 어떻게 다르냐는 것이다. 르네상스 지도는 '파브리카 문디(fabrica mundi)'라고 불리기도 했다. 파브리카 문디는 마파 문디와 일견 유사한 의미를 지닌 것 같으나, 전적으로 다른 지도제작 원리를 구현했다고 볼 수 있다. '마파(mappa)'와 '파브리카(fabrica)'는 모두 직물, 피륙을 의미한다. 하지만 마파가 종교적 신앙에 의해 이해한 세계 질서 즉 개념의 세계를 표상한다면, 파브리카는 지구로서의 세계가 지닌 '비율', '질서' 또는 '직조'를 의미한다는 점에서(Mezzadra and Neilson, 2013: 31), 양자 사이에는 중대한 차이도 있다.

중세의 지도와 근대 이후 지도의 결정적 차이는 전자의 경우 여정의 원리에 입각해서 작성된 데 반해, 후자는 원근법 혹은 지구의 형태, 거리, 직조 등의 비율 계산에 의해 작성되었다는 것이다. 여정은 신체에 의한 직접 체험을 전제한다. "중세적 지도그리기 전통이 전형적으로 공간적 질서의 합리적이고 객관적인 성질보다는 감각적인 성질을 강조"(Harvey, 1989: 243)하게 되는 것은 그 때문이다. 반면에 르네상스 지도는 새뮤얼 에저턴에 따르면, 그 고정시점이 "고양되어 멀리 있으며, 조형적 또는 감각적 범위로부터 완전히 벗어나 있는"(Edgerton, 1976: 9; Harvey: 244에서 재인용) 원근법의 원리에 의해 제공되고, 이로 인해 "차갑게 기하학적"이고 "체계적인 공간 감각"을 생성한다(Edgerton: 114; Harvey: 244에서 재인용). 원근법의 원리를 따르는 르네상스 회화 작품에 나오는 건물이나 인물의 형상은 중세의 그림과는 달리 실물처럼 보이고 사람들의 시각적 경험에 매우 충실한 것 같지만, 사실은 일정한 추상화 작용의 효과다. 원근법은 '신'의 관점에서 사물을 냉정하고 객관적으로 있는 그대로 보여주는 것 같으나, 이 관점 자체가 상상된 것이기 때문이다.

원근법은 프톨레마이오스(A.D. 85?~165?)가 제출한 지도제작 발상에서 유래한 것으로 전해진다. 프톨레마이오스는 『광학』(*Optica*)에서 빛의 굴절 이론을 제출했는데, 『지리학』(*Geographia*)에서 지도를 작성하기 위해 여기서 개발한 기하 광학 법칙을 지구의 구상(球狀) 표면을 평면 표면에 투사하는 데 적용해, 세계지도를 그리고자 했다(Kapustina, 2006). 그는 이때 지구 전체가 외부, 그것도 저 높이 하늘에서 위치한 눈에는 어떻게 보일 것인지 상상했던 것으로 보인다. 프톨레마이오스의 지도는 그렇다면 "우주에서 보고 그린 지구"인 셈이다"(Woodward, 1989: 10; Hillis, 1994: 10에서 재인용). 우주에서 보는 눈은 기하학적이고 수학적인 눈이라고 할 수 있다. 프톨레마이오스는 지형학(chorography)과 지리학(geography)을 구분하고, "그림 그리는 데 능숙하지 않고서는 누구도 지형학자가 될 수 없"는 데 반해, "그것[기하학]은 단순한 선과 주석만 사용해서 위치와 일반 개요를 보여준다"고 하고, "지형학은 수학적 방법을 필요로 하지 않지만, 지리학에서는 이 방법이 핵심 부분을 차지한다"(Ptolemy, 1948: 164; Olwig, 2011: 46에서 재인용)고 했다. 프톨레마이오스의 이런 생각은 처음 표명된 지 천 년이 훌쩍 지난 1400년에 그의 『지리학』이 발견됨으로써 르네상스 지리적 사고에 중대한 영향을 미치게 된다. 여기서 초점으로 떠오르는 문제는 프톨레마이오스의 지리학적 사고가 르네상스 시대에 길 체계가 새롭게 형성된 것과는 어떤 관련을 맺느냐는 것이다.

르네상스 시대에 이르러 지도제작술은 새로운 발전을 하게 되며, 이 발전은 중세 말에 유럽인들이 사용하기 시작한 포톨란 항해지도의 성능을 훨씬 능가하는 새로운 지도제작술로 이어진다. 르네상스 지도제작술은 새로 발견된 프톨레마이오스의 선형 원근법을 활용해 이루어졌다. 켄 힐리스가 말하듯이, "프톨레마이오스는 자기 시대의 알려진 세계에 대한 지식만 있었지만 그의 지도제작 방법은 그가 '더 넓은' 세계를 예견했음을 분명히 보여준다"(Hillis: 27). 여기서 '더 넓은 세계'란 지구 전체를 가리킨 다고 할 수 있다. 중세 말까지 지도는 포톨란 항해도나 여정 지도가 보여 주듯이, 사람들이 직접 체험한 곳만을 보여줬을 뿐이다. 하지만 프톨레마 이오스의 재발견 이후 도입된 르네상스 선형 원근법은 지구 전체의 공간 을 체계적으로 새롭게 인식할 수 있도록 했던 것 같다.

> 그것[르네상스 선형 원근법]은 시간을 정지시켜 한눈에 접근될 수 있게 만들 어 시간을 현재 중심의 순간으로부터 떼어내 과거에서 현재로 미래로 가는 움직임으로 재정의한다. 원근법은 관계를 나타내는 정신적 사상(寫像)의 시각 화와 이후 그 사상의 해석, 우리의 시점을 순차적으로 여기서 저기로 이동시 키는 인과적 과정, 신체의 지금 위치에서 나중에 대발견의 선장들을 불러내 기도 할 시선 끝의 소실점으로 향하는 전진 움직임을 촉진한다(3).

원근법 원리에 의한 지도 제작이 가능해지면서, 유럽인은 눈앞에 펼쳐지 는 시야의 소실점 너머로 갈 수 있는 길, 즉 항로를 개척하게 된다. 원근법 의 활용은 그들로 하여금 아직 가보지 않은 길, 대양 너머의 대륙으로 가는 항로를 '신적인 시선'으로 볼 수 있게 만들었다고도 할 수 있다. 콜럼 버스가 대서양 횡단을 통해 히스파니올라[도미니카 공화국]로 갈 수 있었 던 것은 원근법적 시야를 반영한 항해지도를 갖고 항로를 읽을 수 있었기 때문이다. 여기서 '항로'는 실제로 가보지 않은 곳, '미지의 땅(terra incognita)' 으로 향한 바닷길을 가리킨다. 18세기까지만 하더라도 항해자들이 지닌 지도에는 '미지의 땅'으로 표시된 곳이 많았으나, 그런 땅들도 지구 전체를 탐험할 수 있는 대상으로 만든 원근법적 시선에 의해 차츰 발견되기 시작했다. 이렇게 '발견의 시대'가 열림으로써 '나머지' 세계에 대한 서구의 지배가 열렸다는 것은 두말할 필요가 없다.

근대 초 선형 원근법을 활용한 지도 제작은 사람들로 하여금 길로 나서는 인간, 새로운 세계를 탐험하는 인간으로 만들었다고 볼 수 있다. 이때 길에 나선다는 것은 일종의 투시 행위에 속한다. 여기서 투시는 아직 존재하지 않는 것을 불러내는 일로서, 르네상스인이 항해에 나설 수 있었던 것은 대양 건너 미지의 대륙을 투시하는 눈, 보이지 않는 것을 볼 수 있는 눈이 자신에게 있다고 자신했기 때문일 것이다. 항해지도는 이때 가보지 않은 곳을 항로를 통해 갈 수 있는 곳으로 만들어 놓은 것, 실물을 한눈에 들어오는 모양으로 만든 투시도인 셈이다. 르네상스 시기에 항로가 개척되기 시작한 것은 그래서 길을 만들고 길을 가는 일이 본격적으로 계획에 의해 이루어지기 시작했음을 말해준다.

5장에서 항로와 철도가 만나게 되면서 길 네트워크가 자본주의 세계체계의 일부로 작동하게 된다고 말한 바 있다. 과거 왕도가 하나의 대륙 내부 지역들 또는 인근 대륙 간의 소통과 교역, 행정적 통합을 전제한 제국 체계의 길 네트워크였다면, 철도와 항로의 연결로 형성된 근대 도로망 또는 길 네트워크는 이제 서로 멀리 떨어진 대륙들 간에도 식민주의적 지배 관계, 상품 생산과 소비의 연결, 문화적 교류 또는 영향 등을 전제하는, 세계 전체를 단일한 하나의 사회적 대사 단위 즉 단일한 세계체계로 작동시킨다. 하지만 철도와 항로가 결합하게 되는 19세기 초에 세계체계가 비로소 등장하는 것은 아니며, 길 네트워크가 세계체계의 일환이 되는 것 역시 그때가 처음인 것은 아니다. 길 네트워크가 세계체계를 지향하기 시작하는 시점은 그보다 훨씬 전인 대륙 간 항로가 개척되는 르네상스 시대라고 봐야 할 것이다. 원근법을 이용해 제작한 메르카토르의 세계지도[아틀라스]는 파브리카 문디 즉 세계의 비율, 질서, 직조를 나타냈다는 점에서(Mezzadra and Neilson, 2013: 31), 지구 바깥 우주에서 지구를 하나의 단위로 바라보는 시선을 전제하며, 그런 점에서 세계를 단일한 체계로 간주한 셈이라고 할 수 있다. 하지만 그와 같은 우주적 시선이 설정되었다고 해서 그에 의해 상정되는 세계체계의 작동이 바로 현실적으로 그리고 일상적으로 구현될 수는 없는 법이다. 르네상스 시대에 원양 항해를 한 사람들은 소수였으며, 더 많은 사람들에게 신세계는 아직은 먼 항해에서 돌아온 선원들의 이야기나 그런 이야기를 소재 삼아 구성된 허구적 작품, 또는 셰익스피어의 『템페스트』에 나오는 칼리반처럼 상상과 왜곡에 의해 그려진 '원주민' 인물상을 등장시키는 무대를 통해 간접 경험될 수 있을 뿐이었다. 대중이 세계체계의 작동으로 변한 사회적 신진대사를 일상적으로 경험하게 되는 것은 그래서 자본주의가 대중적 삶의 결을 주조하기 시작한 시점으로서, 이것은 길의 역사에서 보면 철도와 항로의 연결이 이루어지기 시작하는 19세기 초에 해당한다.

철도망과 격자화된 세계

철도와 항로의 연결이 일상의 새로운 주조에 중요한 것은 그 연결로 인해 시계가 삶의 설계 방식을 지배하는 중추적 역할을 하게 되었기 때문이기도 하다. 철도의 확장이 시간표의 광범위한 사용을 촉발시켰다는 것이 이 맥락에서 중요하다. 기차 여행이 시작되기 전이라고 해서 시계를 이용한 시간 측정 관례가 없었던 것은 아니다. 기도와 노동 시간 등을 정해놓고 시계로 엄격하게 일정을 관리한 중세 수도원에서의 삶이 좋은 예다. 초기 중세 유럽의 시계공 다수가 기독교 수사들이었던 것은 이런 점과도 무관하지 않을 것이다(Kleinschmidt, 2000: 26). 그러나 수도원 같은 곳에서 나름의 생활 방식을 위해 시간 측정을 중요하게 여기고 그에 따라 시계를 긴요한 기구로 사용했다고는 해도, 시계의 사용이 보편적인 시간 경험으로 발전하는 데에는 상당한 세월이 걸렸다고 봐야 한다. 기차 시간표가 길의 역사 맥락에서 중요한 의미를 갖는 것은 무엇보다도 시간의 보편적 경험을 가능케 했기 때문이다.

기차 시간표의 광범위한 활용은 지역에 따라 다르게 사용되던 시간들이 통일되었음을 의미한다. 과거에는 시계로 측정하는 시간도 통일되어 있지 않았다. 존 어리에 따르면, "전 산업적 특징 중 특이한 것 하나는 도시 대부분이 레딩(Reading) 시간, 엑시터(Exeter) 시간 등 각 도시의 특수한 국지적 시간을 유지한 방식이다. 마차와 이후의 열차 승무원은 차량이 통과하는 도시들의 시간이 서로 다른 것에 대처하기 위해 시계를 조정해야 했다"(어리, 2014: 183-84). '레딩 시간'과 '엑시터 시간' 간에 차이가 난 것은 도시마다 해시계를 사용해 현지시간을 측정해 왔기 때문이다. 이런 시간 차이를 없애고 전국적 차원에서, 그리고 궁극적으로는 세계적 차원에서 시간을 통일시키는 데 중요한 역할을 한 것이 기차 여행의 확산이었다. "부유층뿐만 아니라 '노동계급'의 많은 사람들이 업무 목적으로 그리고 점차 여가 목적으로 매우 먼 거리를 이동하기 시작"하자, "국가적으로 통일된 시간을 사용하지 않는 상황"이 극복될 필요가 생기게 되었고, 이에 따라 영국에서는 "1847년쯤 철도회사, 체신청, 그리고 많은 도시들이 (일반적으로 기차 시간으로 알려진) 그리니치 표준시를 채택했다"(184). 기차 시간표는 이리하여 새로운 시간 개념 형성에 중요한 역할을 하게 된다. "그러한 시간 개념에는 '정시' 기차, '스케줄 시간' 개념, '정시 도착' 기차, 그리고 거의 항상 특정 시점과 위치에서 행동이 발생하는 엄격한 위계에 기반을 둔 일반적 규율이 포함된다…시간표는 기차, 사람, 활동을 특정 장소와 시점에 규범적으로 위치시키는 통치성을 지닌 강력한 시스템이다"(186). 이런 점은 기차 시간표가 어디서건 통하는 보편적 시간 체계를 도입하는 데 결정적으로 작용했을 것임을 시사해준다.

기차 시간표의 도입과 사용이 길의 역사에서 중요한 변곡점을 이루는 것은 그로 인해 보편적 시간 체계가 구축되고 그에 따르는 보편적 경험 방식이 만들어질 때, 길 네트워크가 그런 시간 체계 및 경험 방식의 핵심적 하부구조로 작동하게 되기 때문이다. 19세기 중반 그리니치 표준시간이 채택된 것은 당시 새롭게 주조되고 있던 대중의 생활패턴에 일정한 시간적 지침을 부여하기 위함이었겠지만, 그런 시간 정책이 기차 시간표의 도입과 함께 촉발된 것은 도로망이 새로 형성되었기 때문이기도 하다. 주요 도시에는 기차역이 있기 마련이며, 역은 통상 도시에서 가장 중요한 장소, 교통 중심지를 차지하곤 한다. 이것은 기차역들이 산업자본주의를 작동시키기 시작한 세계체계의 결절점이었다는 말이기도 하다. 예컨대 영국 맨체스터의 기차역은 그 도시에서 발달한 방직산업과 인근 항구도시 리버풀의 선박산업, 인도의 면화농업 등을 연결하는 세계적 생산 네트워크, 맨체스터에서 생산되어 리버풀 항구를 거쳐 나가는 면직물의 세계적 소비 네트워크, 그리고 이 생산 및 소비와 관련된 각종 문화적, 이데올로기적 실천들 네트워크를 서로 연결시키기 시작한 자본주의 세계체계의 대동맥 또는 사회적 대사에서 핵심적인 혈의 자리에 위치했다고 할 수 있다. 19세기 기차역이 이런 위상을 갖게 된 것은 한편으로는 원양 항로로 펼쳐진 항구와 연결되어 있고, 다른 한편으로는 도시의 거리들, 나아가 당시 도입된 머캐덤 공법에 의해 축성되기 시작한, 지방으로 나가는 포장 도로와 연결되어 있었기 때문이었을 것이다.

영국에서 '표준시'가 채택된 것도 철도의 발전, 특히 철도시간이 통일되는 과정과 직접 관련된 일이었다. "철도시간은 1940년 11월 영국에서 그레이트 웨스턴 철도회사가 처음 적용한 표준화된 시간 제도로, 이것이

상이한 지역 시간들을 동시화하고 단일 표준 시간을 적용한 최초의 기록된 사례다. 이후 2, 3년에 걸쳐 철도시간은 영국의 모든 철도 회사에 의해 점차 수용되었다"(Wikipedia, 'Railway time'). 철도시간의 표준화를 완성시킨 것이 1847년 철도청산소의 제안에 의해 이루어진 그리니치 표준시 채택이다(Warf, 2008: 102). 그리니치는 오래 전부터 영국 왕립천문대가 있던 곳으로 그 곳을 기준으로 한 시간이 표준시로 채택됨으로써, 영국에서는 이제 상이한 지역 시간들을 통일하는 기준이 생겼고, 이 기준은 알다시피 자본주의 세계체계 영국 헤게모니가 절정에 이른 19세기 말에 국제 표준시간으로 채택된다.

철도의 원활한 운행을 위해 시간의 근대적 표준화가 일어났다는 것은 근대적 삶의 설계와 기획에 길 체계가 중요한 역할을 하기 시작했다는 말이기도 하다. 철도 시간표의 보편적 채택은 사람들로 하여금 표준 시간에 맞춰 삶을 영위하도록 만들었다. 과거에는 "노동이 시간의 척도"였으나, "산업시대에는 시간이 노동의 척도가 되었다"(Adam, 1990: 112; Tomlinson, 1999: 50에서 재인용). 시간이 노동의 척도가 되면서 사람들이 매일 하는 일 즉 일과도 새로운 의미를 갖게 된다. 하루 일 양은 과거에는 일의 성격에 따라 클 수도 작을 수도 있었지만, 이제는 시간표 즉 정해진 노동시간에 따라 일정한 양의 일을 해내야 할 의무가 생기게 된 것이다. 시간 계획에 따른 활동은 길 위의 속도 또한 새로운 형태를 띠게 한 것으로 보인다. 고대 왕도에서 요구된 속도는 전령들이 하루 300킬로미터를 달린 아케메니드 왕도가 보여주듯이 가능한 최고 속도였다. 산업자본주의가 본격 가동하기 시작한 19세기에도 길에서의 속도 내기는 여전히 중요했을 것이다. 자본주의의 최대 목표는 자본을 증식시키는 것이고, 이를 위한 가장 바람직한 방식은 자본의 회전 속도를 최대한 빠르게 하는 것이기 때문이다. 그러나 자본의 운동은 사회적 신진대사 전반과 관련된 극도로 복잡한 과정으로서, 원료 조달, 노동과정, 유통, 판매, 소비, 생활양식, 이데올로기와 욕망의 지형 등 자본주의적 생산 및 재생산 조건 전반을 고려한 회전 속도의 조절과 함께 이루질 필요도 있다. 기차 시간표와 함께 생긴 시간 개념에 '정시', '스케줄 시간', '정시 도착' 등이 포함된 것도 철도 이용이 광범위하게 일어남에 따라 그런 조절이 새로운 방식으로 필요해 졌기 때문일 것이다. 이렇게 보면 19세기에 자본주의적 세계체계가 더 정교한 방식으로 작동하면서 당시 사회적 리듬을 측정하는 보편적 시간 기준이 채택된 것은 철도망이 세계 최대의 도로망으로 작동하게 된 것, 다시 말해 르네상스 시대 이후 개척된 항로와 19세기에 들어와 새로 생겨난 철도가 연결되면서 새로운 길 체계가 형성된 것과 불가분의 관계를 맺고 있었던 셈이다.

역 광장에 모여든 사람이 모두 볼 수 있도록 역사 정면에 큰 시계를 달아놓은 19세기의 각 기차역은 당시의 사회적 신진대사가 지역별로 총괄되는 지점이었을 것이다. 역에 걸린 기차 시간표는 역을 중심으로 해 연결된 수많은 길들이 서로 동조를 이루며 작동하고 있다는 징표가 된다. 사람들은 이제 어떤 길 위에 있더라도 기차 시간표, 나아가 그리니치 표준 시간을 참조하고 있으면 서로 간의 거리를 시간 차이로 알게 되고, 위치에 따른 역할을 수행할 수 있게 되었다. 길 또한 이 과정에서 장소적 특징과 한계를 벗어나 공간의 성격과 임무를 부여받게 되고 시간과의 관계에서도 변화를 겪었다고 할 수 있다. 들녘에서 김을 매다가 해가 진 뒤 걷는 귀갓길과 정시 퇴근 후의 귀갓길은 같을 수가 없다. 전자가 마을 앞뒤 산들의 구도에 따라 해가 지는 장소적 특징을 지닌 저녁 시간의 모습이라면, 후자는 표준 시간에 따라 자본주의 노동자가 특정 시간에 있어야 하는 위치, 즉 공장지대와 주택가 등으로 구분된 근대적 공간 구도에서 개인들이 갖게 되는 시간상의 위치인 것이다. 시계를 지녔거나 볼 수 있는 사람은 이제 어떤 길 위에 있더라도 특정한 시간에 자신이 있어야 할 위치를 알 수 있었다. 그것은 새롭게 형성된 공간적 구도와 당시 널리 착용되기 시작한 시계에 의한 시간의 기계적 측정 방식이 결합됨으로써 공간적 차이가 시간적 차이로 쉽게 치환될 수 있었기 때문이다. 시계는 어리가 말하듯이 "공통적이고 동질적인 시간 지표를 제공"(어리, 2014: 184)하는 수단이다.

이 맥락에서 상기해봄 직한 것이 특정 시간에 특정 장소에 있어야 하는 주인공의 이야기를 다룬 쥘 베른의 『80일간의 세계일주』가 발표된 시점이 1873년이었다는 사실이다. 베른의 소설 주인공 포그와 일행은 런던을 떠났다가 런던으로 다시 돌아올 때까지, 물론 수많은 우여곡절을 겪기는 하지만, 세계 주요 지역을 기차와 기선을 이용해 이동하는 모습을 보여준다. 눈여겨볼 점은 이처럼 철도와 항로에 의해 연결된 길들은 19세기 말에 이르러 세계의 표면이 일종의 격자로 바뀐 가운데 거기 그어져 있는 선들과 다를 바 없게 되었다는 것이다. 80일 동안 포그 일행이 이동하는 노선은 이들 격자 선들 가운데 하나와 일치하고, 그들이 특정 시점에 머무는 장소는 그 위의 한 점에 해당한다. 이처럼 격자화된 세계에서 기차역이 중요한 위상을 차지하는 것은 그 위치가 산업자본주의 발달과 함께 확산되는, 철도와 항로의 연결로 이루어지는 새로운 길 체계에서 중요한 결절점을 차지하기 때문이다. 세계는 이 길 체계의 성립과 함께 단일한 계획 체계를 작동시키게 된다. 이제 진정한 하나의 단일한 시공간 체계가 탄생한 결과, 시간은 거리에 의해 그리고 거리는 시간에 의해 치환되는 것이 가능해졌다. 회중시계든 손목시계든 시계를 수중에 지닌 사람은 세계 어디에 있더라도 자신의 시공간적 위치를 알 수 있게 되었고, 근대적 세계체계 내 자신의 역할을 수행할 수 있게 되는 것이다. 철도와 항로의 연결은 이리하여 세계체계 작동의 근간이 되는 시공간 체계를 구성하는 핵심적인 하부구조를 탄생시킨 셈이다.

마천루와 도시 도로망

기차역이 19세기 길 체계의 핵심 부위를 차지한다면, 20세기 초 이후 대도시를 중심으로 형성된 길 체계 즉 도시 도로망의 중심이 되는 것은 마천루일 것이다. 마천루는 직립 존재의 20세기 판본에 가깝다. 인지언어학자 조지 레이코프가 말하듯, "은유적으로, 높은 빌딩은 서있는 사람이기도 하다. 높은 빌딩이 쓰러지는 것은 사람이 쓰러지는 것과 같다"(레이코프, 2006: 110). 높은 건물이 이처럼 서 있는 사람과 같다면, 마천루는 높은 건물 중에서도 더욱 높은 건물이니, 단순히 서 있는 사람의 모습을 넘어 초대 거인의 위용을 드러내는 셈이다. 이런 마천루를 지어 그것이 제공하는 고공의 시선을 갖게 됨으로써, 인간은 그리스 신화에서 신과 싸웠다고 전해지는 거인들보다도 더 위력적인 존재가 되었다. 마천루 꼭대기를 점유하게 되면 인간은 이제 과거 신에게만 있으리라고 여긴 것과 다를 바 없는 시선을 얻기 때문이다.

이것은 중세는 물론이고 르네상스, 그리고 산업자본주의가 작동하기 시작한 19세기와도 다른 상황이다. 과거에 인간의 시선이 우주에까지 닿았다면 그것은 상상과 허구에서 가능했던 일이었을 뿐, 실제 현실은 아니었다. 미셸 세르토에 따르면, "중세 및 르네상스 회화는 당시로서는 존재하지 않는 눈으로 전체를 조망한 도시를 보여주었다. 이 회화는 도시 위로 난다는 발상을 하고 그것을 가능하게 만든 재현 유형을 만들어냈다. 파노라마가 그것인데, 파노라마는 관람객을 천상의 눈으로 전환시켰다." 반면에 19세기 말, 20세기 초 이후 인간은 '천상의 눈'을 실제로 갖게 된다. "기술의 진전으로 이 모든 것을 다 볼 수 있는 능력이 만들어진 이후 상황은 달라졌다. 옛 화가들이 생각해낸 허구는 서서히 사실이 되었다"
(Certeau, 1985: 104).

　르네상스의 원근법적 시선과 마천루에 의해 제공되는 시선은 모두
고공에 위치한다는 점에서 서로 일치하지만, 전자의 경우 '신대륙' 발견
경쟁에 나선 국가들이 각자 보유한 지도를 국가 기밀로 만든 데서 알
수 있듯이, 극히 소수의 사람들에게만 주어진 것이라면, 후자는 대중에게
전적으로 공개되어 있다는 점이 다르다. 예컨대 1931년에 준공되어 오랫
동안 세계 최고층 건물의 대명사로 군림했던 미국 뉴욕의 엠파이어스테
이트빌딩은 높이 381m, 102층, 6,400여개의 창문에 67대의 엘리베이터,
2,500여개의 화장실을 갖춘 거대한 건물이다. 이 마천루는 그 안에 대규
모 인원을 수용할 수 있으면서 또한 최고층을 관광 장소로 만들어 입장료
를 지불할 수 있는 불특정 다수로 하여금 '천상의 눈'을 실제 경험하도록
만들었다. 원근법적인 시선이 전제하는 길 즉 미지의 대륙으로 이끄는
항로와 마천루를 통해 확인할 수 있는 길 체계 사이에는 중요한 차이가
하나 있다. 항로의 경우 르네상스 회화의 소실점 너머로 배치되어 보이지
않는 영역처럼 직접 그 물질적 실체가 확인되지 않는 반면, 엠파이어스테
이트빌딩의 최상층 전망대에서 보면 뉴욕 맨해튼의 시가지와 도로망이
한 눈에 들어온다. 원근법적 시선에서는 항로가 투시되어 나타나는 반면
마천루에서는 도로들이 직접 눈에 들어오는 것이다.

　마천루가 제공하는 시선과 이 시선이 전제하는 길 체계는 19세기 기
차역이 상정하는 시선과 그것이 전제하는 길 체계와도 다르다. 철도망과
항로가 중심이 된 길 체계에서 길은 여전히 추상적으로 표상되는 대상이
었다. 기차 시간표, 철도 지도에 등장하는 장소와 철도, 항로는 모두 구체
적인 대상이라기보다는 언급되는 이름들일 뿐이었고, 지도상의 표시들일
뿐이었다. 이것들은 아직은 인류가 실제 도달하지 못한 우주에 있는 것으

로 여겨지는 눈으로만 볼 수 있는 대상들이라는 점에서 모두 추상물에 해당한다. 르네상스 시대 이후 원근법이 개발된 뒤로 인간의 추상 능력은 급속도로 발달되었고, 특히 19세기부터는 산업자본주의가 발달해 정교한 철도-항로 체계를 만들어낸 것은 사실이나, 아직 이 체계를 확인하는 방식은 도표나 도식을 사용하는 재현 과정을 거쳐야만 했던 것이다. 반면에 마천루 최상층 전망대에서는 복잡한 도로망을 가진 도시 전체의 모습이 관찰자의 직접적 시야에 담기게 된다. 물론 마천루가 들어서는 곳은 단일한 한 도시일 테지만, 그것이 처음 등장한 뉴욕과 같은 곳은 예사 도시가 아니라 메트로폴리스로서 자본주의 헤게모니 국가의 중심부였으며, 마천루에서 본 경관은 그래서 세계체계의 핵심 부위를 구성했다고 할 수 있다. 게다가 이제 이런 모습을 보는 것은 더 이상 가상의 눈이 아니라 우리의 신체적 눈이다. 세르토가 말한 '허구의 사실화'는 이를 두고 한 말로 들린다.

그러나 우리는 르네상스 원근법에 의해 가능해진 허구적 재현이 20세기 이후 사실로 변하는 과정에서 허구의 역할이 완전히 사라지진 않았다는 점도 기억할 필요가 있다. 르네상스 탐험가들이 사용한 항해지도는 원근법에 의해 재현된 르네상스 유화와 마찬가지로 상정과 예측, 다시 말해 허구에 기반을 두고 있었던 셈이다. 그림으로 묘사된 소실점은 그 너머 아직 가보지 않은 곳을 생략해 버리지만, 항해지도에서 그것은 하나의 시점이나 순간으로 끝나지 않고, 대양에서 계속 나아가야 할 항로로 전환된다. 소실점은 원근법에 의해 "과거에서 현재로 미래로 가는 움직임"으로 재정의되며, 항해지도에서는 '대발견의 선장들'을 불러내는 시선으로 작용하게 되는 것이다(Hillis, 1994: 3). 소실점 너머로 항해하는 사람의 눈은 그래서 예측하고 상정하는 허구의 눈이 된다. 이 허구가 꼭 허황하지만은 않다는 것은 예컨대 콜럼버스가 항해지도를 이용해 대양을 건

넓고 미지의 대륙을 실제로 찾아냈다는 사실이 말해주는 바다. 여기서 우리는 허구가 현실을 구성하는 힘으로 작용함을 보게 된다.[64] 이 힘은 오늘날 그렇다면 사라진 것인가? "기술의 진전으로 모든 것을 다 볼 수 있는 능력"이 만들어지고," 덕분에 르네상스 "화가들이 생각해낸 허구가 사실이 되었다"는 세르토의 말은 이제는 허구가 사실에 자리를 내준 것이라는 의미로 들리기도 한다. 하지만 그렇게만 해석해선 안 될 구석도 있다. 오늘날도 원근법적 허구는 수많은 방식으로 사실을 구성하는 효과를 발휘하고 있기 때문이다. 길의 역사 관점에서 보면, 그 허구는 예컨대 도시계획에서 도로망을 만들어낼 때 사용되는 수많은 투시도의 형태로도 존재한다. 마천루는 이때 그 투시도의 위치에 해당할 것이다.

마천루가 서 있는 곳은 주로 도시 도로망의 한 복판이다. 그것은 고층 건물일수록 인적이고 물적이며 사회적인 자원을 집중적으로 동원해야 하고, 따라서 교통이 가장 편리한 곳을 지향해, 도시 안에서 가장 좋은 '길목'을 차지할 필요가 있기 때문이다. 마천루는 사실 그 존재 자체로 도로망을 포함한 정교한 공간적 하부구조를 전제한다고 봐야 한다. 마천루 한 채가 들어서기 위해서는 도시의 거대한 사회적 자원이 사전에 복잡한 구도로 배치되어 있어야 하니까 말이다. 마천루가 제공하는 시선은 그래서 이미 현실로 구현된 도시계획 투시도의 시선과 중복된다고 할 수 있다.

길의 역사에서 마천루의 등장이 획기적인 점 하나는 수직으로 된 길을 처음 탄생시켰다는 데 기인한다. 전에도 절벽을 탈 때는 수직으로 오르는 경우가 없지 않았으나, 그것은 어디까지나 드문 일이었다. 하지만 엘리베이터가 상용되면서 사람들은 수직 상승과 강하를 일상적으로 경험하게

64_ 원근법의 '허구성'은 르네상스 시대에 만연한 연극적 효과처럼 현실 구축 효과를 갖는다. 연기는 무대에서는 허구적 성격을 띠지만, 무대 자체가 된 세상에서 연기는 연기자로 하여금 자신이 연기한 배역과 동일한 정체성을 얻게 만들 수 있다.

되는 새로운 길을 갖게 된다. 이런 엘리베이터를 장착한 마천루는 인간을 새로운 존재로 탄생시켰다고 할 수 있다. 인간은 오래 전부터 날고자 하는 꿈을 지녀왔다. 다빈치가 평생 관심을 갖고 추진했던 과제 하나는 새의 나는 모습을 닮은 날틀을 만드는 것이었다. 마천루가 들어섬에 따라—비슷한 시기에 비행기가 발명됨에 따라—인간은 실제로 새가 되고 신이 된 셈이다. 신이 된 인간은 이제 미래를 설계하며, 자신이 설계해 만든 세계를 보고 즐기기도 한다. 예컨대 엠파이어스테이트빌딩 최상층 전망대에 서면 누구라도 "날개가 돋아 신선이 된"(羽化而登仙) 상태가 되기 때문이다. 단, 소식(蘇軾)이 11세기에 「전적벽부」에서 이 표현을 썼을 때는 자신이 "세상을 벗어나 홀로 선"(遺世獨立) 모습을 그리고자 했다면, 마천루에 오르는 것은 오히려 세상을 더 많이 보기 위함이라는 차이가 있다. 마천루에 설 때 우리는 말 그대로 날개 달린 신선 또는 천상의 눈을 가진 존재가 되어, 도시의 모습을 유적 존재로서 우리 자신이 허구적 투시를 통해 이룩해낸 업적물로서 보게 된다. 마천루의 전망대는 이때 인간이 미래를 설계하기 위해 조망하는 장소이면서 동시에 자신이 설계한 도시의 모습을 확인하는 장소가 되는 셈이다. 신이라면 당연이 이래야 할 것이다. 기독교 신화에서도 신은 세계를 창조한 뒤 보고 좋아한 것으로 전해지고 있지 않은가.

이상화해서 말하자면, 마천루는 패트릭 게데스가 설립한 '전망탑(outlook tower)'과 유사하다. 게데스는 1892년에 스코틀랜드 에딘버러에서 전망대로 쓰이고 있던 한 건물—의미심장하게도 이 건물의 원래 이름은 '카메라 옵스큐라'였다—을 구입해 도시 경험의 교육장으로 만들었다. 그는 자신의 시대가 "개인과 그 환경 간의 단절"을 초래한 "실질적 문명 위기"에 빠진 것으로 보고, 전망탑을 그에 대한 한 해결책으로 이용하고자 했다. 게데스의 전망탑, 특히 지붕꼭대기 테라스 위치에서 제공되는 주된 시각적 경험은 "도시와 주변 경치를 위에서 보는 것"이었다. 피에르 샤바르에 따르면 게데스의 전망탑은 긍정적인 종류의 바벨탑에 해당한다. 전망탑은 "수많은 별개의 특수한 과학적 관찰들"이 "그것들 전체를 포괄하는 개관적 시각"으로 통합되어 "현실에 대한 인식"을 얻을 수 있는 곳으로 제시되었다는 것이다(Chabard, 2004). 이런 원대한 꿈을 지녔던 전망탑이 에딘버러에서 가장 높은 곳에 위치하긴 했어도 6층에 불과했다면, 이후에 들어선 마천루는 훨씬 더 높은 건물 표고를 자랑하게 된다. 20세기 초에 102층의 엠파이어스테이트빌딩이 들어선 데 이어 20세기 후반, 특히 말 이후부터는 그보다 더 높은 건물들이 속속 들어섰고, 최근에는 대만, 싱가포르, 두바이, 한국 등 과거 자본주의 세계체계의 변방에 속하던 일부 나라들에도 초고층 건물들이 들어서고 있는 것이다. 마천루는 대체로 전망대를 갖고 있고, 또 게데스의 전망탑에 원래 설치되어 있던 카메라 옵스큐라를 대체했다고 할 수 있는 망원경 또는 쌍안경을 비치해 관광객으로 하여금 건물 주변의 도시 경관을 한눈에 볼 수 있게 고공 시선을 제공한다.

하지만 고공의 시선과 그것이 전제하는 계획은 대가를 치르게 만들 수도 있다. 이카로스의 이야기는 하늘을 날고자 하는 욕망이 그런 욕망을 품은 자를 망치기도 함을 말해준다.

그[이카로스]가 있는 고공이 그를 엿보는 자(voyeur)로 바꾼다. 고공은 그를 멀리 떨어진 곳에 위치시킨다. 고공은 매혹적인 세계를 텍스트로 바꾼다. 고공은 이카로스로 하여금 그것을 읽게 한다. 그로 하여금 태양의 눈, 신의 시선이 되게 한다. 관찰적 혹은 영지적(靈知的) 충동의 고양. 이 보는 지점이 되는 것만으로도 지식의 허구가 만들어진다. 그렇다면 우리는 위에서는 보이나 저기 아래에서 아무것도 보지 못하고 있는 사람들 떼가 몰려다니는 침울

한 공간으로 다시 내려가야 하는가? 이카로스의 추락. 107층 계단에는 포스터 하나가 수수께끼처럼 즉각 선견자가 된 산보객에게 수수께끼를 내건다. "올라와 있으면 아래에 있기 어렵다"(Certeau, 1985: 123).

세르토는 여기서 2001년 9.11 사건으로 붕괴된 뉴욕 세계무역센터 건물 107층에 올라간 '산보객'의 경험을 이카로스의 그것과 같은 것으로 보고 있다. 하늘 높이 있으면 눈 아래 모든 것이 다 보이는 것 같으나 실은 매혹적으로 조밀한 세계가 엉성한 텍스트가 되어 나타난 것만 보게 된다는 것이 세르토의 생각이다. 고공은 이카로스로 하여금 눈 아래 세계를 텍스트처럼 보이게 하면서 동시에 사실은 그 세계를 제대로 보지 못하게 한다는 것이다. 그 이유는 다음과 같다. "통찰력 지닌 신은 일상 행동의 모호한 얽힘들로부터 거리를 두어야 하고 자신을 일상 행동의 국외자로 만들 수밖에 없다"(124). "올라와 있으면 아래에 있기 어려운" 이유가 여기에 있다.

반대로 도시의 평범한 행위자들이 거주하는 곳은 가시성이 끝나는 문턱 밑, 아래쪽이다. 이 실험의 원료는 보행자들, 방랑자들로서 그들의 신체는 자신들이 읽지 않고 쓰는 도회적 '텍스트'의 선과 획을 따라간다. 이들 행위자들은 자기의식이 없는 공간들을 사용한다. 그 공간들에 대한 그들의 지식은 한 신체가 다른 사랑하는 신체에 대해 갖는 지식만큼이나 맹목적이다(124).

이것은 마천루가 제공하는 시선이 보여주는 세계와 도시의 현실을 구성하는 세계가 동일하지는 않다는 말이다. "도시공간의 판옵티콘적 제도에 맞서 도시라는 실제, 즉 사람들이 경험하고 있는 도시, 인간적 시학과 신화적 공간경험을 만들어 내는 미로와 같은 현실이 있다. 도시공간의 후미진 곳과 주변부에서 사람들은 장소에 의미, 추억, 욕망을 투사한다" (Donald, 1995: 78).

그러나 장소, 미로, 도회의 선과 획이 그 나름의 현실을 구성한다고 해서 이카로스가 탐낸 고공의 시선이 아무런 역할을 하지 않는 것은 아니다. 세르토는 위에 있는 사람은 보려 해도 보지 못하는 '아래'에서 움직이는 보행자들, 방랑자들이 행하는 실천을 '전술'로 보고 이것을 지배자의 '전략'과 구분하면서, 그 의미를 크게 강조했지만(Certeau, 1984), 인류 사회는 이카로스의 눈으로 세계를 '보고', 설계하고, 주조해 오기도 했다. 르네상스 시대의 항로 개척, 19세기의 항로와 철도의 연결, 그리고 정교한 도로망 한가운데 우뚝 선 마천루 건설 등이 이루어지려면 이카로스의 눈처럼 조감하는 시선은 필수적이다. 이 시선이 얼마나 전지적인가, 사회적으로 얼마나 통합적인가는 중요하지 않다. 게데스의 경우 "개인과 그 환경 간의 단절"을 극복하기 위한 시선 확보를 위해 전망탑을 기획했다지만, 사실 20세기 초 이후 마천루가 대거 등장하게 되는 시점은 주로 금융적 투기 열기가 최고조에 달할 때, 축적을 향한 자본의 충동이 그 맹목성을 가장 왕성하게 발휘한 때다. 마천루가 집중 건설된 뒤 바로 대규모 경제위기나 공황이 도래되곤 하던 것을 눈여겨본 사람들은 그래서 '마천루의 저주'라는 표현을 만들어 내기도 했다.[65] 이렇게 보면 마천루는 그 조성을 위해 한편으로는 정교한 투자계획과 거대한 도시계획을 필요로 하지만, 다른 한편으로는 자본의 맹목적인 축적 운동을 그 존재 조건으로

65_ 엠파이어스테이트빌딩이 1931년에 완공되었을 때 미국은 이미 대공황에 빠진 상태였고, 런던의 카나리 워프 타워(현 원 캐나다 스퀘어)가 개장된 1991년은 영국에서 불황이 시작된 시점과 일치한다. 말레이시아에서 페트로나스 쌍둥이빌딩이 들어선 1998년은 아시아 경제위기가 시작된 해였고, 두바이에서 808미터 162층 건물이 들어선 2010년은 두바이가 경제위기를 겪은 시점이며, 한국에서는 2000년대 중반에 기획된 수많은 마천루 건물이 경제위기로 무산되었다(강내희, 2014 참고).

갖고 있는 셈이라 하겠다. 마천루가 전제하는 도로망은 그래서 꼭 체계적이기만 한 것은 아니다.

위치 추적과 정보고속도로

2014년 1월부터 한국 정부는 주소 체계를 기존의 지번 중심에서 도로명 중심으로 바꿔 시행하기 시작했다. 도로명 주소 체계는 길들을 8차선 이상의 '대로', 2-7차선의 '로', 그리고 1차선의 '길'로 구분하고, 이들 길에 있는 건물 각각에 일련번호를 부여하는 방식으로 이루어진다. 과거의 주소는 행정 단위의 지역명칭 다음에 지번을 써서 나타냈다면, 이제는 지번 대신 도로명과 건물번호를 써서 나타내도록 한 것이다. 새로운 주소 체계를 도입한 근거에 대해 한국 정부는 도로명 주소가 "국제적으로 보편화된 주소 체계"이며, "한국을 찾는 외국인의 길 찾기가 편리해지고, 경찰·소방 등 응급구조기관의 현장 대응력이 제고되며, 물류비 등 사회·경제적 비용이 대폭 줄어든다"(신동호, 2015. 10. 16)는 등의 이유를 제시했다. 기존의 지번 주소는 토지 구획을 통해 번호를 붙인 것이라 "1번지 옆에 59번지가 있는 등 체계적이지 못하고 또 같은 지번에 여러 개의 건물이 있어 찾기에 불편한 점"이 있었던 것이 사실이다. 새 주소 체계에서는 같은 길에 있는 건물은 고유한 일련번호를 부여받기 때문에 그런 혼란이 예방될 수 있다. 하지만 새 주소체계는 "선비마을, 효자동, 삽다리, 너덜리, 마장동, 초정리, 옥수동 등" "동네의 지세와 문화적 특징이 고스란히 간직"(이남철, 2014)된 마을 이름을 주소에 명기할 수 없게 만들어 비판을 받기도 했다.

특정 장소, 특히 주택을 비롯한 건물에 번호를 부여하는 사회적 관행은 18세기 후반 유럽에서 처음 시작된 것이다. 근대적인 공간적 실천으로서 번지 부여는 복수의 요인들에 의해 시작되었다고 할 수 있다. 프랑스에서 이 관행이 생긴 것은 수도인 파리가 아니라 지방이 먼저였는데, 이는 군인들을 공식 막사에 주둔시킨 수도에서와는 달리 평상시 민간 주택에 머물게 한 지방에서 군인들을 추적하기 쉽도록 하기 위함이었다. 그러나 군인 통제보다 더 중요했던 것이 도시에서의 민간 행정이었다고 한다. 개인들의 가옥에 대한 번지 부여는 정부로 하여금 조세 부과, 인구 조사 등을 용이하게 실시하도록 해주고, 공간의 상품화를 위한 행정 기반으로 이용되었던 것이다(Rose-Redwood, 2006: 97-98). 미국에서도 18세기 후반 이후 가옥 번호 부여 관행이 생기기 시작했다. 로즈-레드우드에 따르면, 유럽에서나 미국에서나 이 흐름을 주도한 것은 자본의 역할이었다. "많은 경우 가옥 번호 부여를 상품 교환 목적에 쓰이도록 도시 공간을 합리화하는 방안으로 처음 권장한 것은 기업계, 특히 시민 및 회사 명부 출판업자들"(99)이었다는 것이다. 이 무렵 유럽과 미국의 도시들이 지번에 관심을 쏟기 시작한 것은 가옥 번호가 효율적인, 특히 자본의 원활한 순환에 적합한, 공간 관리에 도움이 된다고 봤기 때문이다. 19세기 중엽 미국의 한 명부 출판업자는 "시민과 이방인이 자신의 이익을 추구할 때 노동과 시간을 적절하게 사용하도록 돕는 것이 우리 명부의 목적"(111)이라고 밝히기도 했다. 가옥 번호를 부여하는 일은 결국 자본의 능률적인 순환을 통해 개인들이 사익을 추구할 수 있도록 공간을 합리화하는 일이었던 것이다.

여기서 우리가 주목할 점은 가옥 번호를 부여하는 작업은 거의 언제나 길을 따라 이루어진다는 것이다. 주택과 건물을 거리를 따라 배치하는 도시에서는 특히 그러하다. 앞에서 살펴본 것처럼 대도시의 마천루가 도시 도로망의 핵심 위치를 차지하게 된 것은, 도시에서 이와 같은 구도, 즉 주택과 건물, 나아가 이들 건조물과 사적 소유 관계를 지닌 개인들의 위치가 파악될 수 있는 일정한 도시 공간 체계가 만들어진 뒤의 일이다. 이런 체계에는 19세기 말에 "근대적 도시계획의 모델 자체로 인정받게 된" '오스만 패턴' 또는 '대로'도 포함된다고 할 수 있다. 이 대로는 버만이 말하듯이, 그 "끝부분에 기념 건조물을 두고 있는 광활한 전망"을 가지고 있었고, 보행자들에게 "독특하게 매혹적인 장관"(Berman, 1987: 151-52)을 제공했을 것이다. 하지만 이 장관이 벤야민이 말한 판타스마고리아로 작동한 한에서, 그것은 세계박람회처럼 보행자들이 "교환가치에 대한 공감을 배우는⋯훈련소"(Benjamin, 1999a: 201)로 작동하기도 했다고 봐야 한다. 오스만 대로에서 보행자가 자유롭게 하는 산책은 그로 하여금 자본주의적 주체가 되게끔 하는 훈련 과정과 다를 바 없었던 것이다. 물론 상황을 다르게 보는 이도 없지는 않다. 세르토의 경우, 20세기 후반 미국의 뉴욕에서 거리를 걷는 보행자는 107층 높이의 세계무역센터 전망대가 제공하는 시선으로부터 벗어나 그만의 '전술적' 행위 즉 "일상 행동의 모호한 얽힘들"(Certeau, 1985: 124)을 써낼 능력이 있다고 간주한다. 그러나 이것이 사실이라고 하더라도 그런 보행자가 자본주의적 지배 전략의 작동을 중단시킬 수 있는 것은 아니다. 마천루가 제공하는 시선, 그것이 전제하는 자본 축적의 전략은 마천루가 존립하는 한 계속 작동할 것이기 때문이다. 그뿐만 아니다. 마천루의 고공 감시 시선에서 벗어나서 거리를 걷는 보행자들도 오스만대로의 보행자들처럼 "교환가치에 대한 공감"을 배운 한에서는 자본주의적 주체로 살아갈 수밖에 없다고 해야 한다. 그들이 속한 도시 거리들이 복잡하게 얽혀있고, 그 속에서 그들이 다양한 전술을 구사할 수 있다손 치더라도, 그런 거리 공간이 18세기 후반 이후부터 자본주의적 도시 거리와 건물에 부여된 명칭과 번호들 체계에 의해 관리되고 있다는 사실 자체가 변하는 것은 아니다. 다시 말해 세르토가 말하는 보행자들이 자유롭게 걷는 것으로 상정한 도시의 거리는 이미

각 보행자의 위치가 확인될 수 있는 하나의 종합적 격자망을 이루고 있는 것이다.

오늘날 길 위에서의 이런 위치 확인은 더욱 신속하고 정확하게 이루어진다. 19세기 중반 파리에 살았던 시인 보들레르는 빚쟁이들을 피해 카페나 독서 서클로 가서 시간을 보냈고, 동시에 두 개의 숙소를 두고 지내다 집세를 내야 할 때는 친구와 함께 제삼의 장소에서 밤을 지낸 것으로 알려져 있다(Benjamin, 2006: 78-79). 하지만 그런 피신 방법으로 보들레르가 자신을 추적하는 사람들의 시선을 피할 수 있었다면, 그것은 그의 시대에는 사람들을 추적하고 감시하는 방식이 아직은 직접 대면에 의한 확인으로 이루어졌기 때문이다. 세르토가 언급한 20세기 후반 뉴욕의 보행자가 스스로 고공의 시선으로부터 자유롭다고 느꼈다면, 그것 역시 지배적인 시선이 그때까지는 여전히 물리적인 성격이 강했던 것과 무관하지 않을 것이다. 반면에 오늘날 우리를 관찰하는 시선은 새로운 기술에 의해 그 성능이 훨씬 더 강화되었다고 봐야 한다. 우리의 신체적 위치, 이동 경로, 소비 성향, 정체성 등은 이제 전혀 새로운 방식을 통해 파악되는 디지털 정보로 전환되었다. 이 정보는 인터넷, 월드와이드웹, 이메일, 웹페이지, 유비쿼터스 컴퓨팅, 무선주파수인식장치(RFID), 범지구위치결정체계(GPS) 등 최근에 개발된 고도기술을 활용해 작동하는 정보고속도로를 빛의 속도로 흘러 다니기 때문에 그만큼 빨리 포착되고 인식된다. 게다가 사람들은 이제 거의 예외 없이 각종 스마트 기기를 휴대하고 있어서, 과거 아케메니드 제국의 왕도나 잉카제국의 카팍 냔을 전문적으로 달리던 전령들보다 더 일상적으로 새롭게 조성된 고속도로 위 삶을 영위하고 있다. 하지만 이 결과 우리는 그만큼 더 쉽게 길 위에서 노출되고 있기도 하다. 길을 찾고자 내가 작동시키는 휴대전화의 위치서비스는 나 자신의 위치를 위성궤도를 돌며 작동하는 GPS로 하여금 바로 포착할 수 있게 하고, 내가 사사롭게 보내는 이메일이나 문자, 동료와 나누는 카카오톡 대화, 트위터나 페이스북에 올린 발언 등은 쉽게 정보기관에 의해 수집되어 나와 관련한 빅 데이터에 포함된다. 우리는 이제 그래서 지구 어디에 있어도 '고공 시선'에 노출되어 추적될 수 있는 존재가 되었다고 봐야 한다. 이런 생각을 피해망상증 환자의 근거 없는 우려로만 여겨야 할까? 2013년 미국 중앙정보국과 국가안보국 전 직원 에드워드 스노든이 폭로한 바에 따르면, 미국의 국가안전국(NSA)과 영국의 정보통신본부(GCHQ) 등 세계 강대국의 정보기관은 '테러와의 전쟁'을 이유로 스스로 위험하다고 결정한 개인들이 전자고속도로를 통해 교환하는 정보를 자의적으로 검열할 수 있는 것으로 나타났다. 한국에서도 최근 정보기관이 초법적으로 자국민을 대상으로 정보를 수집하고 있어서 시민사회가 대응에 나서고 있다.

길 위 개인들을 추적 가능한 대상으로 만드는 정보 기술은 넓게 보면 센서스에 해당한다. 센서스는 인구 전반을 조사하고 통제하고 관리하기 위해 운영되는 근대의 통치 기술이다. 유럽과 미국에서는 18세기 후반부터, 한국의 경우는 일제강점이 시작된 20세기 초 이후 도시 인명부를 만들거나 토지에 지번을 부여하기 시작한 것은 땅과 건물을 중심으로 사람들과 그들의 재산을 해독 가능한 대상으로 만든 조치라고 할 수 있다. 위에서 나는 철도와 항로가 결합되고 기차 시간표가 만들어졌을 때 지구 상에 일정한 격자가 형성되어 개인들이 속한 장소나 위치가 그 격자 상의 점들로 파악될 수 있다는 점을 언급한 바 있다. 18세기 말 이후 유럽과 미국의 도시들에서 체계적으로 시행되기 시작한 가옥 번호 부여 관행은 이 격자를 더 정교하게 만든 과정에 해당할 것이다. 지번을 만들고, 도시 거리에 건립된 건물에 일련번호를 매기는 것은 공간의 가독성을 높이는 일이다(Rose-Redwood, 2006). 하지만 오늘날 이 가독성은 정보고속도로의 건설과 함께 자동화의 수준에까지 이르렀다고 할 수 있다. 이것은 정보고속도로의 일상적 통행자로서 자발적으로 자신을 빅 데이터로 전환시킴으로써 우리가 자신의 가독성을 더욱 강화하고 있어서 생긴 일이기도 하다. 예컨대 내가 영국의 『가디언』지 기사를 온라인으로 검색하는 순간, 내 컴퓨터 화면에는 엉뚱하게도 한국 시장에서 판매되는 상품 광고가 뜬다. 내가 특정 웹페이지를 열자마자 컴퓨터 화면에 광고가 뜨는 것은 인터넷에 접속하는 순간 나와 관련해 축적된 빅 데이터를 이용한 광고시장이 작동하기 때문에 생기는 일이다. 영자 신문을 읽는 내 컴퓨터 화면에 한국어 광고가 뜨는 것은 나를 잠재 고객으로 여기는 광고주들로 하여금 광고 경매에 참여토록 할 만큼 '자동화 광고' 시장에서 나의 정체성, 성향 등에 관해 수집된 정보가 그만큼 정확하고 세밀하다는 말일 것이다. 하지만 이것은 정보고속도로를 타고 있는 한, 나는 '이글 아이' 즉 고공의 시선을 벗어날 수 없는 신세가 되었다는 말이기도 하다.

직립과 함께 길을 만들게 되었을 때, 인간은 자신의 삶에 대한 전망을 세우고, 삶의 구도를 계획했다고 할 수 있다. 길 떠나기, 길 찾기 등 길을 통해 인간이 하는 많은 일들은 인간적 삶을 구축하기 위한 노력의 일환이었을 것이다. 인간은 직립을 통해 자유로운 손과 유연한 후두를 가지게 됨과 동시에 멀리 보기, 즉 미래를 내다보는 일, 계획할 수 있는 능력도 함께 갖게 되었다. 이런 것들을 가리켜 우리는 '존재적' 존재의 특장들로 간주할 수 있을 것이다. 길은 이런 특장을 가진 인간이 다른 동물과 달리 구상을 통해 실행하는 특이한 동물로서 처음으로 만들기 시작한 산물들 가운데 속한다. 길을 만드는 일은 그래서 인간적 삶을 꾸리는 중요한 일부가 아닐 수 없었다. 그러나 적어도 왕도 이후로 길은 인간들 간의 지배와 그와 관련된 전략과 무관하게 조성되진 않았던 것 같다. 오늘날 인류 문명은 가장 발달한 단계에 이르렀고 이에 따라 최고의 성능을 자랑하는 다양한 길들을 조성해 운영하게 되었다. 하지만 그와 동시에 자신의 길 만드는 능력에 의해 우리는 스스로 포박된 상황에 처해 있기도 하다. 멀리 보는 능력, 구상하고 계획하는 능력을 길 만드는 능력으로 전환시키면서, 인간은 오솔길, 다리, 골목길, 당나귀길, 왕도, 항로, 철도, 거리, 포장도로, 고속철도 등 숱한 길들을 만들어 왔지만, 동시에 이들 길을 인간 지배를 위한 수단으로 삼아 오기도 한 것이다. 인간이 만들어낸 길은 인간의 해방을 위해 순기능적으로만 작용하지 않고, 오히려 인간에 의한 인간의 지배를 위해 사용되었기 때문이다. 다음 장에서는 이런 지배가 자본주의 체제 하에서는 또 어떻게 작동하게 되는지 살펴보고자 한다.

제7장
자본 축적의 길

　자본주의 시대에는 길이 조성되거나 유지되고 관리되는 방식도 자본의 작동 방식, 무엇보다도 자본 축적이 어떻게 이루어지느냐에 의해 영향을 받게 된다. 자본주의 하에서 자본이 축적되는 방식은 기본적으로 두 가지로서 그것은 착취와 수탈이다. 자본주의 시대에 길이 새롭게 조성된 과정과 이를 둘러싼 사회적 역학 관계, 새로 출현하는 길의 작동 및 사용 방식, 길이 수행하는 기능, 그것이 미치는 사회적 영향 등은 따라서 자본 축적의 이 이중 운동과의 관계를 통해 이해될 필요가 있다. 르네상스 시대 서구인이 감행한 '미지의 땅'으로 향한 항해, 같은 시기 스페인과 영국 등 서유럽 내부에서 일어난 인클로저 운동과 이후 다수 인민의 부랑 생활, 19세기에 세계 전역에서 이루어진 철도의 부설 및 이와 연결된 항로 이용의 증가, 20세기 초부터 진행된 도로의 자동차 전용화, 같은 세기 중반부터 진행된 고속도로 건설과 항공로 개척, 그리고 최근 들어와 지구 전역에서 일어나고 있는 정보고속도로 설치와 그에 따른 길 체계의 새로운 이용 방식 출현 등은 모두 수탈과 착취에 의한 자본주의적 축적과 무관하지 않은 것이다.

　축적의 이중 운동은 자본주의 체계가 폭력적 과정을 통해 형성된 16

세기 이후부터 작동하기 시작했다. 그 운동의 발단은 '원시적 축적'이라고 불리는 일련의 과정이다. 맑스에 따르면 원시적 축적은 과거 자신의 토지를 경작하거나 공유지를 활용하며 살고 있던 사람들을 "갑자기 그리고 폭력적으로 그들의 생존수단으로부터 분리"시켜 "무일푼의 자유롭고 의지할 곳 없는 프롤레타리아로" 만들어 "노동시장에 투입"시킨 피로 물든 과정으로 이해되어야 한다(맑스, 2001b: 983). 이런 점을 단적으로 보여준 것이 16세기에 들어와 영국에서 부쩍 강화된 형태로 진행된 인클로저 운동이다. 인클로저는 봉건제도의 붕괴 과정에서 자영농민으로 살아오던 사람들을 그들의 생활근거지에서 쫓아낸 폭력적 조치로서, "통상 그토록 온순하고 그렇게 적게 먹곤 했던 양이…이제 너무나 탐욕스럽고 사나워져 사람들까지 먹어치운"(More, 2002: 18) 과정에 해당한다. 양이 사람을 먹어치운다는 것은 사람들이 먹고 살던 토지, 공유지를 이제 양모 생산을 위해 사육되기 시작한 양이 차지하게 되었다는 말이다.

원시적 축적의 결과 자본주의 체계는 양대 주체를 갖게 되었다고 할 수 있다. 한편으로 폭력적인 방식으로 자본을 축적한 자본가계급, 다른 한편으로 봉건적 의무로부터는 자유로워졌으나 자신의 생존수단으로부터 분리됨에 따라 무일푼의 프롤레타리아가 되어 노동력을 팔아야만 살 수 있는 노동자계급이 그들이다. 자본주의 체계는 이들 두 주체의 역사적 조우, 즉 자본과 노동력의 우발적 만남과 결합의 결과로 형성되었으며, 자본이 노동력을 노동 과정에 투입해 생산하게 만든 잉여가치를 착취함으로써 자본의 축적 또는 확대 재생산을 꾀하는 경제적 체계다.66 원시적

66_ 자본주의는 자본과 노동력이 결합된 사회 체계다. 자본주의는 자본의 축적 운동을 근간으로 해 작동하는 사회 체계로서, 그 운동이 일어나려면 화폐가 자본으로 전환되어야 하고, 맑스가 지적하듯이 "화폐가 자본으로 전환되기 위해서는 화폐소유자는 상품시장에서 자유로운 노동자를 발견하지 않으면 안 된다." '화폐소유자에 의한 자유로운 노동자의 발견'을 우리는 자본과 노동력의 '역사적 만남'으로 파악할 필요가 있다. 왜냐하면 그것은 "자연사

축적에 의해 자본주의적 착취 체계가 성립하고 나면, 이 체계는 독자적으로 작동하기도 하지만, 그렇다고 원시적 축적이 중단되지는 않는다. 원시적 축적은 서구 자본주의 발달 과정에서 제국주의 침략과 식민지 침탈, 가사노동을 통한 여성의 수탈, 재개발 등을 통한 빈민의 수탈 등 다양한 형태로 반복되어 왔다.

자본주의 시대 길의 역사는 자본 축적을 위한 수탈과 착취의 이 이중 운동과 긴밀하게 연계되어 전개된다. 길은 사람들의 신체, 나아가 동물이나 기계처럼 이 신체를 실어 나를 수 있는 또 다른 신체가 이동하는 수단이다. 이런 점을 고려할 때 자본주의 시대의 길은 사람들의 신체를 포함한 다양한 신체들이 수탈과 착취의 조건과 방식에 따라 그 형태와 기능을 바꾸게 되었다고 볼 수 있다. 이 장에서 나는 자본주의 하에서 착취와 수탈에 의거한 축적의 조건과 방식이 길의 형성 조건, 길의 이용 방식, 형태나 기능 등에서 어떤 변동을 초래했는지 살펴보고자 한다.

원시적 축적과 부랑의 길

중세의 길 체계는 앞서 본대로 주로 도시 거리를 중심으로 형성되었던 편이다. 이것은 당시에는 "보통사람들의 삶이 장원의 요건에 의해 지배"되었고, "이동은 집과 마을 주변에 기반을 둔 지역 활동이고, 원거리 이동은 통칙이라기보다는 예외"(Lay, 1992: 61)였기 때문이었을 것이다. 그러나 봉건사회가 해체되고 인클로저가 진행되면서, 먼 길 떠나기가 늘어나게 된다. 그전까지 봉건 장원의 토지나 공유지를 활용해 살던 사람들이 대대적으로 자신들의 생존수단으로부터 강제적으로 분리되어

적 관계도 아니며 또한 역사상의 모든 시대에 공통된 사회적 관계도" 아닌, "분명히 과거의 역사적 발전의 결과"이기 때문이다(맑스, 2001a: 221).

쫓겨나기 시작한 결과다. 영국의 경우 15세기 말 이후 원시적 축적이 진행되자, 사람들은 대거 길 위로 나앉게 되었고, 그 결과 길을 무대로 삼아 행동하게 됨으로써 다수가 '연극적' 존재가 되기 시작했다. 르네상스 시대에 연극이 대중적 관심을 끌었던 것은 과거의 신분 대신 자기-연출에 의해 새로운 정체성을 획득할 수 있는 기회가 모처럼 열렸던 사정과 관련이 있었을 것이다.[67] 그러나 16세기 중반 영국에서 그전에 이미 발효되고 있던 부랑금지법에 더욱 가혹한 처벌 규정이 추가된 데서 볼 수 있듯이(Clarke, 1957: 468), 생존수단을 잃고 길거리로 나선 사람들에 대해서는 철저한 감시와 통제, 그리고 처벌이 뒤따랐다. "15세기 말과 16세기 전체 기간을 통해 서유럽의 모든 나라에서 부랑자에 대한 피의 입법이 실시"된 것이다. 헨리 8세 치하인 1530년에 제정된 법에 따르면, "늙고 노동능력 없는 거지는 거지 면허를 받"지만, 건장한 사람이 부랑자로 잡히면 "태형과 감금을 당한다. 그들은 달구지 뒤에 결박되어 몸에서 피가 흐르도록 매를 맞고 그 다음에 그들의 출생지 또는 그들이 최근 3년간 거주한 곳으로 돌아가 '노동에 종사하겠다'는 맹세를 한다." 헨리 8세 제27년인 1535년의 법령은 더 가혹한 처벌을 담고 있었다. 운 나쁘게 누가 "부랑죄로 두 번 체포되면 다시 태형에 처하고 귀를 자르며, 세 번 체포되면 그는 중죄인으로 또 공동체의 적으로 사형에 처해"(맑스, 2001b: 1009-10)졌던 것이다. 이런 사실은 "뿌리 뽑힌 농부, 쫓겨난 도제, 노상강도, 부랑 거지—요컨대 후기 봉건 경제의 해체로 등장한 수많은 '주인 없는 자들'"(Halpern, 1991: 59)에 대한 공포, 그리고 관리 필요성이

67_ 르네상스 영국에서 연극이 중요한 장르로 등장한 데에는 당시에 길 위로 나선 사람들이 늘어난 것과 무관하지 않을 것이다. 길 위에 나선 사람들은 신분적 정체성을 강요하던 장원 중심의 봉건적 생산양식으로부터 분리된 결과, 자신의 행동 여하 즉 연기에 의해 새로운 정체성을 가질 수 있는 기회를 갖게 되었다고 할 수 있다. 그러나 이런 기회를 활용해 이익을 취할 수 있었던 사람들은 물론 소수였다고 봐야 한다.

그만큼 컸음을 보여준다고 하겠다.

장원의 해체로 고향을 떠나야 했던 근대 초기 유럽의 프롤레타리아가 걸었던 길은 새로 조성된 것이라기보다는 주로 중세 때부터 있었던 길이었을 것이다. 중세 유럽에도 마을과 마을, 마을과 지방 도시, 지방 도시와 수도를 잇는 공도가 없지는 않았으나, 도로 사정은 대체로 열악했다고 봐야 한다. 앞서 본 대로 로마제국이 쇠퇴하자 유럽 전역에 펼쳐져 있던 공도 대부분은 방치되었고, 군사적 목적으로 도로를 차단하고 다리를 끊어 버린 일도 잦았다. 이런 사정은 중세 말에 이르러서도 마찬가지여서, 1414년 콘스탄스 공회에 가던 교황 요한 23세는 열악한 길 상태로 인해 도중에 얼마나 고생을 심하게 했던지 자신의 고난이 악마의 소행 탓이라고 외쳤을 정도였다(Lay: 65-66).

근대 초기의 많은 육로는 통행이 여전히 어렵고, 특히 부랑자로 내몰린 사람들에게는 죽음을 가져올 수도 있는 공포의 환경이었겠지만, 당시 형성되고 있던 자본가계급의 입장에서 보면 그것은 나름대로 쓸모 있는 물리적 하부시설의 역할을 했을 것으로 보인다. 인클로저를 통해 조성된 대농장, 차지 농지, 목축지 등에서 거둔 수확물의 상당 부분이 상품으로 판매되어야 했다면, 그런 수확물을 위한 이동수단이 필요했을 것이고, 여기에는 길이 당연히 포함되었을 것이다. 상태가 좋지는 않았다곤 해도 잔존 로마 공도와 같은 기존의 길들이 그래서 중요한 역할을 했을 것으로 여겨진다. 그런 기존의 길들이 중요했을 것이라고 여겨지는 것은 자본주의 초기에는 대규모 도로망 조성에 필요한 자본의 축적이 아직 이루어지지 못했을 것이기 때문이다. 19세기 중반까지도 그랜드투어에 나선 사람들이 길 상태 때문에 고생을 했다는 사실을 생각해 보면, 16세기, 17세기의 도로 사정은 훨씬 더 열악했다고 봐야 한다. 육로가 고대 로마 공도 수준 이상으로 육로상의 교통체계가 형성되기 위해서는 철도가 깔리고,

머캐덤 공법에 의해 도로의 상태가 개선되는 19세기 중반 이후까지 기다려야만 했다.

반면에 해양의 사정은 육지와는 달랐다. 15세기 이후 '발견의 시대'가 열리고 전적으로 새로운 형태의 길이라고 할 항로 개척이 적극 이루어진 것이다. 이 흐름도 원시적 축적의 일환으로 이해될 필요가 있다. 항로의 등장은 서유럽 세력이 이제 나머지 세계의 수탈에 나섰고, 이를 통해 세계적 규모의 자본주의적 축적을 전개하기 시작했음을 말해준다. 항로의 개척과 장악은 대규모 수탈 기회와 연결되어 있었던 만큼, 서유럽 국가들 간에 해상권을 놓고 치열한 경쟁을 벌이게 만든 중요한 요인이 되기도 했다. 1588년에 당시 자본주의 세계체계의 헤게모니 국가였던 스페인과 이제 부상하기 시작한 영국 사이에 벌어진 칼레해전, 그리고 17세기 후반부터 시작해 18세기 말까지 영국과 네덜란드 사이에 네 차례에 걸쳐 벌어진 해전은 모두 항로 장악을 위한 것이었다. 자본주의 형성기에 항로를 놓고 열국 간에 치열한 경쟁이 발생했다는 것은 근대 초의 원시적 축적이 통상 알려진 것과는 달리 유럽에서의 인클로저 형태로만 일어난 것이 아님을, 신대륙에서 일어난 정복과 약탈 역시 원시적 축적의 핵심적 부분을 이루고 있었음을 말해준다. 제임스 블라우트에 의하면, 콜럼버스가 '신대륙'을 발견한 1492년 이후에 나타난 유럽의 급속한 발전은 주로 식민지 정복으로부터 비롯된 것이었다.

16세기의 식민지 사업은 다양한 방식으로 자본을 만들어 냈다. 하나는 금과 은 채굴이었다. 둘째는 주로 브라질에서의 플랜테이션 농업이었다. 셋째는 아시아와의 향신료, 직물 등의 교역이었다. 넷째이자 절대로 사소하다 할 수 없는 것이…아메리카에서의 다양한 생산 및 상업 활동으로부터 유럽 투자자들에게 돌아온 이윤이었다. 다섯 번째는 노예로 부려먹기였다. 여섯째는 해

적질이었다. 이 모든 것이 정상적 자본 축적이란 점에 주목하라. 그 어떤 것도 '원시적 축적'으로 불리는 신비로운 사안은 아니다. (강제 노동은 말할 것도 없고 임금 노동으로부터의 가치 또한 포함되었고, 그 중 많은 부분이 단순히 교역으로부터의 가치가 아니라 생산으로부터의 가치였다.) 이런 원천들로부터의 축적은 광대했다. 그것은 충분히 광대해서 그 과정은 유럽 자체의 원-자본주의적 축적의 사소한 보조물로 취급될 수 없으며, 나는 그것이 유럽에서의 대대적 변동, 부르주아지의 권력 상승과 전산업적 자본주의의 개화를 부추길 만큼 광대했다고 믿는다(Blaut, 1993: 188).

16세기 자본 축적의 원천은 식민지로부터의 수탈과 착취에서 찾아야 한다는 이런 견해는 자본주의 체계는 유럽에서 일어난 원시적 축적에 의해 형성되었다는, 맑스가 『자본』 1권 말미에서 제출한 주장을 비판하는 것이기도 하다. 이 비판의 온당함 여부는 그러나 해석이 필요해 보인다. 사실 블라우트가 여기서 말하는 '정상적 자본 축적'이 과연 맑스가 말하는 자본주의적 축적과 동일한 것인지, 그 개념이 원시적 축적 이후 유럽에서 나타난 경제적 착취 구조의 형성을 제대로 설명해줄 수 있는지는 분명치 않다. 자본주의적 축적과 확대 재생산이 기본적으로 가치 생산을 중심으로 이루어진다면, 자본과 노동력의 결합이 필수적인데, 이런 결합이 가장 먼저 일어나 자본주의적 축적을 주도한 곳이 유럽이라는 점은 쉽게 부정하기 어렵다.

자본의 축적을 위해서는 무엇보다도 잉여가치를 생산하는 새로운 인간의 축적이 필요하다고 할 수 있다. 이 맥락에서 르네상스 시대 문학장에서 피카레스크 소설이 등장한 의미를 부랑금지법의 효과와 연관시켜 잠깐 생각해볼 필요가 있을 것 같다. 제노바와 함께 최초의 자본주의 헤게모니 국가로 부상한 스페인에서 15세기에 처음 등장한 피카레스크 소설은 주로 길 위를 떠돌며 범법행위를 자행하는 하층계급 남녀들을 주인공으로 삼는 경향이 있다. 이들은 예컨대 18세기에 나온 다니엘 디포의 『몰 플랜더스』 주인공처럼 소매치기, 노름, 사기, 도둑질, 매춘 등을 통해 살아가지만 상당수가 성공하는 모습을 보여준다는 점에서 초기 부르주아 주체 형성 사례에 속한다고 할 수 있다. 여기서 중요한 것은 그런 인물들을 주인공으로 삼는 소설 장르가 등장했다는 사실 자체가 당시 부랑금지법이 강력하게 작동하고 있던 상황을 전제한다는 점이다. 부랑금지법은 인클로저로 인해 생존수단을 잃고 피카로 즉 부랑자가 된 사람들을 차지농지 등에서 노동을 하도록 강제하기 위해 도입된 사회적 장치, 다시 말해 프롤레타리아를 노동자로 전환시키는 수단이었다. 피카레스크 소설에 등장하는 길들은 자신들의 생존수단을 잃은 사람들이 방황하는 곳이기도 했지만 그들이 착취될 농장 등으로 보내기 위해 그들을 잡아내는 장소이기도 했던 것이다. 이런 점은 애초에 자본과 노동력의 결합은 강제된 것—시장에서의 자유로운 계약을 통해 일어난 것이 아니라—이었음을 말해준다.

자본주의적 축적은 가치 생산(착취)만이 아니라 가치 전유(수탈)를 통해서도 이루어지며, 두 과정은 상호작용을 하며 진행되었다고 볼 수 있다. 물론 양자의 상대적 비중 문제는 그것대로 정밀하게 분석해야 하겠지만, 여기서 핵심은 축적의 이중 운동이 세계적으로 전개될 때 어떤 종류의 길이 필요할까라는 문제다. 자본주의 체계의 초기 형성 과정에서 항로가 중요한 역할을 했다는 것이 이 맥락에서 중요해 보인다. 그 사실은 수탈 또는 원시적 축적이 유럽에서만 이루어진 것은 아니라는 것, 다시 말해 자본주의 체계가 성립하기 위해서는 이미 식민지 지배와 같은 세계적 규모의 축적 체계 구축이 필요했음을 말해주는 것이 아닌가 싶다. 근대 초기에는 앞서 언급한 영국과 스페인 간의 전쟁, 영국과 네덜란드

간의 전쟁 이외에도 스페인과 네덜란드 사이에 식민지 지배를 놓고 1568년부터 1648년까지 80년간 전쟁이 계속되었다. 스페인은 자본주의 세계 체계에서 제노바와 함께 첫 번째로 헤게모니를 장악했던 국가이고, 네덜란드는 두 번째 헤게모니 국가였다. 두 나라 사이에 일어난 전쟁은 처음에는 네덜란드가 스페인의 지배로부터 벗어나기 위한 독립 전쟁의 성격을 띠었으나, 네덜란드가 해상 강국이 된 뒤로는 식민지 지배권을 놓고 벌어진다. 항로 장악을 놓고 열국 간의 경쟁이 이처럼 집요하게 벌어졌다는 것은 자본주의 체계가 형성되기 시작할 무렵 식민지 개척과 이후의 수탈 및 착취 과정에서 항로가 얼마나 중요한 역할을 했는가를 단적으로 보여준다.

산업자본주의와 철도

자본주의가 발달하게 되면 축적을 위해 고정자본을 형성할 필요가 커지게 된다. 고정자본은 공장, 기계, 항만, 선박, 도로, 자동차, 철도, 기차 등 노동수단으로 사용될 수 있는 물질적 대상을 가리킨다. 노동수단이라고 해서 모두 고정자본이 되는 것은 아니다. "잉여가치의 생산을 촉진하기 위해 실제 사용된 노동수단들만이 고정자본으로 분류된다"(하비, 1995: 281). 이렇게 보면 근대 초 양모나 농산품을 이송하기 위해 사용된 도로도 잉여가치 생산 촉진에 이용된 만큼 고정자본에 속한다고 할 수 있다. 하지만 이미 언급한 것처럼 근대 초에는 대규모 고정자본이 조성된 경우는 드물었을 것이다. 길 체계만 놓고 본다면 자본주의적 축적이 처음 시작된 유럽의 도로망은 근대 초는 물론이고 심지어 19세기 중반까지는 과거 로마 공도 수준으로도 회복되지 않았던 만큼, 고정자본으로서 대대적으로 조성되었다고 하기는 어렵다. 자본주의적 생산이 시작되는 시점에서 고정자본은 처음에는 직접적 수탈과 원시적 축적에 의해 획득될 수밖에 없었을 것이며, 그 본격적 형성은 원시적 축적 이후 양산된 프롤레타리아가 노동 과정에 투입됨으로써 잉여가치의 생산과 축적이 이루어진 뒤에 이루어졌다고 봐야 할 것이다. 길의 역사 관점에서 보면 이런 일이 처음 대대적으로 이루어진 것은 운하, 철도, 기차, 항로, 증기선이 등장한 18세기 말, 19세기 초 이후다. 근대 초기에서 19세기에 이르기까지 육지에서의 도로 건설이 답보 상태였다면, 이는 따라서 아직 자본의 축적이 제대로 이루어지지 않았기 때문이다.

새로운 길이 대규모 고정자본의 형태로 형성된 최초의 사례는 산업자본주의의 발달과 함께 등장한 철도 부설일 것이다. 철도는 방조제나 운하, 항만, 도로 등 다른 교통체계와 함께 "상대적으로 대규모이며 자본주의적 발달에 있어 먼저 생산될 필요가 있는…고정자본"(하비: 306)에 속한다. 철도는 "대규모적이고 매우 내구적"(304)이며, "독립적 유형의 고정자본"(307)으로서 그 건설을 위해서는 잉여자본의 축적이 필수적이다. 철도가 등장했다는 것은 그래서 자본의 축적이 적어도 일부 생산 분야에서는 과잉 현상을 보일 만큼 발달한 상태에 이르렀음을 의미한다고 볼 수 있다. 철도 건설에 자본이 투입되는 것은 '자본의 2차 순환'에 포함된다. 데이비드 하비에 따르면, 이 순환은 주로 건조 환경을 구성하는 고정자본 및 소비기금 형성을 위한 자본 유입으로서, 상품 생산을 통한 가치 및 잉여가치 생산이 이루어지는 자본의 1차 순환에서 생긴 잉여가 새로 사용되는 방식이다. 철도와 같은 고정자본은 그 규모가 크고 회전하는 데에도 긴 시간이 걸리기 때문에 함부로 조성할 수 없다. 따라서

장기 자산, 특히 건조 환경을 포함한 자산 형성으로의 자본 운동을 촉진시키기 위해서는 현재의 생산 및 소비 욕구와 관련해 자본과 노동 양자의 '잉여'가

꼭 있어야만 한다. 과잉축적 경향이 1차 순환 내부에서 정기적으로 그런 조건을 만들어 낸다. 이 과잉축적 문제에 대한 일시적이긴 해도 적합한 해결책은 따라서 자본 흐름을 2차 순환으로 돌리는 것이다(Harvey, 1978: 107).

서유럽 여러 나라에서 철도 부설이 집중적으로 시작된 시점은 과잉축적 문제가 빈번하게 발생한 시기에 속한다. 영국에서 달링턴-스톡턴 철도가 개통된 1825년 이전 7년 동안은 1818년에 일어난 위기 이후 영국의 자본과 정부에 의해 "자본의 붐과 확대"(Luxemburg, 2003: 404)가 이루어진 기간이었다. 프랑스에서 생테티엔과 앙드레지외 간에 20킬로미터 거리의 철도가 들어선 1827년도 비슷한 상황이었다. 4장에서 언급한 것처럼 이 무렵은 파리에 아케이드가 대거 들어서고 있던 시기였다. 벤야민에 따르면 아케이드 건설 붐은 섬유산업 붐에 뒤이은 현상으로서, 1822년 이후 15년간 지속되었는데(Benjamin, 1983: 157), 생테티엔과 리옹 사이를 잇는 56킬로미터 거리의 철도가 건설된 1828-32년 기간도 이 시기와 겹친다. 경제위기 시점에 철도 건설이 빈번해진 것은 대규모의 과잉축적을 해결하기 위해서는 대규모 자본을 투입할 수 있는 경로가 만들어져야 했기 때문이다. 철도는 대표적인 대규모 사업에 속한다. 철도 건설이 주로 주식회사에 의해 주도된 것도 이런 맥락에서 이해된다고 하겠다.

자본주의적 생산의 기초 위에서는 비교적 규모가 크고 긴 기간이 소요되는 작업은 역시 장기간에 걸친 보다 많은 화폐자본의 선대가 필요하다. 그러므로 이런 부문들의 생산은 개별 자본가가 이용할 수 있는 화폐자본의 양에 제약을 받는다. 이 제약은 신용제도나 그것과 연관된 조직체들(예를 들어 주식회사)에 의해 돌파된다(맑스, 2010: 442-43).

철도 건설에 주식회사의 참여가 필요했던 것은 그런 사업은 대규모 고정자본을 필요로 하므로 개별 자본으로서는 감당하기 어려웠기 때문이라고 할 수 있다.

철도 건설은 경제위기를 돌파하는 수단으로 활용되기도 했지만, 경제위기의 원인이 되기도 했다. 최초의 세계혁명인 1848년 혁명의 도화선으로 작용하기도 한 1846-47년의 경제위기는 철도 건설의 과잉으로 빚어진 경제위기였다. 1840년대 영국에서는 '철도 열풍(railway mania)'이 불 정도로 철도산업이 활황을 이루었다. 1830년대 말, 1840년대 초에 영국 경제는 둔화를 겪기 시작했는데, 영국은행이 그 문제에 대한 대응책으로 금리인하를 실시하면서 버블이 형성되었고, 1845년에 철도 주식이 급등하는 현상이 일어났던 것이다. 그러나 이 붐은 1847년에 공황이 시작되면서 종결되었으며, 이듬해가 되면 프랑스의 파리에서 혁명이 발발해 세계혁명으로 번지게 된다. 1873년 미국에서 발생한 공황 역시 철도 경기와 관련되어 있었다. 남북전쟁 이후 미국에서는 철도 건설이 붐을 이루고 있었다. 전쟁 종료 해인 1865년부터 1873년 사이에 3만5천마일의 새 철길이 만들어질 정도로 철도 건설이 빈번하게 이루어졌고(Josephson, 1934: 152), 그 결과 철도산업이 농업을 제외한 부문에서 최대 고용자로 부상하게 된다. 하지만 19세기 최대의 공황을 야기한 원인이 된 것도 바로 이 철도 붐이었다. 철도 건설에 사운을 걸고 투자하고 있던 제이쿡 은행이 투자 실패로 인해 1873년 9월 18일 파산한 것이 계기가 되어 1879년까지 지속되는 세계적 공황이 발생한 것이다. 이런 사실은 철도와 같은 대규모 고정자본의 형성 즉 자본의 2차 순환이 1차 순환에서 발생한 "과잉축적 문제에 대한 일시적[이고] 적합한 해결책"(Harvey, 1978: 107)으로 원용된다 하더라도, 그 자체가 또 다른 위기의 원인이 되고 있음을 보여준다.

하비에 따르면 고정자본의 형성을 위해 요구되는 상대적 과잉인구와 과잉생산은 크게 두 가지 방식에 의해 획득 또는 생산될 수 있다. 하나는 자본주의가 그 내부에서 주기적으로 발생시키는 과잉축적 즉 "한편에 유휴자본과 또 다른 편에 실업노동자인구"를 창출하는 방식이다. 자본주의적 축적의 내부 동력은 "노동력, 상품, 생산 능력, 화폐자본 등의 잉여"를 만들어낼 수 있다. 문제는 이런 잉여가 과잉으로 치달을 수 있다는 것인데, 자본주의가 그 문제를 해결하기 위해 사용하는 방법 하나가 잉여를 "잠재적으로 고정자본으로 전화"시키는 것이다. 이것은 "축적의 모순들은 주기적 기반으로 고정자본의 형성을 위한 필수적 전제조건을 창출한다는 점을 의미한다"(하비, 1995: 297). 다른 한 방식은 잉여를 "직접적 수탈과 본원적 축적에 의해 획득"하는 것이다. 여기서 잉여 노동력은 사람들을 기존의 생존수단으로부터 분리시켜, 예컨대 소농민을 무토지프롤레타리아로 만드는 식으로 획득된다. "아일랜드사회에 자본주의적 사회관계의 침투의 결과인 감자기근 이후" 수많은 아일랜드인이 "토지로부터 강제적으로 유리"되었으며, 다수가 "세계의 철도인부와 건설노동자"가 된 것이 그런 예다. 그것만이 아니다. 자본가들은 "생산수단과 노동수단"을 "직인이나 노동자들로부터 수탈"하기도 한다(296).

우리가 여기서 살펴볼 것은 하비가 말한 두 가지 잉여 창출 방식들은 서로 어떤 관계를 맺고, 또 그것들은 산업자본주의 하 자본주의적 교통체계의 핵심을 이루는 철도망 건설과는 어떻게 관련되느냐는 점이다. 자본주의의 내적 동력에 의한 잉여 창출 또는 축적은 자본의 확대재생산에 해당한다. 자본주의는 노동력으로부터 잉여가치의 추출 즉 착취를 통해 자본을 축적하며, 이 축적의 지속과 반복은 그 자체로 자본이 확대되면서 재생산되는 일인 것이다. 문제는 이 확대 재생산만으로는 자본주의적 축적이 안정적으로 지속되기 어렵다는 데 있다. 맑스는 다음과 같이 말한다.

자본주의적 생산과정의 조직은, 일단 완전히 발전하면, 일체의 저항을 타파한다. 상대적 과잉인구의 끝없는 창출은 노동에 대한 수요공급의 법칙을 [따라서 또 임금을] 자본의 증식욕에 적합한 한계 안에 유지하며, 경제적 관계의 무언의 강제는 노동자에 대한 자본가의 지배를 확고히 한다. 직접적인 경제 외적 폭력도 물론 사용되지만 그것은 다만 예외적이다. 보통의 사정에서는 노동자를 '생산의 자연법칙'에 내맡겨 둘 수 있다. 즉, [생산의 조건들 자체에 의해 발생하며 그것들에 의해 영구히 보장되고 있는 바의] 자본에 대한 노동자의 종속에 내맡겨 둘 수 있다(맑스, 2001b: 1013).

이것은 원시적 축적이 이루어지면 확대 재생산의 구도가 만들어져 이 구도가 그 자체로 지속될 수 있다는 말로 들릴 수도 있다. 맑스는 "자본주의 생산은 대외무역 없이는 결코 존재하지 않는다"고 하면서도, "정상적인 연간재생산"을 전제하며 확대 재생산의 구도가 작동하는 방식을 설명할 때는 대외무역에 대한 논의를 배제한다. "한 해에 재생산되는 생산물 가치를 분석하는 데 대외무역을 끌어들이는 것은 혼란을 일으킬 따름"(맑스, 2004: 570)이라는 이유 때문이다. 이런 접근법은 확대 재생산의 문제를 폐쇄된 단일 경제를 통해 이해해야 한다는 입장으로 들릴 수도 있겠는데, 맑스가 그런 입장을 취했다고 해석한 대표적 이론가가 로자 룩셈부르크다.

룩셈부르크는 맑스가 확대 재생산의 문제를 폐쇄된 한 사회의 관점에서만 보려고 했고, 그런 재생산 체제가 지속되려면 외부로부터의 수혈이 계속되어야 한다는 사실을 간과했다고 생각했다. 그녀에 따르면 확대 재생산에 의한 착취 구도가 지속되려면 비자본주의적 사회를 자본주의 사회로 전환시키는 과정이 계속 반복되어야만 한다.

자본은 낯선 사회적 연합들로부터 생산수단을 강제로 박탈할 수 있기 때문에 노동자들을 자본주의 착취에 종속시킬 수는 있지만, 이들로 하여금 자신의 상품을 사게 해 그 잉여가치를 실현할 수는 없다. 전에 자연경제가 지배하던 지역들에서 운송수단—철도, 항해, 운하—의 도입은 상품 경제의 확대에 중요하다…상품 경제의 의기양양한 행진은 그래서 대부분 원초적 숲을 가로지르고 산을 뚫고 가는 철도, 사막을 연결하는 전신, 가장 외진 항구도 들르는 원양 정기선과 같은 근대적 운송의 엄청난 건설로 시작된다(Luxemburg, 2003: 366-67).

여기서 우리는 식민지 사회에서도 철도나 운하 등 대규모 고정자본이 형성되는 이유를 이해할 수 있게 된다. 그런 '뜻밖의 발달'이 생기는 것은 자본주의가 제국주의적 수탈 과정을 필수적으로 내포하기 때문이다. 그런데 룩셈부르크의 말대로 '상품 경제의 확대' 또는 자본의 확대 재생산이 제국주의적 과정에 의해 계속 보완되어야 한다면, 원시적 축적과 같은 경제외적인 폭력의 사용은 예외적인 상황에서만 이루어지고, 자본가의 노동자에 대한 지배 즉 가치 생산의 정상적 과정은 "경제적 관계의 무언의 강제"(맑스, 2001b: 1013) 형태로 이루어진다고 말한 맑스의 생각은 수정되어야 한다는 말이 성립된다. 룩셈부르크가 '과소소비론'을 제출한 것은 그 때문이다. 이 견해에 따르면, 자본주의는 노동자계급을 착취하기 마련이지만, 착취당하는 노동자계급은 자신이 생산하는 상품을 충분히 소비할 능력이 없기 때문에 자본주의는 과소소비의 위기를 맞을 수밖에 없고, 이 위기를 극복하려면 자본주의는 자신의 외부에서 수탈 대상을 끊임없이 찾아내야 한다.

하지만 맑스가 자본의 축적 또는 확대 재생산이 오직 노동과정과 상품생산을 통한 착취로만, 즉 경제적 관계를 통해서만 이루어진다고 생각했다고 보기는 어려울 것 같다. 예컨대 그는 진정한 매뉴팩처의 시대에도, 즉 자본주의적 생산이 본격적으로 가동되고 난 뒤에도 매뉴팩처가 "도시의 수공업과 농촌의 가내부업을 광범한 배경으로 삼으면서 국민생산을 부분적으로만 장악할 따름"이라고 지적한다. 매뉴팩처가 "이러한 부업과 수공업을 한 형태, 일정한 공업부문, 다른 지점에서 소생"시키는 것은 "원료의 가공을 위해 어느 정도까지 그러한 것들을 필요로 하기 때문이다" (맑스: 1028). 맑스는 여기서 자본주의적 축적 체제란 성립된 이후에도 그 외부를 갖는다는 인식을 드러내고 있는 것으로 보인다. 그는 또한 자본 축적이 이루어지려면 식민지에서도 노동자 인구 형성이 필요함을 강조하기도 했고, 노동자계급의 형성을 위해 식민지에서 사용된 수단도 유럽에서와 마찬가지로 "개인 자신의 노동에 입각하는 사적 소유의 철폐, 즉 노동자의 수탈[노동조건을 탈취하는 것]"(1066)이었음을 지적하는 것도 잊지 않았다. 자본주의 작동을 위해 노동자의 수탈이 꼭 필요한 것은 "노동자가 자기 자신을 위해 축적할 수 있는 동안은—그가 생산수단의 소유자로 남아 있는 동안은 그렇게 할 수 있다—자본주의적 축적과 자본주의적 생산양식은 있을 수 없"(1055)기 때문이다. 노동자의 수탈이 처음 발생한 곳은 유럽이지만 이 수탈이 식민지에서 계속되어야 한다면, 그것은 식민지의·계속적 확보가 자본주의적 생산양식의 확대 재생산에 필요불가결하다는 말이 된다. 맑스가 이런 생각을 가졌다면, 우리는 룩셈부르크와는 다른 방식으로 맑스의 견해를 해석할 수도 있겠다. 그는 자본의 축적을 주로 그 내적 과정, 다시 말해 착취 과정을 통해 살펴보기는 했지만, 그렇다고 그 축적이 경제 외적인 과정 없이 이루어진다고 여기지는 않은 것으로 보인다. 다시 말해 맑스는 원시적 축적이 자본주의 축적 체제 형성을 위해 단 한 번 진행된 뒤 완료되는 것이 아니라, 다양한 수탈 형태로 계속되고 있다는 인식을 지녔던 것으로 보이는 것이다.

철도의 시대는 세계적으로 자본주의가 확장해 가는 시기, 자본주의가 자신의 외부를 장악해 가는 시기였다. "자본의 전방 진격은 대략 철도망의 발전에 반영되어 있다. 궤도는 1840년대에는 유럽에서, 50년대에는 미국에서, 60년대에는 아시아에서, 70년대와 80년대에는 오스트레일리아에서, 그리고 아프리카에서는 90년대에 가장 빨리 증가했다"(Luxemburg, 400). 자본의 이 '진격'은 이후에도 계속되며, 한국의 경우는 19세기가 끝날 무렵, 그리고 20세기 초에 그것을 겪게 된다. 1899년에 경인선, 1904년에 경부선, 그리고 1906년에 경의선이 건설되는 것이다. 이들 노선의 건설은 모두 외국 자본에 의해 재정이 조달되었고, 특히 경의선의 경우에는 러일전쟁의 발발과 함께 일본군에 의해 강행되었다. 룩셈부르크는 제국주의 침탈에 의한 철도 건설 과정을 다음과 같이 말한다. "자본은 선두에는 철도, 후미에는 파멸을 안고 길을 이끈다. 그것이 거치는 길은 어디서나 파괴로 얼룩져 있다"(391).

한국에서도 이런 파괴가 재연되었다. 황성신문(1906. 5. 9)과 대한매일신보(1906. 5. 15)에 따르면, "경부·경의철도가 통과하는 지역은 온전한 땅이 없고, 기력이 남아 있는 사람이 없으며, 열 집에 아홉 집은 텅비었고, 천리 길에 닭과 돼지가 멸종했다"고 한다(정재정, 1999: 334에서 재인용). 철도 건설로 불이익을 받은 사람들이 그냥 있었을 리는 없다. 당시에는 그래서 "철도정거장을 공격하거나 철도에 바위를 암치(暗置)하거나 전신선(電信線)을 절단하고, 달리는 열차에 돌을 던지거나 바위를 굴리는 등의 수법으로 열차운행을 방해한 사건[이] 헤아릴 수 없이 많았다"(345-51). 이런 저항에 대한 일본군의 대응은 가혹한 것이었다. 1904년 9월 21일 오전 10시 서울의 마포 부근 경의선 철도 건널목 근처 공터에서 일본군이 실시한 사형 집행이 대표적인 예다. 한 달 전에 경기도 고양군에서 철로를 파괴한 조선인 세 사람에 대한 사형을 집행하면서, "일본

군은 막 부설된 경의선 옆에서 강제로 주민들을 동원해 사형장면을 구경하게 했다. 조선인들에게 경고를 주기 위함이었다"(박흥수, 2014).

철도 건설은 대규모 자본의 투여를 필요로 하지만, 그 운영을 위해서도 대량 화물 운송이 필요했다. 철도가 부설되어 운영된다는 것은 대규모 생산이 체계적으로 이루어진다는 것을 의미한다. 길이 사회적 생산과 연결되어 생산-기계로서의 역할을 본격적으로 하기 시작한 것은 이런 점에서 산업혁명 이후 철도가 등장한 뒤부터라고 할 수 있다. 철도의 형태를 띠게 된 길은 이제 기계제 생산의 중요한 견인차가 된다. 철도의 이런 점을 특히 잘 보여주는 것이 미국의 경우다. 유럽에서 철도는 산업혁명이 진행된 뒤에 나타나 그 혁명을 완성시켜 갔다고 할 수 있다면, 미국에서는 역사적 차이로 인해 철도가 전혀 다른 기능과 의미를 갖게 된 것으로 보인다. "유럽이 기계화와 산업화를 고도로 발달한 장인 문화와 마찬가지로 고도로 발달한 여행 문화를 대체하는 대체로 파괴적인 것으로 경험했다면, 미국의 경우는 정반대다…증기기관이 처음 도입되었을 때 미국에는 어떤 발달된 장인 또는 여행 문화도 없었다"(Schivelbusch, 1986: 90). 유럽에서 산업혁명이 러다이트주의라는 반기계적 태도를 불러일으키기도 했던 것은 전통적 생산과 삶의 방식을 주도해온 장인 전통이 이미 형성되어 있었기 때문이라 할 수 있다. 반면에 미국에서 산업혁명은 황야와도 같은 자연이 먼저 정복된 뒤에야 시작될 수 있었다. 철도를 달리는 기차, 이 기차를 끄는 기관차, 기관차를 움직이는 증기기관, 증기기관이 제공하는 힘으로 큰 강과 대양을 가로지르는 증기선, 그리고 19세기 말에 나온 또 다른 동력기관인 다이너모(발전기) 등은 모두 거대한 남근을 연상시킨다. 입장에 따라선 너무 공격적이고 파괴적인 것으로 여겨질 수 있는 이들 기계들은 그러나 미국에서는 대체로 창조적 힘의 상징으로 여겨지는 경향이 높았다. 거기서는 "기계와 산업을 자연을 파괴하는 것이 아니라 실제로 자연을 가꾸어 자연의 잠재력을 실현하는 힘"으로 보는 관점이 더 컸던 것이다(92). 이것은 이미 근대적 기술이 산업에 도입된 유럽과는 달리 미국에서는 19세기까지도 대륙이 아직 황야 상태여서 기계의 힘을 빌리지 않고서는 자연을 활용할 수 없었기 때문이기도 하다.[68] 레오 맑스의 표현에 따르면 그래서 미국에서는 산업혁명이, "자연으로 향한 철도 여행"(Marx, 1972: 238)으로 여겨지기도 했다. 철도와 기차와 같은 기계의 도입이 미국에서 대대적으로—정확하게 말하면 철도 부설로 인해 생활 근거지를 빼앗긴 인디언들은 제외하고—환영을 받았던 이유가 여기에 있었다 하겠다.

대량의 화물을 실은 열차가 철도 위를 달린다는 것은 한편으로는 육지에서 인간과 사물의 대규모 운송이 일어난다는 것이지만, 다른 한편으로는 내륙에서 생산되는 상품이 대규모로 항구로 운송되어, 역시 대량 화물 적재 능력을 지닌 증기선으로 옮겨져 세계 각지로 수출된다는 말이기도 하다. 영국에서 처음 등장한 철도는 리버풀과 맨체스터 간에 개통된 노선이었는데, 리버풀은 주요 면화 수입항이었고 맨체스터는 방직산업 중심지였다. 대량 운송 능력 때문에 기차와 철도는 자본주의 산업 발달에 핵심적인 하부시설이 되었고, 그와 더불어 대중사회를 구축하는 데에도 역할이 중요했다. 기차는 산업생산의 원료나 제품만이 아니라 인간-화물도 대량으로 적재해 운반할 수 있다. 기차가 출현하지 않고, 철도와 증기선의 연결이 19세기 중반부터 이루어지지 않았더라면, 대중 관광의 시대는 아마도 훨씬 뒤에 아주 다른 방식으로 열렸을 것이다. 오늘날 신체이동의 대표적 형식으로 자리 잡은 대중 관광의 출현은 기차에 의한 대량

---

[68]_ 여기서 말하는 '황야'는 '처녀림'과는 다르다. 백인이 대거 미국으로 이주하기 시작했을 때 인디언 인구가 많지 않았던 것은 사실이지만, 프란시스 제닝스에 따르면 그것은 15세기 말 콜럼버스가 아메리카 대륙에 도착한 뒤 새로 도입된 질병 등에 의해 인디언들 인구가 크게 감소했기 때문이다(Jennings, 1975).

운송이 이루어져 생긴 결과다. 4장에서 인용한 것처럼, 최초의 조직적 관광은 1838년 영국에서 "웨이드브리지(Wadebridge) 마을 사람들을 특별 열차로 보드민(Bodmin) 마을까지 관광시키는 목적으로 진행되었다"(부어스틴, 2004: 132). 물론 당시 기차 여행에 대해서는 그랜드투어와 같은 제대로 된 여행이 아니라, 사람들을 짐짝처럼 취급하는 것이라며 비난도 없지 않았지만, 기차 여행은 결국 '80일간의 세계일주'를 가능하게 만든다. 기차와 철도는 화물과 승객을 이웃 도시만이 아니라 항구도시로까지 태워갔고, 항구도시에서 증기선은 다른 대륙의 항구도시로 그들을 태우고 날랐다. 19세기에 대양을 횡단하는 정기 항로가 개발된 것은 철도와 항로가 연결되었기 때문이다.

자동차도로와 소비사회

산업혁명 와중에 출현한 철도는 대량운송을 가능케 하고, 그와 더불어 대규모 시장을 열었다. 이것은 철도 건설에는 거대 자본이 동원되고, 이 자본의 회수를 위해서는 철도가 대규모 운송 능력을 갖추어야 하기 때문에 생긴 결과다. 대규모로 운송되는 화물과 승객은 그 자체로 거대한 시장을 형성한다. 철도는 그러나 사이먼 클라크가 지적하듯이, "대중 시장을 개척했지만 그 시장으로의 접근 경로를 엄청나게 제한하고 집중시켰다"(Clarke, 1990). 이것은 철도가 운송 체계로서는 상당한 경직성을 가지고 있었기 때문인데, 이 문제를 해결한 것이 도로 운송체계의 등장이다.

다양한 소비재 산업에서의 자본 집중과 중앙화는 동종 제품의 분화, 그리고 급속도로 넓어지는 소비재를 공급하기 위한 원료의 산업적 처리에 기반을 둔 경쟁을 유도했지만, 동시에 철도 수송의 경직성은 그런 기회를 대규모 기업에 국한시키고 그 기업 제품의 유통을 제한시켰다. 도로 운송의 발전이 이 장벽을 극복해 새로운 범위의 소비재 유통을 확산함과 아울러 소규모 생산자들에게 새로운 대중 시장 접근 기회를 제공했다(Clarke, 1990).

'철도 수송의 경직성'은 무엇보다도 철도가 사람들이 사는 곳 가까이 쉽게 다가갈 수 없어서 생기는 문제다. 철도는 그 길게 뻗은 모습이 보여주듯이 굉장한 연속성을 갖춘 길 유형에 속한다. 한국과 같은 작은 나라는 물론이고, 중국이나 미국, 오스트레일리아 같은 대륙국가, 나아가서 시베리아횡단 철도의 경우처럼 대륙과 대륙을 연결시킬 수 있는 것이 철도다. 하지만 철도가 이처럼 선형적 전진에 의한 원거리 운송에는 적합하다는 것은 여기저기 흩어져 있는 복수의 단거리 목적지까지 승객과 화물을 나르는 데에는 적합하지 않다는 말이기도 하다. 기차역에 내린 승객과 화물이 목적지까지 도달하려면 또 다른 교통수단에 의존해야 하는 경우가 많은 것이다. 철도의 시대는 여전히 말과 마차에 크게 의존하고 있던 시대이기도 했다. 이것은 철도 운송에 의해서는 상품이 고객의 수중에 직접 전달되지 못한다는 것을 의미한다. 상품과 개인들의 수월한 만남을 위해서는 그래서 새로운 교통수단과 길이 필요했다. 열차의 형태로 대량 수송을 할 수는 없더라도 말이나 마차처럼 개인용으로 사용할 수 있는 자동차와 이 이동기계가 다닐 수 있는 도로가 마련되어야 했던 것이다.

자동차도로가 출현한 것은 미국의 시대가 열림을 알린 신호였다. 이 도로를 놓기 시작하면서 규모 면에서도 로마 공도와 견줄 수 있는 도로망이 비로소 구축되기 시작했다. 1895년 미국 전역에서 등록된 자동차는 단 4대밖에 되지 않았다고 알려져 있다. 그러나 자동차 수는 이후에 급속도로 증가해, 1900년에 8,000대, 1910년에 458,000대로 늘어났고, 1912년에는 100만대를 넘어섰으며, 1921년에는 1,000만대, 1937년에는 3,000

만대, 1955년에는 6,000만대에 이르게 된다(Warf, 2010: 172). 1920년대에 자동차 보급수가 급증한 것은 1908년 헨리 포드가 '모델 T' 자동차를 '가족용 말'로 개발해 보급한 것이 중요한 계기가 되었는데, 포드사는 1927년까지 이 차를 1,500만대 이상이나 팔았다.

자동차 산업이 발달하면서 도로 사용에는 중대한 변화가 생기기 시작한다. 피터 노턴에 따르면 1920년대까지도 미국의 도시 거리는 '공공시설'에 속했고, 따라서 아직 자동차 전용으로는 사용되지 않았다. 1926년에 『더 아메리칸 시티』지가 실시한 조사에 따르면, "거리는 일차적으로 일반 공공 용도를 위해 제공되며," 따라서 "거리의 무제한적 사용에 대한 상이한 교통 집단들의 권리"는 "공공 및 시민 복리에 종속된다"는 것이 주요 교통 전문가들의 일반적 의견이었다고 한다(Norton, 2008: 117). 이런 견해는 당시 미국 도시 거리가 전형적으로 보행자, 자전거, 거리전차, 마차, 자동차 등 각기 다른 권리를 주장하는 다양한 '교통 집단들'로 뒤엉켜 있었고, 그래서 누구도 도시의 거리표면에 대한 우선권을 갖지 못했던 상황을 반영한 것이었다. 하지만 1930년대 초가 되면 상황이 바뀌어, 도시 공학자들은 더 이상 거리를 "거리 사용자들의 이름으로 국가에 의해 규제되어야 하는 공공 설비"라고 생각하지 않게 된다. "거리와 도로는…사용자들에 의해 사적으로 구매되는 상품으로 새로 정의되는" 것이다(171). 거리에 대한 우선권은 이제 거리를 상품으로 구매한 사람들, 다시 말해 자동차 연료인 휘발유에 대한 세금을 내기 시작한 운전자들에게로 넘어가게 된다. "휘발유세는 도로에 대해 새로운 이해를 촉진시켰다…도로 사용에 대한 비용을 지불했기 때문에 그들[도로사용자]은 도로에 대한 일부 소유권을 정당하게 주장할 수 있었다. 도로는 더 이상 일반 공중의 이익에 따라 규제되어야 하는 공공 재산이기만 한 것이 아니었다"(200).

1930년대에 이르러 자동차가 도시 거리의 표면 대부분을 장악하기 시작했다는 것은 그 무렵에 철도와 같은 특수용도의 길 이외에는 길 다수가 자동차 전용도로가 되었다는 것을 의미한다. 자동차 전용도로가 처음부터 조성된 것은 아니었기 때문에, 이것은 기존의 많은 길들이 용도 변경을 겪었다는 말이기도 하다. 다시 말해 자동차도로의 등장 과정에서 과거에는 소비기금으로 사용되던 길들이 고정자본으로 사용되기 시작한 것이다. 하비가 지적하듯이, "고정자본과 소비기금 간의 구분은 용도에 근거를 두고 있으며, 그들의 물질적 존재양식에 근거를 두고 있는 것은 아니다. 물품들은 사용상의 변화를 통해 한 범주에서 다른 범주로 전환될 수 있다"(하비, 1995: 310-11). 소비기금은 "생산적 소비가 아니라 최종적 소비에 사용되는 항목들"(281)로서, "식탁 및 부엌용품들, 냉장고, 텔레비전, 세탁기, 주택, 그리고 공원과 보도와 같이 여러 가지 집합적 소비수단들과 같은 다양한 물품들을 포함한다"(310). 하비는 여기서 길들 가운데서는 보도를 소비기금의 예로 언급하고 있지만, 도시 거리가 자동차도로가 되기 전에는 보도만이 아니라, 사람들이 마차를 타고 다니거나 보행자가 되어 걸어 다니던, 심지어는 처음 자동차를 구입해 몰고 다니던 각종 도로 역시 최종적 소비수단으로서 소비기금에 속했다고 할 수 있다. 하지만 도시 거리와 도로, 나아가 도시 외곽에서 다른 도시나 촌락을 잇는 도로 등의 '표면 대부분에 대한 자동차의 우선권'이 확립된 뒤로, 도로는 물론 소비기금의 역할을 계속하기도 하지만, 갈수록 자동차를 잉여생산을 위한 노동수단으로 사용하는 자본, 특히 자동차 산업자본에 의해 고정자본 용도로 사용되는 일이 많아졌다고 봐야 할 것이다. 물론 도로와 같은 경우는 공장이나 공장 안에 설치된 기계, 발전소, 광산 등 상품 생산을 통한 직접적인 잉여가치의 생산에 사용되는 경우는 드물다는 점에서 고정자본의 성격이 강한 것은 아니다. 하지만 그런 경우에도 도로는 자동차도로로 사용될 경우 자동차 산업이나 정유 산업, 그리고 자동차 보급과 함께 성장하기 시작한 백화점 같은 소매업 등에서 이루어지는 잉여가치 생산에도 기여하기 마련이라는 점에서, 자본주의적인 하부시설의 역할을 수행한다고 할 수 있다.

자동차도로가 늘어난 것은 기존의 길들이 자동차도로로 전용되었다는 점 때문이기도 하지만, 그보다는 새로운 길들이 자동차 전용 도로로 훨씬 더 많이 만들어졌기 때문일 것이다. 1920년대가 되면 "일부 주요 도시 거리가 주 도로, 카운티 도로와 연결되고, 일부 새로운 주 도로, 카운티 도로가 도시로 들어"오게 된다. 새로운 도로 건설은 도시에서 발생하기 시작한 "교통 혼잡을 줄이기 위한 방안으로 촉진"되었는데, "교통 체증과 싸우는 이 새로운 방식의 재정을 충당"한 것이 휘발유 세금이다(Norton: 200). 자동차도로가 새로 만들어지기 시작한 것은 이처럼 자동차 증가로 인한 도시 교통 체증을 해소하려는 과정에서 일어난 일로서, 일종의 조닝에 해당한다. 자동차가 급증하기 시작한 20세기 초 미국에서는 '전원도시(garden city)' 개념에 의거한 '도시 탈집중화' 기획이 빈번하게 제출되기도 했다. 전미도시계획협회(American City Planning Association)가 "일련의 도시 재난 원인을 과도한 도시 과밀에서 찾고, 계획된 탈집중화를 권장"한 것이 한 예다. 이 탈집중화를 달성할 수단으로 도시계획가들이 찾아낸 가장 좋은 접근법이 조닝이었다. "시 중심부 기업 이익단체들과 전문적 도시계획가들은 조닝에 의해 중심부 상업지역 밀도를 제한"하고자 했다. 노턴에 의하면 그러나, "조닝은 그 추진 이후 첫 수십 년 동안 특히 도시 탈집중화 수단으로서는 별로 실질적인 효과를 거두지 못했다"(132-33).

조닝이 본격적으로 이루어진 것은 미국에서 교외화가 대대적으로 전개된 1950년대, 1960년대다. 이 시기 미국은 '자본주의 황금기'를 맞고 있었고, 하비에 따르면, 당시 형성된 잉여 자본을 흡수하는 방편으로 "교육, 주간고속도로, 끝없이 뻗어나가는 교외화, 그리고 남부 및 서부의 개발"에 막대한 투자를 하고 있었다(Harvey, 2003: 56, 113). 교외화 경향을 단적으로 보여준 사례는 레빗타운(Levittown)의 증가에서 찾을 수 있다. 윌리엄 레빗이 2차 세계대전에 참전했다가 돌아온 재향군인을 대상으로 뉴욕 근교 롱아일랜드에 지은 레빗타운 주택은 1947년 3월에 판매를 시작했는데 판매 개시 3시간 만에 1,400채나 팔릴 정도로 인기가 많았다고 한다. 레빗타운과 같은 교외가 곳곳에 형성되면서 미국에는 많은 도시가 대상도시(strip cities) 형태를 이루기 시작했다. 대상도시는 과거 서로 분리되어 있는 도시들이 교외 형성으로 연결되어 하나의 슈퍼도시를 이룬 것으로, 인구조사에 따르면 이미 1960년에 13개에 이르렀다. 한국의 경우에도 이제 이런 현상은 드문 것이 아니다. 서울을 중심으로 하는 수도권은 지금 위성도시로 둘러싸여 거대한 슈퍼도시를 형성하고 있고, 전체 남한 인구의 절반이 여기에 살고 있다. 교외 형성은 기본적으로 잉여 자본을 흡수하는 과정으로서, 하비가 말하는 '공간적 조정(spatial fix)'에 해당한다. 공간적 조정은 "자본이 자신의 역사에서 더 나중에 일어날 새로운 '공간적 조정'(새 공간 및 영토에서 새로운 축적을 위한 기회)에 자리를 내주기 위해 나중에 파괴해야(하고 거기 투자된 자본 대부분을 감가시켜야) 하는데도 자신의 역사 어떤 시점에서 자신의 작용에 필요한 고정된 공간(또는 '경관')을 만들어 내는" 과정이다(Harvey, 2001, 25).

교외화는 자동차도로의 확장을 필요로 한다. 레빗타운과 같은 교외 주거지가 만들어지게 된 시점이 2차 세계대전 이후 자동차 보급이 다시 급속도로 확대된 것과 일치한 것은 따라서 우연일 수가 없다. 교외화가 급속도로 진행되고 있던 1955년 미국의 자동차 보유수는 6,000만대였는데, 이것은 당시 인구 1억5천5백만명 가운데 3분의 1 이상이 자동차를 보유하게 되었다는 말과 같다. 20세기 중반에 이르게 되면 미국인의 삶에서 자동차는 그만큼 중요해졌다고 하겠는데, 교외 생활을 하는 전형적인 중산층 가정의 경우 남편의 출퇴근을 위해, 그리고 아내의 소비생활을 위해 자동차를 두 대씩 보유한 경우가 대부분이었다. 자동차의 보급과 함께 자동차도로의 확산도 지속적으로 이루어졌다. 미국은 1950년대에 연방재정으로 아이젠하워 주간고속도로망을 개발하기 시작했는데, 2010년 현재 이 고속도로망의 전장은 7만5천여 킬로미터다. 그리고 이 도로망을 포함하는 전국고속도로망은 25만6천 킬로미터에 달하고, 포장도로의 경우는 전장이 무려 3백98만여 킬로미터, 비포장도로도 2백21만3천여 킬로미터에 달한다(Wikipedia, 'Transportation in the United States'). 이들 길 대부분은 자동차 접근이 가능하다는 점에서 자동차도로로도 사용될 수 있다고 볼 수 있다.

자동차도로의 등장은 자본주의적 축적 역사에서 철도와는 다른 역할을 하는 길 형태가 등장했다는 것을 알려준다. 자동차도로가 확산됨으로써 일어난 가장 큰 변화 하나는 이제 소비자본주의가 본격적으로 가동하게 된다는 점이다. 자동차는 개인들이 소유해 사용하는 상품이었기 때문에 자동차의 등장은 사람들의 행동방식, 특히 소비생활에 중요한 영향을 미쳤던 것으로 보인다. 이런 변화가 일어난 것은 1920년대다. 미국의 경영사학자 낸시 코언에 따르면, "1920년대에 자동차는 이례적으로 중요한 소비재가 된다. 20년대 초에는 전체의 4분의 1에 해당하는 가구만이 자동차를 소유했으나, 말이 되면 절반 이상, 60퍼센트가 소유하게 된다. 그래서 자동차는 불변의 비품이 된다." 미국에서 1920년대에 소비자본주의가 본격적으로 발달하기 시작한 것은 이처럼 자동차 문화의 확산과 밀접한 관계가 있었던 셈이다. 자동차는 "놀이공원과 같은 온갖 종류의 새로운 재화 및 서비스로 향해 가는 길"이 되기도 했다. "그것[자동차]은 1920년대 말에 이르면 교외 백화점으로 가는 길이 되곤 했다"(Coehn). 이처럼 자동차가 널리 보급됨과 함께 소비자본주의가 확산된 것은 캐나다와 유럽에서도 마찬가지였다. 당시 소비자본주의가 발달한 것은 자동차의 보급과 함께 도로 운송체계가 발달함에 따라, 다양한 소비재들이 소비자들에게 쉽게 전달될 수 있었기 때문이기도 하다.

자동차에 의한 운송의 확대는 철도에 의한 운송을 보완하는 역할도 하게 된다. 이 절 앞부분에서 언급했듯이 철도는 대량 운송을 가능케 했지만 "제품의 유통을 제한"(Clarke, 1990)시키는 그 나름의 경직성을 지닌다. 19세기에 이르러 철도는 과거 고대 왕도와 비슷한 역할을 하며 교통의 새로운 대동맥으로 자리 잡았지만, 자본주의적 상품이 소비자에게 더 가까이 다가갈 수 있기 위해서는 지구 신체 위에 훨씬 더 정교한 혈맥 즉 자동차도로가 정교하게 형성될 필요가 있었다.

> 운송수단의 혁명은 도시와 시골의 관계를 바꿔냈다. 철도 시대로 개시된 생산 및 소비 혁명은 기본적으로 도회적인 혁명이었고, 대개 기차역이 없는 지역사회는 스쳐지나갔을 뿐이다. 자동차 운송의 성장은 혁명을 시골까지 넓혀 아무리 먼 마을도 자본주의 재생산의 단일 구도 안으로 통합해 냈고, 라디오 그리고 그 다음 TV의 출현으로 제공된 매스커뮤니케이션 혁명의 물질적 토대를 닦았다(Clarke).

물론 자동차가 모든 곳을 다닐 수 있는 것은 아니다. 운송수단으로서 말이나 당나귀 등은 꾸불꾸불한 차마고도의 모습이 보여주듯이 자동차보다는 훨씬 더 험한 지형과 장소로 다니고 들어갈 수 있다. 반면에 자동차는 바퀴로만 움직여야 하기 때문에 울퉁불퉁한 지형에 접근할 때는 어려움을 겪기 일쑤다. 찻길은 그래서 기본적으로 곧아야 하고, 굽을 수밖에 없는 경우라도 일정한 기울기를 갖도록 해 자동차가 길을 벗어나지 않도록 해야만 한다. 하지만 이런 한계에도 불구하고 자동차가 이제 사람들이 밀집해 사는 곳 대부분에 접근 가능해진 것은 지구 위 수많은 곳에 자동차가 다닐 수 있게끔 차도가 조성된 결과이기도 하다.

도시 거리의 사유화

앞에서 언급한 것처럼, 오늘날 거리를 의미하는 영어 '스트리트(street)'는 고대 로마 공도 가운데 포장도로를 가리키던 말인 '비아 스트라타(via strata)'에서 유래했다. 도시 거리가 영어로는 '스트리트', 독일어로는 '스트라세(Strasse)'가 된 것은 중세 도시에서 중요한 길 역할을 했던 것이 로마 공도였기 때문이고, 도시의 공도는 대부분 포장이 되어 있었기 때문이다. 스트리트로서의 도시 거리는 단순한 통행로와는 구분된다. 거리는 단순한 이동이나 수송보다는 공중의 상호작용을 돕는 공간으로 간주되기도 하기 때문이다. 이것은 중세 이후 로마 공도가 도시 외부에 있을 경우에는 차단되거나 파괴되기도 했던 것과는 달리 도시 내부에서는 시민 생활의 공간으로 사용된 전통과 관련되어 있을 것이다. 한국에서는 이런 역할을 골목길이 했다고 볼 수 있는데, 전통적으로 골목길은 같은 마을에 사는 사람들의 교류 장소였다. 오늘날 도시에서 "거리의 예로는 보행자 가로, 골목, 그리고 노상 차량들이 지나다니기에는 너무 붐비는 도심 거리가 있다. 반면에 공도나 차도는 도로 유형이지만, 그것들을 거리로 여기는 사람은 거의 없다"(Wikipedia, 'Street').

도시 거리가 아직도 공중의 상호작용을 돕고, 사람들의 교류가 일어나는 곳으로 이해된다는 것은 그것이 공유지 또는 공공재로서 이해된다는 말도 될 것이다. 공유지나 공공재는 말 그대로 사적 소유물이 아니며, 따라서 특정한 개인이 독점할 수 있는 대상이 아니다. 어린아이들이 아무런 걱정 없이 놀이를 하곤 하던 시절 한국의 도시 골목도 공유지의 성격이 강했던 편이다. 하지만 자본주의의 발달로 말미암아 오늘날 도시 거리는 원칙상으로는 공공적인 성격을 가졌을지라도, 사실상은 사유화한 경우가 허다하다. 앞 절에서 우리는 1920년대까지만 해도 아이들, 보행자, 마차, 전차, 자동차 등이 공통으로 사용할 수 있었던 미국의 도시 거리가 1930년대 이후 자동차에 의해 독점되기 시작했다는 것을 확인한 바 있다. 특정한 이해 당사자에 의한 이런 거리 사유화는 오늘날에 이르러 훨씬 더 광범위한 현상이 되었다. 이 과정에서 가장 유력하게 작용하게 된 도시공학이 재개발과 공간고급화다.

공간고급화와 재개발은 일견 도시의 거주환경과 생활환경 개선을 위해 추진되는 것으로 보이지만, 원주민 다수에게는 생활 거점으로부터 쫓겨나야 하는 수탈의 경험으로 다가오는 경우가 태반이다. 이런 일은 19세기에도 이미 일어난 일이었다. 맑스에 따르면, "[부의 증대에 따르는] 도시의 개량—불량주택 지역의 철거, 궁전과 같은 은행과 백화점 등의 건설, 영업용 운동수단과 사치스런 마차나 시가전차의 도입 등을 위한 도로의 확장—은 빈민들을 더욱 불결하고 더욱 비좁은 빈민굴로 몰아낸다"(맑스, 2001b: 898). 최근의 예로 미국 뉴욕시의 경우를 들 수 있다. 억만장자 시장 블룸버그의 12년 재임 기간(2002-13)에 계속된 재개발 정책으로 인해, 뉴욕은 악명 높던 범죄율이 낮아지고 관광객이 증가하는 등 도시환경이 개선되었지만, 한 조사에 따르면, "뉴요커의 82퍼센트가 거주 비용 감당이 매우 어렵거나 아예 불가능하다"고 답변했고, "무주택 인구가 대공황 이후 최고 수준으로 불어났고, 매일 밤 보호소에서 자는 어린이가 2만2천명"에 이르게 되었다(Saul, 2013). 도시 재개발 이후 원주민이 대거 쫓겨나기는 뉴욕과 비슷한 시기에 재개발을 추진한 한국의 서울도 예외가 아니다. 한 신문 보도에 따르면, "입주가 완료된 뉴타운 재개발 지구 원주민 재정착률은 난곡재개발 지구가 8.7%, 길음 뉴타운 지역 17%, 은 평뉴타운 1지구 20% 등이다. 2007년 평균 재정착률은 17%다"(내일신문, 2015. 7. 29). 재개발이 이루어진 지역에 원주민의 재정착 비율이 이처럼 낮은 것은 사업이 끝나고 나면 주택가격이 상승하고 주거비 부담이 늘어나기 때문에, 원주민 다수를 차지하던 저소득층이 다른 곳으로 밀려나기 때문이다. 물론 쫓겨나면서 보상을 받기는 하겠지만, 보상액이 터무니없이 낮고 또 생활 터전을 떠나는 과정에서 예상치 못한 손실과 비용이 발생하면서 가난한 사람들은 거주 환경이 기존의 것보다 더 열악한 곳으로 내쫓기기 일쑤인 것으로 알려져 있다. 재개발과 공간고급화 사업은 소수에게는 자산을 증식시킬 기회가 되지만, 대다수의 사람들에게는 이런 점에서 수탈을 강요당하는 일일 뿐이다.[69]

도시 거리는 이 과정에서 어떤 변화를 겪게 되는 것일까? 재개발과 공간고급화는 기존의 주거 지역 즉 마을의 해체를 의미하기 때문에 오랫동안 그곳에서 '공중의 상호작용'을 돕는 역할을 해오던 공유지로서의 거리도 사라지게 만들기 일쑤다. 중국 베이징에서 2008년 "올림픽에 대비한 도시 미화라는 명목"으로 도시 중심부인 톈안먼 광장 남쪽 첸먼 일대를 재개발하면서 전통 가옥 쓰허위안(四合院)과 전통 골목 후통(胡同)이 사라져 버린 것이 대표적인 예다(KBS, 2006. 9. 1). 이미 언급한 것처럼 한국에서도 서울에서 종로 일대에서 추진된 재개발 과정에서 600년 역사를 지닌 피맛골이 사라졌다. 골목은 전통적으로 개인의 사적 소유가 아니라

69_ 1980년대 대처 정권 하의 영국에서 일어난 사례도 비슷하다. 영국에서는 사회주택에 거주하는 사람들이 많았으나, 대처 집권 이후 하층민들에게 자신들이 거주하던 주택을 헐값으로 구입하게 해주는 정책을 대대적으로 펼친 뒤, 주택 투기를 일으켜 하층민들을 다시 쫓아내는 일이 전개된다. "일단 명의변경이 이루어지고 나면 특히 일급 중심지에서 주택 투기가 이루어져 결국 런던과 같은 도시에서는 저소득 인구를 매수하고, 구워삶아 주변부로 몰아냈고, 이전의 노동자계급 주택단지를 집중적인 주택고급화의 중심으로 만들었다. 감당할 만한 가격의 주택 상실은 많은 도시 지역에서 무주택 상황과 사회적 아노미 현상을 불러일으켰다"(Harvey, 2003: 158).

골목을 공유하거나 사용하는 사람들의 공유지에 속한다. 하지만 이런 골목을 없애고 새로 조성된 공간에서는 그런 공유지가 살아남기 어렵다. 역사적인 거리를 제거한 뒤 들어서는 새 건조 환경에 설령 '역사 재현' 등의 명분으로 골목 역할을 하는 길을 조성한다고 하더라도, 그것은 마찬가지다. 서울 인사동에 원래 있던 주택과 골목을 철거하고 2004년에 개장된 공예품전문 쇼핑몰 '쌈지길'은 1층에서 4층까지 길 역할을 하는 복도를 따라 사람들이 건물을 오르내릴 수 있게 해놓았는데, 여기서 복도는 과거의 골목과는 형태도 완전히 다르지만 그 기능 또한 크게 달라졌다. 쌈지길이 들어선 곳에 원래 있던 골목들은 그 또한 거기 즐비하던 식당 건물들로 사람들을 안내하며 상업적 하부시설의 역할을 하지 않았던 것은 아니나, 그렇다고 거기서 특정한 개인이 골목을 독점했다고 할 수는 없다. 반면에 이런 골목과 상가주택들을 철거하고 4층 쇼핑몰로 들어선 쌈지길에서는, 복도가 아무리 길처럼 꾸며져 있다고 해도 그 쓰임새가 사람들을 건물 안에 배치된 70여 매장으로 안내하는 것으로 거의 국한되었다고 봐야 한다.

재개발로 인해 길에 대한 사적 소유 지배가 강화되는 경우는 심지어 지방정부나 시민단체 같은 공적 또는 비영리적 기구에 의해 길이 공유지로 조성되는 과정에서도 발견된다. 최근 용도가 폐기되어 방치된 철도 부지를 공원으로 조성하는 사례가 국내외에서 늘어나고 있다. 미국의 뉴욕시가 1980년대 이후 폐선이 된 첼시 지역의 고가철도 하이라인(High Line)을 보행자 공원으로 조성한 것이 대표적인 예일 것이다. '하이라인의 친구들'이라는 비영리 단체의 발의로 시작되어, 방치된 철도 부지를 공공 공간으로 재개발해 파리에서 1993년에 완공된 프롬나드 플랑테처럼 고가 공원으로 조성한 이 사업에는 뉴욕시가 제공한 5천만 달러를 포함해 1억 5천만 달러가량이 투입된 것으로 알려져 있다(Wikipedia, 'High Line

[New York City]'). 하이라인 공원은 명목상으로는 어떤 특정 개인의 사유도 아닌 공공 공간이며, 그런 점에서 거기에 조성된 자전거 도로나 산책길은 과거의 공도나 골목처럼 공유지에 해당한다. 하지만 하이라인 조성은 공간고급화 사업으로서, 자본 축적을 위한 공간적 조정이라는 성격을 결국 벗어나지 못했다고 할 수 있다. 하이라인이 소재한 첼시 지역은 과거 슬럼가였으나 공원이 조성된 것과 때를 맞춰 재개발 붐을 맞게 되었다고 한다. 문제는 이 결과 새로 조성된 공유지가 "주변 주거 자산 가치에 굉장한 영향을 미쳐 임대료를 급속도로 상승시킨 바람에, 대부분의 뉴욕 시민으로부터 지역의 값싼 주택에 접근할 수 있는 기회를 빼앗아"(Harvey, 2012: 75) 버렸다는 것이다. 하이라인 복원 사업으로 첼시 지역의 거주 환경이 아무리 좋게 개선되었다고 한들 소수만이 그 혜택을 누리게 되었다면, 공간고급화와 재개발로 생겨난 '공유지'는 더 이상 진정한 의미의 공유지라고 하기 어렵다. 하이라인에 조성된 자전거길과 산책길은 명목상으로는 공유지라 하더라도, 공간고급화에 내장된 자본의 논리에 따른 사적 이해관계를 작동시킴으로써 공유지의 성격 변화에 기여했다고 할 수 있다.

이런 일을 강 건너 불로만 볼 수 없는 것은 한국에서도 이제는 폐선이된 철도나 도로를 보행 공원으로 전환시키는 사례가 종종 생기고 있기 때문이다. 서울시는 최근 뉴욕의 하이라인 공원을 본 딴 서울역고가 공원을 조성하겠다는 계획을 발표한 바 있고, 과거 경의선 철도 부지의 경우에는 이미 숲길 공원으로 조성해 놓았다. 특히 경의선 숲길 공원의 경우는 길이가 6.3킬로미터로 그 안에 산책길과 자전거길이 만들어져 있다. 금싸라기 땅으로 많은 건설회사가 탐내고 있던 이 구간을 서울시가 공원으로 만들어 시민에게 돌려준 것은 나름대로 의미가 없지는 않다. 공원 조성 사업은 서울 시민에게 공유지를 마련해 선사한 경우에 해당할 수도 있다.

그러나 이런 유의 공원 조성은 공간고급화 사업으로서, 뉴욕의 하이라인 사업처럼 많은 사람들의 생활 터전을 박탈하고 수탈하는 결과를 만들어 낸다는 점 또한 부인하기 어렵다. 숲길 공원이 조성되는 마포의 공덕동, 대흥동, 연남동 지역 공원 주변의 주거용 주택은 대부분이 카페나 식당으로 바뀌었고, 땅값과 아파트 가격도 치솟았다. 이 바람에 임대료 상승을 부담하기 어려운 가난한 사람들은 뉴욕에서처럼 자리를 뜨지 않을 수 없게 되었다. 카페 등 상업 시설들이 들어서자 지역 거리가 눈에 띄게 활기를 띠기 시작한 것은 사실이지만, 그런 분위기를 즐길 수 있는 사람들은 거기서 쫓겨난 가난한 주민들이 아니라 더 고급해진 소비생활을 즐길 수 있는 고객과 관광객이라고 봐야 한다. 폐선이 된 철도 대신 새로 조성된 산책길, 자전거길은 이렇게 본다면 결국 가난한 사람들을 지역에서 쫓아내는 불평등 생산 효과, 그리고 여유 있는 소수에 의한 도시 공간 독점이라는 효과를 초래한 셈이다. 이것은 자본주의 거리가 더욱 사유화된다는 말과 다르지 않다. 도시 거리의 사유화는 다른 한편에서 보면 길의 공유지 성격이 탈각되는 것이기도 하다.

자본주의적 하부시설

자본주의 역사에서 길들은 자본 축적을 위해 다양한 기능을 수행해 왔다. 이들 기능은 크게 보면 고정자본, 소비기금, 사회적 하부시설 등으로 구분된다고 할 수 있다. 우리가 여기서 눈여겨볼 점은 자본주의 하에서 길의 이런 기능들은 서로 배타적으로 작용한다기보다는 서로 보완하며, 궁극적으로는 자본의 축적에 기여한다는 사실이다. 먼저 길들은 화폐나 상품, 노동력 등 자본의 물리적 신체들을 운송하는 데 필수적인 요건으로서 축적 조건을 확보하거나 개선하는 데 없어서는 안 될 물리적 하부시설이다. 근대 초 자본주의 형성기에 인클로저를 통해 형성된 대농장과 차지 농장에서 생산된 양모나 농산물을 운송하는 시설로 사용된 길들은 어느 개별 자본의 투자에 의해 조성되지는 않았더라도 초기 잉여 생산을 위한 요긴한 조건이었을 것이다. '발견의 시대'에 개척된 항로 또한 해외 수탈의 주된 경로로 사용되었다는 점에서 마찬가지로 자본 축적을 위한 중요한 하부시설로 작용했다고 할 수 있다. 하부시설은 "그 자체로서 잉여가치를 생산하지"는 않지만, "잉여가치 생산을 위한 조건들을 고양시킨다"(하비, 1995: 527). 자본주의 초기에 과거 봉건 장원제 하에서는 사용이 제한되었던 도로의 활용이 증가하고 대양 항로의 대대적 개척이 이루어진 것은 길들이 이제 개별 자본가들에게 자본 축적을 위한 중요한 수단으로 활용될 수 있었기 때문일 것이다.

철도의 경우는 처음에는 주로 고정자본으로 조성되었다가 이후에 교통수단으로 그 사회적 기능이 확대되면서 사회적 하부시설 역할도 겸하게 된 것으로 보인다. 세계 최초의 철도인 달링턴-스톡턴 노선은 석탄을 운송하기 위한 고정자본으로 부설되었고, 이후에 등장한 대부분의 철도 또한 개별 자본들의 연합인 주식회사들에 의해 건설되었다. 한국에 최초로 들어온 경인선을 건설한 것은 미국 자본으로 이루어진 경인철도주식회사였고, 경부선을 건설한 것은 영국에서 자본을 빌려 일제가 설립한 경부철도주식회사였다. 룩셈부르크가 지적했듯이, 철도 건설은 피로 물든 수탈의 과정이었던 만큼 군사적 개입이 수시로 필요한데, 이것은 철도 건설 과정에서 사적 자본의 활동을 지원하기 위해 억압적 국가장치인 군대가 동원되었다는 말이기도 하다. 철도는 그러나 사적 자본에 의해 건설되고 운영되는 경우가 많기는 했지만, 자본주의 발달 과정에서 교통체계가 총자본의 관점에서 더욱 중요해지면서, 사회적 하부시설로서도 작용하게 된다. 사회적 하부시설에는 철도와 도로 이외에도 보건과 교육과 상하수도 시설 등이 포함되며, 이들 시설은 직접 잉여가치를 생산하지는 않는다 하더라도, 잉여가치 생산의 조건을 개선하는 데 필요한 노동력의 재생산에는 필수적이라고 할 수 있다. 철도는 상품 운송만이 아니라 노동력의 장거리 이동을 원활하게 하기 위한 교통체계를 구성하기도 한다. 20세기 중반에 수정자유주의가 정착되는 과정에서 많은 자본주의 국가들에서 철도체계가 국유화되거나 공영 체계로 운영된 것은 이 시기에 국가와 자본, 노동의 협력관계가 이루어지면서 노동권이 일정하게 신장되고, 국가가 공적인 부문을 관장하는 역할을 담당하게 된 것과 무관하지 않을 것이다. 하지만 국가와 자본과 노동의 타협이 깨지게 되는 1970년대 이후 신자유주의 축적 체제가 형성되면서, 철도는 많은 나라에서 민영 체계로 바뀌어 사적 자본의 지배를 받는 경우가 많아진다. 일본의 경우 1987년 나카소네 야스히로 내각에 의해 일본국유철도를 JR 계열 7개 회사로 민영화했고, 영국도 1993년 보수당 정권에 의해 철도가 민영화되었다. 한국 철도체계의 경우에는 오랫동안 정부 산하인 철도청이 운영하다가 2005년부터 한국철도공사(코레일)를 설립해 공영 체제로 운영해 오고 있지만, 최근 정부에 의해 '코레일 민영화'가 추진되면서 논란을 빚고 있고, 인천공항철도의 경우에는 이미 자본의 수중으로 넘어갔다.

　도로도 철도와 마찬가지로 고정자본으로 조성될 수 있다. 한국에서는 최초로 기획금융을 통해 재원을 조달한, 서울과 인천국제공항을 잇는 인천국제공항고속도로 건설이 그런 경우다. 2000년에 개통된 이 고속도로를 건설하는 데 총 1조4천여억원의 공사비가 투입되었는데(한국경제, 2000. 11. 19), 모두 사적 자본으로 충당되었기 때문에 이 도로를 이용하는 사람들은 통행료를 내야만 한다. 하지만 아직도 사회적 하부시설 성격을 띤 자동차도로가 많은 것은 역사적으로 주로 주식회사가 참여해 건설한 철도와는 달리, 자동차도로는 지방 또는 중앙 정부의 재정으로 조성되는 경우가 많았기 때문일 것이다. 앞서 본 대로 미국에서는 자동차가 급속도로 보급되는 과정에서 건설된 도시와 카운티, 카운티와 카운티, 주와 주를 잇는 수많은 차도는 휘발유세를 징수해 조성한 재정으로 건설되었다.

개별 자본이나 주식회사의 자본이 아닌 공적 재정에 의해 건설된 차도는 고정자본보다는 사회적 하부시설로서의 역할을 하게 된다. 그렇다고 차도가 자본을 위해 봉사하지 않는 것은 아니다. 사회적 하부시설은 잉여가치 생산의 조건을 개선하는 데 활용되며, 차도 또한 그런 의무에서 자유롭지 않다. 도로나 철도 등은 소비기금의 성격을 갖고 있기도 하다. 앞에서 우리는 고정자본이 "잉여가치의 생산을 촉진하기 위해 실제 사용된 노동수단들만" 가리킨다면, 소비기금은 주로 "생산적 소비가 아니라 최종적 소비에 사용되는 항목들"(하비, 1995: 281)로 이루어짐을 확인한 바 있다. 예컨대 고속도로는 사람들이 여름 피서 여행을 하기 위해 이용할 때는 '최종적 소비'의 수단으로 사용되는 것이지 직접 잉여가치 생산을 위해 사용되는 것은 아니다. 그러나 다시 생각해 보면 최종적 소비 수단으로 사용될 때라도 도로가 특히 자동차도로로 사용될 경우에는 자본주의적 축적과 무관하다고 보기는 어렵다. 고속도로 주행에 사용되는 자동차의 소유는 그 자체로 고가 상품의 소비 행위에 해당하고, 피서 여행과 같은 자동차로 영위하는 휴가 활동 또한 각종 상품 소비와 무관하지 않으며, 휴가를 포함한 여가 활동 전체는 자본주의적 노동력 재생산의 의미가 있기 때문이다. 이런 점은 차도를 포함한 도로에서의 활동이 이제는 자본주의적 축적 즉 잉여가치 생산에 기여하는 사회적 하부시설의 성격을 강하게 띠고 있음을 보여준다. 물론 도로가 고정자본으로 조성되었을 때는 더 말할 나위가 없다.

이상 간단하게 살펴본 바에 따르면 자동차도로나 철도 등 자본주의 시대에 들어와서 조성된 주요한 길 형태는 때로는 소비자금으로 때로는 고정자본으로 역할을 하지만, 어떤 경우든 사회적 하부시설로서 자본의 축적 조건을 개선시키는 데 작용하게 된다는 것을 알 수 있다. 자본주의적인 사회적 하부시설로 활용되는 길에는 도로나 철도 등만 있는 것은 물론 아니다. 자본주의 하에서 각종 도로망, 철도망 등은 자본주의 생산양식의 지배를 받으며, 이에 따라서 과거에는 축적과 무관하게 사용되던 길들도 자본주의적 하부시설의 역할을 떠맡게 된 경우가 많은 것이다. 우리의 일상생활에 근접한 예로는 골목길이 그런 경우다. 골목길은 과거에는 아이들이 모여 놀고 마을 사람들이 담소를 즐기거나 산보를 하기도 하던 곳이다. 청년시절 나는 친구들과 대화를 하려고 골목을 걸었던 적이 많았다. 1980년대까지도 서울의 골목들은 연인들이 데이트 장소로 가장 자주 사용했던 곳이었을 것이다. 이런 역할을 하던 골목은 차이들의 집합소에 해당한다. 미국의 도시 거리도 1920년대까지는 아이들과 보행자, 마차, 전차, 자동차 즉 거리에 대한 상이한 요구들이 뒤섞여 있던 곳이었다. 하지만 이제 골목은 자동차 일색으로 바뀌었다. 한국의 자동차 등록 대수는 1985년에는 100만대밖에 되지 않았으나, 1992년 500만대, 1997년 1,000만대, 2005년 1,500만대, 2015년 현재 2,000만대로 1990년대 이후에 급속도로 늘어났다. 오늘날 어떤 골목이든 차이들의 집합소로서의 성격, 즉 공통성을 크게 상실하게 된 것은 이처럼 자동차 보유가 보편적 현상이 되고, 그에 따라 대부분의 골목이 차도 역할을 떠맡게 된 결과일 것이다. 물론 주로 차도 역할을 한다고 해서, 골목이 공유지로서의 성격을 완전히 잃게 된다고 할 수는 없다. 누구나 자동차로 접근할 수 있는 한, 골목은 공개되어 있다고 볼 수 있으며, 그런 점에서 특정한 개인의 독점물인 것은 아니다. 하지만 이때에도 골목이 유지하는 공유지로서의 성격은 약분되지 않는 차이들로 구성되는 공통성의 그것과는 거리가 멀다고 봐야 한다. 오늘날 골목을 공유할 수 있는 사람은 자동차 이용자라고 하는 특정 부류의 사람들뿐이다. 물론 상가거리로 바뀐 경우 골목은 관광객과 소비자들에게도 개방된다. 하지만 그런 경우에도 골목의 주된 역할은 자본주의적 축적을 위한 하부시설에 국한된다고 봐야 한다.

최근 한국의 한 유통업체는 배송인원을 1만5천 명으로 늘려 24시간 배송을 실현하겠다고 발표하고 나섰다(연합뉴스, 2015. 11. 3). 이미 기존의 우편 업무 이외에도 동네 식당에 주문한 음식 배달이나 급히 보내야 할 서류나 식품 등의 '퀵' 배달이 광범위하게 이루어지고 있는 터에, 주로 온라인 주문을 받는 유통업체가 인원을 대폭 늘려 당일 배송 서비스를 제공하게 된다면, 전국의 도로, 도시 거리, 골목길은 하부시설로서의 역할을 더욱 강화할 수밖에 없을 것이다. 최근 들어와서 이런 변화를 촉발하는 데 가장 큰 역할을 하는 것은 물론 정보고속도로의 급속한 확산이다. 이제 온라인 상품 거래는 전국적 규모로 확대된 것은 물론이고 해외 직구의 증가에 의해 세계화된 수준으로까지 광범위하게 이루어지고 있다. 정보고속도로의 이용 증가는 증폭된 부대 효과를 낳기 마련이다 정보고속도로에서의 '통과' 행위는 정보의 소통이라는 점에서 비물질적 형태를 띠지만, 항로나 항공로, 고속도로, 도시 거리, 골목길 등 다른 길들에서의 통과 행위의 증가에 중대한 영향을 미친다. 온라인 거래는 다양한 물질적 형태를 지닌 상품을 중심으로 이루어지며, 구매된 상품은 소비자에게 배달되기 위해 운송되어야 한다. 정보고속도로의 확산은 그래서 기존의 길 네트워크를 더욱 발달시키는 기제가 된다고 할 수 있다. 문제는 이때 확장되는 길 네트워크는 갈수록 자본주의적 하부시설의 성격만 주로 강화된다는 것이다.

자본주의 하에서 길들은 축적의 이중운동 즉 착취와 수탈의 과정과 밀접하게 관련을 맺으며 조성되거나 관리되어 왔다고 볼 수 있다. 그것은 자본주의에서는 길도 축적과 무관하게 존립할 수 없으며, 축적은 기본적으로 착취와 수탈의 이중운동으로 이루어지기 때문이다. 유럽에서 원시적 축적이 일어나던 시기, 길은 생존수단에서 분리된 무토지프롤레타리아를 차지농업 노동에 투입하기 위해, 즉 착취의 대상으로 만들기 위해 통행을 관리하던 곳이었다. 길은 노동하는 장소이기도 하다. 철도나 도시 거리, 고속도로 등은 조성하는 데 오랜 시간이 걸리고, 대규모 노동력이 투입될 필요도 있다. 조성된 이후에도 길에서는 그 관리를 위한 노동과 함께 기차나 자동차의 운행과 같은 노동이 전개되곤 한다. 이런 점에서 길은 잉여가치가 직접 생산되는 착취의 현장이라고 할 수 있다. 다른 한편, 길은 소비기금 즉 최종적 소비를 하는 장소로 사용되기도 한다. 여행이나 가족 방문, 오락으로서의 운전이나 사이클링 등을 위해 사용하는 길은 직접적인 가치 생산과는 무관하다. 하지만 자본주의 하에서 길은 소비기금으로 사용될 때에도 궁극적으로는 잉여가치 생산의 조건과 환경을 개선시키는 물리적 하부시설의 역할을 하는 것으로 볼 수 있다. 길은 최종적 소비 대상으로 사용되는 경우에도 그런 활동이 노동력 재생산으로 귀결되는 한, 자본주의적 생산조건의 재생산을 위해 기능하는 셈인 것이다. 이런 점은 자본주의적 축적이 확대 재생산되는 데 길이 중요하게 기여한다는 것을 말해준다.

최근에 들어와서 자본주의는 축적의 확대 재생산, 다시 말해 잉여의 안정적 생산이 한계에 부딪친 결과 착취보다는 수탈을 더욱 노골화하고 있는 것으로 보인다. 이런 점은 최근에 길들의 기능이 크게 바뀌고 있는 데서 확인되고 있다. 자본주의가 수정자유주의에 의해 관리되던 시절, 길들은 공공적인 성격이 대체로 강했던 편이다. 철도나 자동차도로 대부분은 공적 재정에 의해 조성되었고, 골목길 또한 공유지로서의 성격이 컸던 것이다. 하지만 최근에는 신자유주의 지배가 노골화되면서, 철도의 민영화는 세계적 추세가 되었고, 도로의 경우에도 사적 자본에 의해 건설되는 경우가 늘어나고 있다. 한국에서는 앞서 언급한 인천국제공항고속도로 이외에 천안-논산고속도로, 대구-부산고속도로, 서울외곽순환도로 등이 고정자본으로 조성된 사례에 속한다. 도심 재개발과 공간고급화가 도처에서 전개되면서 일견 공유지처럼 개발되는 길도 있지만 그럴 경우에도 사회적 하부시설의 성격만 강화되는 경우가 허다하다. 이것은 길들이 자본의 축적 논리에 전면적으로 종속되고 있다는 말로서, 오늘날 삶의 터전에서 쫓겨나는 사람들이 늘어나고 있는 것은 그 결과라 하겠다. 길 체계에 대한 자본주의적 지배가 종식되지 않는 한, 이런 경향은 지속될 것이고, 길의 공유지적 성격은 더욱 약화될 것이다.

제8장
통행권과 광장

　"걸어가면 길이 된다"는 말이 있다. 이것은 한국의 한 교수운동 단체가 창립 20주년을 기념해 회원들의 기고문을 모아 펴낸 단행본의 제목이기도 하다(민주화를위한전국교수협의회, 2007). 걸어간다고 무조건 길이 되는 것일까? 물론 그렇지는 않을 것이다. 가령 단 한 사람이 한 번 걸어간다고 해서 길이 저절로 만들어지는 법은 없다. 인용한 문장이 말이 되려면 그래서 무엇보다도 조건절에서 생략되어 있는 주어가 무엇인지 확인할 필요가 있다. 그 주어는 필시 '우리' 또는 '사람들' 같은 복수 형태가 되어야만 할 것이다. 1장에서 언급했던 루쉰의 말이 이 맥락에서 다시 상기된다. "본시 땅 위엔 길이 없다. 다니는 사람이 많다 보니 길이 되어버린 것이다"(루쉰, 2010: 105). 최근 한국에서 신영복도 "여럿이 함께 가면 길은 뒤에 생겨난다"는 말로 비슷한 생각을 드러낸 바 있다(신영복, 2010: 71). 이런 말이 상기시키고 확인하는 바는 길은 혼자서는 만들기 어렵다는 점이다. 물론 경우에 따라서 혼자서도 길을 만들 수 있을 것이다. 땅바닥이 무르고, 같은 곳을 반복해서 걸을 수 있는 조건이라면 혼자선들 왜 길을 만들지 못하겠는가. 하지만 그렇게 해서 길을 만들어 냈다면, 그 '혼자'는 정말 혼자가 아니라, 무수한 '자기들', 따라서 이미 '여럿'인 셈이라고 해야 한다.

여럿이 참여해 만드는 것인 만큼, 길은 원칙적으로 사적인 소유물이라고 하기 어렵다. 물론 사도(私道)가 없는 것은 아니지만, 그런 길이 존재하게 된 것은 사적 소유가 제도화되고 난 뒤의 일일 것이다. 다른 사람들이 가지 못하게 길을 막거나 독점한다는 것은 그래서 그리스신화에서 아테네 부근의 케피소스 강가에 살면서 자기 집 앞을 지나가는 사람들을 잡아다가 쇠 침대에 눕혀놓고 키가 자기 침대길이보다 짧으면 다리를 잡아 늘이고, 더 길면 잘라버렸다는 노상강도 프로크루스테스의 횡포를 부리는 것과 비슷하다. 길을 만드는 여럿은 서로 다른 방식으로 길의 조성과 이용에 참여한다고 볼 수 있겠지만, 프로크루스테스는 자기만의 잣대로 길 가는 사람들을 재단했다는 점에서 길을 독점하려 한 셈이다. 물론 그는 테세우스에 의해 자신이 다른 사람들에게 한 것과 똑같은 방식으로 죽임을 당한다. 프로크루스테스의 이야기는 그래서 길을 독점하려 들 경우 결국 응징을 당하고 만다는 교훈을 담고 있다 하겠으나, 유감스럽게도 길의 역사는 그 반대가 사실임을 전해주고 있다. 7장에서 본 것처럼 오늘날 길은 갈수록 자본의 지배 하에 들어가고 있고, 길의 사유화가 더 기승을 부리고 있지 않은가.

사실 길은 사적 개인의 수중에 들어가 은폐된 형태로 공중에게 접근이 거부되기에는 적합지 않은 생김새다. 개방이야말로 길의 진정한 모습이라고 하겠는데, 이는 무릇 길이란 틔우기 즉 막혀 있던 것을 열어젖힘에 의해 만들어지기 때문이기도 하다. 우거진 풀밭을 짓밟고 다녀서 만들든 울창한 숲 속 돌무더기나 나무 그루터기를 들어내고 만들든, 길을 만들기 위해서는 막힌 곳을 뚫어야 하는 법이다. 길은 '터서' 만드는 것인 만큼, 완성되고 나면 트인 곳 즉 터로서 나타나게 되어 있다. 터는 이때 땅 위의 나무, 풀, 돌 등이 제거되어 흙 즉 질—1장에서 살펴본 것처럼 '딛'에서 왔고 나중에 '길'로 바뀌는—이 드러난 모습이다. 땅에서 흙을 드러내는 작업은 쉽지 않은 만큼 여럿의 참여가 필요하다. 길이 사적인 소유물이 되기 어려운 것은 이처럼 집합적 활동이나 노동의 산물인 경우가 대부분이기 때문이다. 자연은 원래 주인이 없는 법이며, 자연을 이용한 생산물은 따라서 그 생산자에게 귀속되는 것이 원칙이다. 여럿, 집단, 공중이 만들었다면, 길은 사적 소유로 독점될 대상이 아니라 서로 나눠 사용할 대상이 되는 것이 마땅하다. 대부분의 길이 공유지 성격을 유지해야 하는 이유도 여기에 있을 것이다.

사람들이 길을 만든 것은 기본적으로 신체이동을 원활하게 하기 위함이다. 가고 싶은 곳, 목적지에 가고자 하는 사람이면 그래서 누구나 길에 대한 접근권이 필요하다고 볼 수 있다. 하지만 노상 통행이 늘 자유롭게만 이루어지지는 않는다. 이런 어려움은 일기 변덕이나 도로 파손, 발병, 맹수들과의 조우 같은 자연적이고 물리적인 다양한 요인들로 인해 발생할 수 있겠지만, 여기서 우리가 특히 눈여겨볼 것은 사회적 요인들이다. 사실 인간의 사회적 관계와 그로 인해 생겨나는 다양한 요인도 자연적, 물리적 요인들 못지않게, 어쩌면 그보다 더 결정적으로 노상 이동과 통행에 영향을 미쳤다고 봐야 한다. 그런 통행을 규정하는 사회적 요인 가운데 우리가 다시 주목해야 할 것은 노상 통행 및 이동을 두고 제도적 형태로 발달한 사회적 통제라는 문제다. 특별한 자연적, 물리적 장해가 없는 길인데도 아무나 통행을 할 수 없는 것은 특정한 사회적 지위나 집단에게만 그 길을 통과할 수 있는 권리가 부여되고 그렇지 않은 사람에게는 그런 권리가 허용되지 않기 때문이다. 이런 점은 노상 통행의 권리가 보편적으로 향유되지 않고, 사회적으로 불평등하게 배분된다는 사실을 확인해 준다고 하겠다.

이 장에서 나는 길의 역사를 통행 또는 이동의 자유, 즉 통행권의 측면에서 살펴보려고 한다. 앞에서 간간이 본 것처럼 노상 이동과 통행에 대한 통제는 고대 제국의 왕도에서도 이미 철저하게 이루어져 왔다고 할 수 있다. 6장에서 살펴본 것처럼 길 체계가 역사적으로 사회적 계획 또는 전략과 긴밀한 관계를 맺고 있는 한, 길에 대한 통제를 포기하기는 쉽지 않았을 것이다. 하지만 통행권에 대한 체계적 관리와 운영은 자본주의 이후에 본격화 되었다고 볼 수 있다. 이는 자본주의 시대에 들어와서 국민국가 체계에 분할 소속되는 인구가 형성되고, 이들 인구의 생산적 활용을 위해 그들의 노상 이동을 과거 어느 시대보다 체계적으로 통제할 필요가 생겼기 때문이다. 각종 통행증서가 만들어진 것은 그래서 자본주의, 특히 산업자본주의가 발달한 뒤의 일이다.

길을 통해 이루어지는 인간의 이동에 대한 제한과 통제가 지속적으로 이루어져온 만큼, 그에 대한 저항 또한 역사적으로 그치지 않았다고 할 수 있다. 통행권이 통제되고 제한되는 만큼, 통행권에 대한 요구도 줄기차게 제기되었던 것이다. 이런 요구를 우리는 광장에 대한 접근권의 요구로 이해할 수 있지 않을까 한다. 광장은 여러 길들이 모여드는 곳이고, 광장으로 가려면 그곳으로 가는 모든 길에 대한 통행권이 필요한 법이다. 오늘날은 대부분의 길이 공로로 간주되고 있기 때문에 광장으로 나아갈 수 있는 권리를 만인이 누릴 것으로 생각할 사람이 많겠지만, 그렇지 않다. 자본주의에 들어와서도 노상 통행을 둘러싸고 한편으로는 통행권을 제한하거나 통제하려는 시도와 다른 한편으로는 그런 권리 신장에 대한 요구가 서로 갈등을 빚고 있기 때문이다. 이 장의 끝 부분에서 우리는 자본주의 거리가 노상 통행의 차별화를 강제하며 어떤 비열함을 드러내고 있는지, 광장으로의 진출 시도에는 어떤 제한과 한계점이 있는지 살펴보게될 것이다.

통행권

길을 갈 수 있는 권리 즉 통행권은 길에 대한 소유권과 복잡한 관계를 맺고 있다고 볼 수 있다. 길은 대부분 개인 소유가 아니기 때문에 길을 갈 수 있는 권리는 사적인 권리보다는 공적인 권리로 인식되는 경향이 크다. 통행권은 길 위에서 사람들이 보편적으로 누릴 권리라고 간주되는 것이다. 반면에 소유권은 예컨대 특정한 토지에 대한 소유권처럼 보유자에게 그 토지에 대한 배타적 권리를 부여하는 것으로 여겨진다. 문제는 특정한 토지 또는 길에 대한 배타적 권리와 그것을 보편적으로 사용할 수 있는 권리 사이에 어떤 관계가 형성되느냐, 소유권과 통행권이 서로 충돌할 때 어떤 권리가 우위에 서느냐는 것이다.

통행권과 소유권 가운데 우선적인 것은 아무래도 통행권이다. 이런 점은 소유권이 누린다는 배타적 권리가 통행권과 충돌할 때는 제한된다는 데서 일부 확인할 수 있다. 여기서 살펴볼 것이 '지역권(地役權, easement)'이라는 개념이다. 지역권이란 다른 사람의 소유지를 사용할 수 있는 권리를 가리킨다. 예컨대 한 개인의 토지가 다른 개인의 토지로 둘러싸여 있어서 후자의 토지를 지나가야만 접근할 수 있을 때 그 토지를 사용할 수 있도록 해주는 것이 지역권인 것이다. 지역권은 이때 통행권의 형태를 띠게 되며, 통행권은 "다른 사람으로 하여금 당신의 토지를 지나가거나 통과할 수 있도록 하는 지역권"이 된다. 타자의 소유지에 대해 통행권 성격을 띤 이런 지역권이 인정된다면, 어떤 토지에 대한 소유 사실만으로 그것에 대한 절대적이고 배타적인 권리가 형성되는 것은 아니라는 결론이 가능하다. 특정한 토지를 소유하지 않고도 그에 대한 지역권을 가질 수 있다는 것은 "토지를 소유하는 당신의 권리가 다른 사람들로 하여금 당신의 토지에 대해 특정한 유형의 권리를 가질 수도 있게 하는 것을 배제하지 않는다"는 말이기 때문이다. "지역권과 통행권은 다른 사람들에게 당신의 소유에 대한 사용의 권리를 줄 수 있는 사실상의 소유권이다"(Guerra).

이런 식으로 통행권, 지역권을 생각하는 것은 법적인 영역에 해당할 것이다. 그런데 그런 사고방식의 근거를 다시 생각해 보면, 통행권과 지역권은 모두 공유지에 대한 기본적 이해에 그 기반을 두고 있는 것으로 봐야 하지 않을까 싶다. 공유지 개념은 토지란 자연적인 산물로서 어느 개인이 만들어낸 것이 아니라, 인간을 포함해 지구상 모든 생명체에게 주어진 것이라는 관점에 기반을 둔다. 토지는 원래 주인이 없었던 것이며, 따라서 토지에 대한 소유를 주장하는 것은 자연스런 일이 아니다. 물론 같은 토지라고 하더라도 누가 그것을 먼저 차지해 사용하고 또 어떻게 가꾸었느냐에 따라 그에 대한 권리의 비중은 달라질 수 있다. 토지에 대한 소유권은 그래서 토지를 가꾼 노고에 대한 권리의 형태로 제공되었을 것이고, 최초의 토지 소유권은 먼저 그것을 차지해 가꾸며 사용한 사람에게 주어졌을 것이다.

하지만 이후의 인류 역사는 토지를 가꾼 사람들이 소유권을 갖게 된 경우가 드물고, 원시적 축적의 지속이나 반복에 의해 오히려 수탈당하는 것이 보편적인 현상임을 보여주며, 오늘날에는 그 결과 사적 소유가 토지를 이용하는 지배적 방식으로 부상해 있는 것이 사실이다. 7장에서 본 대로 고속도로나 철도의 민영화 등 공공 영역의 사유화가 신자유주의 시대의 대세로 떠올랐고, 이 과정에서 통행권도 갈수록 사적 소유의 지배 하에 놓이게 되었다. 민영화된 고속도로를 이용할 때 우리가 내는 요금은 공공 재원으로 조성해 관리하는 경우와는 달리 사적 자본의 이윤 창출에 이바지하는 셈이다. 오늘날은 이런 식의 도로 운영이 국가 등 공적 기관에 의한 것보다 효율적이라며 도로의 사유화를 주장하는 의견이 제출되기도 한다.[70] 하지만 그렇다고는 해도 민영화에 대한 반대 또한 강력한 것이 사실이며, 이런 점은 토지란 기본적으로 개인의 사적 소유라기보다는 공적 사용의 대상 즉 공유지라는 생각, 즉 통행권은 사적으로 통제되어선 안 된다는 생각 또한 여전히 강력함을 보여준다고 하겠다. 통행권과 소유권 간의 갈등과 투쟁, 다시 말해 토지를 공유지로 이용하려는 쪽과 사유지로 이용하려는 쪽 사이의 갈등과 투쟁은 따라서 아직도 진행 중인 것이다.

통행권은 공적 권리에 속한다. 반면에 소유권은 사적인 권리 성격이 강하다. 지역권으로서 통행권 또한 소유권의 성격을 갖지만, 사적인 권리로 전환되는 측면은 크지 않다. 통행권이 단일 또는 소수 개인의 지역권으로, 그것도 이 권리가 잉여가치 생산, 다시 말해 타인의 노동을 착취하는 과정에 활용될 경우에는 사적인 권리가 되겠지만, 그런 경우는 드물 것이다. 고속도로나 철도는 물론이고 일반 공도, 도시 거리, 골목길 등 우리가 여기서 통행권이 행사되는 중요한 대상으로 다루고 있는 길 형태는 게다가 다른 토지와는 달리 원래부터 공유지에 속했었다고 할 수 있다. 길은 기본적으로 사람들이 집합적으로 조성하며, 주로 한 지점에서 다른 지점으로의 이동을 위한 통로로 사용된다. 인류는 직립한 뒤로 보행과 주행을 통한 장소 이동을 신체 활동의 주된 형태로 삼아 왔다. 길을 걷고 통과하는 것은 그래서 인간이 인간으로서 하는 기본적 활동에 해당하며, 그런 활동을 할 권리 즉 길을 통과하는 권리는 기본적인 인권에 속한다고 할 수 있다. 이는 또한 통행권이 소유권에 대해 일정한 우선권을 갖는다는

70_ 예컨대 로버트 블록은 다음 이유로 길의 사유화를 주장한다. "공로 체계의 사유화는 경제적 효율성과 다른 혜택을 제공할 것이다. 통행료를 부과할 수 있는 사람들 및 기업들 소유의 경쟁적 도로를 포함할 사적 소유는 우리 삶의 다른 영역에서처럼 이윤 동기가 고객들에게 혜택을 주도록 만들 것이다. 우리는 그 결과를 안전 증대, 교통 혼잡 감소, 그리고 물론 세금 절약을 통해 보게 될 것이다"(Block, 2009: 229). 이런 주장은 물론 길 조성 지역 빈민의 수탈, 통행료의 급등, 도로여건의 악화 등 길의 사유화 이후에 발생하게 되는 실제 현실과는 전혀 일치하지 않는다.

말로서, 오늘날 사적 소유가 지배하고 있는 상황에서도 통행권이 지역권으로서 인정받고 있다는 사실이 그런 점을 확인해 주고 있다고 할 것이다. 공적인 권리로서 통행권은 이때 사적인 권리인 소유권에 우선하는 셈이라고 할 수 있다. 그러나 유감스럽게도 갈수록 통행권은 제한받는 반면, 소유권은 강화되고 있는 것도 사실이다. 이런 추세는 자본주의 사회가 길에 나서는 일, 길을 통과할 수 있는 통행권의 행사에 대해 일정하게 제약과 통제를 가한 결과에 해당한다.

통행의 통제

나는 어렸을 적에 고향 마을로 들어서는 외지인, 특히 젊은 외지인을 동네 청년들이 붙잡아 놓고 호된 '신고식'을 치르게 하는 것을 몇 번 본 기억이 있다. 그런 통과의례는 보통 마을로 접근한 사람이 누구인지 낱낱이 확인된 후에야 마무리되곤 했는데, 외지인으로서는 낯선 마을을 지나가려다 큰 고초를 당한 셈이다. 시골 마을은 보통 인심이 좋다고만 알고 있는 사람들에게는 내 고향 마을의 옛 풍속이 뜻밖의 일로 다가올는지 모르지만, 그런 관행이 있다는 것은 의심스러운 사람에게는 시골 마을도 골목길로의 접근을 선뜻 허용하지 않는다는 것을 말해준다. 2장에서 잠깐 언급하기도 했지만, 골목은 '마을의 속살'로서 공동체의 습속이 집적된 곳이다. 골목은 공동체 내부에서는 공유지 기능을 하지만, '우리'의 이중적 의미—한편으로는 마을에 속한 너와 나, 다른 한편으로는 마을을 외부와 구분하는 울타리의 내부—에서 외부와 구분되는 곳에 해당한다고 볼 수 있다. 이런 곳으로 외지인이 함부로 들어오려고 할 때, 마을 사람들이 막아서는 것은 따라서 그런 내밀한 곳을 외부에 노출시키지 않으려는 일종의 방어기제가 작동한 경우에 해당한다. 그런 태도가 자기 마을 골목을 지키는 골목대장의 공동체적 충심을 보여주는 것인지 아니면 편협함인 것인지는 물론 상황과 연루되는 사람의 입장에 따라 다를 것이다.

타관 마을의 골목으로 들어설 때에만 통과의례를 치르는 것은 아니다. 사실 더 엄격한 통과의례는 관문이 세워진 곳을 지나가려 할 때 행해진다. 관문을 통과하는 것이 쉽지 않다는 것은 중국 고대 춘추시대에 초나라를 도망쳐 나갈 때 오자서가 관문을 어떻게 통과할까 고민하다가 하룻밤 새에 머리가 하얗게 세버렸다는 고사가 잘 말해 주고 있다. 관문은 오늘날 은 경찰초소, 경찰과 군인의 합동검문소, 항만이나 공항의 출입국관리소 등 다양한 형태로 구축되어 있다고 할 수 있으며, 그 통과는 여권이나 운전면허증, 주민등록증 등의 신분증 검사와 같은 엄격한 절차를 거쳐서 이루어진다. 이런 점은 어떤 길이든 통과할 때 그에 대한 접근이 무조건 보장되는 것은 아님을 보여준다.

노상 통행에서는 복수의 통행자가 서로 조우하게 될 때 누가 먼저 지나갈 것인가, 즉 어느 쪽이 통행의 우선권을 가질 것인가가 문제로 떠오르기도 한다. 이런 문제가 생기는 것은 어떤 길에 대한 접근이 허용된 뒤에도 그 길을 사용하는 권리가 차별적으로 배분되기 때문일 것이다. 통행 우선권을 둘러싼 갈등이 어떤 폭력적 결과를 수반할 수 있는지는 테베의 왕 라이오스가 아들 오이디푸스에 의해 친족살해를 당했다는 신화 이야기가 전형적으로 말해 주고 있다. 라이오스는 세 갈래 길 또는 "마차가 다닐 수 있는 세 길이 만나는 곳"(소포클레스, 2006: 255)에서 누가 먼저 길을 갈 것이냐 하고 다툰 끝에 아들에게 죽임을 당하는 것으로 전해진다.[71]

71_ 소포클레스의 『오이디푸스 왕』에서 오이디푸스는 자신이 라이오스를 어떻게 죽였는지 다음과 같이 말하고 있다. "내가 길을 가다가 그 삼거리 가까이 이르렀을 때/그곳에서 한 사람의 전령과 그대가 말한 대로/망아지 끄는 마차 위에 탄 한 사내가 나에게 다가왔소/ 그리고 그 길잡이와 노인 자신이/나를 억지로 길에서 몰아내려고 했소. 그래서 나는 나를

길 위에서는 이처럼 통행의 우선권을 놓고 친족살해의 결과를 초래할 수도 있는 만큼, 노상 통행권이 엄격하게 관리되는 것은 어쩌면 당연한 일로도 보일 것이다. 통행의 방식에 대한 엄격한 통제가 이루어진 것은 앞서 언급한 대로 고대 제국의 왕도에서도 마찬가지였다. 예컨대 3개의 차도를 가지고 있던 진 제국의 치도에서는 바깥 두 차도는 일반백성도 이용할 수 있게 허용했지만, 중앙의 차도는 전용 어도로 만들어 황제, 왕공, 고위관료 및 전령사자만 사용할 수 있게 했고, 잉카 제국에서는 전문 파발꾼인 차스키가 아닌 일반인의 경우 공적인 허가를 받아야만 카팍 냔을 사용할 수 있게 했다. 페르시아의 아케메니드 왕도 또한 하루 평균 300킬로미터를 달릴 수 있도록 했다 하니, 그런 속도를 방해할 요소들 예컨대 느리게 걷는 행인은 왕도 출입이 엄격하게 제한되었을 개연성이 높다. 아케메니드 왕도처럼 우편제도의 일환으로 이용되어 보통 길(cursus clabularis), 빠른 길(cursus velox)로 분리 사용된 로마 공도에도, 그런 제한은 마찬가지로 적용되었을 것이다.

그런데 길, 특히 왕도에서의 통행이 이렇게 엄격하게 통제되고 관리되었다는 것은 그것이 공적인 사안으로 간주되었기 때문이라는 점 또한 중요하게 인식할 필요가 있을 것 같다. 잉카의 카팍 냔에서 일반으로 하여금 허가를 받고 길을 사용할 수 있도록 한 것은 사적인 목적으로 길을 사용할 수 없도록 함이었다. 로마 공도가 '공도' 즉 '쿠르수스 푸블리쿠스'로 불렸다는 것도 이 맥락에서 다시 환기해봄 직한 사실로 보인다. 로마 공도 가운데 빠른 길은 6장에서 살펴본 것처럼, 처음에는 정보

옆으로 밀어낸 마부를/화가 나서 때렸소 그러자 노인이 이것을 보고/내가 지나가는 순간을 기다렸다가 마차에서/침이 둘 달린 막대기로 내 머리를 정통으로 내리쳤소/그러나 그는 똑같은 벌을 받은 것이 아니라/이 손 안에 들린 지팡이에 잽싸게 얻어맞고는/즉시 마차 한가운데로부터 벌렁 나둥그러졌소/그리고/원문/ 나서 나는 그들을 모조리 죽여 버렸소" (소포클레스, 260).

수집을 위한 역할을 수행하다가 결국에는 제국 내부의 감시제도가 되었다. 황제의 전령들 가운데 "공도의 도로와 역을 감시"하고 "각자 지역 행정을 감독"하는 공무집행자로 뽑혔다는 사실이 그런 점을 말해준다 (Silverstein, 2007: 38). 이처럼 왕도가 공적인 공간으로 작용한 것은 세 차도 가운데 중앙에 있는 3장 길이의 노면을 황제 등만 이용하도록 한 중국의 치도, 그리고 황제에게 그의 치하에 있는 제국에서 일어나는 정보를 최대한 빨리 전달하기 위해 전령제도를 둔 아케메니도 왕도도 마찬가지였을 것이다.

중세의 노상 통행 사정

중세에 들어와서는 노상 통행의 조건이 크게 바뀌게 된 것으로 보인다. 우리는 앞에서 로마 제국이 멸망한 뒤로 그 공도 역시 쇠퇴하게 됨에 따라, 유럽 일부 지역의 길들이 "여행 수단보다는 재산 또는 교구의 경계"(Lay, 1992: 59) 역할을 하게 됨을 언급한 바 있다. 재산과 교구의 경계가 되면서, 중세의 길은 자신에 대한 접근을 용이하게 하기보다는 오히려 어렵게 만들려 한 경향을 갖게 되지 않았는가 싶다. 경계란 엄중하게 막고 있지 않더라도 기본적으로 통제와 감시의 영역이므로 통과를 쉽게 허용하려 들지 않는 법이다. 경계로 쓰이는 길은 따라서 통로 즉 사람들을 목적지로 데려다주는 이동 수단이라기보다는 그들의 월경 행위를 통제하는 관문 역할을 할 가능성이 높다.

중세의 성이나 수도원, 성당은 장시나 도시에 있었고, 이들 거점은 비록 주변의 농촌 공동체와 좁은 길이나 간선도로 등을 통해 연결되어 있었다고는 해도 구심적 원리에 따라 작동했다고 볼 수 있다. 이런 조건에서 길들은 수평적 확산보다는 수직적 연결 원칙을 따르게 된다.

중세의 공간적 실천은 농촌 공동체, 수도원, 그리로 성들과 가까운 지역 도로 망만 포괄한 것이 아니라, 장시들 간의 간선도로와 중요한 순례 및 십자군 길들도 포괄했다. 공간의 재현은 아리스토텔레스와 프톨레마이오스의 개념 들로부터 빌려와서 기독교에 의해 수정된 것이었다. 지구, 지하 '세계', 빛나 는 코스모스, 성부와 성자와 성신이 거하는 의인들 및 천사들 천국이 그런 개념들이다. 지구의 표면에 의해 정확하게 양분되어 있는 유한한 공간 속의 고정된 구체, 이 표면 아래 지옥의 불, 그 위 천계인 구체 상반부—고정된 별들과 선회하는 행성들을 지닌 둥근 지붕—그리고 신의 계시와 사자들이 종횡으로 움직이는 삼위일체의 빛나는 광휘로 가득 찬 공간이 있다. 이런 것이 토마스 아퀴나스와 『신곡』에 나오는 공간 개념이다. 재현적 공간은 그 것대로 부근에 있는 중심들—마을 교회, 묘지, 회관과 들판, 그리고 광장과 종루—을 정했다. 그런 공간들은 우주론적 재현들에 대한 해석들, 때로는 불가사의할 정도로 성대한 해석들이었다(Lefebvre, 1991: 45).

중세의 도시와 길들은 이렇게 보면 천상에 있는 질서의 닮은꼴에 해당하 는 셈이다. 예컨대 "산티아고데콤포스텔라로 가는 길은 하늘의 게자리에 서 염소자리로 가는 길, 혹은 은하라고 알려진 길에 대한 지표상의 등가 물"(45)이었던 것이다. 이런 길은 기본적으로 지표면에서 수평적 확장을 꾀하기보다는 천상과의 수직적 연계를 갖고자 하기 때문에 성당과 교회, 수도원이 있는 곳으로 사회적 자원과 관심을 응축시킨다고 할 수 있다. 중세에 적어도 일부 길들이 끊어지고, 다리가 파괴되기도 했던 것도 이런 이유 때문일 수 있겠지만, 중세 길들이 이런 모습을 갖게 된 것은 수천 킬로미터, 때로는 수십만 킬로미터에 이르는 광활한 고대 제국의 도로망 과는 크게 대비된다. 중세에는 길들이 지방의 도시들로 모여들었다고 볼 수 있기 때문에, 일부 소수를 제외하면 멀리 길을 떠나는 일이 드물었다.

중세 사회가 신분사회가 된 것은 사람들이 한 자리에서 고정된 삶을 살아야 했던 것과 무관하지 않을 것이다.

물론 중세에도 이와는 다른, 길에서의 통행을 중요한 권리로 여기는 발상이 없었던 것은 아니다. 12세기 말에 나온 영국 법에 관한 저서에서 라눌프 드 글랜빌이 공로(highways)에 대한 왕의 권리는 영토에서의 왕의 권리만큼이나 절대적이라고 선언한 것이 그런 경우다. 글랜빌은 누구라도 공로를 막으면, "왕의 재산에 대한 부당한 침해"(Lay, 1992: 64)를 하는 것이라고 말했다는 점에서 공로를 공유지로 이해한 것으로 보인다. 공로를 막는 일이 왕의 재산 침해가 되는 것은 공도란 왕에게 속한 길 즉 왕도이기 때문이다. 중세 영국에서는 그래서 공로를 침해하는 것이 공유지 침해(purpresture)인 것으로 간주되기도 했는데, 거기에는 왕도인 공로는 왕의 신민이라면 모두 사용할 수 있는 공공재라는 인식이 깔려 있었다. '왕도'는 모든 공공 도로와 유사어로 사용되었고, 만인에게 개방된 것으로 이해되었던 것이다. 일단 사람들이 통행권을 획득하게 되면, 그 권리는 관습적으로도 법에 의해 보호되었던 것 같다. 19세기에 나온 한 백과사전에 따르면, "만약 들판을 지나는 도로가 망가져 있으면, 여행자는 곡물이 심겨져 있더라도 길을 벗어나도 되고…만족스런 길이 만들어질 때까지 인클로저를 부수고 인접한 땅으로 넘어가도 된다." 이런 생각은 통행권이 공적인 권리로서 우선되고 길의 사사로운 사용은 타기시되었기 때문에 나왔을 것이다. 다음의 말도 같은 맥락에서 이해할 수 있을 것 같다. "여왕 폐하의 신민에게 폐를 끼치며 여왕 폐하의 왕도를 [사적으로] 사용하는 것은 모두 혐오스런 일"이고, "왕도는 마구간 마당으로 사용하면 안 된다"(Lay: 64-65). 이처럼 영국의 예는 중세 이후 지금까지 '통행권' 개념이 왕도 즉 공도나 공로는 공중에게 개방되어 있다는 생각을 바탕으로 이루어져 있음을 보여준다. 레이는 "자유로운 통행 개념은 아직도[20세기에도] 영국 법에 스며들어 있고, 공도라는 말은 통상 공중이 누구나 합법적으로 지나갈 수는 있지만 멈춰 있을 수는 없는 땅 모든 부분을 포괄한다"(65)고 보고 있다.

그러나 중세 이후 통행권이 이처럼 법적인 권리로서 인정되어 왔다고 하더라도, 과연 중세에 노상 통행이 자유롭게 이루어졌을는지는 의문이다. 레이도 지적하듯이, 당시 자유 통행을 허용하던 "민주적 관행은 시민의 다른 권리 다수가 고도로 제한되어 있던 봉건사회에서 묘한 시대착오"일 가능성이 높고, '시민의 통행권'도 따라서 "나라 전역에 대한 자유로운 접근이라는 행정적 필요에 편승한"(63-64) 개념이었을 공산이 크다. 중세에는 로마 공도가 쇠퇴의 길로 접어들었고, 중세 사회는 작은 도시와 읍, 그리고 인근 농촌 공동체 중심으로 이루어졌으며, 이들 거점으로 이어지는 길과 다리가 도시나 성읍의 방어를 위해 때로는 차단되기도 했다. 물론 중세라고 해서 "교환과 연락, 그리고 따라서 네트워크"가 작동하지 않았을 리는 없다. 르페브르에 따르면, 중세의 길 네트워크는 육로와 수로에 걸쳐 존재했다. "상인들의 육로 네트워크, 그리고 순례자들과 십자군 전사들의 육로 네트워크", "항구와 해안 도시들의 역할"에 기초한 수로 네트워크가 존재했던 것이다. "제국 (로마) 공도"의 경우, 물론 제국 치하와 비교하면 크게 쇠퇴한 것은 사실이나, 그 "자취는 여전히 식별이 가능했고, 많은 경우 이들 길은 원래의 모습을 유지하고 있었다"(Lefebvre, 1991: 266). 르페브르는 이런 길들이 '교환과 연락의 공간'으로 작용하면서 '축적'에 기여했다고 본다. 중세의 지방도시나 읍들이 인근 농촌마을과만 연결되어 있었을 뿐 서로 고립되어 있었다고만 보는 것은 따라서 잘못된 판단일 수도 있다. 하지만 그렇다고 하더라도, 중세 길들의 상호 연결성이 이전과 이후 길들의 그것에 비해 제한적이었다는 점을 부정하기는 어려울 것이다. 전반적으로 소도시 또는 장시를 중심으로 이루어진 중세사회에서 길 네트워크는 제국시대의 길들이 로마와 같은 대도시로 집중되어 있었던 것과도 달랐고, 르네상스 이후 길 네트워크가 대양을 건너는 항로와 연결되면서 세계적 네트워크로 형성되던 것과도 달랐다고 봐야 한다.

노상 이동과 통행의 근대적 변천

근대 초에 이르게 되면 길은 천상적 질서와의 수직적 연계보다는 다른 길들과의 수평적 연결, 그리고 지표상 다른 장소로의 확산을 강화하는 원심적 경향을 띠게 된다. 중세의 지도와 르네상스 지도의 차이에서도 이런 점을 확인할 수 있다. 마파 문디, 여정 지도, 포톨란 항해도 등 중세의 지도는 그 관심이 성경적 질서나 당시 경험 가능한 지역 중심에 국한되어 있었던 편이다. 마파 문디는 세계를 성경적 믿음에 기초해서 이해한 지도였고, 여정 지도는 순례자 등이 직접 가볼 수 있는 장소에 대한 안내였으며, 포톨란 항해도 역시 항해 가능한 근해 중심의 지도였다. 반면에 르네상스 지도는 마파 문디와는 다른 방식으로 세계 공간을 인식한 파브리카 문디 원리에 의해 작성된 것으로, 지구를 일정한 비율, 질서, 직조를 지닌 곳으로 이해했다(Mezzadra and Neilson, 2013: 31). 세계는 이제 사람들이 직접 체험했거나 전해들은 장소, 종교적으로 상징적인 장소 등으로 구성되기만 하는 것이 아니라 합리적, 추상적 계산에 의해 거리가 측정될 수 있는 공간의 형태로 다가오게 된다. 르네상스 지도는 원근법의 원리에 의해 만들어지고, 원근법에서 공간은 기하학적으로 인식되기 때문이다. 지상과 천상의 상하 또는 수직적 관계, 거점과 인근 중심의 구심적 관계에서 수평적 관계로의 이런 관심 이동은 중세의 봉건적 생산양식이 해체되고 새로운 자본주의적 생산양식이 형성됨에 따라 일어난 변화다.

중세적 질서의 근간을 이루고 있던 장원의 붕괴는 봉건적 가신집단들의 해체, 농민들의 토지로부터의 추방을 동반한 과정으로서, 그동안 고정된 장소에 붙박여 살던 사람들을 기존의 생존수단으로부터 분리된 '자유로운 프롤레타리아'로 만든 주된 원인이었다. 자유로운 프롤레타리아가 된 사람들은 길에서 부랑하는 신세가 된다. 잠재적으로 본다면, 부랑은 많은 사람들에게 새로운 길 떠나기, 나아가 새로운 주체로 변신할 수 있는 기회가 될 수도 있다. 르네상스 시대에 자신의 능력에 기초해 큰 성공을 거두는 인간형 즉 '르네상스 인간'이 많이 등장했다는 점, 그리고 이 시기에 등장한 피카레스크 소설의 주인공들 다수가 새로운 인생을 개척하는 데 성공한다는 점이 그런 점을 시사해 주고 있다. 하지만 그런 성공담은 물론 소수에게만 적용되었을 뿐이다. 무일푼의 자유로운 프롤레타리아의 수는 계속 늘어났지만, "그들이 세상에 나타난 것과 동일하게 빠른 속도로 신흥 매뉴팩처에 흡수될 수는 도저히 없었다"(맑스, 2001b: 1009).

생산적 활동에 흡수되지 않고 부랑하는 인구의 증가, 다시 말해 통제되지 않은 채 떼 지어 몰려다니는 군중의 출현은 사회 지배세력의 관점에서 보면 그야말로 위험한 상황이 전개되는 셈이었을 것이다. 7장에서 언급한 것처럼, "15세기 말과 16세기 전체 기간을 통해 서유럽의 모든 나라에서 부랑자에 대한 피의 입법"(1009)을 통해 건장한 사람이 부랑 행위로 적발되는 경우 태형과 감금, 구타, 귀 자르기, 심지어 사형 등의 처벌을 받도록 만든 것은 바로 그런 군중을 통제하기 위함이었다고 할 수 있다. 그런 입법이 징벌의 주된 대상으로 삼은 것은 "부랑자와 극빈자로 부득이 전락한 죄"를 지은 무토지프롤레타리아였다. 당시 법이 부랑자를 "이미 존재하지도 않는 종래의 조건 하에서" 노동하기를 거부한 "자발적인 범죄자로 취급"(1009)하고 폭력적으로 단속한 이유는 무엇보다도 그들을 노동자로 만들기 위함이었다고 봐야 한다. "처음에는 폭력적으로 토지를 수탈당하고 추방되어 부랑자로 된 농촌주민들은 그 다음에는 무시무시한 법령들에 의해 채찍과 고문을 받으면서 임금노동의 제도에 필요한 규율을 얻게 된 것이다"(1013).

16세기부터 이른바 '장원 반동(manorial reaction)'이 일어난 것도 같은 맥락의 일로 이해할 수 있다. 이매뉴얼 월러스틴에 따르면, 장원 반동은 한편으로 "폐지되었거나 축소 사용되던 영주의 권리 및 특권의 새로운 강화," 그리고 다른 한편으로 "같은 영주와/또는 다른 지역 대지주에 의한 공유지 전유" 두 요소로 이루어진 과정이었다. 이 과정은 모순을 내포한 것이었는데, 왜냐하면 그것은 영주의 특권을 강화했다는 점에서는 중세 봉건 사회로부터 유래한 법체계에 의거했지만, 대지주의 공유지 전유를 허용했다는 점에서는 그 체계와 정반대의 근대적 작용을 했기 때문이다 (Wallerstein, 2011: 63). 하지만 프롤레타리아의 입장에서 본다면, 장원 반동은 어떤 경향을 띠었든 상관없이 '무자유 노동'의 강요에 해당한다고 볼 수 있다. 근대 초에 지배계급이 부랑자금지법의 끊임없는 입법 및 개정을 통해 하층민들의 부랑을 통제하고자 했던 주된 이유는 이들을 노동자로 만드는 데 있었다고 봐야 한다. 15세기 이후 18세기까지 진행된 인클로저로 인해 그 수가 증가한, 생존 수단으로부터 분리되어 '자유로워진 프롤레타리아'의 부랑 즉 그들의 신체이동에 대한 그런 통제는 기본적으로 그들을 다시 농토에 종속시키려는 조치였기 때문이다. 농토에 붙박여 농노처럼 됨으로써 사람들은 이제 합법적으로 신체이동을 할 수 있으려면 면허를 받아야만 했고, 그래서 각종 신분증, 통행증, 국내 여권, 해외 여권 등을 취득해야만 했다.

신체이동에 대한 통제는 오랫동안 지역 수준에서 이루어졌고, 통행증을 발급해 주는 것도 지역 당국의 권한이었다. 존 토피에 따르면, 프랑스의 경우 18세기 말 혁명이 일어나기 이전의 구체제 하에서 통용된 통행증서는 출생지 시청에서 발급된 여권과 지역의 종교 당국이 소지자가 정직한 인물임을 보증하는 증서(aveu)였다(Torpey, 1999: 21). 영국에서도 사정은 마찬가지여서 1662년에 제정된 빈민구제법은 하층민이 계절노동이나 한시노동을 위해 장거리 이동을 하려면 "교구목사, 교구위원 가운데 한 사람, 그리고 빈민 민생위원 가운데 한 사람으로부터 받은 증명서"를 소지하도록 만들었다(18). 하지만 이미 중세 말 이후에는 중앙 국가가 신체이동에 대한 통제 권한을 지역 당국으로부터 접수하기 위한 조치도 꾸준히 이루어진 것으로 보인다. 이 과정에서 지역 수준에서 '타관 사람'을 규정하던 법적 개념도 국민국가 차원에서 규정하는 것으로, 그리고 그런 법적 규정의 소관도 사적 영역에서 국가 영역으로 바뀌었는데, 이는 타지인 소유 재산의 몰수 권한을 국왕이 영주로부터 빼앗은 결과였다(20). 과거에는 다른 영지로부터 온 사람으로 이해되었던 타지인이 외국인으로 간주되기 시작한 것도 그런 변화와 무관하지 않을 것이다. 내국인이든 외국인이든 사람들, 특히 빈민들의 신체이동에 대해서는 이제 더욱 체계적인 통제가 이루어지기 시작한다. 독일의 경우 1548년 이래 제국의회가 '주인 없는 천민'은 제국의 여행 증서를 소지토록 해놓았고, 18세기 초 프로이센의 프리드리히 빌헬름 1세 치하에서도 거지나 부랑자에 대한 통제를 강화할 목적으로 만든 법을 통해 외국인에 대해 처음으로 여권 소지를 의무화했다. 같은 프로이센에는 "모든 여행하는 보행자와 개별적으로 말을 탄 개인들은 여권을 소지해야 한다"는 경찰 규정도 있었다(58).

물론 신체이동의 통제를 완화하려는 노력이 없었던 것은 아니다. 프랑스 혁명기에 국내 여행 통제를 위한 여권 발급의 필요성이 제기되자, 일군의 논자들이 통행의 자유를 강력하게 주장하고 나선 것이 좋은 예다. 당시 그런 논자들이 국내 여권 발급에 반대했던 것은 "시골 도로를 걷던 사람들 다수가 이런 저런 형태의 무자유 노동에 처해지고 혼자 움직이는 재산에 불과한 것으로 간주되었던 시기"에 대한 기억 때문이었다(43). 1791년 9월 의회가 채택한 법령은 그래서 "모든 프랑스 시민이 국토 내에서 자유롭게 이동하고 마음대로 국토를 떠날 수 있는 권리를 침해할 어떤 장애도 더 이상 없을 것"이라고 발포하고, 특히 여권을 없앴다(29). 그러나 이런 조치가 오래 간 것은 아니었다. 여권제도의 폐기가 반혁명분자들에게 외국으로, 특히 라인강 너머로 가서 세를 결집하는 기회가 된다는 점이 밝혀지면서, 국내로 들어오는 외국인은 다시 여권 검사를 통해 체류 허가를 받도록 하는 조치가 취해진 것이다(30).

여권 폐지 또는 국내에서의 자유로운 이동 허용이 그래도 대세로 자리 잡게 되는 것은 유럽에서 자본주의가 발달한 결과라고 할 수 있다. "16세기의 소위 '장원 반동' 이후의 관행처럼 농민을 토지에 잡아두는 일이 서유럽에서는 점차 어려워졌다"(57). 독일의 경우, 1807년 프로이센 왕 프리드리히 빌헬름 3세의 10월 칙령에 의해 세습 예민제, 의무 노동, 토지 소유 불가 등의 봉건적 제도 철폐와 길드의 고용 기회 통제 권한 제한 조치에 의해 농민의 토지 예속이 크게 완화되었다. 당시 독일이 이런 개혁을 실시한 것은 혁명으로 봉건제도는 무너졌지만, '무장한 국민'이 생겨 국가의 전쟁 수행 능력이 획기적으로 성장한 프랑스의 예를 본 딴 것으로 여겨진다. 빌헬름 3세는 자신의 개혁을 통해 "나라를 위해 기꺼이 싸우며 죽고자 할 만큼 자신의 나라와 충분한 이해관계를 지닌" "혼연일체가 된 국민들을 만들고자" 했던 것이다. 그런데 이렇게 이루어진 개혁은 기본적으로 "자유 노동시장의 길로 가는 초기 조치들"(59)이었다는 점을 강조할 필요가 있다. 국민국가 내부에서의 통행 자유를 제한한 봉건적 제도를 실질적으로 없애려 한 조치가 자유 노동시장을 형성해야 할 필요가 커진 시점에 취해진 것은 결코 우연이 아니었다.

산업자본주의가 본격적으로 발달하고, 일손이 모자라는 곳으로 사람들을 보내야 할 필요가 커지게 되면서 자국 내에서의 신체이동 자유가 신장된 것은 영국도 마찬가지다. 영국은 자본주의가 가장 먼저 발달한 곳이지만 '교구 농노제'의 형태로 장원 반동이 오래 지속되고 있었던 탓에 빈민의 이동 자유가 극히 제한되어 있었다. "영국 국민의 국내 이동을 빈틈없이 제한한 '교구 농노제'의 법적 기반"은 1662년에 제정된 거주지 제한법이었다. 하지만 산업자본주의가 이미 본격적으로 가동되고 있던 1795년에 이르게 되면, 거주지제한법에 대한 개정이 이루어지고, 그 안에 포함된 제한 조치 일부도 폐기된다. "이렇게 하여 교구 농노제는 폐지되었고, 영국 노동자들의 신체이동권은 회복되었다"(66-67).

물론 이런 흐름에 반발하는 세력도 없지 않았다. 하층민에게 이동의 자유가 더 많이 수여되자, 사회질서를 수호해야 한다고 여긴 사람들이 그에 대한 통제를 주장하고 나선 것이다. 19세기 초 독일에서는 사회질서 수호자들 사이에 "'과거에 [영주가] 농민을 후견하던 제도를 대체할 어떤 것도 나타나지 않았다'는 우려스런 견해가 광범위하게 퍼졌다. '위험 계급들'을 감독할 책임이 있는 사람들은 다수의 '주인 없는 자들'이 제약도 받지 않고 시골 도로를 다니는 것이 보일 가능성이 높아진 데 대해 몹시 흥분하게 되었다." 하지만 "탄생하고 있던 산업자본주의 경제의 노동 수요는 농노제의 쇠퇴와 결합해 19세기 전반에 걸쳐 이동 제한에 대한 급격한 완화를 촉진시켰다." 이런 추세는 1867년 프로이센이 주도한 북독일연방이 회원국가의 시민이든 외국인이든 상관없이 여행 인가 서류 요건을 모두 폐기하는 것으로 그 절정을 이루게 된다(57-58).

19세기에 들어와서 이동과 통행의 자유가 신장된 것은 자본주의의 지배적 경제 사상이 중상주의에서 자유무역주의로 바뀐 것과 긴밀하게 관련된 발전으로 이해할 측면이 있다. 종래의 중상주의가 한 편의 이득은 다른 한 편의 손실을 가져오는 제로섬 게임인 것으로 경제를 파악했다면,

새로 떠오른 자본주의 이념은 서로 다른 지역들 간의 자유로운 이동을 허용하는 자유무역이 경제에 이득이 된다는 관점이었다. 길에서의 이동, 통행과 관련해 주목할 점은 자유무역 관점이 지배하게 되면서, 하층민들을 지역 차원에서 관리하던 데서 국가 차원으로 관리하게 되는 변화가 생겨난다는 것이다. 영국의 경우 "자유무역이 중상주의를 대체하게 되면서, 노동시장과 빈민구제는 차츰 '전국화'되었고, 빈민구제 입법은 1837년 아일랜드로 확대되었다. '자유무역'은 국경 개방을 의미한 것이 아니라 지역 차원보다는 국가 차원의 노동 및 복지 '시장' 보호를 의미했다"(69). 이것은 자유무역을 통해 개별 국가 내부의 통행은 더 많은 자유를 얻게 되었지만, 국가 간에는 여전히 출입국 관리가 작동했다는 말이다. 과거에는 옆 교구 출신일 수도 있었던 '타관 사람'이 이제 갈수록 외국인, 비-내국인으로 분류된다. "영국은 국내 자유 노동시장을 출범시킴과 동시에 외국인들의 이동을 확인하고 규제하는 능력을 강화하는 쪽으로 움직였다"(71). 1860년대 독일의 경우는 반대로 외국인의 자유로운 출입을 허용했지만, 그런 입장 또한 산업자본주의 발달이 막 시작된 자국 자본주의의 조건 때문에 선호되었다는 점을 기억할 필요가 있다. 북독일연방의 고용주들이 노동자들의 이동 자유를 지원한 것은 "'토착' 노동자들이 노동쟁의에서 파업 무기를 사용해 노동 공급을 망치면, 고용주들은 외부로부터 새로운 노동자들을 끌어들여 균형을 다시 맞출 수 있어야 한다"(78)는 이유 때문이었다.

이상 존 토피의 연구를 통해 살펴본 바로는, 유럽에서 자본주의가 초기에 발달하는 과정에서 빈민 또는 프롤레타리아가 되어 노동을 하지 않으면 생존하기 어려운 처지가 된 사람들이 이동의 자유와 관련해 겪은 부침은 노동시장의 형성과 밀접한 관련이 있었던 것으로 이해된다. 18세기 말 이후 서유럽 국가들에서 이동의 자유가 일정하게 신장되기 시작한 것은 자본주의가 중상주의에서 산업자본주의로 발달하면서 새로운 노동자 충원의 필요가 생겼기 때문인 것이다. 이 과정에서 개별 국가 내부에서는 이동의 자유가 일관되게 확장되었지만 그렇다고 해서 사람들이 마음대로 길 떠나기를 할 수 있었던 것은 아니며, 특히 국경을 넘어야 할 경우에는 해외 여권을 소지하는 것이 필수적이었다.

이렇게 보면 프롤레타리아의 이동에 대한 통제는 어떤 형식으로든 지속적으로 이루어져 왔다고 봐야 한다. 20세기, 21세기에 이르러서도 마찬가지다. 오늘날에도 개별 국민국가에 따라 자국 내에서도 국내 여권을 소지해야만 이동을 할 수 있는 곳이 있고, 특히 외국으로의 이동은 해외 여권 소지와, 비자 발급 등을 필수 요건으로 한다. 유럽에서는 20세기 말 이후 EU 내부에서 솅겐 조약을 통해, EU 가입국 국민들의 경우 여권 없이 여행을 할 수 있도록 허용하는 정책을 채택해 오고 있지만, 비-EU 국가 국민들에 대해서는 여전히 통제를 하고 있다. 이동의 자유는 계속해서 선별적으로 주어지고, 대부분의 경우 통제의 대상으로 남아있는 것이다.[72] 자본주의 형성과 함께 인구의 대규모 이동, 다시 말해 생활수단으로부터 분리된 사람들의 수가 늘어남과 동시에 그로 인해 부랑자로 전락한 '자유로운 프롤레타리아'에 대한 폭력적 통제가 이루어지면서, 그들이 갈수록 절실하게 필요하다고 느낀 것이 통행의 자유일 것이다. 길 위로 나앉은 빈민, 하층민이 자신들을 향한 폭력적 통제를 면할 수 있는 길은 통행

72_ 유럽연합의 경우, 솅겐조약의 발효로 역내 국민들의 자유로운 여행을 보장하고 있지만, 동시에 안보 활동의 초국적 공조를 통해 새로운 감시 네트워크가 가동되고 있기도 하다. "이들 네트워크가 지리적으로 구성되면 경찰 활동들은 임무와 제도 측면에서 탈영토화되고 유로폴(Europol) 안의 유로저스트(Eurojust) 배치에서 보듯이 이제는 사법제도까지 포함"하게 된다. "이런 '치안' 활동들, 특히 공공질서 감시와 유지에 복무하는 활동들은 이제 국경 너머에서, 예컨대 국제 축구경기의 훌리건 전문가들이나 반세계화 항의 및 시위 전문가들처럼 국경 너머 원거리에서 일어난다"(비고, 2010: 142). 이와 같은 초국적 감시의 대상이 되느냐 않느냐를 결정하는 것은 합법적인 신분의 보유 여부이며, 이것을 결정하는 것은 주로 증명서의 지참 여부다.

과 여행에 대한 면허를 획득하는 것이었다. 자본주의 시대에 들어와서 신분 확인증, 통행증, 국내 여권, 해외 여권 등이 제도적으로 발급되기 시작한 것은 그래서 우연한 일이 아니었을 것 같다. 이들 증서는 소지자가 자신의 이동 목적지로 가고, 특정 지역을 통과할 때 그의 신분을 확인해 주는 역할을 했다.

전자본주의 시대에도 신분증 제도가 전혀 없었던 것은 물론 아니다. 전근대 한국에서 신분 확인을 위해 사용한 것은 '호패'라는 것이다. 호패 제도는 1354년 고려의 공민왕이 원에서 사용하고 있던 제도를 도입해 수륙군정(水陸軍丁)을 대상으로 처음 실시했지만 시행이 잘 되지는 못 했 다고 알려져 있다. 호패제도는 조선조 태종 때에 다시 전국으로 확대되어 실시되며 호적법의 보조 역할을 했고, 고종 때까지 지속되었으나 조선조 에서도 중단과 시행을 다섯 차례나 반복하는 등 제대로 시행되지 못한 것은 마찬가지였다. 호패법의 목적은 호구를 명백히 해 민정(民丁)의 수를 파악하고, 직업과 계급을 분명히 함으로써, 사람들의 신분을 증명하는 데 있었지만, 호패를 받으면 자동적으로 호적과 군적에 오르고, 군정(軍丁) 으로 뽑혀 병역이나 노역을 져야 했기 때문에 이를 피하고자 하는 사람들 이 많았던 것이다. 세종실록에 따르면, 호패를 받은 사람은 전체 인구의 1-2할에 불과했고, 성종실록에 따르면 호패를 받은 자 가운데 국역을 담 당할 양민은 1-2할뿐이었다(위키피디어, '호패'). 전근대 한국에서 이처럼 아주 작은 수의 양민만이 호패를 사용했다는 것은 당시에는 사람들로 하여금 자신들의 신분 확인을 위한 증표를 휴대시킬 제도적 수단이 제대 로 강구되지 못했거나, 아니면 대부분의 사람들이 자신의 신분을 증명해 야 할 사회적 필요를 느끼지 못했음을 말해준다.

유럽 역사를 참조하면, 특히 하층민이 신분증을 절실하게 필요로 하 게 되는 것은 기존의 생산양식 해체로 삶의 터전으로부터 분리되어 길 위에 나앉게 되었지만 거기서도 부랑자금지법과 같은 혹독한 통제가 진행된 때라고 할 수 있다. 원시적 축적이 처음 일어나기 시작했을 무렵 유럽의 프롤레타리아는 대거 기존의 생활 터전을 떠나야 했고, 그들의 생활 근거지였던 토지와 공유지 등이 사유화되어 대농장, 차지농장으로 전환되면서 전개된 '장원 반동'으로 인해 다시 교구 등에 농노로 묶이게 된다. 이런 상황에서 먼 지역으로의 여행은 당시 빈민으로서는 당국의 허가를 받지 않으면 불가능한 일이었다. 하지만 서유럽을 중심으로 산업자본주의가 발달하기 시작하는 18세기 말 이후 사정은 크게 변한 것 같다. 장원 반동이 진행된 중상주의 시대에는 한 지역의 이익은 다른 지역의 이익과 상반된다는 제로섬 게임의 논리가 관철되었지만, 산업자본주의 시대에는 역내나 역외 가릴 것 없이 노동자를 손쉽게 구할 방도를 찾기 위해 자유 노동시장이 형성되기 시작했고, 따라서 자유무역의 논리가 설득력을 갖게 된 것이다. 19세기에 들어와서 서유럽에서는 그래서 사람들이 통행증이나 여권 등의 증서를 휴대하고 자신의 출생 국가 내부에서 그리고 외국으로 이동할 수 있는 자유를 더 많이 획득하게 된다.

한국에서는 19세기 말, 20세기 초에 이르기까지는 이런 일이 일어나지 않았다. 한국인들이 신분증 또는 통행증을 절실하게 필요로 하게 되었던 것은 세계 자본주의 발전 과정에서 전개된 제국주의들 간의 경쟁 구도에 한국이 연루되기 시작했을 무렵, 다시 말해 일본에 의해 식민 지배를 받고 한국인의 삶이 산업자본주의 영향 하에 들어가기 시작한 때였다고 봐야 할 것이다. 이때부터 한국인의 통행은 자본주의적 통제 대상이 된다. 그런 통제가 필요해진 원인은 한편으로는 일본 제국주의에 의한 조선 영토 내 공유지 환수, 토지 수탈에서 찾을 수 있을 것이다. 동양척식주식회사에 의해 실시된 토지조사 결과 등으로 다수의 한국인은 살 터전을 잃고 '자유로운 프롤레타리아'로 전락해 부랑하는 신세가 되었다. 일제에 의한 한국인의 이동 통제는 이들 가운데 다수가 만주나 간도 등지로 이주하려 했을 때 이루어졌다고 볼 수 있다. 또 다른 유형의 이동 통제는 일제의 지배가 본격화된 뒤 한국인이 만주, 중국, 일본 등지로 진출하게 되면서 생겨났을 것으로 여겨진다. 당시 타지로 나간 사람들 가운데 일부는 항일 투쟁에 가담하는 경우도 있었겠지만, 제국의 '국민' 즉 '황국신민'으로서 노동의 기회를 찾아 나선 사람들이 훨씬 더 많았을 것이다. 이밖에도 다른 형태의 이동이 있었겠지만, 어떤 경우든 20세기 초반에 이루어진 인구 이동은 조선시대와는 비교할 수 없을 만큼 규모가 컸다고 봐야 할 것이고, 그에 대한 통제가 일제에 의해 이루어졌다면, 이때 제출해야 하는 각종 통행증서는 호패와는 비교할 수 없을 만큼 대중의 삶에 실질적인 영향을 행사했다고 볼 수 있다. 조선, 일본, 만주 등 당시 일본 제국주의 지배 하에 있던 영토에서 한국인의 이동이 늘어난 것은 일본의 제국주의, 그리고 일제가 운영하는 산업자본주의에 조선이 식민지로 편입된 결과인 셈이다.

한국인이 통행증의 필요성을 다시 절실하게 느끼게 된 것은 한국전쟁 시기였을 것이다. 전쟁이 발발해 남쪽으로 피난 갔다가 서울 수복 이후 다시 서울로 돌아오려는 사람들 가운데는 한강을 건너지 못한 사람들이 많았다. "미군 헌병이…한강 남쪽에서 서울로 들어오는 사람은 다리목에서 지키고 서 있다가 도강증을 일일이 검사해 없는 사람은 절대로 통과시키지 않기 때문이다." 당시 한강을 건너려면 신분을 증명할 수 있는 증서의 지참이 필수였지만, 증서가 없을 경우 "강가에서 방황하다가 날은 춥고 돈은 떨어져 강 언덕에서 얼어 죽은 피난민들"이 생기는 상황이었다. "이 악마 같은 도강증은 정부가 정식으로 환도할 때까지 계속 많은 선량한 백성을 울렸다"(조용만, 1991).

호모 사케르와 비열한 거리

한국전쟁 와중에 도강증이 없던 사람들, 유럽의 원시적 축적과 장원 반동이 진행되던 시절에 면허 없이 길에 나선 사람들, 즉 자신의 신분을 증명할 수 없는 사람들을 우리는 '호모 사케르'라고 부를 수 있을 것이다. '호모 사케르'의 원래 뜻은 '성스런 인간'이다. 그러나 그리스에서 이 말은 "사람들이 범죄자로 판정한 자"라는 의미를 가졌으며, "그를 희생물로 바치는 것은 허용되지 않지만 그를 죽이더라도 살인죄로 처벌받지는" 않았다고 한다(아감벤, 2008: 156). 호모 사케르가 이처럼 한편으로는 신성하다고 여겨졌으면서도 다른 한편으로는 죽여도 아무런 죄가 되지 않는 존재로 인식된 것은 '사케르'의 이중적 의미 때문이다. "사케르란 건드렸을 경우 자신이나 남을 오염시키는 그런 사람 혹은 사물을 가리킨다. 여기서 '신성한' 또는 (대략 유사하게는) '저주받은'이라는 이중적인 의미가 유래한다"(168). 호모 사케르는 이리하여 '벌거벗은 인간', 다시 말해 생명만 가지고 있을 뿐 인간으로서의 권리를 제대로 누리지는 못하는 존재가 되었다. 그리스에서 그는 '조에(zoe)'는 가졌을지라도 '비오스(bios)'는 향유하지 못한 존재였다. '비오스'는 관조적이거나 향락적이거나 정치적인 특정한 삶의 양식으로 나타날 수 있는 반면 '조에'는 생명체라면 모두 가지고 있는 생명 현상만을 지칭한다(34). 오늘날 호모 사케르는 그래서 생명만 지닌 존재, 인권을 누리지 못하고 법적 권리를 행사할 수 없으며 시민권을 갖지 못한 존재라는 의미를 갖게 되었다.

앞에서 우리는 빈민층의 이동 자유가 산업자본주의에서 확대되었다고 말했지만, 그렇다고 해서 모든 사람들이 이동의 자유를 누렸던 것은 아니다. 일자리를 구하지 못한 사람들의 이동권리는 언제나 제한되었던 것이다. 1902년 미국의 소설가이자 사회평론가 잭 런던은 당시 세계 자본주의 헤게모니 국가 영국의 수도 런던에서 "다시는 보고 싶지 않은 광경"

을 목격하게 된다. 문제의 장소는 크라이스트처치 건물의 그림자가 드리워지는 스피탈필즈 공원 한 쪽이었고, 런던이 그곳을 방문했을 때는 오후 3시였다. 공원 안에서 그는 "누더기 차림으로 대부분 자고 있거나 자려고 하는" 일단의 "비참하고 일그러진 인간 군상"을 만난다.

이곳에는 나이가 스물에서 일흔까지 이르는 열두어 명의 여자들이 있었다. 옆에는 딱딱한 벤치에서 베개도 덮개도 없고 누구 하나 돌봐주는 이 없이 엎어져 자고 있는 한 아기. 그 옆에는 똑바로 서서 서로에게 기대어 자고 있는 대여섯 명의 남자들. 또 한 곳에는 아이가 잠자는 엄마 팔에 안겨 자고 있고, 남편(또는 남성 배우자)은 낡아빠진 신발을 어설프게 고치고 있는 한 가족.

사람들이 왜 이런 모습을 하고 있는지 런던은 당연히 궁금해 했다. "왜 그들 열 명 중 아홉은 자고 있거나 자려고 애를 쓰는 것일까?" 이유인즉슨 "무주택자는 밤에 잠을 자서는 안 된다는 권력자의 법" 때문이었다(London, 2005). 1902년 런던의 인구는 600만이었는데, 그 중 10퍼센트는 무주택자였다고 한다. 이들은 밤에는 공원, 벤치, 거리 어디에서도 자서는 안 되었기 때문에 계속 걸어 다니다가 새벽이 되어서야 누구도 볼 수 없는 곳에 가서 겨우 잘 수가 있었다(Virilio, 1994: 10).

무주택자와 같은 호모 사케르에 대한 냉혹한 취급, 그들의 자유로운 이동과 통행을 원천적으로 봉쇄하려는 처사는 20세기 말, 21세기 초에 들어와서도 사라지지 않았다고 봐야 한다. 20세기 말 이후 자본주의의 축적 전략이 신자유주의로 전환되면서, 도시 거리는 호모 사케르의 이동 및 통행 권리를 막으며 더욱 비열한 모습을 드러내고 있다. 오늘날의 "도시는 악의로 가득하다." 마이크 데이비스에 따르면 이것은 로스앤젤레스를 필두로 하는 근래 미국의 도시가 거지, 빈민, 무주택자들이 도심으로 들어오지 못하도록 많은 곳을 요새로 바꿔놓았기 때문이다. 1980년대 이후에 나타난 이 변화는 중산층을 교외로 내보내고 도심을 공동화시키던 1960년대까지의 흐름을 뒤집으며 도심에서 재개발에 의한 공간고급화가 진행된 것과 궤를 함께 한다. 로스앤젤레스 시당국은 시내 중심을 재개발하면서 거지나 무주택자 등 특정한 인간군의 거리 접근을 원천적으로 봉쇄하는 '요새화' 작업을 진행했다. 그런 사람들이 아무데서나 잠을 자지 못하게끔 버스 정류장 의자를 원통형으로 만들어 위에서 잠을 자면 굴러 떨어지게 해놓거나, 밤사이 공원을 잠자리로 사용하지 못 하도록 스프링클러를 설치해 무시로 작동해 물을 뿌리도록 해놓은 것이다(Davis, 1992: 161). 사람들이 풀밭 위에서 자는 것을 방지하려고 철조망을 치는 대신 군데군데 침을 심어놓는 곳도 있다고 한다.

이런 사실은 20세기 말의 자본주의 헤게모니 국가 미국의 빈민들도 20세기 초 헤게모니 국가 영국의 빈민들처럼 길거리에서 마음대로 다니지 못하는 신세가 되었음을 보여준다고 하겠다. 빈민들을 거리에서 축출하는 데 가장 자주 사용되는 수단이 경찰에 의한 국가폭력의 행사다. 중산층의 교외 이동과 빈민의 도심 유입으로 땅값이 하락한 도심 지역을 재개발을 통해 지가를 높이고자, "마약상, 불법이민자, 살인 자행 동향패거리들로 구성된 점령군"으로부터 "거리를 되찾는" 일에 경찰력이 무시로 동원되는 것이다(165). 20세기 말 미국의 지배 세력이 '범죄와의 전쟁'을 선포한 것은 이런 맥락에서도 이해된다. 물론 공간고급화로 새로 조성된 거리에서 사람들의 도심 접근이 모두 거부된 것은 아니었으며, 중산층에 대해서는 대대적인 환영이 이루어졌다. 이 과정에서 자본주의 도시들은 도심에 들어온 중산층이 빈민들과는 직접 대면할 필요가 없도록 하는 조치를 취한다. 반갑지 않은 사람들 즉 빈민, 거지, 무주택자 등이 중산층에게 개방된 공간으로 들어오지 못하도록 하는 방안을 강구한 것이다.

건축가 프랭크 게리가 이 방면에서 로스앤젤레스 도시공간에 중대한 영향을 끼친 것으로 알려져 있다. 게리가 즐겨 사용한 방안은 "'매력 없는 인근' 또는 불모지와는 대립되는 요새화한 외부와 고창층이나 채광통에 의해 하늘로 향해 열린 화려한 내부 사이에 대조"를 만들어 내는 것이었다. "벽으로 둘러싸인 게리의 주거지와 도시는 다시 말해 1960년대 도시 폭동에 대한 디자인상의 반발을 보여준, 거리로부터의 후퇴 및 공간의 내부로의 전환에 대한 강력한 은유를 제공한다"(168).

비슷한 변화는 미국의 중서부 도시 미니애폴리스에서도 볼 수 있다. 인근 세인트폴과 함께 트윈시티를 이루고 있는 이 도시는 이미 1950년대부터 도심 주요 건물들을 잇는 고가도로 체계를 발전시켜 왔는데, 인종 및 계급 차별화가 강화된 1980년대 중반에 이르러 고가도로 건축 붐을 맞게 된다. 이 무렵 미니애폴리스가 당면한 공간정책 상의 문제는 "대체로 악의는 없지만 시각적으로는 거슬리는 거리 인구"가 늘어난 것이었다. 거리에서 환영받을 수 없는 호모 사케르 인구가 증가하자 트윈시티는 이들의 통행을 통제하기 위한 대책으로 고가도로 체계를 활용하는 방안을 강구하게 된다. 고가도로를 "중산층 수준에 적합한 피난처"로 만드는 조치를 취한 것이다. 이를 위해 두 가지 형태의 치안 조치가 이루어졌다. "주요 입구 계단에 경찰관을 두고 로비에 경비를 배치하는 공식적" 형태의 치안과 "누구라도 옷차림이 어울리지 않거나 용인 가능한 방식으로 행동하지 않으면 환영받지 못함을 암시해주는 시각적 코드와 신호"를 이용한 비공식적 치안이 그것이다(Boddy, 1992: 139-40). 이리하여 생긴 효과는 안락하고 쾌적한 실내 공간을 즐길 수 있는 중산층과 거리에서도 내쫓기는 빈민들이 같은 도시 공간에서 서로 만날 일이 없게 만든 격리 효과였다.[73]

미국의 도시들이 보여주는 이런 '이중도시' 현상은 한국의 도시들이라고 예외가 아니다. 서울 도곡동에 세워진 타워팰리스의 경우 오래 전부터 아파트의 출입자를 거주자로 제한해 왔고, 최근에는 "주차장은 RF[무선] 카드 사용, 보안이 철저한 CCTV, 외부인 출입이 금지되어 24시간 철통보완 경비시스템"을 갖추고 있다면서 청약자를 모집하는 고급 아파트 광고가 늘어나고 있다. '외부인 출입 제한 지역(gated communities)'은 아파트와 같은 사적 소유에만 국한되지 않는다. 최근에 심각한 민영화가 진행된 결과 버스 터미널이나 지하철 또는 철도 역사 등 공공영역에의 출입마저 통제되고 있다. 서울의 경우 서울역, 영등포역, 용산역, 신촌역 등 많은 역들이 대폭 민영화되어, 이들 공간은 이제 더 이상 정상적인 의미의 공공영역이라고 하기 어려울 정도가 되었다. 곳곳에 사설 경비가 배치되어 있어서 호모 사케르의 출입이 엄중하게 통제되고 있기 때문이다. 이런 공공영역 접근에 대한 통제와 배제는 일부 소수에게만 국한된다고 할 수 있을까. 호모 사케르는 이제 한국에서도 그 수가 만만치 않다. 무주택자들이나 거지들만이 아니라, 불법이민자들, 불법이주노동자들, 비정규직노동자들도 호모 사케르에 속하거나 내몰린다고 봐야 하기 때문이다. 이들은 도시권 즉 도시와 거리에 대한 권리가 없는, 그래서 불심검문을 두려워해야 하는 사람들이다. 이들에게는 인권이 보장되지 않으며, 합법적으로 각종 사회적 경계들을 넘어설 수 있는 권리가 쉽게 부여되지 않는

73_ 엥겔스는 19세기 초반에도 이미 비슷한 상황이 전개되었다는 점을 지적한 바 있다. 『영국 노동자계급의 상태』에서 엥겔스는 맨체스터에 대해 다음과 같이 말한다. "이 도시는 독특하게 지어져 있어 어떤 사람이 자신의 일과 즐거운 산보에만 한정하여 움직인다면 그는 노동자나 노동자가 사는 지역을 접촉하지도 않은 채 매일 왔다 갔다 하며 여러 해를 살수도 있다. 이는 주로 공공연한 의식적인 결정에 의해서 뿐만 아니라 무의식적으로 암묵적인 합의에 의해서 노동자 거주 지역은 중간계급을 위해 남겨둔 도시의 다른 부분과 철저하게 분리되어 있다는 사실에 기인한다고 했다"(엥겔스, 1988: 80). 오늘날 이런 분리는 거의 전면화된 것으로 보인다. 블레이클리와 스나이더에 따르면, 1997년 미국에는 20,000개의 외부인 출입 제한 지역이 만들어져 있고, 새로 조성되는 거주지역은 대체로 외부인 출입을 제한하는 조치를 취하고 있다(Blakely and Snyder, 1997: 7).

다. 말하자면 정상적인 삶에의 통행권이 없는 셈이다. 통행권은 여기서 일상의 정상적 삶을 위해 구축된 다양한 통로에의 접근권이겠지만, 오늘날 새로 나타난 거리는 호모 사케르에게 그런 권리를 허용하지 않으려는 비열한 모습을 드러내고 있다.

광장으로의 진출?

비열한 거리로 내몰린 사람들, 아니 그런 거리로부터 축출당한 사람들이 자연스럽게 지니게 되는 절실한 바람 하나는 통행권의 확보일 것이다. 도시 거리를 마음껏 드나들 수 없는 사람들이 가장 필요로 하는 것이 이동의 자유가 아니고 무엇이겠는가. 통행권에 대한 요구, 그것은 어떤 길로부터도 내쫓기지 않을 권리에 대한 주장이면서, 동시에 가고자 하는 모든 길로 계속 갈 수 있는 권리에 대한 주장이다. 이 권리가 무시될 경우, 사람들은 통상 자신의 억울함을 호소할 방도, 자신의 권리를 되찾을 방도, 그리고 이 방도를 보장받을 장소를 찾게 된다. 그런 장소를 우리는 '광장'으로 개념화할 수 있을 것이다. 그리스의 '아고라'나 로마의 '포럼'이 보여준 것처럼, 역사적으로 도시 공동체의 주요 사안들을 토론할 수 있는 장소, 여론을 확인하고 형성할 수 있는 가장 편리한 장소는 주로 광장이었다. 광장이 공론장이 될 수 있는 것은 무엇보다도 사람들이 쉽게 모일 수 있는 곳이기 때문일 것이다. 광장은 물리적으로 여러 길들이 모이는 곳에서 조성되며, 그런 점 때문에 각기 다른 길을 통해 온 사람들, 즉 출발점이 달라서 서로 다른 경로를 택한 사람들의 집합 장소가 된다. 전통적으로 광장이 탁월한 정치의 장소로 작용해온 것도 필시 이런 점 때문이라고 할 수 있다. 정치란 서로 다른 이해관계가 맞부딪치고 조정되는 사회적 과정으로, 그런 과정을 제대로 구현하기 위해서는 상이한 사람들의 상이한 처지와 요구, 주장이 한꺼번에 제출되고 토론되고 서로 경합될 수 있는 공간이 필요하다. 광장이 바로 그런 최적의 장소에 해당한다. 광장의 크기, 거기 모이는 사람들의 규모는 이때 그들의 출발점, 그들이 광장으로 이르는 경로, 그리고 이런 것들이 대변하는 사람들의 처지, 이해 관계의 다양함과 복잡함을 반영한다고 할 수 있다.

그러나 이미 본 것처럼 비열한 거리가 도처에서 생겨나 통행권, 즉 사람들 특히 호모 사케르가 광장으로 나아갈 수 있는 권리를 봉쇄하거나 부정하려는 흐름이 집요하게 진행되고 있는 것이 오늘날이기도 하다. 항의나 농성, 집회, 행진 등 그런 흐름에 대한 다양한 형태의 저항이 일어나고 있는 것을 보면, 광장으로 진출하고자 하는 대중의 회구는 물론 여전하다고 봐야 한다. 한국에서는 21세기에 들어와서도 '광우병 쇠고기 수입', '세월호', '노동법 개정' 등의 사태를 놓고 대도시 광장에서 공론장을 펼치려는 시도가 그치지 않았다. 그러나 시위 행위의 불법화와 범죄화, 경찰의 과잉 진압, 시위 행위자에 대한 사법적 응징, 언론의 여론 호도 등 빈발하는 시위를 봉쇄하기 위한 조치나 시도 역시 다양하고 강력한 것이 사실이다. 통행권을 확보하려는 사람들은 삼보일배, 단식투쟁, 고공투쟁까지 감행하며 어떻게든 '신문고'를 울리려고 하는 반면, 신자유주의적 '위기 국가', 다시 말해 호모 사케르가 늘어남에 따라 증가하는 사회적 위기의 관리를 자신의 주요 과제로 삼는 오늘날의 국가는 그런 시도를 막고자 온갖 수단을 쓰고 있다. 이런 와중에서도 특정한 유형의 통행과 진출이 장려되는 길과 광장은 계속 만들어지고 있다. 7장에서 살펴본 것처럼 오늘날 길과 광장은 갈수록 민영화되고 사유화되고 있는바, 이 과정에서 한편으로는 "옷차림이 어울리지 않거나 용인 가능한 방식으로 행동하지 않는"(Boddy, 1992: 140) 사람은 누구나 출입을 금하면서, 다른 한편으로 구매력을 갖춘 중산층은 가능한 한 많이 끌어들이려는 시도가 집요하게 진행되는 것이다. 통행권을 이처럼 차별적으로 적용하는 것은 물론 자본주의적 축적의 기본 원칙에 속한다.

여기서 자본의 축적은 착취와 수탈의 이중운동을 통해 이루어진다는 점을 다시 상기할 필요가 있다. 문제는 착취와 수탈의 관계일 텐데, 맑스는 수탈의 지속을 인정하면서도, 착취를 통해 형성되는 잉여의 축적으로 자본의 확대 재생산이 이루어지게 하는 것을 자본주의의 기본적 작동 원리로 봤다. 착취를 통한 잉여가치 형성과 함께 발생할 수밖에 없는 과잉축적의 문제를 해소하려면 자본주의는 수탈에도 계속 의존해야 하지만, 일단 원시적 축적이 진행되고 나면 그 과정을 통해 형성된 프롤레타리아를 노동과정에 투입해 잉여가치를 생산토록 하는, 다시 말해 노동자들을 대거 착취하는 과정을 유지시키는 것이야말로 자본주의적 축적의 기본 메커니즘이라는 것이다.74 이런 관점에서 보면, 오늘날 '비열한 거리'가 여러 곳에서 동시다발적으로 출현하고 있다는 것은 이 재생산 구도가 중대한 위기를 맞고 있다는 징후로 느껴지기도 한다. 현 단계 자본주의 헤게모니 국가인 미국이나 최근에 선진자본주의 국가로 편입된 한국에서 예컨대 외부인 출입 제한 지역 수가 늘어나고, 철도나 도로의 사유화가 더욱 강력하게 진행되고 있다는 것은 자본이 인구 다수를 착취 대상에서 배제해야 할 필요가 커졌다는 것, 다시 말해 과잉축적과 과잉인구가 늘어나고 있다는 말이다. 물론 그렇다고 착취를 통한 잉여가치 생산을 중심으

74_ 맑스가 자본의 축적을 수탈보다는 착취가 자본의 정상적 축적 방식인 것으로 간주했다는 것, 즉 자본주의를 자본의 확대 재생산 구도로 이해했다는 것은 다수 논자들이 지적하는 바다. 다음의 발언도 그런 지적에 해당할 것이다. "원시적 축적은 맑스의 저작에서는 때로 특정한(불명확하더라도) 한 시대에 국한된 과정—영국에서는 대체로 이미 지나간 일이 되었고, 맑스가 저술한 시점 식민지들에서는 여전히 진행되고 있던 과정—으로 나타난다. 이들 구절에서 원시적 축적은 맑스에게 이미 이루어진, 생산자의 생존수단으로부터의 분리가 폭력과 노골적 수탈 행사를 뒷전으로 물러나게 하고 '노동자의 자본가에 대한 종속을 종결시키는' '경제적 관계의 무언의 압박'에 의해 대체되는 확대 재생산의 좀 더 정상화된 과정에 의해 모든 곳에서 대체될 것이라는 식으로 나타난다"(Glassman, 2006: 611).

로 하는 확대 재생산 구도가 쉬 사라지는 것은 아니겠지만—착취당할 기회를 얻어 임금을 벌고 소득을 확보해 소비생활을 영위할 수 있는 중산층 인구는 적어도 한동안 일정하게 유지되겠지만—세계적으로 비정규직 노동자 또는 프레카리아트가 급증하고 있다는 사실은 그 구도가 심각한 불안정 상태에 빠졌음을 말해주고 있기도 하다.

비열한 거리에서 통행권을 거부당한 사람들은 어떤 반응은 보이는 것일까? 최근 한국의 경우 그런 사람들이 통상 취하는 행태는 삼보일배, 단식투쟁, 고공투쟁 등으로, '여기 사람이 있다', '우리말을 들어보라'고 외치는 것인 경우가 많다. 결코 만만치 않은 신체적 고행을 감내하며 그들이 호소하는 것은 다른 사람들이 합법적으로 가는 길, 여러 길들이 모이는 광장에 참여할 수 있는 기회를 자신들에게도 달라고 하는 것과 같다. 왜 그들은 고행을 무릅쓰면서까지 광장에 접근할 필요를 그토록 느끼는 것일까? 그것은 필시 그래야만 광장에서 펼쳐지는 공론장에서 자신들의 처지를 말할 수 있는 기회를 얻을 수 있다고 믿기 때문일 것이다. 광장으로 난 길을 걸을 수 있는 통행권, 광장에의 접근권에 대한 그런 요구는 민주주의에 대한 요구이기도 하다. 공론장에 참여할 권리를 누구나 보편적으로 누리게 하는 것이 민주주의라면, '우리말을 들어 달라'라고 외치는 사람들의 요구야말로 민주주의에 대한 요구 아니고 무엇이겠는가. 광장은 이때 민주주의가 실천되는 공간인 것으로 이해된다.

과연 그럴까? 그런 점이 전혀 없다고 하긴 어렵다. 한국의 경우 광장에의 자유로운 접근이 일정한 수준으로 가능해진 것은 1980년대 말 민주화가 이루어진 뒤의 일이다. 예컨대 서울 여의도에 조성된 5.16 광장의 경우, 군부독재 시절 주로 "군대행진 또는 국민동원 행사를 위해 사용"(권경희, 2006)되었으나, 1990년대 말 '여의도공원'으로 새로 조성됨으로써, 이제 시민들이 산책과 인라인 스케이트, 자전거 등을 즐길 수 있게 되었다. 서울시청 앞의 넓은 터와 광화문 앞에 펼쳐진 세종로 역시 비슷한 변화를 겪었다. 시청 앞 광장은 2002년 월드컵 응원 장소로 활용된 것이 계기가 되어 2004년에 서울광장으로 탈바꿈을 했고, 세종로의 경우는 2009년에 도로 면적을 크게 줄여 광화문광장이 되어 '시민의 품'으로 돌아왔다. 서울의 주요 장소에 광화문광장, 서울광장, 여의도공원 등이 새로 조성되어 시민이 자유롭게 출입하며 사용할 수 있게 한 것은 과거 군부 권위주의 치하에서 광장이 주로 국민 동원이나 군대 사열의 용도로 사용되었던 것과는 크게 다른 것으로서, 민주화의 효과에 해당한다고 할 수 있다.

그러나 단순히 광장이 조성된다고 해서 만인의 통행과 이동의 권리, 그리고 거기서 발언할 권리가 보장될 것으로 여긴다면 오산이다. 1972년 박정희에 의해 조성된 5.16 광장의 경우 신군부에 의해 여의도광장으로 명칭이 바뀌었지만, 군부 권위주의가 지배하고 있을 때까지는 '국풍 81'이나 종교 행사 등으로 대규모 대중이 동원되던 곳이었다. 군부의 정권 장악이 약화된 1980년대 말 이후부터 이 광장이 다른 용도로 쓰였던 것은 사실이다. 1987년 대통령선거 기간 여의도광장은 김영삼, 김대중 등 당시 유력 대통령 후보들이 각자 100만 명을 넘나드는 지지자들을 집합시키는 장소로, 1992년에는 노동자대회 장소로 사용되기도 했다. 특히 노동자대회를 개최할 수 있었던 것은 당시 민중운동의 힘이 그만큼 강력했음을 보여주는 것으로 광장이 저항의 장소가 됨을 보여주는 예라고 할 수 있다. 하지만 여의도광장은 여의도공원으로 바뀌면서 일종의 '순치'를 겪게 된다. 흉물스럽다고 비난한 사람들도 많았지만 아스팔트로 뒤덮여 있었을 때 여의도광장은 사람들이 멋대로 오가며 자전거나 온라인 스케이트를 타거나 때로는 집회를 열 수도 있었다는 점에서 중립적 공간의 성격을 띠었던 편이다. 사람들이 거기서 분자처럼 움직이며 상이한 계열들을 형성하는 것이 가능했던 것이다. 하지만 '공원'으로 조성된 뒤로 이곳은 자유로운 출입은 가능해졌지만 동시에 공간이 분할됨으로써 대중 집회를 하며 항의와 저항의 목소리나 몸짓을 내고 표현하기는 어려운 형태가 되었다.

물론 모든 광장이 순치되었다는 것은 아니다. 여의도광장은 확 트인 드넓은 장소가 군데군데 조성된 숲이나 화단, 연못, 정자 등에 의해 분할된 공원 형태로 바뀌면서 대규모 군중이 물리적으로 모여들 수 없게 된 탓에 거기서는 정치적 집회가 거의 일어나지 않게 되었지만, 서울광장이나 광화문광장, 그리고 이 두 광장과 인접한 청계광장은 지난 10여년 사이에 대규모 집회가 가장 많이 일어난 곳이 되었다. 이명박 정권 시절인 2008년 광우병 쇠고기 수입 반대를 외치며 시작된 촛불시위는 이명박이 서울시장 재임시절 밀어붙인 청계천 복원을 기념해 만든 청계광장에 사람들이 모여들면서 촉발되었고, 이후 두 달 넘게 계속된 촛불집회의 규모가 커지자 서울광장을 시민운동단체들이 점거하다시피 해서 일종의 해방구를 형성하기도 했다. 광화문광장의 경우는 2014년 세월호 사건 이후 분향소가 그곳에 세워지면서 오랫동안 비극적 사고로 목숨을 잃은 어린 학생들을 포함한 수백 명 희생자들을 기리는 기억의 장소, 국가의 책임 회피를 규탄하는 항의 현장으로 탈바꿈한다. 이런 사실은 사람들이 물리적으로 운집할 수 있는 개방된 공간으로서 광장이 존재하는 한, 다시 말해 광장이 여러 길들이 모여드는 장소로 남아있는 한, 사람들이 '신문고'를 두드리려 그곳으로 몰려드는 일은 쉬 사라지지 않을 것임을 말해준다고 하겠다.

광장은 이런 점에서 '공간적 정의'를 구현하는 최적의 장소에 속할는지도 모른다. "공간적 정의/불의는 정의와 불의의 공간적 또는 지리적 측면에 대한 의도적이고 집중적인 강조와 관련되어 있다. 출발점으로서 이것은 사회적으로 가치 있는 자원들과 그것들을 사용할 수 있는 기회들을 공간을 통해 공정하고 정당하게 배분하는 것을 포함한다"(Soja, 2009: 2). 사람들이 광장으로 진출하고, 광장에서 자신들의 목소리를 내려는 것은 일단 공간적 정의에 대한 요구를 제출하는 것이라고 볼 수 있다. 그리고 이때 그들이 주로 광장으로 진출하려는 것은 그런 요구는 반드시 공간적으로, 즉 길거리나 광장에서 표현되어야 하기 때문일 것이다. 광장으로 나아갈 권리는 이때 보편적인 접근권, 다시 말해 누구도 거부당해서는 아니 될 접근권으로 이해된다고 할 수 있다. 공간의 정의에 대한 요구를 포함해 자신의 목소리를 낼 수 있는 권리는 누구나 보장받아야 할 보편적인 권리라고 봐야 하지 않겠는가. 네덜란드의 델프트 대학은 '공간적 정의'를 주제로 하는 논문 공모를 하면서 다음과 같이 그 취지를 말하고 있다. "공간적 정의는 도시 및 시골 공간들과 자원들에 대한 공정하고 포괄적이며 효율적인 공간 계획, 디자인, 관리 등을 통한 공공재, 기본 서비스, 문화적 재화, 경제적 기회, 그리고 건강한 환경에 대한 일반적 접근권을 가리킨다. 공간적 정의는 더욱 공평하고 공정한 사회를 뒷받침하고 인간 잠재력의 최대 실현을 증진하는 데 핵심적이다"(Delft University of Technology). 모든 인간은 인간 잠재력의 최대 실현을 증진하는 기회를 동등하게 누려야 한다.

하지만 이미 살펴본 것처럼 오늘날은 비열한 거리가 갈수록 늘어나고 있고, 광장이라고 해서 '비열한 거리'의 모습에서 완전히 면제된 것도 아니다. 광장에서 일어나는 시위나 집회가 공권력에 의해 곧잘 불법으로 규정되어 불허되거나 집회 이후 많은 사람들이 경찰과 검찰에 의해 조사를 받거나 기소되는 경우가 늘어나고 있는 것이 그런 점을 말해준다. 일부 광장이 공원으로 조성되고, 또 과거 자동차도로가 광장으로 조성되면서 사람들이 자유롭게 그런 곳을 출입하게 된 것은 사실이지만, 이런 자유를 누리는 사람들은 갈수록 줄어드는 소수일 뿐이다. 이런 사실은 공간을 통해 제공되는 자원과 서비스에 대한 접근권의 공정한 배분이 아무리 기본적 인권으로 인식되고 있다고 할지라도—사실 그런 인식조차 이루어지지 않는 경우가 너무 많기도 하지만—아직은 그런 인권이 제대로 보장되고 있지 못함을 말해준다고 하겠다.

길에서 마음대로 걸을 수 있다는 것, 길을 자유롭게 오갈 수 있다는 것은 인간이면 길에서 누려야 할 기본적 권리에 속할 것이다. 그런 권리는 인류가 인류로 진화한 이래 고유한 길을 만들어온 데서 유래한다고 할 수 있다. 인간은 발로 서서 걷고 뛸 수 있게 되면서, 다시 말해 직립 보행과 직립 주행의 능력을 갖게 되면서 비로소 '존재'로 발돋움했고, 그 결과 고유한 역사와 문화를 가꿀 수 있었다. 인간으로서 산다는 것은 이런 점에서 발로 서서 산다는 것이고, 따라서 길을 걸으면서 산다는 의미다.

하지만 고대 왕도에서 오늘날의 공로에 이르기까지, 길에서의 통행과 이동 방식이나 형태는 커다란 변천을 겪었으며, 이 과정에 가장 큰 영향력을 행사한 것은 인간의 사회적 관계였다고 할 수 있다. 다시 말해 사회적 지배가 어떤 형태로 이루어지느냐에 따라 사람들의 노상 이동과 통행에 대한 제한이나 통제 방식도 변한 것이다. 고대 왕도에서의 통행 허가는 황제의 권한에 속했고, 중세에도 공로 통행권에 대한 최종 권한은 왕에게 귀속되었다고 할 수 있으며, 근대 이후에는 자본과 국가가 그런 권리와 권한을 장악하게 된다. 물론 통행의 자유 신장을 위한 노력들이 있었던 것도 사실이다. 중세의 공로는 사실 고대의 왕도에 비해 크게 쇠락한 상태였지만, 바로 그런 점 때문에 영국의 사례에서 볼 수 있듯이 각지 공로에서의 자유로운 통행을 국왕이 오히려 권장하는 법적 조치를 취하기도 했고, 프랑스 혁명 시기에도 통행의 자유를 신장시키려는 시도가 있었다.

이런 흐름은 계속 이어져 19세기 후반에 이르러서는 산업자본주의의 발달로 자유 노동시장이 형성됨에 따라, 노동자들의 자유 왕래 권리가 상당히 신장되었고, 20세기 말에 이르러서는 셍겐 조약을 발효시킨 유럽연합처럼 일부 지역에서는 해외 여권 없이도 초국적 이동을 허용하는 사례도 나타났다.

그러나 20세기에 들어와서도 인간의 통행권은 보편적 권리로서 아직 제대로 보장받거나 구현되지 못하고 있다고 봐야 한다. 특히 1970년대 이후 자본주의가 신자유주의적 체제로 전환되면서 '비열한 거리'가 곳곳에서 생겨나고 있다. 이런 사실을 통해 우리가 확인하게 되는 것은 광장으로의 자유로운 접근을 근본적으로 제한하려는 자본과 국가의 기도가 광범위하게 펼쳐지고 있다는 사실일 것이다. 비열한 거리의 증가는 통행권을 보장받지 못하는 호모 사케르 인구가 증가하고 있다는 말이기도 하다. 하지만 우리는 동시에 인간 잠재력의 최대 실현에 필수적인 '공간적 정의'에 대한 요구, 구체적으로는 도시 광장에의 접근 시도가 빈번하게 제출되고 있는 것도 목격하게 된다. 광장으로 진출하려는 시도가 계속된다는 것은 기본적 권리로서의 통행권을 보장받고 있지 못한 사람들이 여전히 많다는 것임과 동시에, 이들이 자신이 당한 불의의 고발을 중단하지 않으려 한다는 말일 것이다. 물론 그렇다고 하더라도 광장으로의 진출이 과연 공간적 정의를 충분히 보장할 것인지는 문제라고 할 수 있다. 이 마지막 문제에 대해서는 다음 장에서 다시 생각해 볼 기회가 있을 것이다.

제 9 장
길과 코뮌주의

　　인간은 직립 보행과 주행의 능력을 갖게 된 뒤로 무엇보다도 '길 위의 존재'가 되었다고 할 수 있다. '존재(existence)'는 이때 밖으로 서서 사는 동물, 다시 말해 "자연으로부터의 비약"을 획득해 "세계 맞은편"으로 자신을 소외시킨 동물을 가리킨다(플루서, 2001: 83). 이 동물이 아직 또는 계속 자연적 질서에 속해 있는 다른 동물과는 다르게 문화적이고 역사적인 동물—사실 동물이라는 말이 이제 더 이상 어울리지 않을 '존재적 존재' 또는 '실존적 존재(existential being)'—로 진화한 것은 우리가 발로 서서 다닐 수 있게 되고 그 과정에서 길을 만들 수 있게 된 결과이기도 하다. 가정법이기는 하지만 만약 우리의 발이 해부학적 변화를 통해 우리 신체의 주된 이동 수단으로 진화하지 않았다면, 그 덕분에 우리가 직립 보행과 주행을 하게 되고 아울러 손이 자유로워지지 않았다면, 우리는 지금까지 살펴본 다양하고 복잡한 형태와 작용, 역할, 용도를 지닌 길을 만들어 내지 못했을 것이고, 따라서 우리는 우리가 될 수 없었을 것이다. 이런 점에서 직립 존재가 되어 길을 만들어낼 수 있게 된 것은 인류 진화에서 획기적인 사건이 아닐 수 없다. 길을 만들게 되고 길 위에서 생활하는 동물이 됨으로써 우리는 비로소 인간이 되었다고 할 수 있는 것이다.

그러나 길 위 존재가 됨으로써 과연 우리는 유적 존재로서 우리가 지닌 잠재력을 제대로 충분히 발휘하게 된 것일까 하고 묻는다면, 꼭 그렇다고만 말할 수는 없을 듯싶다. 길 위의 존재가 됨으로써 우리가 다른 동물과는 구분되는 고유한 능력을 발휘하게 되었다는 것, 즉 우리가 자연 상태로부터 벗어나 문화적이고 역사적인 존재가 되었다는 것은 분명하다. 하지만 앞 장들에서 살펴봤듯이 길을 만들고 활용하게 된 이후, 다시 말해 역사적 존재가 된 이후로, 길을 통해 인간이 일관되게 해온 일은 불평등한 권력 행사, 즉 인간에 의한 인간의 지배였다고 볼 수 있다. 고대의 왕도에서 근대의 철도 또는 차도에 이르기까지, 당대의 전자고속도로에 이르기까지, 산이나 들판 오솔길에서 도회 거리에 이르기까지, 역사적으로 길은 인간의 신체적 이동을 사회적으로 관리하고 통제하는 기능을 수행해 왔기 때문이다. 다양한 길 떠나기를 통해 새로운 삶을 추구하는 모험이 없었다거나, 지배 권력을 타도하기 위해 길을 활용한 사례가 없었다는 말은 물론 아니다. 하지만 적어도 오늘날의 그 지배적인 모습, 다시 말해 자본주의 사회에서 전형적인 그 형태를 보면, 길은 '인간 잠재력의 최대 실현'을 위한 보편적 장치로서 활용되기보다는 오히려 자본에 의한 그 잠재력의 사적 활용과 지배를 위한 주된 수단으로 전락했다고 봐야 한다. 예컨대 길의 속도는 자본의 회전 속도에 거의 전적으로 종속되어 갈수록 단수화되고 있으며, 길과 더불어 행해지는 계획들 역시 일견 다양한 것 같지만 대부분이 자본의 축적 전략에 포획되어 있지 않은가.

　이 마지막 장에서 내가 생각해보고 싶은 것은 그래서 인간의 잠재력을 제대로 구현할 수 있는 장치로서 길 체계 구축의 가능성이다. 유적 존재로서 인간의 잠재력을 최대한 구현하려면 길은 특히 최근에 들어와서 드러내고 있는 그 형태와 기능, 용도를 새롭게 바꿔야만 할 것으로 보인다. 신자유주의가 인류 사회를 지배하게 되면서 길은 인간의 인간됨을 구현하기 위한 '길 떠나기' 기반 또는 공유지로서의 성격을 더욱 크게 잃었다고 할 수 있다. 이런 상황을 바꾸려면, 길의 형태와 기능, 용도를 바꿔내야 하겠는데, 이런 변화를 불러일으키려는 것은 사실 그 자체로 세상을 바꾸려는 일, 다시 말해 사회변혁을 꾀하려는 시도에 해당한다. 길 체계의 새로운 구축이 사회변혁과 연결되는 것은 르페브르가 정확하게 말하고 있듯이, "사회를 바꾸라!"라는 명령도 "적합한 공간의 생산 없이는 아무런 의미도 갖지 않는다"(Lefebvre, 1991: 59)는 점 때문이다. 새로운 공간의 생산 없이 사회변혁이 의미가 없다는 것은 공간의 생산양식이 사회적 삶의 재생산과 그만큼 긴밀한 관계를 맺고 있다는 말일 것이다. 길도 마찬가지다. 길은 공간의 핵심적 일부를 이룬다고 할 수 있으며, 따라서 인간적 삶의 불가결한 터전이라고 할 수 있다. 그런 점에서 길의 형태나 기능, 용도 등을 새롭게 만든다는 것 또한 사회변혁과 무관할 수 없다. 이 마지막 장에서 살펴보려는 것은 그래서 새로운 길의 모습을 어떻게 구상할 것인가, 어떤 원칙과 이념에 따라서 새로운 길 체계를 구상할 것인가의 문제다. 이런 문제와 관련해서 내가 집중적으로 생각해 보려는 것은 코뮌주의적인 길의 가능성이다.

길의 '현재 상태'

4장에서 나는 우리가 미로에 갇혔을 때 가장 절실하게 다가오는 명제는 "출구를 찾으라!"이지만, 출구를 찾을 때에도 어떤 출구를 찾느냐가 여전히 문제가 될 것이라고 말한 바 있다. 오늘날 우리를 가두고 있는 미로 대부분은 자본주의적 논리에 의해 지배되고 있는 길들로서, 축적의 수단 및 장치로 사용된다고 봐야 할 것이다. 자본주의는 철도나 고속도로 등 주요 길 형태를 민영화나 사유화에 의해 고정자본으로 조성해서 잉여가치를 생산하는 수단으로 써먹기도 하지만, 그런 길들이 기본적으로 소비기금으로 사용될 때조차도 그것들을 축적 조건 개선을 위한 사회적 하부시설로서 활용하기 일쑤다. 휴가나 고향 방문 등 개인적인 일로 고속도로를 이용할 경우 우리는 그 도로를 소비기금처럼 사용하는 셈이지만, 고속도로를 그렇게 사용할 때조차도 총자본의 축적 조건 개선을 위한 각종 행위를 수행하게 된다. 고속도로의 사용은 사람에 따라 고가 상품인 자동차의 구매, 고속도로 주행에 필요한 휘발유의 구입, 또 여행하는 동안에 이루어지는 식사나 다른 소비 행위 등을 수반하는 것이다. 이런 사실은 길 대부분이 사회적 하부시설로 전환되어 있고, 그 주된 기능이 자본 축적에 보탬이 되는 쪽으로 작용하고 있음을 말해준다. 이제는 도시 골목까지도 차도로 활용되거나 소비생활을 위한 용도로 전환이 이루어져 있고, 정보고속도로가 새롭게 펼쳐짐에 따라서 갈수록 많은 형태의 길들이 상품 유통을 위한 목적으로 활용되고 있지 않는가. 오늘날 대부분의 길들이 '자본주의적 미로'가 되었다고 할 수 있는 것도 그것들이 이처럼 자본의 축적 수단으로 작용하고 있기 때문인데, 길의 이런 미로 상태를 벗어날 방도를 어떻게 찾느냐가 따라서 중요한 문제가 된다.

여기서 나는 자본주의적 미로에서 벗어날 수 있는 가장 유력한 방안은 맑스와 엥겔스가 말한 '코뮌주의'에서 찾을 수 있다는 입장을 제출하고자 한다.[75] 미로란 미망과 방황을 그 기본적 효과로 가지고 있는 길 형태다. 미로에서 빠져 나오기 어려운 것은 일단 미로에 들어서면 미망에 빠지

75_ '코뮌주의'는 독일어 'Kommunismus', 영어 'communism'의 번역어다. 이들 단어는 관례적으로 '공산주의'로 번역되고 있지만, '코뮌주의'라는 표현을 여기서 사용하는 것은 '공산주의'는 맑스와 엥겔스의 기본 입장을 협소하게 만든다는 생각 때문이다. 20세기 이후 한자문화권에서 공통적으로 사용해온 '공산주의(共産主義)'는 생산과 노동을 중심으로 맑스와 엥겔스의 사상을 해석한 측면이 크지만, 내가 볼 때 그들이 꿈꾼 해방은 당연히 생산과 노동을 포함하지만 그것들 이외에도 인간적 삶을 구성하는 다른 많은 활동들에서도 일어나야 하는 해방이었다.

기 쉽고 따라서 길 찾기도 방황을 그 기본 양태로 갖기 때문이라고 할 수 있다. 미로에서 빠져 나오기 위해서는 그 지배 효과로부터 벗어나는 것, 다시 말해 미로의 영향으로부터 자유로워지는 것이 그래서 필수적이다. 4장에서 잠깐 언급한 것처럼 중세 유럽의 로맨스 작품 주인공으로 등장하는 편력기사가 미로와 유사한 상황에 부딪쳤을 때 곧잘 괴물을 만나곤 하는 것은 그가 그런 효과로부터 벗어나지 못하고 아직도 미망 상태에 놓여 있다는 징표에 해당한다. 미로는 이때 무엇보다도 **현재 상태**로서 나타나며 미로가 그런 상태에 놓여있는 한, 미로의 출구는 그곳을 벗어나려는 사람의 눈에 비치는 그 순간에도 결코 넘어설 수 없는 경계로 남을 뿐이다. 내가 맑스와 엥겔스가 자본주의적 삶의 대안으로 제시한 코뮌주의에서 미로를 벗어날 수 있는 가장 유력한 방안을 찾을 수 있다고 보는 것은 그것만이 자본주의적 미로의 '현재 상태'를 문제로서 인식하고 그것을 지양하도록 만든다고 보기 때문이다.

맑스와 엥겔스는 코뮌주의란 "성립되어야 할 어떤 **상태**, 즉 현실이 그에 의해 조정되어야 하는 어떤 **이상**"이 아니라, "현재의 상태를 지양하는 **현실적** 운동"(Marx and Engels, 1976: 49. 원문 강조)인 것으로 정의하고 있다. 이런 정의를 통해 두 사람이 강조하는 것은 코뮌주의가 자본주의 이후 미래의 상태가 아니라 자본주의적인 현재 상태에 개입하는 운동이라는 사실이다. 이 책에서 채택한 길의 역사 관점에서 볼 때, '현재 상태의 지양'이라는 코뮌주의 정의는 현재 자본주의적 길 상태의 지양이라는 문제와 연결해 생각될 필요가 있을 것 같은데, 그것은 '사회를 바꿔야 한다'는 정언명령도 "적합한 공간의 생산 없이는 아무런 의미도 갖지 않을" 것이라는, 위에서 언급한 르페브르의 문제의식이 지금 맥락에서 특히 중요해 보이기 때문이다. 삶을 바꾸고 사회를 바꾸려면 적합한 공간 생산이 필수적이라는 르페브르의 판단을 수용할 경우, 삶과 사회의 변혁에서 오늘날의 길 상태를 바꾸는 일 또한 결코 생략할 수 없는 과제로 부상하게 된다. 새로운 사회를 위한 적합한 공간을 생산하려면, 새로운 사회적 작용을 할 새로운 형태의 길 조성도 필수적이지 않겠는가. 그렇다면 현재의 길 상태는 어떻게 지양될 수 있는 것일까?

현재의 길 상태를 지양하려면, 무엇보다 그 상태의 내용, 상황, 양태 등을 파악하는 것이 우선되어야 한다. 우리는 앞의 몇몇 장들에서 오늘날 길의 상태를 규정하는 것은 무엇보다도 자본의 축적 전략이요 논리라는 점을 확인한 바 있다. 자본주의 하에서도 길 체계는 고대 왕도처럼 여전히 속도기계, 계산 또는 전략 장치로서 작동한다고 봐야 하겠지만, 그렇다고 자본주의 길 체계가 그 고유한 성격을 갖지 않는 것은 아니다. 왕도의 경우는 "모든 길은 로마로 통한다"라는 말이 단적으로 시사해 주듯, 제국의 권력 중심지인 황성 즉 황제가 거주하는 도시를 중심으로 해서 조성되었다는 점에서, 기본적으로 정치적 장치로서의 성격이 강했다고 할 수 있다. 아케메니드 제국에서 왕도가 제국의 지배를 위한 전략적 교두보 역할을 했던 것도 황제가 그것을 우편제도의 일환으로 사용해 제국 운영을 위한 주요 정보를 수집하고 이를 군사, 행정, 교역 등을 관장하는 데 활용했기 때문이다. 반면에 자본주의적 길 체계는 그 궁극적 목적을 자본 축적에 두고 있다는 점에서 경제적인 장치의 성격이 더 강한 편이다. 근대 자본주의 국가에서 길 네트워크가 가장 발달한 곳은 꼭 정치 중심지와 일치하지는 않는다. 예컨대 중국의 경우 수도인 베이징보다 상하이나 충칭이, 미국의 경우 수도 워싱턴 DC보다 뉴욕이나 시카고, 로스앤젤레스가, 그리고 과거 서독의 경우 행정부가 소재한 본보다 프랑크푸르트나 뮌헨 등의 인구가 더 많고 교통망도 더 복잡하다. 이런 점은 자본주의적 길 체계란 그 규모나 기능 등의 측면에서 경제적 논리에 의해 더 큰 지배를 받는다는 말일 것이다.

오늘날 길 체계가 자본의 축적을 핵심 목적으로 삼고 있다는 것은 그것이 무엇보다도 추상공간으로 작동하고 있다는 사실이 확인해 준다. 르페브르에 따르면 '추상공간'은 '절대적 공간', '역사적 공간'에 뒤이어 나타난 공간 형태로서 자본주의적 축적 논리를 가장 충실하게 구현하는 공간이다. 추상공간이 '추상적'인 것은 절대적 공간과 역사적 공간이 자연과 맺는 관계와는 근본적으로 다른 방식으로 자연과 관계를 맺고 있다는 데서 잘 드러난다. 절대적 공간은 "그 고유한 특질들 때문에 선택되었지만 신성화로 인해 그 자연적 형질과 특성이 탈각된 장소들(동굴, 산 정상, 샘, 강)에 위치한 자연의 파편들로 구성"된 공간이다(Lefebvre, 1991: 48). 이런 공간은 자연의 파편들로 구성된 만큼 그 내부에 자연을 포함할 수밖에 없다. 물론 이때의 자연은 절대적 공간이 형성되는 과정에서 신성화되면서 자신의 형질과 특성을 잃은 측면이 있음이 분명하지만, 그렇다고 자연의 성격을 완전히 상실하는 것은 아니다. "제례나 의식이 행해진 절대적 공간은 비록 의식 요건에 의해 수정된 형태이기는 하지만 자연의 모습들을 다수 보유하고 있었다. '나이, 성, 성기성(번식력)―이 모든 것이 여전히 역할을 지니고 있었던 것이다"(48).

다른 한편 역사적 공간은 절대적 공간으로부터 나온 상대화된 공간으로서 일견 절대적 공간에 남아있던 자연스러움을 깡그리 없애버린 공간이다. 역사적 공간을 만들어낸 "역사의 힘들이 자연스러움을 영원히 박살내 버리고 그 폐허 위에 축적(지식, 기술, 화폐, 귀중품, 예술 작품, 상징들 등 모든 부와 자원의 축적)의 공간을 만들어" 냈기 때문이다(49). 그러나 역사적 공간은 하나의 자연을 없애면서 다른 새로운 자연을 만들어낸 측면도 있다. 르페브르는 중세 유럽의 도시를 역사적 공간의 대표적 예로 들고 있는데, 그런 도시는 이때 "좁은 길과 간선도로 네트워크를 농촌공동체가 바꿔낸 경관에 정박시키는 거점들"인 장원, 수도원, 성당이 있는 곳으로서, "서유럽 자본 축적의 출발점"에 해당한다(53). 자본이 축적되는 곳이라는 점에서 중세 도시는 자연적 공간과는 분명히 다르지만, 그런 도시에서 일어난 축적은 습속의 축적이기도 하다는 사실도 기억할 필요가 있다. 2장에서 당나귀길과 연관해 지적한 바이기도 하지만, 중세 도시 거리가 "좁고 꼬불꼬불한" 모습을 갖춘 것은 "그 길을 만들어 사용한 사람들의 축척에 맞게 수세기에 걸쳐 진화"한 결과에 해당한다. 이것은 "중세 거리와 건물은 계획이나 규정을 갖고 지어지기보다는 변하는 조건, 변하는 필요에 부응해 시간이 지남에 따라서 현장 적응을 통해 생겨났다"(Bain, Gray, and Lodgers, 2012: 7)는 것으로, 중세 유럽의 도시 및 거리는 습속의 산물 즉 제2의 자연임을 말해주고 있다. 역사적 공간은 절대적 공간을 구성하는 자연의 파편들을 없애고 나타나지만, 그 자신 습속화 및 자연화 과정을 거치며 자연처럼 익숙한 대상으로 다가오게 되는 것이다.

반면에 추상공간은 이런 역사적 공간, 그리고 절대적 공간과는 전적으로 다른 방식으로 자연과 관계를 맺는다. 추상공간은 역사적 공간의 지배적 형태인 서유럽의 역사적 도시에서 "생산적 활동(노동)이 사회적 삶을 영속시킨 재생산 과정과 더 이상 하나가 되지 않고", "노동이 그 과정과 독립됨으로써 추상화의 포로가 된" 결과 "추상적 사회노동"이 생겨나면서 나타난 공간이다(Lefebvre, 1991: 49). 추상공간이 등장했다고 역사적 공간이 사라지는 것은 아니며, 거기서도 절대적 공간을 구성하던 자연이 존재한다. "추상공간은 나무의 소멸, 혹은 자연의 퇴각에 의해서만 정의되지 않는" 것이다(50). 물론 추상공간에서는 자연의 대대적 퇴각이 이루어지는 것이 사실지만, 그럴수록 자연은 희귀한 것으로, 그래서 새로운 가치를 획득한 상품으로 등장하게 된다는 점도 기억할 필요가 있다. 오늘날 추상공간의 지배를 받는 도시에서 "자연은 구입되고 판매되기 위해 교환가치와 상품으로서 들어온다. 가짜로 만들어져 거래되는 이

'자연성'은 상업화되고 산업화되고, 제도적으로 조직된 여가 추구에 의해 파괴된다"(Lefebvre, 1996: 158). 역설인즉슨 가짜가 될수록 자연은 더욱 소중한 것인 양 치부된다는 것이다. 하지만 이때 자연은 역사와 더불어 추상적인 개념으로서만 경험된다고 봐야 한다. 이것은 "역사는 향수로, 자연은 미련으로—우리 뒤에서 빠르게 사라지고 있는 지평으로—경험된다"(Lefebvre, 1991: 51)는 말로서, 자연과 역사는 이때 설령 구체적인 모습을 띠고 나타난다고 하더라도 이미 고도의 추상적 실체로서, 다시 말해 지각적 경험을 통해서는 우리가 그 존재 이유나 등장 방식을 이해하기 힘든 대상으로서 다가오는 셈이라고 할 수 있다. 여름 휴가철에 찾는 해변과 시냇물, 또는 잘 보존된 역사적 유물은 우리가 무엇보다 구체적으로 지각할 수 있는 대상이지만, 관광 상품으로 구매되어야만 그런 경험 대상이 된다는 점에서 이미 추상적인 상품관계, 자본주의적 사회관계 속에 들어가 있다고 봐야 한다.

오늘날의 길 네트워크 또한 추상공간에 속하며 그 작용으로부터 자유롭지 못하다. 추상공간에서 자연과 역사가 구입되고 판매되는 교환가치 또는 상품으로 전환될 수밖에 없는 이유는 그것이 자본주의가 생산한 공간이라는 사실에서 연유한다. 추상공간은 "화폐 권력과 정치적 국가 권력에 더해 '상품의 세계', 이 세계의 '논리'와 그 세계적 전략들을 포괄"하고, "은행, 상업중심지, 주요 생산 단위들에, 그리고 또한 고속도로, 공항, 정보망에도 정초해 있다"(53). 추상공간이 자본주의의 산물이라는 것은 그것이 화폐 권력과 국가 권력, 즉 경제적 권력과 정치적 권력의 합작품이라는 말이기도 하다. 앞에서 나는 고대 왕도가 정치적 장치라는 성격을 강하게 지녔다면 자본주의의 길 네트워크는 경제적 논리에 의해 더 큰 영향을 받는다고 말했었다. 사실 자본주의적 길 네트워크라고 해서 정치적 성격을 갖지 말라는 법은 없다. 맑스가 자본의 운동 방식을 연구한 자신의 주저 『자본』의 부제로 '정치경제학 비판'을 택한 것도 자본의 축적이 단순히 경제적 논리에 의해서만 이루어지지 않는다는 인식을 드러내기 위함이었을 것이다. 방금 인용한 부분에서 추상공간이 화폐의 권력만이 아니라 '정치적 국가 권력'을 포함한다고 말한 것으로 미루어 보면, 르페브르 역시 비슷한 인식을 가졌던 것으로 보인다. 하지만 그가 추상공간의 정치적 성격을 가리키기 위해서는 '정치적 국가 권력'이라는 단 하나의 예시만 언급하고 있는 데 반해, 그것의 정치적 성격을 말하기 위해서는 '화폐 권력', '은행', '상업중심지', '주요 생산 단위' 등 더 많은 예시를 들고 있다는 점도 중요하다. 맑스의 경우도 자본의 축적이 정치경제적 과정임을 인정했지만, 정치와 경제의 관계에서 더 중요한 것은 경제라는 점을 강조하는 것을 잊지 않았다. 추상공간이 자본주의의 산물이라고 하는 것은 이런 점에서 그것이 정치경제적 현상임을 부정하는 것은 아니겠지만, 그것이 경제적 목적에 의해 더 크게 지배되는 공간임을 강조하는 것이 된다. 자본주의적 길 체계가 추상공간의 성격을 띤다는 것 또한 같은 맥락에서 이해될 필요가 있다. 오늘날 길 체계는 그 주된 목적이 자본 축적에 있다는 점에서 무엇보다도 경제적 전략을 펼치고 있는 셈이다.

지금까지 우리는 길 체계의 현재 상태를 지배하는 것은 무엇보다도 자본 축적의 논리라는 것, 다시 말해 오늘날 길의 형태와 용도, 작용은 경제적 요인들에 의해서 결정된다는 것을 확인했다. 오늘날 복잡한 길 체계로 인해 형성된 자본주의적 미로로부터 탈출하는 방안은 따라서 축적의 목적과 전략에 의해 지속되는 길의 현재 상태를 지양하는 데서 찾아야 한다. 하지만 그 지양을 어떻게 이룩할 것인가는 여전히 어려운 문제다. 우리는 어떻게 자본주의적 길 체계의 현재 상태를 지양할 수 있을 것인가? 나는 맑스와 엥겔스가 제출한 코뮌주의의 두 정의를 통해 이 질문에 대한 해답을 구하고자 한다.

현재 상태의 재생산과 그 지양

맑스와 엥겔스는 코뮌주의에 대해 두 가지 상호 보완적인 정의를 제공했다고 할 수 있다. 그 중 하나는 이미 앞 절에서 확인한 바 있는, 코뮌주의를 "현재의 상태를 지양하는 현실적 운동"으로 보는 정의이고, 다른 하나는 '자유로운 개인들의 연합', 다시 말해 "개인의 자유로운 발전이 만인의 자유로운 발전에 대한 조건이 되는 연합"(Marx and Engels, 1984: 506)으로 보는 정의다. 이들 두 정의의 관계는 '상보적'인 것으로 이해될 필요가 있다. 양자물리학의 상보성 원리에 따르면, 빛과 같은 양자역학적 물체는 실험 방식에 따라서 파동으로 나타날 수도 있고, 입자로서도 나타날 수 있지만, 동시에 입자이자 파동으로 나타날 수는 없다. 빛이 가진 입자의 성격을 더욱 명확하게 하려고 하면 할수록 그것의 파동 성격이 불명확해지고, 반대로 빛의 파동 성격을 명확하게 하려고 하면 할수록 그것의 입자 성격이 불명확해지는 것이다. 전자(電子)의 경우 위치와 운동량을 함께 갖고 있지만, 그 위치를 명확하게 하려고 하면 할수록 그 운동량에 대한 정보가 그만큼 불명확해지고, 거꾸로 그 운동량을 명확하게 하려고 하면 할수록 그 위치에 대한 정보가 불명확해진다. 이런 현상이 일어나는 것은 빛의 입자 성격과 파동 성격, 전자의 위치와 운동량이 상보적인 관계에 놓여 있기 때문이다(위키피디어, '상보성 원리'). '현재 상태의 지양'으로서의 코뮌주의와 '자유로운 개인들 연합'으로서의 코뮌주의도 비슷하게 앞엣것을 강조하면 뒤엣것이, 뒤엣것을 강조하면 앞엣것이 자본주의적 사회의 변혁이라는 문제설정 시야에서 사라지곤 한다는 점에서, 서로 상보적인 관계에 놓여 있다고 할 수 있다. 나는 이제 자본주의적 미로라는 형태로 우리에게 나타나고 있는 오늘날 길의 현재 상태를 벗어나기 위한 방안으로서 코뮌주의의 이 두 가지 의미를 반추해 양자를 통합적으로 사유할 수 있는 길을 모색해 보려고 한다.

코뮌주의의 제1 정의('현재 상태의 지양')에서 특히 강조되는 것은 지양하고자 하는 대상의 부정적 가치라고 할 수 있다. 지양하고자 하는 현재 상태 즉 지양의 대상은 이때 자본주의이고, 자본주의가 지양 대상으로 설정되는 것은 그것이 유적 존재로서 인간에게 부정적 효과를 가한다고 여겨지기 때문이다. 이런 인식은 "무정부주의, 공동체주의, 사회주의 또는 공산주의" 등 그동안 제출된 대안사회의 명칭들이 시사해 주는 바이기도 하다. 심광현이 지적하듯이,

> 이런 명칭들은 모두다 우리가 현재 상태를 지양하면서 구성하게 될 대안사회의 긍정적 가치보다는 오히려 지양 대상의 부정적 가치를 강조하는 데 머물고 있다. 억압적 국가장치를 폐지해야 한다든가, 개인주의적 가치를 공동체와 사회의 가치로 대체해야 한다든가, 일하지 않는 소수가 일하는 다수를 착취하는 대신 모두가 평등하게 일해야 한다는 슬로건은 모두 기존의 부정적 가치에 대한 철폐를 강조하는 것들이다(심광현, 2011: 37).

"무정부주의, 공동체주의, 사회주의, 공산주의" 등이 심광현의 지적대로 그동안 지양 대상의 부정적 가치를 주로 강조해 왔을 뿐 대안사회로서의 긍정적 가치를 구현할 적극적 노력을 하지 않았다면, 그것은 그들 사회 명칭이 대안사회를 제1 정의에 입각해 사고한 결과가 아닐까 한다. 사실 이 정의는 사람들로 하여금 코뮌주의란 그 주된 본분이 현재 상태의 지양에 있는 것으로 믿도록 함으로써, 코뮌주의 운동을 자본주의 반대 운동에만 매진케 한 측면이 크다. 심광현이 방금 인용한 구절에 뒤이어 "현재 상태를 지양하려는 노력은 기존 상태에 대한 비판적 의식의 성장과 더불어 긍정적 가치 창조의 전망이 함께 열릴 희망이 있어야만 적극적으로 전개될 수 있다"(37)는 말을 덧붙이고 있는 것은 제1 정의의 이런 한계를

인식하고 제2 정의('자유로운 개인들의 연합')에 의해 그것을 보완할 필요성을 느꼈기 때문일 것이다. 제1 정의가 제2 정의에 의해 보완되어야 한다는 이런 생각은 두 정의가 상보성의 원리에 의해 종합될 필요가 있다고 보는 관점과도 통한다고 하겠다.

여기서 나는 심광현이 말하는 '기존 상태에 대한 비판적 의식의 성장'을 위해서는 제1 정의가 지닌 부정적 측면이 지닌 나름의 중요성도 주목할 필요가 있음을 특히 강조하고 싶다. 극복해야 할 대상의 부정적 측면만 강조해 코뮌주의 운동을 기존의 상태에 대한 반대에만 몰두케 하는 측면이 없지 않지만, 그 정의는 코뮌주의가 코뮌주의로 성립하도록 만드는 핵심적 원칙을 제시하고 있기도 하다. 사실 현실 운동으로서 코뮌주의가 그 고유의 성격을 갖고 작동하기 위해서는, 반드시 현재의 상태 즉 자본주의적 착취와 수탈이 지배하는 상황을 지양하는 운동이 되어야 하는데, 제1 정의는 바로 그 점을 특히 강조한다. 이 정의는 최소 강령과 최대 강령을 양극으로 하는 해석의 범위를 갖는다고 할 수도 있다. 자본주의의 지양과 폐절을 위한 운동이 최소 강령으로 해석될 경우 노동자, 농민, 생태주의자, 여성주의자, 그리고 다른 소수자 등 그 운동에 참여할 주체의 현재 생존 및 활동 상태를 개선할 수 있는 개혁적 내용의 요구로 나타날 것이고, 같은 운동이 최대 강령으로 해석될 경우 훨씬 더 급진적이고 혁명적인 요구가 제시될 수 있는 것이다. 그러나 어떤 경우든 현재 상태의 지양 또는 자본주의 극복이라고 하는 궁극적 목적은 분명하다고 할 수 있다. 나는 이런 견지에서 이제 코뮌주의의 첫 번째 정의가 길 체계의 현재 상태 지양과는 어떤 관계를 맺을 수 있을 것인지 생각해 보고자 한다.

오늘날 길 체계가 계속 자본주의적인 미로로 작용한다는 것은 그 현재 상태가 지속된다는 것이고, 이것은 자본주의적 길 체계의 재생산이 이루어지고 있다는 말과 같다. 이런 사실은 길 체계 현재 상태의 지양이라는 과제를 그 상태의 재생산 지양이라는 관점에서 생각하도록 만든다. 길 체계의 현재 상태 지양을 말하면서 '재생산' 문제를 끄집어내는 것은 '현재 상태의 지양'이란 것이 결코 만만치 않은 문제라는 것, 따라서 길의 현재 상태를 지양하려는 과업 또한 만만치 않다는 것을 상기시키기 위함이다. "만약 하나의 사회구성체가 생산을 함과 동시에 생산의 조건들을 재생산하지 않는다면, 그것은 1년도 존속할 수 없다는 사실은 어린아이조차도 알고 있다"(알튀세르, 1991: 75)는 루이 알튀세르의 말처럼,76 재생산은 자본주의가 지속되는 핵심적 기제라고 할 수 있다. 하지만 재생산을 문제로서 파악하고 재생산의 문제설정을 채택하는 것, 즉 "**재생산의 관점**에 선다는 것은 거의 불가능하다고 말할 수는 없을지라도, 극도로 어려운 일"에 속한다. 왜냐하면 재생산보다는 "오직 생산이라는 관점", 즉 생산이 모든 것이라는 관점이 "집요한 자명성"을 지니고 있어서 "우리의 일상적 '의식'과 너무나도 잘 일치"하기 때문이다(75-76. 강조는 원문). 알다시피 알튀세르는 유물론적 이데올로기 이론을 전개한 것으로 유명한데, 그가 그런 이론에 천착한 것은 생산 중심적 관점이 지닌 자명성을 "경험주의적 유형의 이데올로기적 자명성"(75)으로 간주하고, 그것을 비판적으로 인식할 수 있는 과학적 근거를 마련하기 위함이었다고 할 수 있다. 그는 그런 자명성을 이데올로기적 효과로 봤고, 이데올로기의 작용을 통해 개인들이 '주체'로, 다시 말해 생산적 관점을 자명한 것으로 수용

76_ 알튀세르는 인용된 문장 앞머리에서 "맑스가 말했듯이"를 추가해 마치 맑스를 직접 인용하고 있는 듯이 말하고 있지만, 사실은 재생산 문제에 대한 자신의 견해를 펼치기 위해 맑스의 발언을 원용하는 것이라고 봐야 할 것 같다. 맑스가 했다고 하는 발언은 그가 1868년 7월 11일자로 루드비히 쿠겔만에게 보낸 편지에서 다음과 같이 나온다. "1년이 아니라 예를 들면 몇 주일만이라도 노동하기를 멈춘 나라는 어떤 나라든 사라지고 말 것이라는 것은 어린아이도 다 알고 있다"(Marx, 1988: 68).

하는 존재로 호명된다고 파악했다.

이런 논의는 오늘날 자본주의적 길 체계의 현재 상태 지양 문제와 어떤 관련을 맺는 것일까? 길 체계의 현재 상태 지양을 그 상태의 재생산 지양으로 보자는 것은 '현재 상태'에 대한 '재생산의 관점'을 취하자는 말에 해당한다. 자본주의 생산양식이 지속되는 핵심적 이유를 자본주의 생산조건의 재생산에서 찾아야 하듯이, 자본주의 길 체계의 현재 상태가 지속되는 이유 또한 그 상태의 재생산에서 찾아야 한다는 제안인 것이다. 이 맥락에서 새로운 사회의 창조는 새로운 공간의 창조를 필요로 한다는 르페브르의 말을 다시 떠올리게 된다. 그에 따르면, "새로운 공간을 생산하지 않는 혁명은 그 모든 잠재력을 구현하지 못한 것이다. 사실 그런 혁명은 삶 자체를 변화시키지 못하고, 이데올로기적 상부구조, 제도, 또는 정치적 장치들만 변화시켰다는 점에서 실패한 셈이다"(Lefebvre, 1991: 54). 혁명이 일어났는데도 새로운 공간 생산이 이루어지지 않는 이유는 무엇일까? 그것은 필시 혁명에 참여한 주체들이 새로운 공간 생산의 필요성을 느끼지 못하고, 자신들의 공간 생산양식과 그것의 재생산 사실 자체에 대한 아무런 문제의식이 없기 때문일 것이다. 하지만 그 결과는 자명하다. 그렇게 된다면 길 체계의 현재 상태가 근본적으로 바뀔 일은 없을 것이고, 추상공간을 중심으로 하는 자본주의적 공간 생산양식의 재생산은 반복되기만 할 것이다. 이런 결과를 낳을 뿐인 혁명이라면 혁명으로 불릴 자격이 없다고 해야 한다.

이상의 논의를 통해, 여기서 잠정적으로 코뮌주의의 제1 정의라고 불러본 정의가 자본주의적 미로의 출구 찾기에서 갖는 의미, 현재의 길 체계 문제점 해결 노력에서 그것이 제시하는 원칙이나 방향 등이 확인된 셈이다. 그 정의에서 맑스와 엥겔스가 강조하는 것은 코뮌주의란 미래에 성립될 어떤 이상적 상태라기보다는 "현재의 상태를 지양하는 현실적 운동"

즉 현재의 문제적 상황에 개입하는 운동이라는 것이다. 미래에 성립될 이상적 상태라면, 코뮌주의는 두 사람이 그 의의를 부분적으로 인정하면서도 궁극적으로는 한계가 있다고 지적한 바 있는 19세기의 사회주의 또는 유토피아적 사회주의와 다를 것이 없다고 봐야 한다. 그들은 '고립된 팔랑스테르,' '공동부락', '작은 이카리아' 등 "허공의 섬들을 구현하려 한" (Marx and Engels, 1984: 516) 푸리에, 생시몽, 오웬 등 당대 사회주의자들 및 그들의 사도들은 자본주의적 현재 상태의 지양 없이도 이상적인 사회 건설이 가능한 것으로 믿음으로써 유토피아주의의 굴레에서 벗어나지 못했다고 여겼다. 맑스와 엥겔스가 코뮌주의 관점을 취한 것은 자본주의의 현재 상태 재생산을 중단시키는 운동을 통해서만 그런 굴레와 한계에서 벗어나 자본주의를 극복할 수 있다고 믿었기 때문이다. 자본주의적 미로에서 벗어나려면 우리도 오늘날 길 체계의 현재 상태를 지양하고 그 재생산을 중단시키는 것이 필수적임을 인식할 필요가 있다고 본다. 이것은 자본주의적 미로의 출구 찾기는 무엇보다도 코뮌주의적인 방식을 통해서만 실현될 수 있다는 말이기도 하다. 코뮌주의 제1 정의의 의의는 이처럼 길의 자본주의적 생산과 관리를 지양하지 않고서는, 또는 길의 자본주의적 형태와 작용, 역할과 용도 등을 폐지하지 않고서는 '미로의 출구' 찾기가 무망하다는 점을 환기시켜주는 데 있다.

자본주의의 현재 상태를 지양하려는 목표를 세우는 것과 그 현재 상태의 지양을 현실적으로 실현해 내는 것, 또는 자본주의를 극복할 방향을 아는 것과 그것을 실천하는 것은 물론 서로 다른 일이다. 이런 차이는 변혁운동에서 흔히 목격되는 문제라고 할 수 있는 이론과 실천 간의 간극 또는 분리와도 중첩되는 것으로서, 그런 차이를 만들어 내는 상황은 당연히 극복해야 한다. 하지만 내가 여기서 계속 더 강조하고 싶은 것은 자본주의적 미로의 '현재 상태'를 문제로 파악하고 그것을 지양 대상으로 삼는 일 자체도 결코 쉽지만은 않다는 점이다. 자본주의적 길 체계의 현재 상태를 '재생산의 관점'에서 파악해 지양하려고 하는 경우는 사실 그렇게 많지 않다. 통행권이 통상 광장으로의 진출 권리로 이해되고 있는 데서도 그런 점이 확인된다. 통행권은 19세기 후반 유럽에서 산업자본주의의 발전으로 자유 노동시장이 형성됨에 따라, 혹은 노동력의 손쉬운 확보가 더욱 필요해짐에 따라 보편적 권리로 인식되기 시작했다고 할 수 있다. 8장에서 살펴본 대로 자본주의 하에서 그 권리는 그러나 늘 자본의 축적 조건을 확보하려는 국가 장치의 관리 및 통제 대상이 되기도 했는데, 여기서 제기하고 싶은 질문은 통행권이 설령 보편적 권리로서 전적으로 보장된다고 한들, 그것이 자본주의적 길 체계의 현재 상태를 지양하는 데 얼마나 기여할 것인가라는 것이다. 사람들이 광장으로 나아갈 수만 있다면, 거기서 자신들의 목소리를 낼 수만 있다면, 그리고 이를 위해 길을 마음대로 다닐 수만 있다면 자본주의적 미로의 지배는 작동을 멈추고 사라지게 되는 것일까?

이 맥락에서 프롤레타리아가 "1848년 혁명으로 적지를 정복하고도 공장 노동을 하루 12시간으로 제한하는 법안을 수용"한 것을 놓고, 그들이 "노동이라는 종교…때문에 너무나 타락해" 그렇게 한 것이라고 본 폴라파르그의 지적을 경청할 필요가 있을 것 같다.

그들은 '일할 권리'를 혁명적 원리로 선언했다. 프랑스의 프롤레타리아여 얼마나 수치스러운 일인가! 오직 노예들만이 그처럼 비열한 짓을 하려 들 것이다…강제노동에 따른 불행과 굶주림으로 인한 고통이 성서에 나오는 메뚜기보다 훨씬 더 많은 프롤레타리아에게 갑자기 급습해온다면, 이는 프롤레타리아 스스로 자초한 일이다. 1848년 6월 노동자들은 손에 무기를 쥐고도 이러한 노동을 요구했고, 게다가 노동을 가족들에게까지 강요했기 때문이다…우리 시대는 노동의 세기로 불리고 있다. 하지만 실제로는 고통, 불행, 부패의 세기이다(라파르그, 1997: 51-53).

자본주의를 타도하겠다며 혁명을 일으킨다 한들, 그 주체 세력이 여전히 자본주의적 가치와 이념의 포로가 되어 있다면, 자본주의적 현재 상태의 지양, 그런 상태의 재생산 극복을 기대하기는 어려울 것이다. 라파르그가 여기서 비판하고 있는 것은 프롤레타리아가 자신을 비열하게 만들면서까지 떠받드는 '노동이라는 종교'다. 노동자들이 그런 종교를 신봉하며 혁명의 와중에도 노동할 권리를 요구하고 그것을 심지어 가족들에게까지 강요했다면, 그것은 그들이 혁명을 통해 스스로 족쇄를 채운 꼴이 된다. 자본주의에서 노동은 축적을 위한 착취 도구로 작용하기 마련인데, 혁명을 일으킨 노동자계급이 노동할 권리를 계속 요구한 것은 자신들을 계속 착취해줄 것을 요구한 것과 다르지 않기 때문이다. 물론 라파르그는 노동의 종교로부터 자유로워져야만 프롤레타리아가 진정한 해방을 이룰 수 있다고 봤던 만큼, 노동을 하루 3시간 정도로 최소화하고 나머지 시간은 '게으를 수 있는 권리'를 한껏 누리며 다양한 방식으로 삶을 즐겨야 한다고 주장했다. 최소한의 필요노동 이외에는 착취당하는 노동을 하지 않아야 한다는 이런 생각을 가리켜 우리는 '노동거부의 사상'이라고 부를 수 있을 것이다(강내희, 1998 참조).

현재 상태의 자본주의적 길의 재생산 극복 문제와 관련해 노동거부의 사상을 언급한 것은 자본주의를 극복하려면 자본주의적 생산을 가능케 하는 노동의 현재 상태를 거부하고 폐지해야 하듯이, 오늘날 길의 현재 상태—길의 사유화 또는 민영화, 사회적 하부시설로서의 활용 등—역시 폐지하고 지양할 필요가 있다고 보기 때문이다. 코뮌주의의 제1 정의는 이때에도 준수해야 할 핵심적 원칙으로 다가온다. 왜냐하면 라파르그가 노동 종교를 비판한 19세기 말처럼 오늘날 21세기 초에도 노동은 여전히 종교나 윤리로 수용되면서 자본주의적 삶의 핵심적 활동으로 자리 잡고 있고, 길 체계 또한 노동과 그것을 통한 착취 활동을 중심으로 구축되어 있기 때문이다. 이런 점을 우리는 노동력을 가진 사람들 다수가 매일 출근 길에 나서고 있거나 나서고 싶어 하는 데서 단적으로 볼 수 있다. '노동력'은 노동할 수 있는 능력을 당연히 포함하지만, 동시에 그 외의 활동도 할 수 있는 우리의 생명력을 전제하는 것으로 이해되어야 한다. 생명력은 아감벤(2008)이 구분한 '조에'의 삶과 '비오스'의 삶, 그리고 아렌트가 구분했다고 하는(Yar, 2005) '노동' 활동과 '작업' 활동을 모두 포괄할 수 있는 인간의 삶 능력이기 때문이다. 하지만 출근길은 이런 다면적 능력을 임금노동을 위한 능력으로만 활용하게 만드는 길 유형이라고 할 수 있다. 그것은 정상적인 삶을 영위하려면 우리가 꼭 선택해야 할 길인 것처럼 보이지만, 따지고 보면 우리를 자본 축적의 도구 즉 착취 대상으로 만드는 장치이기도 하다. 출근길에 나서게 되면 우리의 활동은 배타적으로 노동 형태를 띠게 되지만, 자본주의 하에서 노동은 축적을 위한 가치 생산, 특히 잉여가치 생산의 핵심 기제로 작용하기 마련이다. 게다가 출근길만 그런 작용을 하는 것도 아니다. 출근길은 대도시의 경우 복잡한 교통망으로 이루어져 있으며, 이 망에는 다양한 용도로 사용되는 개별 길들이 포함되어 있다. 예컨대 차도, 지하철도, 철도, 고속도로 등은 한편으로는 사람들의 출근길로 쓰이지만, 다른 한편으로는 상품의 생산이나 유통을 위해 출근한 사람들의 노동 장소로 이용되기도 한다. 어떤 경우든 오늘날 길들은 그래서 자본주의적 축적을 위해 직접 사용되거나 아니면 축적의 조건 개선을 위한 하부시설로 활용되는 경우가 대부분이라 하겠는데, 현 단계의 길 체계가 대거 자본주의적 미로로 전환되었다고 볼 수 있는 것도 바로 그런 점 때문이다. 코뮌주의 제1 정의는 이 미로로부터 벗어나려면 길 체계의 현재 상태가 재생산되는 것을 막아야 한다는 점을 환기시켜 준다는 데 그 의의가 있다고 하겠다.

대안적 길 찾기?

맑스와 엥겔스는 한편으로 코뮌주의를 '현재 상태를 지양하는 현실 운동'으로 정의하기도 했지만, 다른 한편으로는 그것을 '자유로운 개인들의 연합'으로 개념화하기도 했다. 이것을 코뮌주의의 제2 정의로 간주한 다면, 이 정의가 제1 정의와 구분되는 점은 극복해야 할 대상의 부정적 측면을 강조하는 후자와는 달리 성취하거나 구성해야 할 목표, 가치, 조직 등의 긍정적 내용을 부각시킨다는 데 있다. 제2 정의에서 사람들은 '자유로운 개인들의 연합'을 형성한 사회적 존재로서 등장하며, 이 연합에서 "개인의 자유로운 발전은 만인의 자유로운 발전에 대한 조건"으로 작용한다는 점에서, 개인적 성취는 사적인 것으로 남지 않고 만인에게도 도움이 되는 순기능을 하는 것으로 이해된다. 그런데 우리가 두 정의를 상보성의 원리에 따라 이해할 필요가 있는 것은 어느 하나에만 집중할 경우 다른 하나가 말하는 코뮌주의의 이념이 시야에서 사라지고, 마치 한 정의만이 코뮌주의를 설명하는 유일한 정의인 양 간주될 우려가 있기 때문이다. 앞서 살펴본 것처럼 전자(電子)는 위치와 운동량을 동시에 갖고 있지만 그 중 어느 한 성질의 규명에만 몰두할 경우 다른 한 성질에 대한 정보가 불명확해질 수 있다. 마찬가지로 코뮌주의의 제1 정의와 제2 정의도 어느 하나만을 강조할 경우, 다른 하나는 코뮌주의의 전체적 문제의식에서 주목을 받지 못하거나 심지어 배제되기도 한다. 다 같이 코뮌주의를 표방하면서도 노동조합운동 진영이 협동조합운동 진영을 유토피아주의에 매몰되어 있다고 폄하하고, 또 협동조합운동 진영은 노동조합운동 진영을 집단적 조직논리만 앞세울 뿐 개인들의 자유로운 활동을 억압한다고 비판하며 노동운동의 대의를 외면하는 경향을 드러내는 것이 단적인 예다. 코뮌주의 진영 내부의 이런 분열은 한 쪽은 제1 정의, 다른 한 쪽은 제2 정의만 중시해 양자를 통합하는 상보성의 원리를 망각한 데 따른 바람직하지 못한 현상이다. '상보성' 개념은 두 정의 가운데 어느 하나만이 진리인 것이 아니라 양자가 모두 진리라는 것, 따라서 양자는 서로 긍정되고 보완되어야 한다고 인식하는 것이 중요함을 일깨워 준다.

오늘날 길 체계의 현재 상태를 구성하고 있는 자본주의적 미로를 벗어나고자 코뮌주의적인 전망을 세울 때에도 제1 정의와 제2 정의 사이에 상보성 원리가 작용한다는 사실을 기억하는 것이 중요하다. 제2 정의를 수용해 '자유로운 개인들의 연합' 정신을 구현하려는 취지에서 자본주의적 미로의 출구를 찾는 일은 길 상태의 개선, 길 위 행동 방식의 변화 모색, 노상 이동과 통행의 조건 개선, 또는 새로운 길 형태의 도입 등 다양한 모습을 띨 수 있을 것이다. 그런 시도들은 자본주의적 축적 논리에 거의 전적으로 지배되고 있는 오늘날 길들에 대한 대안을 모색하는 일에 해당한다. 최근 수도나 지방, 도시나 농촌 할 것 없이 한국의 지방자치체가 유행처럼 '올레길', '둘레길', '차 없는 길', '자전거길' 등을 조성하고 있는 것도 같은 맥락의 일이 아닐까 싶다. 이런 길들은 형태상으로는 과거의 길 예컨대 오솔길이나 산길, 들길, 차도 등과 크게 다를 바가 없지만 그 의의나 용도의 측면에서는 상당한 차이가 있다. 그것은 지금 조성되고 있는 길들은 기존의 것들과는 다른 사회적 필요, 즉 자본주의적 미로가 강요하는 것과는 구분되는 사회적 요구를 만족시키려는 데 그 취지가 있는 것으로 보이기 때문이다. 2장에서 '산책길'과 관련해 잠깐 언급한 것처럼, 도시화로 인해 시골 방죽이나 도시 마을 뒷산도 대부분 주거나 교통 등의 용도로 개발되고, 골목길도 자동차에 의해 대거 점유됨에 따라,

한국에서는 이제 일상생활 공간 주변에서는 마땅히 산책할 곳도 찾기가 어렵게 되었다. 그러나 이런 상황일수록 사람들이 각자 원하는 '길 떠나기'—직립 존재가 된 이후의 인간에게는 삶의 실존적 조건이 된—를 더욱 간절하게 염원하기 마련이라면, 올레길이나 둘레길 같은 새로운 길들이 조성되고 있는 것은 갈수록 줄어들고 있는, 우리가 여유롭게 사용할 수 있는 비자본주의적 길 확보에 대한 요구도 동시에 증대하고 있다는 징표라고 할 수도 있을 것이다. 서울처럼 인구가 밀집한 대도시 근교 등산로가 주말은 물론이고 평일에도 사람들로 미어터지는 경우가 많은 것도 같은 맥락의 일로 보인다. 한국에 등산인구가 많은 것은 곳곳에 높고 낮은 산과 구릉이 많은 지형 덕분에 도시 주변에서도 등산로 접근이 쉽기 때문인 것으로 풀이될 수도 있다. 하지만 나는 근래에 들어와서 대도시 거주자들 사이에 등산인구가 크게 늘어난 것은 최근의 사회적 변화와 무관하지 않은 현상인 것으로 인식할 필요가 있다고 본다. 대도시 주변 등산로에 사람들이 몰리는 현상은 매일 복잡한 교통망을 이용해 '출근길'에 나서야 하는 상황, 즉 자신을 축적 수단이자 착취 대상으로 만드는 노동의 굴레에 얽매인 상황에 진력난 사람들이 늘어났다는 징표일 가능성이 크다. 더 나아가 그것은 한국사회에 형성되어 있는 길 체계의 현재 상태를 대체할 대안적 길 형태를 찾는 사람들이 늘어났음을 보여주는 현상인지도 모른다. 이런 추측이 타당하다면, 우리는 지금 자본주의적 미로의 출구 찾기와 관련해, 제2 정의에 따른 코뮌주의적 실천, 즉 오늘날 길 체계의 현재 상태와는 질적으로 달라 보이는 길들의 모색이라는 '긍정적' 가치 추구를 행하는 사람들의 출현을 목격하고 있는 것일 수도 있다. 방금 말한 등산로나 더 앞에서 언급한 자전거길, 차 없는 길, 올레길, 둘레길 등을 찾는 일은 현재 길 체계에 대한 부정적 태도에 그치지 않고 긍정적이고 대안적인 가치를 지닌 길들을 모색하는 행위에 속할 것이라는 말이다.

하지만 이 맥락에서도 '상보성의 원리'를 기억하는 것이 중요하다. 길 체계의 현재 상태에 대한 비판적 진단을 위한 부정의 시각이 요구된다고 해서 긍정적인 가치 추구가 불필요한 것이 아니듯이, 긍정적이고 대안적인 길 형태를 모색할 필요가 있다고 해서 현재 길 상태의 지양이 불필요해지는 것은 아닐 것이다. 등산로 오르기, 자전거길이나 차 없는 길 이용하기, 올레길과 둘레길 찾기 등은 한편으로 보면 사람들이 자유로운 개인으로서 하는 행위에 속한다. 거의 매일 반드시 택해야 한다는 점에서 일상의 삶을 구속하는 출근길과는 달리, 그런 길은 각자 자유롭게 선택할 수 있는 길이다. 그런 길을 찾아 걷는 일이 통상 취미나 여가의 일환으로 간주되는 것도 그런 점 때문일 것이다. 여가를 즐기거나 취미생활을 영위할 때, 우리는 각자의 선택에 의해 즐길 대상과 내용을 결정하는 편이며, 그런 점에서 자유를 구가한다고 할 수 있다. 하지만 그래도 둘레길이나 올레길 찾기, 또는 등산로 타기가 코뮌주의적 실천을 온전히 구성하는 사례에 해당한다고 선뜻 결론내리기 어려운 것은 그런 행위가 제1 정의가 강조하는 현재 상태의 지양은 고사하고서라도 "각자의 자유로운 발전이 만인의 자유로운 발전에 대한 조건이 되는 연합"이라는 제2 정의가 요구하는 바를 제대로 충족시키는 것 같지도 않기 때문이다. 코뮌주의 제2 정의는 개인의 자유로운 발전에 대한 긍정을 포함하면서도 동시에 그 발전이 개인의 사적 활동이나 성취로 그치지 않고 만인의 발전으로 이어진다는 점, 그래서 개인의 발전이 사회적 성격을 띤다는 점을 환기하고 있기도 하다. 코뮌주의는 조직 형태상으로 보면 회사와 같은 사적이고 영리적인 조직과는 달리 사회적인 성격을 지닌 '연합'에 속한다. 반면에 오늘날 등산로에 오르거나 자전거길을 달리거나 둘레길을 걷는 사람들은 사회적 연합을 추구하기보다는 사적으로 개인적인 휴식과 위안을 구하는 경우가 대부분이다. 그런 길이 제공하는 휴식과 위안은 물론 나름대로 소중한 것이겠지만 만인에게 보편적으로 제공되는 것이라고 하기도 어렵다. 여가를 즐길 수 있는 시간적 여유와 일정한 가처분 소득을 지닌 사람들만이 그런 휴식과 위안을 상품으로서 구매할 수 있을 것이기 때문이다. 둘레길, 올레길, 등산로 등은 입장할 때 요금을 내지 않는 경우에도 그 이용을 위해 적합한 장비나 복장을 갖추도록 한다는 점에서, 이용자의 소비 활동을 진작한다고 할 수 있고, 그런 점에서 자본의 축적 조건을 개선하는 사회적 하부시설의 역할을 하는 셈이기도 하다. 게다가 둘레길이나 올레길 등의 조성은 7장에서 살펴본 '공간고급화'와도 유사한 측면이 없지 않다. 미국 뉴욕의 '하이라인'이 공원으로 새로 조성되면서 인근 첼시 지역 부동산 임대료가 치솟아 뉴욕 시민 다수로부터 "지역의 값싼 주택에 접근할 수 있는 기회"를 빼앗고(Harvey, 2012: 75), 한국 서울의 경의선 철도가 숲길 공원으로 재개발되면서 공원 주변의 주거용 주택 다수가 카페나 식당으로 바뀌고 인근의 땅값, 아파트 값이 치솟아 가난한 세입자들이 쫓겨나게 되는 것처럼, 둘레길이나 올레길이 조성될 때에도 비슷한 일이 벌어지는 것이다. 둘레길, 올레길이 들어서는 지역에서 지가가 상승하고 투기 바람이 부는 것은 그런 길들이 관광객을 끌어들여 주변 토지의 가치를 상승시키는 효과가 있기 때문이다. 이런 사실은 오늘날 자본주의적 미로의 대안으로 추구되고 있는 많은 길들이 실질적인 대안 역할을 해내지 못한다는 것을 보여준다.

나는 자본주의적 길 체계의 현재 상태에 대한 불만 때문에 최근에 생겨나고 있는 길들이 진정한 대안적 길의 역할을 할 수 없는 것은 지금 살펴본 것처럼 코뮌주의 제2 정의에 의한 길의 성격을 제대로 갖지 못한 때문이기도 하지만, 그렇게 된 더 큰 이유는 제1 정의에 대한 하등의 문제의식도 없는 채로 조성되고 있기 때문이라고 본다. 이것은 자본주의적 미로를 벗어나게 해줄 대안적 길 형태는 한편으로는 개인들이 각자 길을 자유롭게 사용하되 길의 개인적 사용이 사적인 사용이 아닌 사회적 사용으로 이어져 개인들의 연합이 이루어질 수 있도록 해야 하겠지만, 다른 한편으로는 바로 그런 점 때문에라도 오늘날 자본주의적 길 체계의 현재 상태를 재생산하고 있는 자본의 축적 구조—노동에 의한 가치 창조, 이 과정에서 일어나는 잉여가치의 착취, 그리고 이런 착취를 지속시키는 소수의 사적 소유 등—를 지양할 수 있도록 해야 한다는 말이기도 하다. 이런 일이 가능해지기 위해서는 코뮌주의의 제1 정의와 제2 정의가 서로 별도로 강조하는 문제점이나 과제, 운동 목표 등이 상보적 관계에 놓인 것으로 이해되고 통합적으로 다뤄질 필요가 있다. 이제 이런 문제의식에서 자본주의적인 미로에서 벗어날 수 있는 새로운 길 형태, 즉 코뮌주의적인 길 형태를 다시 생각해 보고자 한다.

코뮌주의적인 길

코뮌주의적인 길은 인간이 직립 존재로서 그동안 새겨온 발자취의 모습, 특히 길의 현재 상태를 지배하고 있는 자본주의적 길 체계와는 근본적으로 다른, 유적 존재로서 인간의 잠재력을 제대로 발휘할 수 있는 형태의 길이어야 할 것이다. 하지만 이런 길은 구체적으로 어떤 형태와 역할, 기능, 용도를 가진 것일까? 이 질문과 관련해서도 맑스와 엥겔스가 제시한 코뮌주의 정의, 특히 제1 정의에서 제시한 원칙을 다시 확인하는 것이 필요하다. 이미 앞에서 인용한 바이지만, 그 정의에서 두 사람은 코뮌주의를 "현재 사물의 상태를 지양하는 현실적 운동"으로 규정하기 전에, 코뮌주의란 "성립되어야 할 어떤 **상태**, 즉 현실이 그에 의해 조정되어야 하는 어떤 **이상**"이 '아님'을 밝히고 있다. 이런 점을 포함한 제1 정의 전체 내용을 코뮌주의적인 길에 적용해 보자면, 그 길은 미래에 실현될 수 있는 어떤 이상적 길 형태가 아니라 오늘날 길 체계의 현재 상태를 지양함으로써만 만들어진다고 생각해야 할 것이다. 하지만 말이 그렇다곤 해도 코뮌주의적인 길이 그래서 어떻게 구체적으로 만들어질 수 있는가 하고 묻는다면 사실 명확한 답을 선뜻 내놓기가 쉽지는 않다. 미래로부터 이상적인 형태로 외삽되지도 않아야 하고 현재의 상태가 그대로 지속되지도 않는 형태로 나타나야 하는 코뮌주의적 길은 어떻게 구현될 수 있는 것일까?

이런 질문을 염두에 두고 생각해 보고 싶은 코뮌주의적 길 형태는 '현실 운동'으로서의 길이다. 코뮌주의를 "현재 상태를 지양하는 **현실적 운동**"이라고 말할 때, 맑스와 엥겔스가 '현실적'에 강조점을 두고 있다는 사실이 이 맥락에서 결정적으로 중요해 보인다. 코뮌주의 운동의 현실성은 필시 그것이 이루고자 하는 현재 상태의 지양이 현실에 대한 실질적 개입 형태가 됨으로써 생겨나는 효과일 것이다. 한편으로 보면, 그런 지양이 현실적인 것은 그것의 대상이 역사적으로 구축된 자본주의적 길 체계라는 현실이고, 또 이 현실에 대한 개입은 현재적으로 이루어져야 한다는 점 때문이라고 할 수도 있다. 코뮌주의가 미래의 이상적 상태가 아니라는 말도 이런 점과 상통할 것이다. 하지만 다른 한편, 길 체계의 현재 상태를 지양하려는 코뮌주의 운동이 '현실적'이 되려면 그것이 실제적인 효과를 내야 한다는 점, 다시 말해 길의 현재 상태를 '실제로' 지양하는 운동이 되어야 한다는 점도 마찬가지로 중요하다고 봐야 한다. 이제 다시 기억해야 할 것이 코뮌주의 제1 정의와 제2 정의 사이에 작용하는 상보성 원리다. 제2 정의에 따라서 개인들이 자유롭게 대안적인 길 형태를 찾고자 할 때 그런 노력이 반드시 제1 정의가 요구하는 대로 길 체계의 현재 상태를 지양하는 방향으로 이루어져야 하듯이, 제1 정의의 요청에 의해 길 체계의 현재 상태를 지양하고자 할 때도 그런 노력이 실질적인 효과를 거두려면 제2 정의가 제안하는 대안적 길의 긍정적 가치를 인정할 필요가 있다. 이 말은 코뮌주의의 '현실성'은 제1 정의가 강조하는 현재 상태의 부정적 측면 극복만이 아니라 제2 정의가 제안하는 대안적 사회 건설에서 요구되는 긍정적 가치들 구현이 동시에 이루어질 때 달성될 수 있다는 말로 이해되기도 한다. 코뮌주의적인 길을 조성하는 과정에서는 그래서 다양한 '이상적' 또는 '유토피아적' 구상들이 동원될 수도 있을 것이다. 그런 구상들이 현재 상태의 지양과는 무관하게 미래로부터 외삽되는 것은 당연히 불가하겠지만, 현재 상태의 지양에 보탬이 된다면 그런 자원을 유용하게 활용하는 것을 피할 이유는 없다. 코뮌주의적인 길을 구축하려는 운동이 현실적 운동이 되려면 현재 상태를 실제로 바꿔낼 수 있어야 하고, 그런 점에서 제1 정의와 제2 정의는 서로 보완되어야 하는 것이다.

이제 이상의 논의에 기초해 코뮌주의적인 길은 어떤 형태를 띠고, 어떤 방식으로 작동하며, 그 역할이나 용도는 어떠해야 하는지 생각해 보고자 한다. 물론 아직은 코뮌주의적인 길에 대한 구체적 상이 제대로 형성된 것은 아니기 때문에, 이 논의는 분명 한계를 가질 수밖에 없겠지만, 코뮌주의가 위에서 살펴본 두 가지 정의 간의 상보적 관계에 의해 이해될 수 있다면, 자본주의적 미로를 구축하고 있는 길 체계의 현재 상태 재생산을 극복할 수 있는 방향을 원론적인 수준에서나마 제시하려는 것이 여기서 내가 지닌 바람이다.

코뮌주의적인 길을 구축하려 할 때 참조할 만한 유의미한 모델 하나를 자본주의의 지배적 공간 형태인 추상공간을 극복하면 나타나게 될 공간 형태라며 르페브르가 제시한 '차이공간'에서 찾을 수 있지 않을까 한다. 르페브르는 "추상공간은 그 안에 새로운 한 종류 공간의 씨앗을 지니고" 있다고 하고, 그것을 '차이공간'으로 부르고 있다. 추상공간의 모순에서 잉태되는 새로운 공간이 '차이'공간이어야 하는 이유는 그 작용이 무엇보다도 추상공간의 그것과는 달라야 할 것이기 때문이다. 르페브르가 주장하는 대로, "추상공간은 동질성을 지향하고, 현존하는 차이들 또는 독특성들의 제거를 지향하는 만큼, 새로운 공간은 차이를 두드러지게 하지 않고서는 태어날(생산될) 수가 없다"(Lefebvre, 1991: 52). 코뮌주의적인 길이 차이공간을 모델로 삼을 수 있는 것은 비자본주의적인 공간으로서 자본주의적인 추상공간과는 다른 모습을 가져야 하는 한, 그것 또한 차이공간처럼 그 안에 차이들을 허용해야 할 것이기 때문이다. 나는 코뮌주의적인 길이 차이들을 품어야 하는 까닭은 그 길이 무엇보다도 공유지가 되어야 한다는 데서 찾을 수 있다고 본다.

공유지는 '코뮌'의 성격을 지닌 땅으로, 공통성과 특이성의 결합을 허용한다. 공유지는 모든 사람들에게 개방된다는 점에서 누구나 공유하는 땅이며, 바로 그런 점 때문에 서로 다른 개인들의 자유로운 출입이 이루어지는 땅이다. 이것은 공유지란 만인이 공유할 수 있다는 것, 그것이 지닌 공통성 때문에 각기 다른 특이성을 지닐 수 있는 개인들로 하여금 그것을 사용할 수 있게 해준다는 것이기도 하다. 이런 점은 공유지가 코뮌으로 작용함을 보여준다. 영어 'commune'은 '공유된'을 의미하는 인도유럽조어 'ko-moin-i-'에서 나온 말이다. 이 조어는 '함께'를 의미하는 'ko-'와 '교환'을 의미하는 어근 'mei-'의 접미형 'moi-n-'의 합성어인데(*Online Etymology Dictionary*), 눈여겨볼 점은 'mei-'의 경우 '선물'의 의미도 갖고 있다는 사실이다. 코뮌은 통상 '공통된'을 뜻하는 라틴어 'communis'에서 온 것으로 설명되고 있지만, 'communis'에 들어있는 'munis'는 '선물'이나 '서비스'를 의미하는 'munus'와도 통하기 때문에 코뮌은 '함께(com)' '선물(munus)'을 교환하는 장소를 의미할 수 있다는 점이 중요하다. 코뮌이 공통성과 특이성을 동시에 포함한다고 볼 수 있는 것도 이런 점 때문일 것이다. 어떤 코뮌에 속한 사람들 각자는 개인(individual) 즉 더 이상 나눌 수 없는 존재이면서 동시에 같은 코뮌에 함께 속한다고 할 수 있기 때문에 서로 공통성을 지닌다고 할 수 있다. 이때 개인의 위상은 동일성이 아니라 특이성에 의해 특징지어진 다는 점이 중요하다. 다시 말해 사람들이 개인으로서 같은 코뮌에 속하는 것은 그들이 서로 동일성을 지니기 때문이라기보다는 서로 다른 특이성을 지니고 있기 때문인 것이다. 코뮌은 그래서 "동일한 것들의 단순한 총합이 아니라 서로 다른 것들의 배치로 이루어진다"(강내희, 2007: 69)고 할 수 있다. 사실 사람들이 서로 동일할 뿐이라면 공통의 공간에 속해야 할 이유는 그리 많지 않을 것이다. 그것은 무엇보다도 그런 사람들 사이에 는 선물을 나눌 일, 그래서 구태여 함께 삶을 영위할 필요가 없을 것이기 때문이다. 선물이 선물로 되려면 그것이 어떤 것이든 받는 사람에게는 없는 것일 필요가 있다. 하지만 서로 같은 사람들만 모인 공동체에서는 다른 사람에게 내가 선물로 줄 수 있는 것, 다른 사람으로부터 내가 선물 로 받을 것을 찾기란 쉽지 않을 것이다.

코뮌주의적인 길이 공유지여야 한다면, 그런 길도 이용하는 사람들 사이에 선물 교환이 가능한 코뮌 형태라야 하며, 따라서 동질성의 원리가 아니라 특이성들을 담고 있는 다양성의 원리에 의해 작동될 필요가 있다. 그런 길이 차이공간을 모델로 삼아야 한다는 것도 같은 이치다. 자본주의 적 생산양식이 도입한 추상공간의 경우 축적 논리라고 하는 동질성의 원리에 의해 작동하기 때문에 특이성이나 다양성, 그리고 차이들이 최소 화될 개연성이 높다. 자동차도로, 고속도로, 철도, 고속철도, 항공로 등 자본주의 이후 등장한 길 형태일수록 더 한 층의 직선화를 추구하고 속도 의 단수화를 강화시키거나 심지어 속도의 다변화—예컨대 한편으로는 폐허가 된 도심으로부터 부르주아지가 최대한 빨리 벗어날 수 있도록 하거나 시위나 저항 현장으로 군대를 최대한 빨리 보낼 수 있도록 하다가 도 다른 한편으로는 가처분 소득을 지닌 중산층은 최대한 소비 공간에 오래 머물게 만드는 식의—를 조장하기도 하는 것은 자본주의적 길 체계가 자본의 축적이라는 복잡하지만 통합적인 하나의 목적과 논리에 의해 지배되고 있다는 점 때문이다. 코뮌주의적인 길은 그렇다면 길의 추상공간적 경향, 다시 말해 자본의 논리에 의해 동질화되는 경향을 지양할 수 있어야만 할 것이다. 이것은 길이 공유지 즉 코뮌과 유사한 공간으로 바뀌어, 예컨대 길의 형태나 모습, 노상 이동과 통행의 속도, 길 위에서 영위되는 삶의 방식 등이 다양성을 얻도록 해야 한다는 말이기도 하다.

길의 동질화로부터의 탈피가 길의 직선화나 속도 단수화 등 자본주의적인 축적 전략에 대한 길의 종속으로 인해 발생하는 경향으로부터의 탈피와 더불어 이루어져야 한다면, 길은 구체적으로 어떤 모습을 띠어야 하는 것일까? 우선 오늘날 지배적인 길 형태를 새로운 형태로 바꿀 방도를 강구할 필요가 있다고 본다. 신경과학자 에델만의 말대로, 생명체의 "형태는 아주 오묘한 방식으로 행동을 변경시킨다. 보다 확실하게 말하면, 형태의 미묘한 변화가 때로는 다소 특이한 행동의 변화를 유도하기도 한다"(에델만, 2006: 79). 우리는 발에서 생긴 해부학적 구조 변화로 유인원이 어떻게 길 위의 존재로 진화했는지 앞에서 살펴본 바 있다. 길의 형태가 변할 때에도 그 기능과 작용이 비슷하게 변화함을 보여주는 예를 찾는 것은 그리 어려운 일이 아니다. 도시에서도 과거에는 사람들이 왕래할 수 있을 정도로 신체 축척에 맞게 좁게 만들던 골목이 최근의 재개발 과정에서 예외 없이 차도로 넓혀져 이제는 더 이상 '공동체의 속살 구실'을 할 수 없게 된 것이 그런 경우다. 폭이 넓어진 골목에 자동차 왕래가 잦아져 과거처럼 아이들이 뛰놀거나 이웃이 걸상을 내놓고 앉아 담소도 할 수 없어진 것은 물론이고 사람들의 보행조차 어려워진 것이다. 이런 상황은 골목 형태가 바뀐 결과이기도 하다. 근래에 들어와서 도시 거리가 갈수록 사람들의 교류 장소 구실을 하기 어려워진 까닭도 주로 자동차 통로로 활용되기 시작하면서 자꾸만 넓어진 데서 찾을 수 있을 것이다.

이런 점은 코뮌 또는 공유지의 역할을 할 새로운 길을 만들 때, 그 형태를 어떻게 할 것인가가 매우 중요한 문제임을 일깨워준다. 다시 말해 도시공간을 비자본주의적으로 새롭게 조성할 기회가 생길 경우 거기 배치할 길들은 그 형태의 측면에서도 코뮌주의적인 길이 되도록 만들어야 하는 것이다. 물론 새로운 길의 구체적 형태 선택은 그 길을 자주 사용할 사람들이 각종 창의성을 활용해 민주적으로 결정할 일이다.

길의 형태가 중요한 것은 길과 접촉하는 것이 인간의 신체인 때문이기도 하다. 정보고속도로의 경우에는 신체의 직접적 참여를 허용하지 않지만,[77] 그 밖의 길은 우리가 직접 그 위를 걷든 아니면 버스나 기차, 지하철 등 차량을 이용해 이동하든 모두 인간의 신체 참여를 전제하기 마련이다. 노상 이동에서 이루어지는 신체 참여 방식에 대해 각별한 관심을 기울일 필요가 있는 것도 그런 점 때문이다. 4장에서 19세기 중엽 영국에서 철도 운송이 시작되었을 무렵, 철도에 의한 신체이동은 더 이상 여행이 아니라 소포 배달과 다를 바 없다고 존 러스킨이 비판했다는 사실을 언급한 바 있다. 사실 오늘날 인류는 19세기와는 비교할 수 없을 만큼 더 적나라하게 소포 또는 운송물 신세가 되었다고 봐야 한다. 당시 사람들을 운송하던 기차는 그래도 아직은 규모가 그리 크지 않은 대중이 이용하던 교통수단이었고, 기차 이용자도 특별하고 제한된 경우에만 기차를 탑승했다고 한다면, 오늘날은 사정이 더 크게 바뀌었기 때문이다. 지금은 기차 이외에도 버스, 고속버스, 지하철, 고속전철, 비행기 등 신체이동기계의 종류와 수가 훨씬 더 많아졌을 뿐만 아니라, 사람들 거개가 그런 기계에 의한 신체이동 및 통행에 거의 전적으로 의존하는 삶의 방식, 즉

77_ 사실 정보고속도로는 우리 신체의 직접적 참여를 필요로 하지 않고 작동한다는 점 때문에 사람들로 하여금 기존의 다른 길들을 오히려 더 많이 '착취'하게 만든다고 볼 수 있다. 온라인 주문의 폭증으로 골목길까지 상품 운송에 사용되는 등 길에서의 차량 통행 폭증이 일어난 주요 원인은 정보고속도로의 출현에서 찾아야 할 것이다.

'자본주의적 일상체계' 속에 살고 있다. 인류는 그래서 노상에 나서면 이제 대부분이 운송 대상으로 전락해 있다고 해도 과언이 아니다. 여기서 말하는 '운송'은 물론 직립 존재가 된 인간이 스스로 길을 걷는 것과는 근본적으로 구분되며, 우리가 화물—광고에서는 '고객'이라고 부르곤 하지만 사실은 '상품'일 뿐인—이 되어 움직이는 것 즉 피동적 이동 대상이 된 것을 가리킨다. 오늘날 자본주의적 길 체계의 현재 상태를 벗어나기 위해서는 따라서 우리가 이처럼 피동적인 운송물이 된 상황을 극복해야 할 것이다. 하지만 우리가 왜 운송물로 피동적인 이동 대상이 되었는지 이해하는 것도 이때 필수적이다. 우리가 운송물 신세가 되었다는 것, 그것은 우리가 '노동력 상품'으로 판매되어 매일 출근길, 출장길, 업무길 등에 나서야 한다는 말과 다르지 않다. 오늘날 사람들이 기계에 의한 신체이동에 전적으로 의존하고 있는 것은 자신을 착취 대상으로 만드는 노동 활동에 종사하기 위해 의무적으로 길에 나서야 하기 때문인 것이다. 이런 사실은 피동적인 운송물로 전락한 우리의 현재 상태를 지양하려면 착취와 수탈을 통해 자본을 축적하고 있는 자본주의적 현재 상태를 지양하지 않으면 안 된다는 것을 보여준다. 그리고 그것은 사회변혁 없는 피동적 이동의 극복은 없다는 말, 다시 말해 지금처럼 자본주의가 지배하고 있는 한 그런 이동은 지속될 수밖에 없다는 말이기도 하다.

하지만 지금 변혁이 이루어지지 않았다고 해서 손을 놓고—즉 자본주의적 현재 상태의 부정적 측면만을 강조하고—있는 것은 그것대로 현재 상태의 지양을 위한 현실적이고 실제적인 실천을 생략해도 혁명이 일어나거나 사회변혁이 이루어져 비자본주의적 미래가 열릴 것을 기대하는 것과 그리 다르지 않을 수도 있다. 이 맥락에서는 코뮌주의 제2 정의가 행동지침이 될 것으로 보인다. 이 정의는 우리로 하여금 지금 당장 긍정적 가치를 추구하도록 한다는 점에서, 자본주의 안에서 비자본주의적 삶을 추구할 것을 요구하고 있기도 하다. 물론 이런 실천이 코뮌주의 제1 정의와 무관하게 이루어진다면 유토피아주의로 남을 뿐이겠지만, 칼 만하임이 지적한 바 있듯이 "행동으로 전환되어 당대의 지배적 질서를 부분적으로나 전면적으로 혁파하려는, 현실을 초월하려는 경향들만 유토피아적인 것"으로 볼 경우(Mannheim, 1936: 192), 유토피아주의가 변혁적 효과를 낼 것을 기대하는 것도 전혀 무망한 일은 아닐 것이다. "새로운 사회에 대한 염원을 환상에 머물지 않게 하고 실현 가능한 것으로 만들고자"(강내희, 2014: 525) 하는, 다시 말해 사회변혁 운동과 동행하려는 유토피아주의도 있을 수 있다.[78]

이런 점에서 오늘날의 지배적 길들과는 다른 형태와 지향을 지닌 것으로 언급한 둘레길, 자전거길, 차 없는 길, 등산길 등도 일정한 의의를 지닌 것으로 인정하고 그런 길들을 더 많이 만들어갈 필요도 있다고 본다. 골목길, 도시가도, 철도, 고속도로, 항공로 등 고정자본 아니면 사회적 하부시설로 사용되고 있는 수많은 다른 길들과는 달리, 둘레길이나 등산길 등은 일단 일상적 노동과 가치 생산 즉 자본 축적의 활동과는 분리된다는 점에서, 대안적 삶의 추구와 좀 더 밀접하게 연결될 가능성을 지닌 것으로 보이기 때문이다. 등산길이나 자전거길, 차 없는 길 등은 길에서의 신체 참여라는 측면에서도, 우리를 운송물로 만들어 버리는 다른 길들에 비해 대안적인 성격을 더 많이 갖고 있는 것으로 보인다. 노상에서 이동할 때 우리를 소포나 화물처럼 취급하기보다는, 자율적인 신체 활동을 할 수 있게 하는 길이 코뮌주의적인 길 형태에 더 가깝지 않겠는가. 그렇다고 그런 '대안적' 길들 조성과 사용이 지금처럼 자본주의적인 현재 상태를

78_ 나는 이와 같은 생각을 '유효한 유토피아주의'라는 개념으로 정식화한 바 있다. 유효한 유토피아주의에 대해서는 강내희(2014) 제9장 제4절("과학적 또는 유효한 유토피아주의"), 517-25 참조.

그대로 방치하면서 이루어져도 된다는 말은 물론 아니다. 그런 길들을 코뮌주의적인 길 체계를 구성하는 충분조건인 것으로 착각해 자본주의적 길 체계 현재 상태 지양이라는 핵심적 목표를 시야에서 놓치면, 자본주의적 길 체계의 대안을 찾으려는 일이 오히려 그 체계의 재생산에 기여하는 결과를 낳게 될 것이다.

코뮌주의적인 길 체계를 실질적으로 구축하고자 할 때 떠오르는 가장 중요한 문제는 그래서 자본주의적 길 체계의 현재 상태 재생산에 핵심적으로 기여하고 있는 오늘날의 수많은 길들을 어떻게 해야 할 것인가 하는 문제일 듯싶다. 지금까지 대안적인 길 후보로 살펴본 몇몇 길들은 긍정적인 의미에도 불구하고 코뮌주의적인 길의 기능이나 자격을 얼마나 갖추고 있는지 불분명한 측면도 없지 않고, 그런 요건을 갖추고 있다고 하더라도 그 종류가 많거나 오늘날 길 체계에서 차지하는 중요성이 크다고 하기도 어렵다. 반면에 자본의 축적 전략에 종속되어 길 체계의 현재 상태를 재생산하는 길들은 도처에 깔려 있다. 이런 상황에서 우리가 할 수 있는 일은 무엇일까? 아마도 가장 유력한 방안은 기존 길들의 기능을 전환하는 데 있지 않을까 싶다. 이 말은 길 체계의 현재 상태 재생산을 중단시키려면 기존 길들의 지배적 기능과 작용 방식을 전환시킬 방도를 연구하고, 그런 전환을 위한 상상과 실험을 추진하려는 노력이 자본주의적 길 체계의 현재 상태 재생산을 중단시킬 수 있는 가장 유력한 방안이 아니겠느냐는 말이다.

이런 맥락에서 나는 기존의 길들이 원래 지니고 있었던 공유지로서의 성격을 회복하고 강화하는 노력이 핵심적임을 강조하고 싶다. 길은 8장에서 언급한 것처럼 사적 개인이 단독으로 만들기보다는 여러 사람이 함께 만들며, 따라서 개인의 사적 소유물이라고 할 수 없다. 고대에는 황제에 의해, 중세에는 국왕에 의해 노상 통행권이 공적으로 관리되거나 보장된 것도 길이 사적 소유의 대상이 아니라는 인식의 반영일 것이다. 하지만 근대 자본주의 하에서, 특히 최근의 신자유주의적 자본주의 하에서 길은 갈수록 사적 소유물의 성격이 강화되고 있고, 사적 소유가 아닌 경우에도 자본의 축적 조건 개선을 위한 하부시설 역할을 더 많이 하고 있다. 길의 공유지 성격을 회복하고 강화해야 한다는 것은 길 체계에 대한 자본의 지배에 제동을 걸고, 길이 사회적인 기능과 역할을 할 수 있도록 해야 한다는 말이다. 이것은 오늘날 길이 하고 있는 기능과 작용을 전환시켜야 한다는 말로서 그런 전환은 길의 공유지적 성격이 강화되어야만 실제로 이루어질 수 있을 것이다. 물론 길에 대한 자본의 지배가 더욱 공고해지고 있는 상황에서 어떻게 길을 공유지로 전환시킬 것인가는 우리 모두의 과제라고 하겠다.

　길에서의 이동 방식을 바꾸는 일도 중요하다고 본다. 노상에서 이동 할 때 우리 신체의 자율적 참여를 허용하는 길이 코뮌주의적인 길 형태에 가까울 것임을 앞에서 언급한 바 있지만, 오늘날 그런 자율적 신체 참여를 허용하는 길은 노동 활동과 분리된, 대체로 여가 시간에 찾는 길로 한정되어 있다. 반면에 우리가 일상적으로 사용하는 길은 주로 자본 축적에 직간접적으로 활용되는 길들 즉 고정자본, 소비기금, 사회적 하부시설로 쓰이는 길인 셈이다. 이런 길에서 보내는 시간을 줄이려면 우리가 의무적으로 이동해야 하는 거리를 획기적으로 줄이는 방안을 찾을 필요가 있을 것이다. 이것은 우리가 매일 하는 노동 활동, 이 활동을 위해 조성한 공간 양식, 나아가서 우리를 지배하고 있는 축적 방식을 바꿔내야 한다는 말이기도 하다. 왜냐하면 의무적인 이동 거리는 오늘날 주로 자본 축적을 그 목적으로 하는 각종 활동과의 관계 속에 결정되고 있기 때문이다. 예컨대 한국의 수도권 거주자가 매일 의무적으로 이동하는 거리는 그가 출퇴근을 위해 다녀야 하는 거리가 된다. 이런 사실은 우리 각자의 의무적 이동

거리 단축이 이루어지려면 노동 장소와 거주 장소의 거리 재조직이 이루어져야 함을 말해준다.

　기존의 길을 그대로 두고 우리가 매일 의무적으로 다녀야 하는 이동 거리를 줄이는 일은 현존하는 길 체계의 기능을 전환하는 일에 속한다. 그런 일은 이미 조성된 도로체계며 철도망, 지하철망을 그대로 둔 채 지금과는 다른 방식으로 그것들을 사용하는 것이기 때문이다. 하지만 이런 일을 실행하는 것이 얼마나 어려울 것인가는 굳이 말할 필요가 없을 것 같다. 교통망을 그대로 두고 시도한다고 하더라도 의무적인 이동 거리 단축 노력은 우리 일상을 변혁시키는 일이며, 특히 시공간의 조직을 새롭게 편성하는 일이 아닐 수 없다. 당장 노동을 포함한 일상적 활동을 하는 장소들을 새로 선택해야 평소에 다니던 거리보다 덜 이동하게 될 것인데, 그것은 개인들의 사회적 활동을 완전히 재조직하지 않으면 불가능하다고 봐야 한다. 그동안 대중교통을 이용해 1시간 안팎 걸려 도착하던 일자리가 도보로 30분 이내에 갈 수 있는 곳으로 이동되지 않으면 실현할 수 없는 일인 것이다. 이것은 의무적 이동 거리의 단축이라는 과제가 바로 우리 사회의 변혁과 직결된다는 것, 따라서 코뮌주의적인 길의 조성을 위한 현존하는 길 체계의 기능 전환이 결코 쉬운 일은 아님을 말해주고 있다. 길을 공유지로 만드는 것도 마찬가지다. 이미 자본 축적을 위해 사적인 용도로 사용되고 있는 현재 상태를 극복하고 길의 공유지적 성격을 어떻게 더 강화할 수 있을 것인가 하는 문제는 오늘날의 자본주의 사회를 어떻게 변혁시킬 것인가의 문제와 직결될 수 있으며, 그런 점에서 바로 달성하기 어려운 과제임이 분명하다.

　하지만 나는 이때에도 '자유로운 개인들의 연합'이 의무적인 노상 이동 거리를 단축시킬 수 있는 중요한 방안이 되지 않을까 한다. 협동조합을 포함해 여러 형태의 연합을 우리 삶의 기반으로 삼을 수 있다면, 우리를 착취 대상으로 만드는 축적 수단인 노동과 일정하게 거리를 두는 것이 불가능하지는 않을 것이다. 다양한 형태의 연합을 통해 우리가 삶을 새롭게 조직하고 또 새로운 삶을 발명해 갈 수 있다면, 우리의 일상 자체도 새롭게 조직될 수 있고, 따라서 노상에서 우리가 이동하는 방식에서도 변화를 기대할 수 있지 않겠는가. 물론 새로운 삶을 살아가려면 자본에 종속되어 있는 삶으로부터 벗어나야 한다. 다시 말해 자유롭게 자율적인 방식으로 살 수 있는 기틀을 마련해야 하는 것이다. 희망적으로 말하자면 이런 삶을 가능하게 해주는 자유로운 개인들의 연합이 미래에만 있는 것은 아니다. 협동조합, 협의회, 동호회 등 다양한 형태로 이미 존재하고 있기 때문이다. 이런 연합을 활용하고 또 더 많은 연합을 만들고 상이한 연합들 간의 연합을 구축해 나간다면 의무적인 노상 이동으로부터 벗어나고, 길을 전유하는 우리의 방식이 바뀔 가능성도 그만큼 더 커진다. 다시 말해 우리는 자본주의적 미로를 벗어나 새로운 길 떠나기를 할 수 있는 것이다.

지금까지 나는 직립 존재의 발자취로서 길의 역사를 살펴보고, 그런 발자취로서 길이 앞으로 어떻게 발전해야 할 것인지 살펴본 셈이다. 이 마지막 장에서 생각해 본 것은 길이 인간에 의한 인간의 지배를 그 주된 기능으로 만들지 않고, 그보다는 유적 존재로서의 인간의 모든 잠재력을 구현할 수 있는 공간으로 작용하려면 어떤 변화가 필요할 것인가라는 문제였다. 길이 유적 존재로서 우리의 잠재력을 구현하는 기반으로 작용하려면, 오늘날 우리를 운송물로 만들고 있는 길 체계의 현재 상태 극복은 필수적이다. 자본주의의 현재 상태 지양이 어려운 것과 마찬가지로, 길 체계의 현재 상태 지양 또한 물론 결코 쉬운 일이 아니다. 유적 존재로서 인간에게 어울리는 길 체계를 새롭게 구축하려면 자본주의적 미로에서 벗어나야 하며, 이를 위해서는 코뮌주의를 새로운 길 건설을 위한 전망 또는 원칙으로 수용할 필요가 있다고 하면서, 그와 동시에 코뮌주의 두 가지 정의 간의 상보적 관계를 언급하고 그 중 어느 하나라도 잊어서는 안 된다고 강조한 것도 그런 점 때문이다. 그러나 길의 형태, 기능, 용도를 새롭게 구상하고 만들어 길 체계를 변혁시켜야만 직립 존재의 발자취 즉 인류의 족적, 역사가 바뀐다는 점은 분명하다. 나는 코뮌주의적인 길을 조성할 수 있다면, 인류의 미래는 분명 더 나은 모습이 될 것이라고 믿는다. 코뮌주의적인 길을 건설하는 것은 당연히 어려운 일이고 따라서 해야 할 일이 많다. 코뮌주의적인 길 구현을 위해 한 발이라도 더 나아가려면 여기서 언급된 것들 이외에도 더 많은 문제들, 구상들, 입장들이 검토되고 토론되어야 할 것이나, 그런 검토는 차후의 과제로 남긴다.

■ 인용문헌

강내희. 2015. 「일상의 문제와 문화연구, 그리고 마르크스주의」, 『마르크스주의 연구』 제
　　12권 제2호

────────. 2014. 『신자유주의 금융화와 문화정치경제』, 문화과학사

────────. 2011. 「공간의 시적 정의와 건축의 외부」, 『문화/과학』 66호

────────. 2008. 「환등상으로서의 근대성과 유령학의 문제설정」, 『인문학연구』 42호

────────. 2007. 「코뮌주의와 문화사회」, 『문화/과학』 50호

────────. 2003. 「문학과 아픔의 미학」, 『문학의 힘, 문학의 가치』, 문화과학사

────────. 2001. 「흉내내기와 차이 만들기—신식민지 지식인을 위한 유령학」, 『흔적』
　　창간호, 문화과학사

────────. 1998. 「노동거부의 사상—진보를 위한 하나의 전망」, 『문화/과학』 16호

경향신문. 2014. 7. 4. 「길, 세계유산이 되다」

────────. 2014 5. 23. 「약탈적 초단타매매 계속 용납할 것인가」

구인환·박인기·우한용·최병우. 2012. 『문학교육론』, 삼지원

국민일보. 2009. 10. 5. 「개인 신용등급 되레 좋아졌다…소비 줄이고 부채 우선 상환」

권경희. 2006. 3. 31. 「민주화된 공간의 이중성—5.16광장과 여의도 공원」, 『레디앙』

김문식. 2008. 12. 16. 「박제가의 유배생활」, 다산연구소 실학산책. <http://www.edasan.org/
　　bbs/board.php?bo_table=board90&wr_id=183>

내일신문. 2015. 7. 29. 「도시개발사업이 '원주민 교체사업'으로 변질」

다윈, 찰스 2009. 『종의 기원』, 송철용 역, 동서문화사

데일리한국. 2015. 8. 3. 「서울남성 평균 키 50년 사이 10cm 늘어나」

라파르그, 폴. 1997. 『게으를 수 있는 권리』, 조형준 역, 새물결

레이코프, 조지. 2006. 『코끼리는 생각하지 마』, 유나영 역, 삼인

로트만, 유리. 2008. 『기호계—문화연구와 문화기호학』, 김수환 역, 문학과지성사

루쉰. 2010. 「고향」, 『루쉰전집: 외침, 방황』 제2권, 공상철·서광덕 역, 그린비

맑스, 칼. 2010. 『자본 II』, 강신준 역, 도서출판 길

_____. 2004. 『자본론 II』, 제2개역판, 김수행 역, 비봉출판사

_____. 2001a. 『자본론 I-상』, 제2개역판, 김수행 역, 비봉출판사

_____. 2001b. 『자본론 I-하』, 제2개역판, 김수행 역, 비봉출판사

민주화를위한전국교수협의회 편. 2007. 『걸어가면 길이 된다―민교협과 나』, 메이데이

바렐라, 프란시스코 2009. 『윤리적 노하우―윤리의 본질에 관한 인지과학적 성찰』, 유권
        종 · 박충식 역, 갈무리

박원철. 2010. 「송탄유 가마를 통해 본 일제강점기 삼림침탈과 민중생활」, 『경남연구』
        제22집

박제가. 2003. 『북학의』, 안대회 역, 돌베개

박현. 1999. 『나를 다시하는 동양학』, 바나리

박홍수. 2014. 12. 2. 「코레일 홈페이지 실린 철도 파괴범 사진…실상은?」, 『프레시안』.
        <http://www.pressian.com/news/article.html?no=122086>. 접속일자: 2015. 10. 23

부어스틴, 다니엘. 2004. 『이미지와 환상』, 정태철 역, 사계절

비고, 디디에. 2012. 「안보 속의-세계화/세계화된 비-안보: 장과 밴-옵티콘」, 나오키 사카
        이 · 존 솔로몬 편, 『번역, 생정치, 식민지적 차이』, 『흔적』 제4호, 문화과학사

서정범. 2000. 『국어어원사전』, 보고사

소포클레스 2015. 『오이디푸스왕』, 천병희 역, 문예출판사

쑨원. 1997. 「대아시아주의」, 최원식 · 백영서 편, 『동아시아인의 '동양' 인식: 19-20세기』,
        문학과지성사

신동호. 2014. 3. 18. 「도로명주소 혼란, 대비해 온 우정」, 『주간경향』 1067호

신영복. 2010. 『여럿이 함께 숲으로 가는 길』, 서울대학교출판문화원

심광현. 2011. 6. 4. 「노나메기 운동의 기본방향」, 노나메기재단설립추진위출범식자료집.
        <http://nonamegi.jinbo.net/index.php?mid=library&document_srl=545>. 접속일자: 2015.
        12. 24

아감벤, 조르조. 2008. 『호모 사케르―주권 권력과 벌거벗은 생명』, 박진우 역, 새물결

아주경제. 2013. 7. 22. 「작년 주식투자 인구 7년 만에 감소」

알튀세르, 루이. 1991. 「이데올로기와 이데올로기 국가장치」, 『아미엥에서의 주장』, 김동
        수 역, 솔

어리, 존. 2014. 『모빌리티』, 강현수 · 이희상 역, 아카넷

에코, 움베르토 1995. 『열린 예술 작품』, 조형준 역, 새물결

엥겔스, 프리드리히. 1988. 『영국 노동자계급의 상태』, 박준식·전병유·조효래 역, 두리

연합뉴스 2015. 11. 3. 「쿠팡, 로켓배송 '올인'···1조5천억원 투자」

_____. 2011. 11. 28. 「올해 펀드투자 늘렸는데···39%는 손실」

염형철. 2006. 5. 3. 「새만금, 제2의 시화호 탄생」, 『전라도닷컴』. <http://jeonlado.com/
     v3/detail.php?number=8493>

이규태. 1999. 3. 4. 「애환서린 '찰 따라 육화는 피고 지고···짚신장사 시위도」, 『조선일보』

이나스, 로돌포 R. 2007. 『꿈꾸는 기계의 진화』, 김미선 역, 북센스

이남철. 2014. 3. 17. 「지번주소와 도로명주소」, 『법률신문』

이판암. 1990. 『백두산족 천기단법』, 사법행정문화원

임동근. 2008. 12. 31. 「임동근과의 대화」(중앙대학교 영화학과 위촉 '길의 역사' 연구 프로
     젝트의 전문가 자문회의록)

장의균. 2014. 『보면 보이는 우리말 한자』, 개마서원

전우성. 2010. 10. 4. 「철도 창설 111주년, 우리나라 최초 철도 이야기」, 영주시민신문

정재정. 1999. 『일제침략과 한국철도 (1892-1945)』, 서울대학교출판부

조용만. 1991. 12. 21. 「서울야화(26), 도강증」, 『중앙일보』

주희·여조겸 편. 1998. 『근사록』, 이기동 역, 홍익출판사

최해군. 1997. 『부산 7000년, 그 영욕의 발자취』 2권, 지평

칸트, 임마누엘. 1997. 『순수이성비판』, 최재희 역, 박영사

프로이트, 지그문트. 1997. 『문명 속의 불만』, 김석희 역, 열린책들

플루서, 빌렘. 2001. 『코무니콜로기─코드를 통해 본 커뮤니케이션의 역사와 이론 및 철
     학』, 김성재 역, 커뮤니케이션북스

하비, 데이비드 1995. 『자본의 한계─공간의 정치경제학』, 최병두 역, 한울.

한겨레. 2015. 4. 2. 「당신이 검색한 호텔이 페북 광고에 뜨는 시간 0.2초」

_____. 2008. 10. 30. 「오세훈 시장, 세계적 건축가 로저스 경과 면담」

한국경제. 2000. 11. 19. 「21일 0시 인천국제공항 고속도로 개통」

해리스, 마빈. 1992. 『음식문화의 수수께끼』, 서진영 역, 한길사

KBS, 2006. 9. 1. 「철거되는 베이징 전통 골목」

老子. 연도미상. 『道德經』. <http://www.daodejing.org/>. 접속일자: 2012. 12. 30

司馬遷. 2006-15. 『秦始皇本紀』, 『史記』. <http://ctext.org/dictionary.pl?if=gb&id=4752>. 접속일자: 2015. 12. 19

百度百科. 「馬路」, <http://baike.baidu.com/subview/43245/8049503.htm>. 접속일자: 2015. 12. 30.

李開元. 2007. 「馳道和直道」, 『復活的歷史: 秦帝國的崩潰』, 中華書局

鄭栢元. 2008. 「秦漢時代土木工程特徵之研究: 古代國家的經營及其對社會間接資本的運用爲中心」, 국립대만사범대학 박사학위논문

中國文化研究院. 2003. 「馳道」, <http://kjbl.ypskz.com.cn/JSFMS/1jiaotong/ZGGDJY/html/d01/0904d01.html>. 접속일자: 2015. 9. 6

中華百科全書. 2005. 9. 7. 「霸道」. <http://ap6.pccu.edu.tw/Encyclopedia_media/main-philosophy.asp?id=9588>. 접속일자: 2015. 12. 30

陳顯丹. 2012. 「古代文化的交流与五尺道」, 段渝主編, 『巴蜀文化研究集刊』 7, 巴蜀書社

Gullota, D. 2012. "意大利: 城市化的歷史与想象力." PPT 자료. 重慶大學人文与社會科學高等研究院 文學与文化研究中心 "文化視野中的都市化——以重慶爲例"工作坊 발표문

Adam, Barbara. 1990. *Time and Social Theory*. Cambridge: Polity Press

Amir, Fahim. 2012. "Donkey Urbanism and the Construction Site of Modernism." <http://transculturalmodernism.org/article/218>

Anthony, David W. 2009. "The Sintashta Genesis: The Roles of Climate Change, Warfare, and Long-Distance Trade." In Bryan K. Hank and Katheryn M. Linduff, eds., *Social Complexity in Prehistoric Eurasia: Monuments, Metals, and Mobility*. New York: Cambridge University Press

Bain, Lesley, Barbara Gray, and Dave Lodgers. 2012. *Living Streets: Strategies for Crafting Public Space*. Hoboken, NJ: Wiley

Barthes, Roland. 1982. *Camera Lucida: Reflections on Photography*. Trans. Richard Howard. New York: Hill and Wang

Benjamin, Walter. 2006. *The Writer of Modern Life: Essays on Charles Baudelaire*. Ed. Michael W. Jennings. Boston: Harvard University Press

_____. 1999a. *The Arcades Project*. Trans. Howard Eiland and Kevin McLaughlin.

Cambridge, MA & London: Belknap Press of Harvard University Press

_____. 1999b. "The Return of the Flâneur." In *Selected Writings II 1927-1934*. Trans. Rodney Livingstone et al. eds. Michael W. Jennings, Howard Eiland, and Gary Smith. Cambridge, MA: Harvard

_____. 1983. *Charles Baudelaire: A Lyric Poet in the Era of High Capitalism*. London & New York: Verso

Berman, Marshall. 1982. *All That Is Solid Melts into Air: The Experience of Modernity*. New York: Simon and Schuster

Blakely, Edward J. and Mary Gail Snyder. 1997. *Fortress America: Gated Communities in the United States*. Washington, DC: Brookings Institution Press

Blaut, James Morris. 1993. *The Colonizer's Model of the World: Geographical Diffusionism and Eurocentric History*. New York and London: The Guilford Press

Block, Walter. 2009. *The Privatization of Roads and Highways: Human and Economic Factors*. Auburn, AL: Ludwig von Mises Institute

Boddy, Trevor. 1992. "Underground and Overhead: Building the Analogous City." In Michael Sorkin, ed., *Variations on a Theme Park: The New American City and the End of Public Space*. New York: Hill & Wang

Boorstin, Daniel J. 1978. *The Image: A Guide to Pseudo-Events in America*. New York: Atheneum

Bracton, Henry de. 2012. *De Legibus et Consuetudinibus Angliae*, Vol. 3. Ed. Travers Twiss. Cambridge and New York: Cambridge University Press

Bramble, Dennis M. and Daniel E. Lieberman. 2004. "Endurance running and the evolution of Homo." *Nature*, 432

Braudel, Fernand. 2002. *The Mediterranean in the Ancient World*. London: Penguin UK

Burkeman, Oliver. 2013. "Rise and shine: the daily routines of history's most creative minds." *The Guardian*

Carpenter, C. R. 1958. "Territoriality: A Review of Concepts and Problems." In A. Roe and Simpson, eds., *Behavior and Evolution*. New Haven: Yale University Press.

Cartwright, Mark. 8 September 2014. "The Inca Road System." *Ancient History Encyclopaedia*. <http://www.ancient.eu/article/757/>. 접속일자: 2015. 8. 11

Certeau, Michel de. 1985. "Practices of Space." In Marshall Blonsky, ed., *On Signs*. Baltimore: Johns Hopkins University Press

_____. 1984. *The Practice of Everyday Life*. Berkeley: University of California Press

Chabard, Pierre. 2004. "The Outlook Tower as an Anamorphosis of the World: Patrick Geddes and the theme of vision." <http://hodgers.com/mike/patrickgeddes/feature_eleven.html>. 접속일자: 2015. 10. 4

Churchill, Winston Spencer. 1999. *The Great Republic: A History of America*. New York: Random House

Clarke, Helen I. 1957. *Social Legislation*. New York: Appleton-Century-Crofts

Clarke, Simon. 1990. "What in the F—'s name is Fordism." <https://homepages.warwick.ac.uk/~syrbe/pubs/Fordism.pdf>. 접속일자: 2015. 10. 27

Clastres, Pierre. 1989. *Society Against the State: Essays in Political Anthropology*. Trans. Robert Hurley and Abe Stein. New York: Zone Books

Coehn, Nancy. 연도미상. "Nancy Coehn Interview." A PBS program (The First Measured Century). <http://www.pbs.org/fmc/interviews/koehn.htm>. 접속일자: 2015. 10. 11

Currey, Mason. 2013. *Daily Rituals: How Great Minds Make Time, Find Inspiration, Get to Work*. London: Picador

Davis, Mike. 1992. "Fortress Los Angeles: The Militarization of Urban Space." In Michael Sorkin, ed., *Variations on a Theme Park*. New York: Hill & Wang

Deleuze, Gilles and Félix Guattari. 1987. *A Thousand Plateaus: Capitalism and Schizophrenia*. Trans. Brian Massumi. Minneapolis and London: University of Minnesota Press

Delft University of Technology. 연도 미상. "What's Spatial Justice?" <http://spatialjustice.net/whats-spatial-justice/>. 접속일자: 2015. 11. 28

Derrida, Jacques. 2001. "The future of the profession or the university without condition (thanks to the 'Humanities' what could take place tomorrow)." In Tom Cohen, ed., *Jacques Derrida and the Humanities: A Critical Reader*. Cambridge: Cambridge University Press

_____. 1991. "The Status of the Individual." In *Anyone*. New York: Rizzoli

Dollinger, André. 연도미상. "The roads in ancient Egypt." <http://www.reshafim.org.il/ad/egypt/trade/roads.htm>. 접속일자: 2015. 7. 17

Dreyfus, Hubert. 2002. "Intelligence without representation—Merleau-Ponty's critique of mental representation." *Phenomenology and the Cognitive Sciences* 1

Donald, James. 1995. "The City, the Cinema: Modern Spaces." In Chris Jenks, ed., *Visual Culture*. London: Routledge

Edgerton, Smauel Y. 1976. *Renaissance Rediscovery of Linear Perspective*. New York: Harper & Row

Eliot, C. W. J. 1955. "New Evidence for the Speed of the Roman Imperial Post." *Phoenix* 9, ii

Eliot, T. S. 1987. *The Waste Land*. In M. H. Abrams, ed., *The Norton Anthology of English Literature: The Major Authors*. 5th ed. New York and London: Norton

Engels, Friedrich. 1935. *The Housing Question*. New York: International Publishers

Friedman, Jarry. 2014. "Animal Flesh & Human Brain Evolution: Dispelling Myths." <http://www.edenfarmanimalsanctuary.com/2014/07/04/animal-flesh-human-brain-evolution-dispelling-myths-2/>. 접속일자: 2015. 9. 7.

Glassman, Jim. 2006. "Primitive accumulation, accumulation by dispossession, accumulation by 'extra-economic' means." *Progress in Human Geography*, Vol. 30, 5

Goldstein, Jushua S. 2001. *War and Gender: How Gender Shapes the War System and Vice Versa*. New York: Cambridge University Press

Gottschall, Jonathan. 2012. *The Storytelling Animal: How Stories Make Us Human*. New York: Mariner Books

Gould, Stephen J. 1989. *Wonderful Life: The Burgess Shale and the Nature of History*. New York: W. W. Norton

Guerra, Tony. 연도 미상. "What Is the Difference Between Easement & Right of Way?" <http://homeguides.sfgate.com/difference-between-easement-right-way-39362.html>. 접속일자: 2015. 11. 15

Hall, Edward T. 1990. *The Hidden Dimension*. Garden City, NY: Doubleday

Halpern, Richard. 1991. *The Poetics of Primitive Accumulation: English Renaissance Culture and the Genealogy of Capital*. Ithaca, NY: Cornell University Press

Harvey, David. 2003. *The New Imperialism*. New York: Oxford University Press

_____. 1989. *The Condition of Postmodernity: An Enquiry into the Origins of Cultural Change*. Cambridge, MA: Basil Blackwell

_____. 1978. "The urban process under capitalism: a framework for analysis." *International*

Hauser, Marc D., Noam Chomsky, and W. Tecumseh Fitch. 22 November 2002. "The Faculty of Language: What Is It, Who Has It, and How Did It Evolve?" *Science* 298

Heim, Michael. 1993. *Metaphysics of Virtual Reality*. Oxford: Oxford University Press

Heller, Agnes. 1978. *Renaissance Man*. Trans. R. E. Allen. London: Routledge & Kegan Paul

Hillis, Ken. 1994. "The Power of Disembodied Imagination: Perspective's Role in Cartography." *Cartographica*, 31: 3

Hirst, K. Kris. 연도 미상. "The Royal Road of the Achaemenids: The Highway of Darius' Empire." <http://archaeology.about.com/od/rterms/qt/royal_road.htm>. 접속일자: 2015. 7. 17.

Jaspert, Nikolas. 2006. *The Crusades*. New York: Routledge

Jennings, Francis. 1975. *The Invasion of America: Indians, Colonialism, and the Cant of Conquest*. Chapel Hill, NC: University of North Carolina Press

Josephson, Matthews. 1934. *The Robber Barons: The Great American Capitalists, 1861-1901*. New York: Harcourt

Kaplow, Stuart D. 2003. "A Brief History of Zoning in Maryland." <http://www.stuartkaplow. com/library3.cfm?article_id=94>. 접속일자: 2015. 7. 22

Kapustina, Masha. Nov. 23, 2006. "Perspective—What, Where, Why?" <http://serendip.brynmawr. edu/exchange/node/58>. 접속일자: 2015. 9. 29

Kautsky, Karl. 2009. "Old and New Revolution." In Richard B. Day and Daniel Gaido, eds., *Witnesses to Permanent Revolution: The Documentary Record*. Leiden: E. J. Brill

Kleinschmidt, Harald. 2000. *Understanding the Middle Ages*. Rochester, NY: Boydell & Brewer

Lary, Diana. 2012. *Chinese Migrations: The Movement of People, Goods, and Ideas over Four Millennia*. Lanham, Md.: Rowman & Littlefield

Lawrence, D. H. 2013. *The Plumed Serpent*. Progres et Declin SA

Lay, Maxwell G. 1992. *Ways of the World: A History of the World's Roads and of the Vehicles That Used Them*. New Brunswick, NJ: Rutgers University Press

Le Corbusier. 1967. *The City of Tomorrow* [1925]. Paris: Dover Publications

Lefebvre, Henri. 1996. *The Right to the City*. In *Writings on Cities*. Trans. Eleonore Kofman and Elizabeth Lebas. Oxford: Blackwell

_____. 1991. *The Production of Space*. Trans. Donald Nicholson-Smith. Oxford, UK & Cambridge, USA: Blackwell

London, Jack. 2005. *The People of the Abyss*. The Gutenburg Project eBook. <http://www.gutenberg.org/files/1688/1688-h/1688-h.htm>. 접속일자: 2015. 11. 14

Luxemburg, Rosa. 2003. *The Accumulation of Capital*. Trans. Agnes Schwarzschild. London and New York: Routledge

Mannheim, Karl. 1936. *Ideology and Utopia: An Introduction of the Sociology of Knowledge*. Trans. Louis Wirth and Edward Shils. New York and London: Harcourt Brace Jovanovich

Marvell, Andrew. 2006. "The Mower Against Gardens." In Stephen Greenblatt et al., eds., *The Norton Anthology of English Literature*, Vol. 1. New York and London: Norton

Marx, Karl. 1988. "Marx to Kugelmann, 11 July 1868." In Karl Marx and Frederick Engels, *Collected Works*, Vol. 43. Moscow: Progress Publishers

Marx, Karl and Friedrich Engels. 1984. *Manifesto of the Communist Party*. In Karl Marx and Frederick Engels, *Collected Works*, Vol. 6

_____. 1976. *The German Ideology*. In Karl Marx and Frederick Engels, *Collected Works*, Vol. 5

Marx, Leo. 1964. *The Machine in the Garden*. London: Oxford University Press

McPherson, Logan G. 2013. *Transportation in Europe* (1910). London: Forgotten Books

Mezzadra, Sandro and Brett Neilson. 2013. *Border as Method, or, the Multiplication of Labor*. Durham, NC and London: Duke University Press

More, Thomas. 2002. *Utopia*. 2nd ed. Trans. Robert M. Adams. Cambridge: Cambridge University Press

Naidu, Maheshvari. "Creating an African Tourist Experience at the Cradle of Humankind World Heritage Site." *Historia*, 53 (2). <http://www.academia.edu/6694594/Creating_an_African_Tourist_Experience_at_the_Cradle_of_Humankind_Heritage_Site>

Ngugi wa Thiong'o. 1992. "The Return" (1962). In *Secret Lives, and Other Stories*. London: Heinemann

Nietzsche, Friedrich. 1989. *Friedrich Nietzsche on Rhetoric and Language*. Ed. and trans. Sander L. Gilman, Carole Blair, and David J. Parent. New York: Oxford University Press

Norton, Peter D. 2008. *Fighting Traffic: The Dawn of the Motor Age in the American City*. Cambridge, MA and London: The MIT Press

Oatley, Keith. 2008. "The Mind's Flight Simulator." *Psychologist* 21

O'Keeffe, P. J. 1973. "The Development of Ireland's Road Network." Paper presented to the Civil Division of the Institute of Engineers of Ireland, Dublin

Olwig, Kenneth R. 2011. "Choros, Chora and the Question of Landscape." In Stephen Daniels, Dydia DeLyser, J. Nicholas Entrikin, and Doug Richardson, eds., *Envisioning Landscapes, Making Worlds: Geography and the Humanities*. New York: Routledge

Oskin, Becky. August 27, 2014. "Scientists solve mystery of Death Valley's 'sailing' stones." *The Christian Science Monitor*

Peirce, C. S. 1998. *The Essential Peirce: Selected Philosophical Writings*, Vol. 2. Ed. Nathan Houser and Christian Kloesel. Indianapolis: Indiana University Press

Pope, Alexander. 1963. *An Essay on Man*. In *The Poems of Alexander Pope*. Ed. John Butt. New Haven: Yale University Press

Propp, Vladimir. 1968. *Morphology of the Folk Tale* (1928). 2nd ed. Trans. Lawrence Scott. Austin, TX: University of Texas Press

Ptolemy, Claudius. 1948. "Geographike Uphegesis (excerpts)." In I. E. Drabkin and M. R. Cohen, eds., *A Sourcebook in Greek Science*. Cambridge, MA: Harvard University Press

Rampell, Catherine. May 12, 2010. "South Koreans Put in Most Hours." *New York Times*

Ramsay, A. W. 1925. "The Speed of the Roman Imperial Post." *The Journal of Roman Studies* 15

Rose-Redwood, R. S. 2006. *Governmentality, the Grid, and the Beginnings of a Critical Spatial History of the Geo-Coded World*. Pennsylvania State University Ph. D. dissertation

Rothwell, Harry. ed. 1975. *English Historical Documents, Vol. 3: 1189-1327*. London: Eyre and Spottiswoode

Sagan, Carl. 1985. *Cosmos: The Story of Cosmic Evolution, Science, and Civilization*. New York: Ballantine Books

Saul, Michael Howard. Dec. 30, 2013. "Mayor Bloomberg Leaves Mark on New York City." *The Wall Street Journal*

Schivelbusch, Wolfgang. 1986. *The Railway Journey: The Industrialization of Time and Space in the 19th Century*. Berkeley: University of California Press

Schreiber, Katharina J. 1991. "The association between roads and polities: evidence for Wari roads in Peru." In Charles D. Trombold, ed., *Ancient Road Networks and Settlement Hierarchies in the New World*. Cambridge and New York: Cambridge University Press

Shakespeare, William. 2003. *Hamlet, Prince of Denmark*. Ed. Philip Edwards. Cambridge: Cambridge University Press

_____. 1975. *As You Like It*. Ed. Agnes Latham. London and New York: Methuen.

Silverstein, Adam J. 2007. *Postal Systems in the Pre-Modern Islamic World*. New York: Cambridge University Press

Soja, Edward. 2009. "The city and spatial justice." *Justice spatiale / Spatial Justice*, No. 1

Sussman, Robert W. and Donna L. Hart. 2005. *Man the Hunted: Primates, Predators and Human Evolution*. New York: Westview

Thompson, Evan. 2007. *Mind in Life: Biology, Phenomenology, and Sciences of Mind*. Cambridge, MA & London: Harvard University Press

Tomlinson, John. 1999. *Globalization and Culture*. Chicago: The University of Chicago Press

Torpey, John. 1999. *The Invention of the Passport: Surveillance, Citizenship, and the State*. Cambridge: Cambridge University Press

Tyner, Judith A. 2014. T*he World of Maps: Map Reading and Interpretation for the 21st Century*. New York: The Guilford Press

Ulmer, Gregory L. 1994. *Heuretics: The Logic of Invention*. Baltimore and London: The Johns Hopkins University Press

University of Utah. Nov. 17, 2004. "How Running Made Us Human." <http://archive.unews.utah.edu/news_releases/how-running-made-us-human/>. 접속일자: 2015. 9. 9.

Varela, Francisco. 1987. "Laying down a path in walking." In W. I. Thompson, ed., *Gaia: A Way of Knowing: Political Implications of the New Biology*. Hudson, NY: Lindisfarne Press

Virilio, Paul. 1994. *The Vision Machine*. Trans. Julie Rose. London: The British Film Institute

Wallerstein, Immanuel. 2011. *The Modern World System III: The Second Era of Great Expansion of the Capitalist World-Economy 1730-1840s*. Berkeley and Los Angeles: University of California Press

Walter, Eugene Victor. 1988. *Placeways: A Theory of the Human Environment*. Chapel Hill:

University of North Carolina Press

Warf, Barney. 2010. "Automotivity." In Warf, ed., *Encyclopedia of Geography*, Vol. 1. Thousand Oaks, CA: Sage Publications

_____. 2008. *Time-Space Compression: Historical Geographies*. New York: Routledge

Webbe, William. 1904. *A Discourse of English Poetry* (1586). In G. Gregory Smith, ed., *Elizabethan Critical Essays*, Vol. 1. Oxford: Oxford University Press

Welsh, Talia L. 2000. "Review—Does the Woman Exist?" (A review of *From Freud's Hysteria to Lacan's Feminine* by Paul Verhaeghe). *Metapsychology: Online Reviews*, Vol. 4, Issue 31. <http://metapsychology.mentalhelp.net/poc/view_doc.php?type=book&id=341>. 접속일자: 2015. 8. 5

Xenophon. 1968. *Cyropaedia*. Trans. W. Miller. Cambridge, MA: Harvard University Press

Yar, Majid. 2005. "Hannah Arendt (1906-1975)." *Internet Encyclopedia of Philosophy*. <http://www.iep.utm.edu/arendt/#SSH4ai>. 접속일자: 2015. 9. 1